D1674258

Heinrich Pflanz
# DAS KRIEGSENDE 1945
# IN LANDSBERG a.L.
# UND DIE NACHKRIEGSZEIT
Unbekannte Berichte von Zeitzeugen

**Wer in der Zukunft lesen will,
muß in der Vergangenheit blättern.**

André Malraux

Heinrich Pflanz

# Das Kriegsende 1945 in Landsberg a. Lech und die Nachkriegszeit

## Unbekannte Berichte von Zeitzeugen

Lindenbaum Verlag

IMPRESSUM
Heinrich Pflanz
Das Kriegsende 1945 in Landsberg a. L. und die Nachkriegszeit
© 2019 Lindenbaum Verlag GmbH, Beltheim
www.lindenbaum-verlag.de
Eigendruck
Printed in Germany
ISBN 978-3-938176-77-1

# Inhaltsverzeichnis

Vorwort .................................................................................... 7

Wie waren die Wohn- und Lebensverhältnisse der Bevölkerung damals .......... 8

Fremdarbeiter und Kriegsgefangene ................................................. 16

Auch im Zweiten Weltkrieg gab es Menschlichkeit ................................. 18

Der Luftschutz in Landsberg ........................................................ 19

Der Luftkrieg ........................................................................ 22

Tieffliegerangriffe auf Zivilisten ................................................. 31

Der Volkssturm in Landsberg a. L. .................................................. 52

Feindpropaganda ..................................................................... 56

Wie dachten die Menschen damals ..................................................... 60

Rüstungsprojekt Ringeltaube ......................................................... 62

Wlassow Soldaten zogen durch Landsberg .............................................. 68

Vor dem Umsturz war die Stimmung nervös und angespannt .......................... 70

Die Amerikaner rücken an den Lech vor ............................................. 72

Gefallene in Stadt und Kreis Landsberg ............................................. 88

Erschießungen deutscher Kriegsgefangener ........................................... 112

Die Regierung Dönitz ............................................................... 121

Der letzte Wehrmachtsbericht ....................................................... 122

Die amerikanische Militärregierung in Landsberg ................................... 124

Der Typhus in Landsberg am Lech .................................................... 146

Automatik-Arrest - Internierungslager .............................................. 150

Die Nachkriegszeit ................................................................. 152

Beschlagnahmungen von Häusern und Wohnungen ........................................ 163

Das Lager Hamburg .................................................................. 171

Der Fährbetrieb .................................................................... 176

Der weiße Sonntag 1946 ............................................................. 180

Ungesühnte Verbrechen amerikanischer Besatzungssoldaten .......................... 192

Die französische Besatzung im Landkreis Landsberg am Lech ........................ 200

Ausländische Räuberbanden in der amerikanischen Zone .............................. 278

Erste Hinrichtungen von Kriegsverurteilten in Landsberg ........................... 332

Unbekannte Berichte von Zeitzeugen ................................................. 335

Nachwort ........................................................................... 399

# Vorwort

1996 hielt der ehemalige KZ-Häftling Bernhard Marx an der Volkshochschule Landsberg einen Vortrag über seine Erlebnisse bei Kriegsende im Außenlager Kaufering. Am Schluß seiner Ausführungen sagte er wörtlich: „Die Landsberger haben Schuld auf sich geladen und ich weiß nicht, wie lange sie noch zu tragen haben."

Ich bin Landsberger und ich habe keine Schuld auf mich geladen. Meine Familie, meine Eltern und meine Großeltern ebenfalls nicht. Wir waren immer rechtschaffene Leute, und ich wüßte nicht, warum ich mir einen so ungerechtfertigten Vorwurf gefallen lassen müßte.

Ich habe darüber nachgedacht, wie die Landsberger Bevölkerung diese Zeit erlebt hat und festgestellt, daß viele Ereignisse aus dieser Zeit bisher völlig unerwähnt blieben. Die Zeit hat sich seit meiner Kindheit grundlegend verändert, und es ist für die jetzt lebende Generation sehr schwer, sich in die damalige Zeit hineinzuversetzen und sie zu beurteilen. Wie sollen die Enkelkinder ihre Großeltern verstehen, wenn sie nicht wissen, was diese erlebt haben.

Es reifte deshalb in mir der Entschluß, einmal niederzuschreiben, wie ich das Kriegsende und die Nachkriegszeit in Landsberg als Kind erlebte, und ich habe versucht, das Wissen der Zeitzeugen glaubwürdig schriftlich festzuhalten, bevor dies für alle Zeiten verloren geht. Ich habe darauf geachtet, dass nur das festgehalten wird, was die Menschen selbst erlebt und gesehen haben. Berichte vom Hörensagen habe ich nicht berücksichtigt.

Ich bin weit davon entfernt, Ressentiments gegen andere Völker schüren zu wollen, weil ich es für töricht halte, einem ganzen Volk etwas nachzutragen, was einzelne verbrochen haben. Es ist auch nicht meine Absicht, Verbrechen gegen Verbrechen aufzurechnen, denn ein Verbrechen bleibt immer ein Verbrechen, egal von wem es begangen wurde. Wenn man sich einmal zu der Ansicht durchringen könnte, dass es in jeder Armee der Welt „Schwarze Schafe" gibt, dann wäre es sicher eine gute Grundlage für eine dauerhafte Völkerverständigung. Einseitige Schuldzuweisungen werden wohl nicht den Frieden bringen, nach dem sich so viele Menschen sehnen.

# Wie waren die Wohn- und Lebensverhältnisse der Bevölkerung damals

Wir hatten ein Wohnzimmer, eine Küche und dazwischen ein kleines, fensterloses Kammerl. Neben der Küche war eine Toilette angebaut. Da wir in Landsberg schon früh eine Kanalisation hatten, gab es in vielen Häusern schon Spülklosetts. Im Winter war immer die Gefahr, dass das Wasser einfriert. Vor allem in den Landgemeinden sind mir zu damaliger Zeit solche Einrichtungen nicht bekannt. Allgemein üblich war damals das sogenannte „Scheißhäuschen". Das war ein viereckiges Holzhäuschen mit einer Versitzgrube, die regelmäßig geleert werden musste. Dies stand meistens etwas abseits vom Haus. Spezielles Toilettenpapier gab es zu der damaligen Zeit grundsätzlich nicht. Hierzu wurde Zeitungspapier in acht gleichmäßige Teile gerissen.

Unser Wohnzimmer diente gleichzeitig auch als Büro. Geschlafen haben wir Kinder zusammen mit meinen Eltern in einem Verschlag im Dachboden. Geheizt wurde dort nie. Wenn es sehr kalt war, wurde eine Wärmflasche mit warmem Wasser gefüllt und ins Bett gelegt, damit die Füße warm wurden. Wer keine Wärmflasche hatte, verwendete einen Ziegelstein. Dort oben gab es auch keine Toilette. Man hatte einen Nachttopf unter dem Bett stehen. Meine Großeltern wohnten im zweiten Stock. Sie hatten nur eine Wohnküche und ein Schlafzimmer. Bei Kriegsende war wegen der Bombardierungen auch meine Tante aus Mannheim bei uns.

Meine andere Großmutter (Kriegerwitwe vom 1. Weltkrieg) und meine Tante mit Familie wurden im Januar 1945 in einem reinen Wohnviertel ausgebombt. Durch drei Keller (mein 9-jähriger Cousin hatte nach Aussage meiner Tante bereits erhebliche Atembeschwerden) konnten sie sich in letzter Minute ins Freie retten. Als mein Onkel kurz darauf noch etwas holen wollte, war auch dieser Ausgang bereits verschüttet. Sie kamen dann auf dem Land unter. Es ist ein Brief meiner Tante vom 22. Januar 1945 vorhanden, indem sie sich bedankt, dass meine Eltern sie aufnehmen wollten. Trotz Fliegergeschädigtenschein konnte sie keine Fahrkarte erhalten. Sie hatte (Januar 1945) nur ein Paar Sommerschuhe, da alles verbrannt ist.

Mein Onkel fuhr morgens um 4:15 Uhr mit dem ersten Zug zur Arbeit und sollte abends 9:15 Uhr zurückkommen. Meistens wurde es aber 11 Uhr. Ich kann mir nicht vorstellen, dass sie angesichts der eigenen Lage über die Situation der Häftlinge nachgedacht haben.

Meine Großmutter war zeitweise bei uns. Ich kann aber heute niemand mehr fragen, wo sie geschlafen hat. Ich vermute auf dem Sofa, wenn wir Kinder im Bett waren. Wenn wir aufstanden, war sie bereits wieder angezogen. Für meinen Cousin war im Wohnzimmer ein Kinderbett am Fenster aufgestellt.

Die Zwillingsbrüder meiner Frau waren Frühgeburten. Wegen der Luftangriffe im Januar 1945 konnten sie nicht nach Augsburg zur Versorgung gebracht werden. Eine Woche später sind sie deshalb gestorben.

Das Christkind brachte mir zu Weihnachten einen Bauernhof. Das war kein Haus, sondern eine Platte aus Presspappe mit Zaun herum und alles aufgemalt. Vermutlich hat dies jemand angefertigt. Es gab aber in der Wohnung gar keinen Platz, den Bauernhof aufzustellen. Den hat das Christkind jedes Jahr im Februar geholt und an Weihnachten stand er wieder auf meinem Wunschzettel. Den Bauernhof habe ich sehr geliebt und besitze ihn heute noch.

Gewaschen haben wir uns in der Küche mit einer extra dafür vorhandenen Blechschüssel. Zum Baden wurde in der Küche eine Zinkbadewanne aufgestellt. Das Wasser wurde am Küchenherd in einem Topf erwärmt.

Die Prügelstrafe gehörte in Haus und Schule zum Alltag, das war nicht nur in Deutschland so. Man hatte damals eine andere Einstellung dazu, als das heute der Fall ist. Man kannte es nicht anders, und es war ja auch überall gleich. Nach meiner Erinnerung kam eine Änderung in Bayern erst in den 1960er Jahren und in anderen Ländern, wie z.B. England war das noch bedeutend länger der Fall. In vielen Ländern ist die Prügelstrafe auch heute noch gesetzlich verankert.

Am Montag war Waschtag, der für die Frauen mit großem Aufwand verbunden war. Auf der Altane wurde die Wäsche getrocknet. Für Familien, die solche Möglichkeiten nicht hatten, gab es einen Wäschetrockenplatz z.B. vor dem Inselbad. Es ist mir nicht bekannt, dass dort etwas gestohlen wurde. Für Buben waren lange Hosen nicht üblich. Im Winter hatten wir zur kurzen Hose lange Strümpfe und ein Strapsleibchen an dem die Strümpfe befestigt wurden. Die jüngeren Geschwister mußten immer die Wäsche und Schuhe der älteren Geschwister auftragen. Neue Sachen wurden für die Sonntagskleidung geschont. Abends saß meine Mutter im Sessel neben dem Ofen und stopfte Strümpfe. Da haben wir viel zusammen gesprochen und Volkslieder gesungen.

Die Nachrichtenübermittlung war vor Ort schneller, als es heute der Fall ist. Wenn sich etwas Besonderes ereignete, verbreitete sich das in Windeseile in der ganzen Stadt. Es gab auch die sogenannten „Ratschweiber", die gerne Neuigkeiten weitererzählten.

Der Pfarrer hatte in der Bevölkerung weit mehr Einfluß, als das heute der Fall ist. Die Frauen hatten in der Öffentlichkeit viele Vorzüge und wurden geachtet. Untereinander waren die Menschen oft derb, und gestritten wurde viel. Letztendlich hat man aber doch immer wieder zusammengehalten, und wenn der Nachbar in Not war, hat man geholfen. Den Satz: „Das ist sein Problem" habe ich mein ganzes Aufwachsen nicht gehört. Die allgemeine Hilfsbereitschaft war damals sicher größer, als dies heute der Fall ist. Dies ist wohl auch ein Grund, warum die Menschen oft sagen, früher war vieles besser.

Jeder Krieg ist mit großen Einschränkungen für die Bevölkerung verbunden. Bei Kriegsbeginn wurden die Waren rationiert mit dem Ziel, daß die gleichmäßige Versorgung der Bevölkerung gesichert ist und Hamsterkäufe verhindert werden. Es wurden Lebensmittelmarken ausgegeben, für Textilien und Schuhe usw. gab es Bezugsscheine. Damit konnte man einkaufen. Der Händler benötigte diese Scheine, um damit wieder neue Ware beziehen zu können. Das war ein riesiger Verwaltungsaufwand, und auch für die Händler war das eine große Belastung. Anscheinend hat es aber bis zum Schluß funktioniert.

Den meisten Unmut in der Bevölkerung brachten die ständig neuen Bestimmungen, das unentwegte Ausfüllen von Formularen und die häufigen Informationsveranstaltungen. Darüber haben die Leute nach Auskunft meines Vaters am meisten geschimpft.

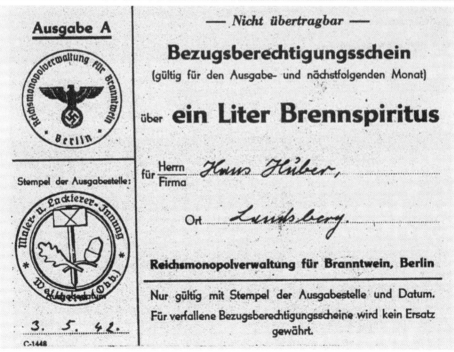

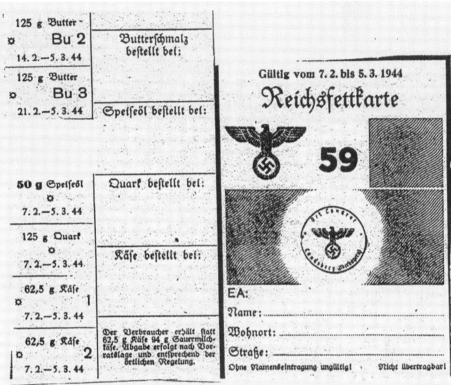

| 125 g Butter | Butterschmalz |
|---|---|
| ☼ **Bu 2** | bestellt bei: |
| 14. 2.—5. 3. 44 | |
| 125 g Butter | |
| ☼ **Bu 3** | |
| 21. 2.—5. 3. 44 | Speiseöl bestellt bei: |

| **50 g** Speiseöl | Quark bestellt bei: |
|---|---|
| ☼ | |
| 7. 2.—5. 3. 44 | |
| 125 g Quark | |
| ☼ | Käse bestellt bei: |
| 7. 2.—5. 3. 44. | |
| 62,5 g Käse | |
| ☼ **1** | |
| 7. 2.—5. 3. 44 | |
| 62,5 g Käse | Der Verbraucher erhält statt 62,5 g Käse 94 g Sauermilchkäse. Abgabe erfolgt nach Vorratslage und entsprechend der örtlichen Regelung. |
| ☼ **2** | |
| 7. 2.—5. 3. 44 | |

**Gültig vom 7. 2. bis 5. 3. 1944**

# Reichsfettkarte

**59**

EA:

Name: _____

Wohnort: _____

Straße: _____

Ohne Namenseintragung ungültig!    Nicht übertragbar!

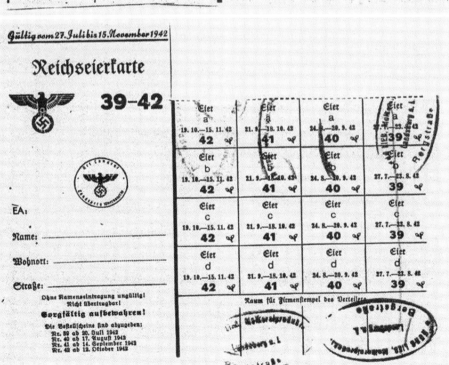

**Gültig vom 27. Juli bis 15. November 1942**

# Reichseierkarte

**39—42**

EA:

Name: _____

Wohnort: _____

Straße: _____

Ohne Namenseintragung ungültig!
Nicht übertragbar!
**Sorgfältig aufbewahren!**

Die Bestellscheine sind abzugeben:
Nr. 39 ab 20. Juli 1942
Nr. 40 ab 17. August 1942
Nr. 41 ab 14. September 1942
Nr. 42 ab 12. Oktober 1942

| Eier a | Eier a | Eier a | Eier a |
|---|---|---|---|
| 19. 10.—15. 11. 42 | 21. 9.—18. 10. 42 | 24. 8.—20. 9. 42 | 27. 7.—23. 8. 42 |
| **42** | **41** | **40** | **39** |
| Eier b | Eier b | Eier b | Eier b |
| 19. 10.—15. 11. 42 | 21. 9.—18. 10. 42 | 24. 8.—20. 9. 42 | 27. 7.—23. 8. 42 |
| **42** | **41** | **40** | **39** |
| Eier c | Eier c | Eier c | Eier c |
| 19. 10.—15. 11. 42 | 21. 9.—18. 10. 42 | 24. 8.—20. 9. 42 | 27. 7.—23. 8. 42 |
| **42** | **41** | **40** | **39** |
| Eier d | Eier d | Eier d | Eier d |
| 19. 10.—15. 11. 42 | 21. 9.—18. 10. 42 | 24. 8.—20. 9. 42 | 27. 7.—23. 8. 42 |
| **42** | **41** | **40** | **39** |

Raum für Firmenstempel des Verteilers

# Mitteilungsblätter an die Haushaltungen 1944

Reichsmarschall Göring hat als Beauftragter für den Vierjahresplan den nachstehenden Aufruf erlassen:

## Spart Strom und Gas!

Strom und Gas sind unentbehrliche Hilfsmittel für Industrie, Landwirtschaft und Haushalt. Immer reichlicher und billiger wurden sie uns in den Friedenszeiten zur Verfügung gestellt.

Jetzt sollen Strom und Gas vorweg der Rüstung dienen, denn sie gebraucht gewaltige Mengen davon. Für die Gewinnung der Rohstoffe der Rüstung in der Heimat wird Elektrizität und Gas in größtem Ausmaß eingesetzt. Diese Rohstoffe können wiederum nur mit Strom und Gas veredelt und zu Panzern, Flugzeugen und sonstigen hochwertigen Waffen verarbeitet werden.

Deshalb müssen alle, in erster Linie die Behörden u. alle sonstigen Dienststellen, dann die Betriebe und ebenso die privaten Haushalte, sparsam damit umgehen.

**Deutsche Hausfrauen!** Jede von Euch kann durch freiwillige Einschränkung im Strom- und Gasverbrauch einen Beitrag für die Rüstung und damit für unseren Sieg leisten. Denkt daran, daß Strom und Gas fast ausschließlich aus Kohle gewonnen werden. Das Ergebnis der schweren Arbeit des Bergmannes darf nicht dadurch verschwendet werden, daß Ihr gedankenlos Licht brennen oder Eure Rundfunkgeräte laufen laßt und Warmwasser nutzlos verbraucht. Wenn alle Hausfrauen mithelfen, wird durch die kleinste Ersparnis im einzelnen Haushalt im ganzen viel erreicht.

**Männer und Frauen in den Betrieben!** Auch Ihr könnt, jeder an seinem Arbeitsplatz, für Einsparung von Strom und Gas sorgen, wenn Ihr unnützen Leerlauf bei den Maschinen ausschaltet, die Arbeit sorgfältig einteilt und die Geräte richtig bedient. Jeder einzelne soll mitdenken und mithelfen, dann wird für die Rüstung viel gewonnen.

**Deutsche Hausfrauen, Betriebsführer und Gefolgschaftsmitglieder!** In den Ländern unserer Gegner sind überall Aktionen zur Einsparung von Strom und Gas im Gange, bei denen Zwang angewendet wird. Ich verlasse mich auf Eure freiwillige Mitarbeit. Der Appell an Einsicht und Hilfsbereitschaft des Deutschen wird auch hier genügen.

## Alle Energie für den Endsieg!

gez. Göring
Reichsmarschall des Großdeutschen Reiches

049

# Deutsche Hausfrau!

Du wirst die Trägerin der Metallspende des deutschen Volkes sein. Wenn am Geburtstag des Führers die große nationale Metallreserve geschaffen ist, dann wird es dein Geschenk und dein Opfer gewesen sein.

## Kein Gold und kein Silber wird von dir erwartet!

Was für dich an Metallgegenständen im täglichen Gebrauch unentbehrlich ist, was als besonderes Kunstwerk dein Heim schmückt das mag an seinem Platze bleiben.

**Die Metallspende des Deutschen Volkes will nur die entbehrlichen Gegenstände aus Kupfer, Messing, Bronze, Nickel, Neusilber, Alpaka, Blei und Zinn erfassen, die Du selbst in deiner Verantwortung aussuchen und abgeben sollst.**

Wieviel Metalle fristen ohne praktische Zweckbestimmung in oder auf Tischen, Schubladen, Anrichten Wandbrettern, Truhen und Kisten oder gar auf Böden und in Kellern ein nutzloses Dasein! Da gibt es Dosen und Schalen, Kannen und Vasen, Untersätze und Tabletts, Küchen- und Kamingeräte, Becher und Krüge, Teller und Schüsseln, Plaketten und Figuren, Halter und Ständer Haken und Leisten und viele andere Dinge, die für den Haushalt so gut wie nutzlos, für die Kriegswirtschaft und Rüstung aber von größter Bedeutung sind.

## Nun wähle Deine Geschenke für den Führer aus und bringe sie zu deiner zuständigen Sammelstelle.

Für Hilfe und Beratung steht Dir der Blockleiter zur Verfügung. Er wird auch in besonderen Fällen veranlassen, daß dein Geschenk abgeholt wird, wenn Du es nicht selbst in den Sammeltagen vom 26. März bis 6. April abgeben kannst.

**Wenn dann am 20. April dem Führer die Metallspende des Deutschen Volkes übergeben wird, dann wird auch Dein Geschenk dabei sein.**

Und dieser erneute Beweis Deiner Opferfreudigkeit gibt uns wiederum die Gewißheit:

## Deutschland wird siegen!

Kreisleiter

Deine Sammelstelle
befindet sich:

13

# Deutsche Hausfrau!

Die Begleiterscheinungen des Krieges haben es mit sich gebracht, daß die von Dir gesammelten Altstoffe Deines Haushalts, insbesondere Knochen, Lumpen, Stoffreste, Altmetalle, Flaschenkapseln, Tuben und Altpapier, häufiger nicht abgeholt werden konnten. Diesem Mangel ist jetzt ein Ende bereitet. Jedes deutsche Schulkind ist nicht nur verpflichtet, sondern auch gern bereit, die laufend anfallenden Altstoffe mitzunehmen und in der Schule abzuliefern. Gib ihm aber nicht Rasierklingen, Konservendosen, Blechgefäße oder Glasscherben mit, die nach wie vor in den Müll gehören und später aussortiert werden.

Knochen, Lumpen, Altmetalle und Altpapier (nicht zerknüllt, sondern glattgestrichen, im gleichen Zustand auch Metallfolien) gib laufend und regelmäßig Deinem Schulkind in die Schule mit. Wenn Du selbst kein schulpflichtiges Kind hast, dann gib sie dem nächsten Schulkind in Deiner Nachbarschaft. Warte aber nicht auf sein Kommen, sondern vereinbare Deinerseits mit ihm regelmäßige Abholtage. Du hilfst dadurch dem Reichsmarschall, die Rohstoffvorräte Deutschlands stets zu ergänzen und sie auch für die stärkste Beanspruchung gerüstet zu halten. Du hilfst durch Deine kleine Mühe mit am Endsieg Großdeutschlands!

Der Reichskommissar für Altmaterialverwertung
gez. Hans Heck

*Der Bund Deutscher Mädel bei einem Aufmarsch in Landsberg a.L.*

*Foto: privat*

Landsberg a. L.    9. Apr. 1945

Lb. Kameradin !

Du hast am Mittwoch, den 11. April 1945, abends
um 8 Uhr vor dem H.J. - Heim zum Scharappel
anzutreten. Es wird für unseren Lazaretteinsatz geprobt.

H e i l - H i t l e r !

*Postkarte an ein junges BDM-Mitglied*

# Fremdarbeiter und Kriegsgefangene

In vielen Betrieben und vor allem in der Landwirtschaft arbeiteten französische Kriegsgefangene, denn die arbeitsfähigen deutschen Männer waren ja größtenteils an der Front. In den meisten Fällen war zwischen den Kriegsgefangenen und den Betrieben ein gutes Verhältnis, was zahlreiche Kontakte in der Nachkriegszeit belegen.

1967 fuhr ich mit einem Kameraden mit dem Zug von Tunis nach La Marsa. Als im Zug bemerkt wurde, daß wir Deutsche sind, sprach mich ein Tunesier an und versuchte mir in schlechtem Deutsch zu erklären, daß er in deutscher Kriegsgefangenschaft war und daß er sich freue, „Allemanns" zu sehen.

*Französischer Kriegsgefangener 1943 zwischen Landsberg und Kaufering. Er arbeitete dort ohne Bewachung.*      Foto: privat

Offensichtlich hatte er gute Erinnerungen an diese Zeit. Es fiel mir auch auf, daß ich damals in Tunesien als Deutscher überall besonders herzlich aufgenommen wurde, besonders in den entlegenen Bergregionen.

Da überall in Deutschland Arbeitskräfte fehlten, wurden Fremdarbeiter angeworben, teilweise auch zwangsverpflich-tet. Bei meiner Großtante wohnte ein kroatischer Fremdarbeiter, der sehr anständig war. Eines Tages wurde ich geholt und mußte vor seiner Zimmertür warten.

Foto: privat

Als ich hinein durfte, stand ein kleines Holzwägelchen auf dem Tisch, das er für mich gebastelt hatte. Dieses Holzwägelchen habe ich noch heute.

## Auch in Landsberg brachten Fremdarbeiterinnen Kinder zur Welt

Hier einige Beispiele:

Am 18.10.1944 brachte eine Ukrainerin im Städt. Hilfskrankenhaus Landsberg das Kind Anatoly zur Welt. Wohnhaft war sie im Gemeinschaftslager der Pflugfabrik.

Am 17.1.1945 gebar eine Polin im Städt. Hilfskrankenhaus Landsberg den Sohn Boris. Wohnhaft im Gemeinschaftslager der Pflugfabrik.

Am 9.2.1945 brachte eine Französin in der Katharinenstr. 1 die Tochter Lydia zur Welt. Wohnhaft war sie im Gemeinschaftslager der Pflugfabrik in Landsberg.

Am 11.2.1945 kam das Mädchen Ludmila von russisch/ukrainischen Eltern im Städt. Hilfskrankenhaus Landsberg zur Welt. Wohnhaft im Gemeinschaftslager der Pflugfabrik.

Am 12.2.1945 brachte eine Französin in Landsberg ihren Sohn Alfons zur Welt. Wohnhaft war sie im OT-Lager Udet, Landsberg.

Am 7.4.1945 brachte eine Ungarin ihren Sohn Peter in der Katharinenstr. 5 zur Welt, wo sie auch wohnhaft war.

Am 17.4.1945 gebar eine Holländerin im Städt. Hilfskrankenhaus Landsberg die Tochter Luise Marie. Wohnhaft in der Hindenburg-Baracke in Landsberg.

**Leserbrief in der Augsburger Allgemeinen Zeitung**

Samstag, 10. März 2001
AZ / Nummer 58

# Kein Märchen

Zu „Zwangsarbeit in 25 kirchlichen Stätten" (Seite 1 und Bayern) vom 2. März:

Aus meiner Soldatenzeit in Russland kenne ich „Musterungen" russischer freiwilliger Frauen und Männer, die sich für den Arbeitseinsatz in Deutschland meldeten. Wenn sie für tauglich befunden wurden, fielen sich Frauen wie Männer vor Freude um den Hals; dies ist kein Märchen, sondern ich habe es oft beobachten können. Sie konnten aus Deutschland Pakete heimschicken. Nach dem Krieg setzten sie alle Hebel in Bewegung, um in Deutschland bleiben zu können. In Russland erwarteten sie Straflager in Sibirien.

Hellmut Hantschel
87629 Füssen

# Auch im Zweiten Weltkrieg gab es Menschlichkeit

Erinnerungen von Frau Schuster aus Kaufering:

Als 1942 ein deutsches Propagandaauto mit Lautsprecher durch die polnische Ortschaft L. fuhr und für Arbeiter in Deutschland warb, meldete sich die 18jährige, ledige Polin Maria G. Sie kam nach Dingolfing als landwirtschaftliche Arbeiterin. Dort hatte sie Kontakt zu dem französischen Kriegsgefangenen Leo K., von dem sie am 6. Oktober 1943 ein Kind bekam.

Da der Bauer nicht bereit war, für das Kind zu sorgen, suchte Maria G. verzweifelt Pflegeeltern für ihr Kind. Die Familie Häring, die sehr kinderlieb war und selbst drei Töchter hatte, erklärte sich bereit, den kleinen Buben in Pflege zu nehmen und kümmerte sich rührend um ihn. Sie besorgten Maria G. eine Arbeitsstelle in der Nähe, so daß sie regelmäßig ihr Kind besuchen konnte. Als Maria G. nach dem Krieg wieder nach Polen zurückkehrte, mußte die Familie Häring am 27.6.1946 den dreijährigen Buben schweren Herzens wieder abgeben. Die Trennung war sehr schwer, da der dreijährige Knabe in der Familie wie das eigene Kind aufwuchs.

*Fotos: privat*

*Der kleine Gert bei der Pflegefamilie.*

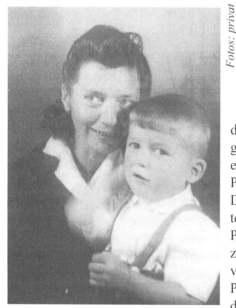

*Mutter und Kind*

Viele Jahre hörten sie nichts mehr von dem kleinen Gast, aber die Sehnsucht war groß. Über das Rote Kreuz konnte dann ein Kontakt hergestellt werden. Als in Polen bekannt wurde, daß Maria G. in Deutschland gearbeitet hatte und der Vater des Buben Franzose ist, hatte sie in Polen große Schwierigkeiten. Zur Hochzeit benötigte der Sohn eine Bestätigung vom Pfarramt, und so kam der Kontakt zur Pflegefamilie wieder zustande und blieb dann zeitlebens.

*Kaufering, 31.5.2005*

# Der Luftschutz in Landsberg

Während des Krieges wurde der Luftschutz in Landsberg ausgebaut. Vorhandene Keller mußten mit Eisenschienen abgestützt werden, und Sitzbänke wurden eingebaut. Kleine nischenartige Einstiege zum Nachbarkeller wurden dünn vermauert, so daß sie im Notfall leichter durchgebrochen werden konnten. Es gab einen Luftschutzwart und einen Häuserwart. Die Aufgaben waren ehrenamtlich. Jeder Hausbewohner mußte wissen, wo er im Ernstfall Schutz finden konnte und wie er sich verhalten sollte.

Seit 1940 herrschte bei Fliegeralarm Verdunklungspflicht. Es durfte kein Licht nach außen dringen, um den feindlichen Fliegern die Orientierung zu erschweren. Fahrzeuge wurden mit Schlitzblenden ausgerüstet.

Wer die Verdunklung für Straftaten nutzte, mußte als „Volksschädling" mit schwersten Strafen rechnen.

VM 40

Die
deutsche
Volksgasmaske

schützt gegen sämtliche chemischen Kampfstoffe (schützt nicht gegen Leuchtgas)

Gebrauchsanweisung

Aufgestellt vom Reichsluftfahrtministerium                    L. In. 13

# Merkblatt
## über den
# Schutz der Fensterscheiben bei Luftangriffen

In der Umgebung des Einschlages von Fliegerbomben werden Fensterscheiben auch auf größere Entfernung hin häufig zerstört. Ein unbedingt sicheres Schutzmittel gibt es hiergegen nicht. Jedoch kann das Oeffnen der Fenster und das Schließen der Fenster, Roll- oder Klappläden oder der Jalousien eine Zerstörung der Fensterscheiben bei Luftangriffen in vielen Fällen verhindern. Wegen der großen Bedeutung der Fensterscheiben für die Erhaltung gesunder und gebrauchsfähiger Wohn- und Arbeitsräume muß jedem Volksgenossen dringend geraten werden, wenn einmal Luftangriffe kommen, die geeigneten Schutzmaßnahmen für seine Fensterscheiben wenigstens in den unentbehrlichsten Räumen durchzuführen.

Welche Möglichkeiten im einzelnen zum Schutz von Fensterscheiben ergriffen werden müssen, hängt von den örtlichen Verhältnissen und von der Witterung ab. Wegen der kurzen Zeit zwischen „Fliegeralarm" und Luftangriff ist es im allgemeinen nicht möglich, alle Schutzmaßnahmen erst bei „Fliegeralarm" durchzuführen, sie müssen vielmehr rechtzeitig getroffen werden.

# Zum Schutz der Fensterscheiben bei Luftangriffen
## kommen folgende Maßnahmen in Betracht:

1. Sofern es die örtlichen Verhältnisse und die Witterung gestatten, möglichst viele Fenster s t ä n d i g offen lassen. Wo Doppelfenster vorhanden sind, empfiehlt sich in jedem Falle das Offenlassen wenigstens der inneren Fenster.

2. Außerdem an möglichst vielen Fenstern die Roll- oder Klappläden oder Jalousien d a u e r n d geschlossen halten. Die Maßnahmen der Nr. 1 und 2 v e r e i n t bieten den besten Schutz.

3. Da, wo der Weg zum Luftschutzraum so kurz ist, daß bei „Fliegeralarm" noch Zeit vorhanden ist, Fenster zu öffnen oder Roll- oder Klappläden zu schließen, kann dies noch bei „Fliegeralarm" mit der gebotenen Beschleunigung erfolgen. Bei Dunkelheit Verdunklung beachten!

4. Das Bekleben der Fensterscheiben mit Streifen aus Papier, Isolierband, Leukoplast u. ä. schützt die Scheiben nicht vor dem Zerspringen. Auch ein Herausfallen der gesprungenen Fensterscheibe kann hierdurch nur in den seltensten Fällen verhütet werden. Derartige Maßnahmen sind deshalb zwecklos.

5. Es empfiehlt sich, in gewissem Umfange Ersatzfensterscheiben im Keller zu bevorraten oder wenigstens Holz-, Papp- oder ähnliche Tafeln zurechtzulegen, um zerstörte Fensterscheiben behelfsmäßig ersetzen zu können.

Im Auftrage des Reichsministers der Luftfahrt und Oberbefehlshabers der Luftwaffe herausgegeben vom Präsidium des Reichsluftschutzbundes

# Luftschutz-Merkblatt

# für die Familie

Für Luftschutz-Uebungen und für den Ernstfall.
Auf starke Pappe aufkleben und gut aufbewahren.

## Aufgaben im Frieden:

Aufklärung aller Familienmitglieder durch den Haushaltungsvorstand.
Die im Haushalt für den Selbstschutz in Frage kommenden Gegenstände feststellen (Eimer, Wannen, Spaten, Schaufel, Gartenschlauch, Axt, Beil, Verbandmaterial, Decken usw.) und dem Luftschutzwart für Uebungen und den Ernstfall zur Verfügung stellen.
Die fehlenden Gegenstände, soweit eine anderweitige Regelung nicht getroffen ist, durch freiwillige Opfer beschaffen helfen.
Dachboden entrümpeln.
Endgültige Verdunkelungsmaßnahmen treffen.
Behälter für die kampfstoffsichere Verpackung der Lebensmittel auswählen (Kisten, Blechdosen, Cellophanpapier usw.).
Den Luftschutzwart durch rege Mitarbeit unterstützen.

## Aufgaben nach „Aufruf des zivilen Luftschutzes":

Allen Anordnungen des Luftschutzwartes Folge leisten.
Alles so in der Wohnung vorbereiten, daß diese in kürzester Zeit verlassen werden kann.
Abends vor dem Lichtmachen die Verdunkelung durchführen.
(Oberlichter, Dachbodenfenster, Abortfenster, Speisekammerfenster nicht vergessen!)
Den Dachboden vollständig räumen.
Lebensmittel nicht offen liegen lassen.
Zur Sicherung gegen chemische Kampfstoffe genügt sorgfältiges Einwickeln in Papier oder Aufbewahren in geschlossenen Behältern, z. B. Kochtopf mit Deckel.
Wasser zum Trinken, Kochen, Löschen dauernd bereitstellen.
Eimer, Fässer usw. stets mit Wasser gefüllt halten.
Kleidungsstücke nachts griffbereit neben das Bett legen.
Schutzraumgepäck bereithalten (Mäntel, Decken, Kissen, Taschenlampen, Lebensmittel, für Kinder und Kranke Thermosflasche mit Getränk, Kinderspielzeug, wichtige Papiere).
Wenn alle Familienmitglieder auf längere Zeit die Wohnung verlassen, ist ein Schlüssel beim Luftschutzwart abzugeben.

## Aufgaben bei „Fliegeralarm":

Ruhe bewahren!
Fenster öffnen, Rolläden, Fensterläden schließen, dabei Verdunkelungspflicht beachten. Türen schließen.
Die in den Wohnungen befindlichen Gashähne schließen.
Elektrischen Hauptschalter der Wohnung ausschalten oder Hauptsicherung lockern.
Wohnungstür nicht zuschließen (Reserveschlüssel an Luftschutzwart abgeben).
Kranken und Gebrechlichen Hilfe leisten.
Selbstschutzkräfte begeben sich nach den Anordnungen des Luftschutzwartes auf ihre Plätze.
Die übrigen Familienmitglieder gehen ruhig in den Schutzraum; Schutzraumgepäck mitnehmen.

## Aufgaben während und nach dem „Luftangriff":

Ruhe bewahren!
Jedes unnötige Sprechen, jede unnötige Bewegung im Schutzraum vermeiden.
Nicht rauchen, kein offenes Licht benutzen, den Anordnungen des Luftschutzwartes oder seines Stellvertreters unbedingt Folge leisten.

## Aufgaben nach der „Entwarnung":

Erst nach Anordnung des Luftschutzwartes ruhig in die Wohnung gehen.
Wohnung gut durchlüften, dabei kein Licht machen.
Erst Licht machen, wenn Fenster wieder verdunkelt sind.
Die Inbetriebnahme der Gasverbrauchsgeräte darf erst nach Genehmigung durch den Luftschutzwart erfolgen.
Schutzraumgepäck wieder bereitlegen.
Bei Kampfstoffverdacht keine Gegenstände berühren. Luftschutzwart benachrichtigen.
Zerbrochene Fensterscheiben zunächst behelfsmäßig ausbessern.
(Durch Pappscheiben usw. ersetzen).

Herausgegeben vom Präsidium des Reichsluftschutzbundes, Berlin W 35.

21

# Der Luftkrieg

Wenn feindliche Bomberverbände im Reichsgebiet einflogen, ertönte im Radio der Kuckuck (akkustisches Signal). Wenn dann die Zielrichtung erkennbar war, wurde in den gefährdeten Städten mit den Sirenen Voralarm gegeben. Bei Vollalarm war es dann höchste Zeit, die Luftschutzkeller aufzusuchen. In manchen Städten mußten die Bewohner oft zweimal in der Nacht in den Luftschutzkeller und tagsüber wieder zur Arbeit.

Die in der Bevölkerung weit verbreitete Ansicht, Deutschland habe den Bombenkrieg auf die Zivilbevölkerung begonnen, hält einer Nachprüfung nicht stand. Schon die bloßen Daten zeigen es eindeutig. So flogen die Briten alleine im Mai 1940 51 Luftangriffe auf nicht militärische Ziele in Deutschland, während der deutsche Angriff auf die englischen Flugzeugfabriken in Conventry erst am 14. November 1940 erfolgte. England und die USA hatten die Strategie des Flächenbombardements schon vor dem Zweiten Weltkrieg entwickelt, während die Deutsche Luftwaffe mit dem Heer gekoppelt war.

Am 25. Oktober 2017 wurde in Augsburg eine britische Phosphorbombe aus dem Zweiten Weltkrieg gefunden und damit zweifelsfrei belegt, daß England Phosphorbomben auf deutsche Städte warf, obwohl dies schon vor dem Zweiten Weltkrieg als Kriegsverbrechen geächtet wurde.

Besonders grausam waren auch die Zeitzünderbomben, die wohl das Ziel hatten, die Hilfskräfte zu töten. 2012 wurde in der Münchner Innenstadt eine Zeitzünderbombe entdeckt, die nicht entschärft werden konnte und mit großem Aufwand gesprengt werden mußte.

Allein durch den Angriff vom 7.1.1945 auf München wurden 70.000 Menschen obdachlos. Sie mußten ja irgenwie untergebracht werden. Das Ziel der Alliierten war neben einer möglichst großen Anzahl von Toten, die deutsche Bevölkerung zu zermürben. Dieses Ziel wurde aber offensichtlich nicht erreicht und der Haß auf die Alliierten steigerte sich. In anderen Gegenden, vor allem dort, wo Krankenhäuser und Lazarettzüge angegriffen wurden, kam es vor, daß abgeschossene amerikanische Bomberbesatzungen von der Bevölkerung gelyncht wurden.

Frau Therese Gebhard aus Freising, deren 16jähriger Sohn beim Luftangriff auf München ums Leben kam, sagte in einem privaten Gespräch in der Kantine: „Diejenigen, die unsere Kinder ermorden und unsere Wohnungen zerstören, sollte man erschießen." Wegen dieser Äußerung wurde Frau Gebhard nach dem Krieg von den Amerikanern verhaftet und im Lager Garmisch schwer mißhandelt. In einem Fliegerprozeß wurde sie zu lebenslänglicher Haft als Kriegsverbrecherin verurteilt.

Die 60jährige Frau Käthe Reinhard aus Rüsselsheim wurde wegen eines ähnlichen Ausspruches sogar zum Tode verurteilt und später zu lebenslänglicher Haft begnadigt. Auch sie verbüßte ihre Strafe im Landsberger Kriegsverbrechergefängnis.

*Frauen um 1950 im Kriegsverbrechergefängnis Landsberg. Rechts Therese Gebhard, Mitte Käthe Reinhard.*

Foto: Archiv Pflanz

Am 12.7.1944 war der 23. Luftangriff auf München. 800 bis 1000 US-Flugzeuge griffen die Münchener Innenstadt an. 25 Feindflugzeuge wurden von der Deutschen Flak abgeschossen.

Vom 12.7. bis 16.7.1944 wurden zwei Löschzüge der Freiwilligen Feuerwehr Landsberg nach München beordert.

Am 19.7.1944 rückte eine Fahrbereitschaft der Freiw. Feuerwehr Landsberg nach Lechfeld aus.

Am 7.1.1945 wurde die Freiw. Feuerwehr Landsberg nach einem schweren Luftangriff erneut in München eingesetzt Auch diesmal waren wieder Mitglieder der HJ-Feuerwehr dabei.

Am 15.1.1945 rückte eine Fahrbereitschaft der Freiw. Feuerwehr Landsberg nach Augsburg ab, wurde aber nicht eingesetzt. Rückfahrt 4 Uhr früh.

Der 16-jährige Ignaz Stöger aus Landsberg war Lehrling in Augsburg. Beim Luftangriff am 27.2.1945 auf Augsburg wurde er in der Baumgartenstraße 16 verschüttet und konnte erst am 3.3.1945 tot geborgen werden. Beerdigt wurde er am 6.3.1945 in Landsberg a.L.

# Der Luftangriff auf die Ortschaft Igling

Am 16. Februar 1945 bombardierten zwölf US-Bomber die kleine Ortschaft Igling bei Landsberg am Lech.

Sieben Tote, darunter drei Kinder und viele tote Tiere sowie mehrere zerstörte Häuser waren das Ergebnis.

Die Menschen sahen und hörten den Bomberverband, glaubten aber, daß er, wie schon so oft, im Anflug auf München sei. Niemand rechnete mit einem Angriff auf diesen kleinen Ort.

Josef Trautwein hackte vor dem Haus Holz, als die Bomben einschlugen. Er wurde durch die Wucht circa zehn Meter weggeschleudert und tot aufgefunden. Der einjährige Heinzi Trautwein starb in seinem Kinderwagen. Den zweijährigen Hansi Trautwein fand man tot und verstümmelt im Nachbargarten. Der vierjährige Sohn Josef überlebte den Angriff mit schweren Beinverletzungen. Frau Babette Trautwein wurde am Kamin eingeklemmt und mit einem Beckenbruch geborgen. An den schweren Verletzungen litt sie lebenslang.

In einem anderen zerstörten Wohnhaus kamen der Bauer Johann Mößner, seine Schwägerin Johanna Söldner und der dort einquartierte OT-Kameradschaftsführer Johann Stangl ums Leben. Der dreizehnjährige Sohn Erich Mößner lief beim Fliegeralarm von der Schule nach Hause und rannte in den Pferdestall zu seinem Lieblingspferd. Dort wurde er am nächsten Tag erdrückt unter dem toten Pferd gefunden.

Für diese Bombardierung gibt es keinen sinnvollen. Grund. Da an diesem Tag gute Sicht herrschte, fällt es schwer, an einen Irrtum zu glauben.
Wenn auch im Heimatbuch nicht allzu viel darüber vermerkt ist, so ist es doch ein großer Verdienst von Frau Josefine Lang und dem Heimatverein, daß diese Geschehnisse detailliert für die Orts- und Heimatgeschichte festgehalten wurden.

*Josef Trautwein*
*32 Jahre*

*Heinzi Trautwein*
*1 Jahr*

*Hansi Trautwein*
*2 Jahre*

*Johann Mößner*
*59 Jahre*

*Erich Mößner*
*13 Jahre*

*Johanna Söldner*
*65 Jahre*

*Hans Stangl*
*38 Jahre*

## Luftangriff auf Penzing

Beim Angriff am 16.2.1945 auf Penzing rückte die Freiw. Feuerwehr Landsberg mit drei Motorspritzen aus.

*Foto: Stadtarchiv München*

*Das durch Luftangriff zerstörte Deutsche Theater in München. Auch hier war die Landsberger Freiw. Feuerwehr eingesetzt.*

Der Landsberger Bürgermeister Dr. Linn verlieh am 19.3.1945 einigen Landsberger Feuerwehrleuten (darunter auch zwei Mitgliedern der HJ-Feuerwehr) die Kriegsverdienstmedaille bzw. das Kriegsverdienstkreuz für besondere Leistungen z.B. der Bergung von Schwerverwundeten.

Bei Kriegsende waren 90 % der Münchener Innenstadt zerstört. Ganze Straßenzüge waren verschwunden, Kirchen und Theater in Schutt und Asche gelegt.

Wenige Wochen vor Kriegsende, zu einer Zeit, als der Krieg längst entschieden war, wurden immer mehr Kleinstädte und kleine Ortschaften das Ziel amerikanischer und englischer Bomber.

# Amerikanische und britische Luftangriffe bei Kriegsende

## Die Bombardierung von Pforzheim

*Aus „Stimme & Weg" Februar 1995*

Pforzheim stand nur an 15. Stelle der „Todesliste" – einer alliierten Ersatzliste für Flächenbombardierungen in Verbindung mit Rüstungsbetrieben und Transportwegen. Die Stadt sollte nur bombardiert werden, wenn das Wetter Angriffe auf die Hauptziele nicht zuließ. Über dem Ruhrgebiet und Mitteldeutschland war Bewölkung vorhergesagt, nicht aber für den Schwarzwaldraum. So bezahlten die Menschen in Pforzheim für den ungünstigen Wetterbericht.

Am 23. Februar 1945 kamen sie, die 368 Flugzeuge mit ihrer tödlichen Last. In der Viertelstunde von 19.54 Uhr bis 20.10 Uhr wurde das Schicksal der hübschen, reizvoll gelegenen Stadt besiegelt. Diese Viertelstunde und den folgenden Feuersturm überlebten zwischen 17.600 und 22.000 Menschen nicht – ein Viertel bis ein Drittel der Bevölkerung. Keine andere deutsche Stadt hat bei einem Angriff einen so hohen Anteil an Opfern im Verhältnis zur Gesamtbevölkerung zu verzeichnen.

*Das zerstörte Pforzheim*                                    Foto: VDK

Die Menschen kamen in den Druckwellen der Explosionen um, erstickten in ihren Kellern, wurden durch Trümmer erschlagen, verbrannten lebendigen Leibes. In Minuten wurden ganze Familien ausgelöscht, Männer, Frauen und Kinder. Waren sie Schuldige, daß sie so bestraft werden mußten?

Zu den Opfern gehörten nicht nur die Menschen aus der Stadt. Auch „Fremdarbeiter" und Häftlinge und Durchreisende kamen ums Leben.

## Kurz vor Kriegsende wurde Würzburg zerstört

Am 16. März 1945 wurde die Stadt Würzburg mit ihren schönen Fachwerkhäusern das Ziel der englischen Bomberverbände. 90 % der Würzburger Altstadt wurden zerstört. 4.000 bis 5.000 tote Kinder, Frauen und Männer waren das stolze Ergebnis. Die vielen Haustiere, die einen qualvollen Tod starben, sind gar nicht registriert. 21.062 Wohnungen und viele Kirchen wurden zerstört. Ich weiß nicht, inwieweit die englische Bevölkerung über die tatsächlichen Geschehnisse der gelegten Feuerstürme in Deutschland informiert wurde, ich weiß aber, daß es auch in England kritische Stimmen zu diesen Vorgängen gibt.

Am 4. März 1945 wurde der Marktflecken **Schwabmünchen** (ca. 6.000 Einwohner) das Ziel der US-Bomber. 63 Todesopfer, darunter 13 Kinder, 32 Frauen und acht Männer, davon zwei Ausländer waren zu beklagen. Die vielen toten Tiere sind nicht mitgerechnet. Zweidrittel der Wohnungen waren zerstört oder beschädigt.

Am 19. März 1945 war **Bäumenheim** bei Donauwörth das Ziel der Luftangriffe. Unter den Opfern waren 93 Kinder, Frauen und Männer aus der einheimischen Bevölkerung und über 100 tote Fremdarbeiter, Kriegsgefangene und KZ-Häftlinge.

Am 11.4. und am 19.4.1945 wurde **Donauwörth** zerstört. Bei diesen amerikanischen Luftangriffen starben 277 Kinder, Frauen und Männer. Donauwörth gilt als die zerstörteste Kleinstadt Süddeutschlands.

Am 19. April 1945 wurde **Weilheim** von amerikanischen Flugzeugen bombardiert. Am Bahnhof Weilheim stand ein Lazarettzug mit ca. 400 verwundeten ungarischen Soldaten. Lazarettzüge waren immer mit dem Roten Kreuz gekennzeichnet. Der Lazarattzug ist teilweise ausgebrannt. Viele Betriebe, darunter eine Putzwollwarenfabrik, wurden total zerstört. 19 tote Zivilisten, darunter vier Kinder im Alter von zwei, zehn, fünfzehn und sechzehn Jahren, wurden registriert. Dazu kommt eine große Anzahl von Verletzten. Über die ungarischen verwundeten Soldaten liegen mir keine Angaben vor.

## Die deutsche Luftabwehr war nicht untätig

Ab 1942 verstärkten die Alliierten ihre Luftangriffe auf deutsche Städte. Tagsüber flogen die Amerikaner die Einsätze und nachts die Briten. Auch sie hatten hohe Verluste. Von den 125.000 Mann fliegenden Personals fielen 44 Prozent. Mit Hinzurechnung von weiteren Verlusten durch Verwundung und Gefangenschaft waren es sogar insgesamt 73.741 Mann, 60 % (Landsberger Tagblatt vom 5.9.1993).

Von den rund 380 britischen Maschinen, die am 6./7. September 1943 zum Zielanflug auf München ansetzten, wurden von der deutschen Luftabwehr 17 Maschinen abgeschossen. Die Briten verloren dabei rund 100 Mann. In München starben bei diesem Angriff rund 200 Menschen im Bombenhagel, 300 weitere wurden verletzt, ca. 800 Häuser wurden zerstört oder beschädigt.

In der Nacht vom 6. auf den 7. September 1943 schoß ein deutscher Nachtjäger, der von Lechfeld aus gestartet war, einen britischen Bomber vom Typ Halifax II ab. Beim Sinkflug im Fuchstal warf der Bomber seine Luftminen und Phosphorbrandbomben ab und traf dabei die Kirche St. Stephan (im Volksmund Osterauf-Kirche genannt), die völlig ausbrannte. Auch einige Häuser wurden beschädigt. Zwischen Aschtal und Leeder ist der Bomber notgelandet. Von den sieben Besatzungsmitgliedern kamen dabei zwei ums Leben. Fünf konnten mit dem Fallschirm abspringen. Drei davon wurden kurz darauf gefangengenommen. Die zwei anderen Besatzungsmitglieder wurden neun Tage später bei ihrer Flucht in die Schweiz festgenommen. Die fünf Besatzungsmitglieder haben in deutscher Kriegsgefangenschaft den Krieg überlebt.

Ein kanadischer Bomber wurde in dieser Nacht von der deutschen Flak abgeschossen und ist zwischen Kaufering und Landsberg in der Nähe des Peischer-Hofes an der Augsburger Straße abgestürzt. Die sieben Besatzungsmitglieder kamen ums Leben. Sie wurden in Kaufering beerdigt. Nach mündlicher Aussage soll dabei ein Ehrenzug der Deutschen Luftwaffe aus Penzing anwesend gewesen sein. Nach dem Krieg wurden diese Toten auf einen Soldatenfriedhof am Tegernsee überführt.

Mein Vater schrieb darüber am 1.9.1983 folgendes nieder: „In dieser Nacht hatte ich dienstfrei als die Alarmsirene ertönte. Bei Fliegeralarm mußten selbstverständlich alle Polizeikräfte zur Polizeiwache ins Rathaus. Als ich zur Polizeiwache rannte, waren der Vordere Anger und der Himmel hell erleuchtet. Das kam von dem abgestürzten Bomber. Das wußte ich aber zu diesem Zeitpunkt nicht. Als die Meldung eintraf, daß bei Kaufering ein Bomber abgeschossen wurde, wurde Polizeimeister Leitensdorfer und Hilfspolizist Bruckmeier nach Kaufering beordert. Später wurde auch ich dorthin abgestellt. Auf freiem Feld (heute ist alles verbaut) beim Peischerhof, der alleine stand, lag das brennende und rauchende Flugzeug. Die Besatzungsmitglieder lagen in einem runden, hohen Knäuel, ineinander verkeilt im Rumpf. Ein schauriger Anblick. Leitensdorfer erzählte mir beim Nachhausemarsch, daß sie eine nicht geringe Anzahl englischer Pfund an der Absturzstelle fanden.

Am 12. April 1944 wurde ein englisches Aufklärungsflugzeug abgeschossen und bohrte sich bei Egling, Landkreis Landsberg, in einen Acker. Das Flugzeug war mit Spezial-Fotoapparaten ausgestattet. Wahrscheinlich ist es von einer Flakstellung in der Umgebung getroffen worden. Im August 2002 wurde das Flugzeug ausgegraben. Die Überreste des englischen Piloten befanden sich noch in der Kanzel. Er wurde nach England überführt und dort am 14. August 2003 auf einem Soldatenfriedhof beerdigt.

Am 21. Juli 1944 wurde eine amerikanische B 24 bei einem Angriff auf den Fliegerhorst Penzing von der Flugabwehr abgeschossen und stürzte zwischen Utting und Schondorf in den Westrand des Ammersees. Acht Besatzungsmitglieder kamen dabei ums Leben.

Da am Flugplatz Lechfeld ein deutsches Einsatz- und Umschulungskommando mit dem neuen Düsenjäger Me 262 stationiert war, geriet der Flugplatz verstärkt ins Visier der Gegner.

Am 26. Juli 1944 erzielte der deutsche Leutnant Schreiber im Kampf gegen eine englische Mosquito den ersten Luftsieg mit einem Düsenflugzeug. Kurze Zeit später am 8. August schoß Leutnant Weber, der mit seiner Me 262 von Lechfeld aus gestartet war, über dem Ammersee ebenfalls eine Mosquito ab.

Am 12. September 1944 stürzte ein amerikanischer B 17-Bomber bei Holzhausen am Ammersee ab. Obwohl die Flugzeuge in großer Höhe flogen, wurde der Bomber von einem schweren deutschen Flakgeschütz getroffen. Der amerikanische Pilot versuchte noch vergeblich Kurs auf die neutrale Schweiz zu nehmen, bevor das Flugzeug explodierte und auf einen Acker bei Holzhausen a.A. abstürzte. Von den zehn Besatzungsmitgliedern kamen drei ums Leben. Zwei Besatzungsmitglieder landeten mit dem Fallschirm bei Hofstetten und konnten fliehen. Einer wurde sieben Tage später mit einem gestohlenen Fahrrad bei Füssen gefangengenommen und in ein Gefangenenlager gebracht. Der Co-Pilot konnte leicht verletzt mit dem Fallschirm abspringen und fliehen. Schwer verletzt landete der Bordschütze bei Utting und wurde gefangengenommen. Ein anderes Besatzungsmitglied fiel mit seinem Fallschirm in den Ammersee und kam dabei ums Leben. Der Pilot kam mit Unterstützung eines Bauern aus Rott bis an die Schweizer Grenze, wurde aber von den Grenzwachen festgenommen und in ein Kriegsgefangenenlager gebracht.

Am 4. Oktober 1944 stürzte bei Thaining ein amerikanischer Bomber vom Typ B 24-G ab. Die zehn Besatzungsmitglieder konnten mit dem Fallschrim abspringen und kamen in Kriegsgefangenschaft.

Ende 1944 stürzte ein deutscher Jagdflieger in Landsberg am Bahndamm beim Altöttinger Weiher ab. Er kam in eine Stromleitung und es riß ihm den Kopf ab. Mein Vater war an der Unglückstelle. Da aus der Erinnerung das genaue Datum nicht feststellbar ist, sind detaillierte Nachforschungen sehr schwierig. Max Frank aus Landsberg, der den Absturz ebenfalls gesehen hat, sagte mir, er habe damals im Völkischen Beobachter gelesen, daß der Pilot ein Fähnrich aus München gewesen sei.

## Am 27.4.1945 tobten die letzten Luftkämpfe über Landsberg

Fliegerleutnant Johann Reuter, 25 Jahre, aus Salzwedel bei Braunschweig, ist am 27.4.1945 bei einem Luftkampf bei Hängeberg/Fuchshof abgestürzt und am 29.4.1945 auf dem Friedhof von Entraching beerdigt worden. Am 29.11.1949 wurde er nach Salzwedel überführt.
*Auskunft von Frl. Springer, Pfarrköching in Entraching*

Zehn US-Thunderbold Maschinen starteten in Lothringen und sollten bewaffnete Aufklärung in Südbayern betreiben und Bahnverbindungen am Ammersee zerstören. Auch die deutschen Verteidiger waren nicht untätig. Von einer Behelfsstartbahn bei Holzkirchen starteten zehn Focke-Wulf 190 und vom benachbarten Fliegerhorst Offerfing starteten acht Messerschmitt 109, die den Höhenschutz bildeten. Gegen 15 Uhr trafen die beiden Verbände über Türkheim aufeinander.

Die US-Maschinen warfen ihre Bomben im Notwurf ab und der Luftkampf begann. Eine amerikanische und drei deutsche Maschinen wurden getroffen. Die Thunderbold schlug bei Kleinkitzighofen auf und der amerikanische Pilot kam dabei ums Leben. Der Pilot der getroffenen Focke-Wulf 190 konnte sich mit dem Fallschirm bei Lamerdingen retten. Der Pilot der zweiten Maschine rettete sich bei Eurishofen mit dem Fallschirm. Die dritte Maschine wurde von einer US-Panzerflak getroffen und es gelang dem Piloten noch eine Bruchlandung bei Großkitzighofen. Alle drei Piloten kamen in amerikanische Gefangenschaft.

# Tieffliegerangriffe auf Zivilisten

Mit zunehmender Schwächung der deutschen Luftabwehr steigerten sich die Tieffliegerangriffe auf Zivilpersonen. Sie kamen blitzschnell ohne Vorwarnung und schossen auf alles, was sich bewegte, auf wehrlose Frauen und Kinder, auf Rotkreuzfahrzeuge und Lazarettzüge. Ob diese Morde an Zivilisten zu einer Zeit, als der Krieg bereits entschieden war, gerechtfertigt sind, darüber werden sich sicher Historiker noch Gedanken machen. Ich habe mir die Mühe gemacht, einige Vorfälle aus unserer Umgebung glaubwürdig festzuhalten, um die Situation der damaligen Zeit besser verstehen zu können. Daß dies nur ein kleiner Teil von dem ist, was tatsächlich passierte, versteht sich von selbst.

*Foto privat*

### Frau Babette Aman aus Bobingen wurde durch Kopfschuß getötet

Frau Babette Aman, geb. 1915, stand am 16.3.1944 am Fenster ihrer Wohnung in Waldberg/Bobingen, als sie von einem amerikanischen Jagdflieger durch Kopfschuß getötet wurde.

*Babette Aman*

*Foto privat*

### Missionsschwester Basiela aus Hagenheim wurde von Tieffliegern getötet

Maria Kammerer, geb. 1904 in Hagenheim Kreis Landsberg war als Steyler Missionsschwester Basiela in Wewak (Neuguinea). Die Steyler Missionare sollten aufgrund der Kriegsereignisse auf einem japanischen Handelsschiff ausgeschifft werden. Amerikanische Tiefflieger griffen das Schiff mit den Missionaren an. Dabei wurde die 39-jährige Maria Kammerer (Schwester Basiela) getötet. Bei dem Angriff verloren 37 Steyler Missionsschwestern und 22 Steyler Missionare ihr Leben.

*Schwester Basiela aus Hagenheim*

## Erinnerungen an den Luftangriff auf Augsburg von Marlies Müller, geb. am 23.2.1929 in Landsberg a.L.

*Marlies Müller*    Foto: *Privat*

1944 war ich in einem Schülerinternat in Augsburg, Inneres Pfaffengäßchen, nähe Dom. Ich war damals 15 Jahre alt. Während des Luftangriffes am 25. Februar 1944 befanden wir uns im Luftschutzkeller. Auch unser Gebäude wurde getroffen. Es donnerte und krachte, und es war ein großer Luftdruck im Keller. Viele Schülerinnen weinten, manche schrien vor Angst. Es hieß dann: „Alles raus zum Löschen." Das Dach war völlig zerstört und unser Schlafsaal im ersten Stock war unter freiem Himmel und brannte. Im Hof standen große Fässer mit Wasser. Wir bildeten eine Kette mit Eimern zum Schlafsaal und die Lehrerin löschte. Plötzlich hörte ich das Motorengeräusch eines Tieffliegers und die tackernden Einschüsse der Bordkanone in den Schlafssaal. Ich sah auch den Tiefflieger, wie er über uns hinweg flog. Dies ging alles rasend schnell. Die Lehrerin schrie: „Raus, raus." Und wir liefen wieder in den Luftschutzkeller. Dort befanden sich inzwischen auch schon andere Bombengeschädigte. Wegen starker Rauchentwicklung mußten wir aber dort bald wieder heraus. Wir tauchten bereitgelegte Leinentücher zum Umhängen in Wasser und nahmen ein nasses Tuch vor den Mund. Die anderen Luftschutzkeller waren alle überfüllt, sodaß wir nicht unterkommen konnten. Ich sah wie der brennende Phosphor die Hauswände herunterlief und auch am Boden war brennender Phosphor, über den wir springen mußten. Wir gingen dann vorübergehend in den Dom. Melder der H.J. (Hitlerjugend) liefen durch die Stadt, um die Lage zu erkunden. Sie sagten auch den Obdachlosen, in welche Richtung sie gehen sollten und wo Züge abfuhren. Die nassen Leinentücher waren teilweise steif vom Frost. Wir gingen dann Richtung Stadttheater zum Haus der Regierung von Schwaben, wo wir im Keller auf Tischen und am Boden schlafen konnten. Wir waren ziemlich übermüdet, da wir ja die Nächte vorher schon, wegen der Luftalarme wenig geschlafen hatten.

Vom Oberhauser Bahnhof konnten wir dann mit dem Zug Richtung Ulm abfahren. Dies war aber für mich die falsche Richtung, denn ich wollte ja nach Hause zu meinen Eltern nach Landsberg. An einem Bahnhof hatte ich Gelegenheit, mit meiner besorgten Mutter zu telefonieren. Über Buchloe konnte ich dann mit dem Zug und zwei Schulkameradinnen aus dem Fuchstal nach Landsberg fahren. Bei dem Luftangriff verbrannte meine ganze Habe (Kleidung, Schuhe usw.). Ich hatte nur noch das, was ich am Leibe trug. Ich fuhr nach dem Luftangriff noch einmal nach Augsburg, um nach Habseligkeiten von mir zu suchen.

Nur im zerstörten Schulsaal fand ich noch mein Schulmäppchen. Der schöne Fellfederhalter, den mir mein Vater kauft hatte, war aber bereits verschwunden.

Die Internatschule wurde dann nach Donauwörth verlegt. Dort erlebte ich im April 1945 den Luftangriff auf Donauwörth und habe dort wiederum einen Großteil meiner Habseligkeiten verloren.

*Augsburg, 21.4.2017, Marlies Müller*

*Simon Bauer*

*Foto: Privat*

### Patient des Landsberger Krankenhauses von Tieffliegern erschossen

Der Landwirt Simon Bauer aus Hofstetten war wegen Blutvergiftung im Landsberger Krankenhaus. Seine Frau war mit dem zweiten Kind schwanger. Er hatte den Arm eingebunden und ging in der Nähe des Krankenhauses beim Luna-Park spazieren, als er am 21.7.1944 von einem Tieffliger erschossen wurde. Das Krankenhaus befand sich damals an der Lechstraße. Simon Bauer war 36 Jahre alt. Der Fall wurde vom Amtsgericht untersucht. Die amtliche Todesursache lautet: „Schädel- und Lungenschuß durch Terrorflieger.

### Frau Luise Schaflitzel wurde von feindlichen Tieffliegern getötet

Frau Luise Schaflitzel, geb. 1911, wurde am 9.1.1945 in Zusmarshausen von feindlichen Tieffliegern getötet. Sie ist beerdigt im Friedhof Gersthofen/Batzenhofen. Ihr Name ist am Kriegerdenkmal vermerkt.

### Frau Theresia Lautenbacher aus Bobingen wurde das Opfer von Tieffliegern

Frau Theresia Lautenbacher, geb. 1915 in Bobingen war am 16.3.1944 bei einer Beerdigung in Großaitingen. Nach der Beerdigung begann es zu regnen, und sie wollte daraufhin sofort mit ihrem Fahrrad nach Bobingen fahren, um die Hühner in den Stall zu bringen. Auf dem Weg zwischen Wehringen und Bobingen wurde sie von feindlichen Tieffliegern angegriffen und schwer verletzt. Obwohl man sie noch mit einem Fuhrwerk ins Krankenhaus bzw. zu einem Arzt transportierte, starb sie noch auf dem Weg dorthin.

*Theresia Lautenbacher*

*Foto: privat*

## Schriftliche Aussage von Eduard Pflanz Landsberg

Im Juli 1944 arbeitete ich als Zivilist im Garten am nördlichen Stadtrand von Landsberg. Am Spätnachmittag kam plötzlich in niederster Höhe von Süden ein feindlicher Tiefflieger und schoß mit der Bordkanone auf mich. Ich warf mich in Sekundenschnelle zu Boden und entkam so dem gutgezielten Schuß aus der Bordkanone. Die Kugel ging genau an der Stelle, wo ich mich vorher befand in die Holzwand des Schupfens. Das Einschußloch ist heute noch zu sehen.

Abends trat ich meinen Nachtdienst in der örtlichen Schutzpolizei in Landsberg an. In der Nacht zwischen 12 Uhr und 4 Uhr mußte ich Wache stehen an der Leiche eines Zivilisten, der tags zuvor von einem Tiefflieger erschossen wurde, als er als Patient des nahen Krankenhauses, in dessen Nähe er spazieren ging, und nach dem tödlichen Schuß den Lechhang beim Luna-Park hinunter fiel. Die nächtliche Wache war deshalb notwendig,um anderntags von Seiten des Gerichts aus die genaue Todesursache feststellen zu können. Es handelte sich vermutlich um denselben feindlichen Tiefflieger, der auch auf mich schoß.

*Eduard Pflanz*

*Foto: Privat*

*Landsberg am Lech, 17.11.1979 Eduard Pflanz*

## Paul Boos aus Sonthofen erinnert sich

Paul Boos ist Jahrgang 1931 und erinnert sich an einen Tieffliegerangriff in seiner Heimatstadt Edenkoben im Januar 1945:

Englische Jagdflieger überflogen mehrmals ganz niedrig unsere Stadt. Ich konnte alles gut beobachten, denn ich war mit mehreren Schulkameraden beim Rodeln. Einer der Flieger überflog uns ganz niedrig, wir konnten unter der ledernen Fliegerhaube das Gesicht des Piloten erkennen. Dann drehte das Flugzeug um, flog einen Angriff auf uns und beschoß uns mit seinen eingebauten Maschinengewehren. Wir reagierten glücklicherweise ganz schnell, ließen die Schlitten sausen und warfen uns in den Straßengraben, um Deckung zu suchen. Nebenbei machte ich mir vor Angst in die Hose. Es wurde niemand getroffen, aber die Geschosse und Dreck flogen uns um die Ohren. Wir fanden das nicht sehr fair, denn er hatte bestimmt erkannt, daß hier Kinder beim Rodeln waren. Wir waren zwischen dreizehn und vierzehn Jahre alt.

*Augsburger Allgemeine Zeitung vom 23.2.2013*

### Erlebnisbericht von Max Frank, Landsberg, niedergeschrieben am 18.7.2005

*Max Frank*

Foto: Privat

Ich bin Jahrgang 1924 und kam mit 17 Jahren zum RAD (Reichsarbeitsdienst). Dann wurde ich zu den Gebirgsjägern eingezogen. Im Sommer 1944 war ich wegen Verwundung zu Hause in Landsberg und traf im Vorderanger meinen Schulkameraden Hanns Hamberger. Als Luftalarm gegeben wurde, fuhren wir mit dem Fahrrad aus der Innenstadt in unseren Kleingarten in der Weiherstraße. Dort tauchten blitzschnell zwei amerikanische Tiefflieger auf (den amerikanischen Stern am Flugzeug habe ich gesehen) und schossen mit den Bordwaffen auf uns. Ich wurde von mehreren Splittern verletzt. Die Bieberl im Garten waren tot. Hamberger blieb unverletzt. Ich wurde mit den Sanka in das Landsberger Krankenhaus gefahren und ambulant behandelt. Das war am 21. Juli 1944. An diesem Tag wurde auch der Stadl von Jänker in Brand geschossen.

### Polnischer Fremdarbeiter von Tiefflieger in Scheuring erschossen

Der Pole Antoni Wisniewsky arbeitete als landwirtschaftlicher Arbeiter in Scheuring Kreis Landsberg a.L. Wisniewsky wurde im September 1944 durch einen feindlichen Tiefflieger der linke Oberschenkel zertrümmert. Man brachte ihn ins Landsberger Krankenhaus, wo er am 15.9.1944 um 17.50 Uhr mit 38 Jahren verstarb. Er wurde am 18.9.1944 in Landsberg beerdigt. Wisniewsky war verheiratet und hatte zwei Kinder. Seine Familie lebte in Polen.

### Erinnerungen von Werner Große, Graben

1944 wohnten wir in Stadtbergen bei Augsburg. Meine Tante hatte ein kleines Kind. Wegen der Luftangriffe brachten wir das Kind zu Fuß nach Fischach/Reitenbuch. In der Nähe von Fischach wurden wir am Spätnachmittag von einem feindlichen Tiefflieger beschossen. Da wir Richtung Immelstetten zu den Großeltern immer am Waldrand gingen, fanden wir Deckung und wurden nicht getroffen.

Im Herbst 1944 war ich bei Immelstetten auf einer Weide, um Kühe zu hüten. Ein Tiefflieger überflog uns und hat uns offensichtlich bemerkt. Er kam zurück und hat angegriffen. Eine Kuh wurde getroffen.

Wieder einige Tage später im Herbst 1944 wurde ich erneut von einem Tiefflieger beim Milchholen in der Nähe der Zusam angegriffen. Er kam von Süden

## Den Angriff auf einen Personenzug in Aystetten überlebte niemand

Frau Genofeva Hanninger, geb. 1905 in Aystetten Kreis Augsburg, wurde am Augsburger Schmidberg ausgebombt. Die drei Kinder von Genofeva Hanninger kamen bei einer Tante in Aystetten unter.

Am 10.4.1945 fuhr Frau Genofeva Hanninger mit dem Arbeitszug von Augsburg nach Aystetten, um ihren Kindern etwas zum Essen zu bringen. Die Kinder wohnten in der Nähe des Bahnhofes und warteten am Fenster auf ihre Mutter. Sie sahen bereits den anfahrenden Zug, in dem ihre Mutter war, als er von amerikanischen Tieffliegern angegriffen wurde.

Keiner der Bahnreisenden überlebte den Angriff. Man geht von ca. 49 Toten aus. Die Kinder wurden nach dem Tode der Mutter auf mehrere Familien verteilt. Der Vater war in Krakau stationiert und ist

*Genofeva Hanninger*
*Foto: Privat*

vermißt. Er hat das Schicksal seiner Familie nicht mehr erfahren.

Zur Erinnerung an das Massaker wurde in Aystetten ein Gedenkstein errichtet.

*Der zerstörte Arbeiterzug von Aystetten*

*Quelle: Katastrophen der deutschen Bahn, Teil 1*

# Die neunjährige Heidi Frühschütz wurde von Tieffliegern erschossen

Die Familie Frühschütz wohnte in der Münchener Straße in Landsberg. Als am 28.2.1945 abends gegen 23 Uhr Frau Frühschütz Flugzeuggeräusche hörte (vermutlich wurde Voralarm gegeben), ging Frau Frühschütz ins Schlafzimmer, um nach den Kindern und dem kleinen Baby zu sehen. Die neunjährige Heidi Frühschütz und ihre siebenjährige Schwester Lucie schliefen gemeinsam in einem Bett, weil Verwandte aus Ostpreußen zu dieser Zeit bei der Familie Frühschütz wohnten.

Plötzlich schoß ein Tiefflieger durchs Fenster. Frau Frühschütz bekam einen Streifschuß am Arm. Die im Bett liegende Heidi Frühschütz erhielt einen Durchschuß am linken Oberschenkel. Die Wunde

*Heidi Frühschütz*

*Foto: Privat*

*Heidi Frühschütz*

*Foto: Privat*

konnte nicht abgebunden werden, da der Einschuß zu weit oben war.

Frau Frühschütz und die Tante versuchten die Wunde zu versorgen so gut es ging und verständigten über Telefon den Sanitäter. Dieser fuhr aber zu der Zeit nicht, da bereits Vollalarm herrschte. Der Sanitätswagen kam erst um ca. 24 Uhr und brachte Heidi Frühschütz ins Landsberger Krankenhaus. Dort ist sie etwa eine Stunde später um ca. 1 Uhr an dem hohen Blutverlust in den Armen ihrer Mutter gestorben.

Nach Auskunft von Luftfahrtexperten wurde der Angriff von englischen Moskitos geflogen.

*Der Bericht stützt sich auf die Aussage von Lucie Müller, Schwester von Heidi Frühschütz. Aufgeschrieben am 17.3.1987.*

## Bericht von Anna Gregg, damals wohnhaft in Hofstetten Kreis Landsberg a.L.

Niedergeschrieben im September 2015

*Anna Gregg*    *Foto privat*

Im März 1945 war ich 18 Jahre alt und als Arbeitsmaid beim Reichsarbeitsdienst in Markt Schwaben bei München eingesetzt. Im selben Monat kam ich in ein Lager des RAD im Allgäu, um dort in der Munitionsfabrik in Blaichach zu arbeiten.

Da die amerikanischen Truppen schon hinter Ulm standen, wurde das Lager im April aufgelöst. Wir bekamen unsere Papiere und nahmen Abschied voneinander. Ich stieg mit anderen Kameradinnen in den Zug nach Immenstadt, um in meinen Heimatort Hofstetten bei Landsberg/Lech zu kommen. Der Zug war deutlich als Rotkreuzzug gekennzeichnet, da er viele verwundete Soldaten transportierte.

Als wir im Bahnhof in Kempten standen, gab es einen Tieffliegerangriff der US-Amerikaner, obwohl, wie ich noch einmal betonen muß, der Zug eindeutig als Krankentransport zu erkennen war. Wir Mädchen waren von großer Angst erfüllt. Der Zugschaffner rief, wir sollten den Zug verlassen und uns in einem nahegelegenen Luftschutzbunker in Sicherheit bringen. Ich suchte noch schnell meine Sachen zusammen und wurde dadurch von meinen Kameradinnen getrennt. Allein verließ ich den Zug und rannte zum Bunker. Aus den Augenwinkeln sah ich noch, wie ein beinamputierter Soldat versuchte, ebenfalls aus dem Zug zu steigen. Er konnte sich nicht halten und rollte hilflos die Böschung hinunter.

Als ich plötzlich hinter mir den Motorenlärm eines Tieffliegers hörte, rannte ich buchstäblich um mein Leben. Kurz bevor ich den Bunker erreichte, drehte ich mich um und blickte in das Gesicht des Piloten. Würde er Erbarmen mit mir haben? Nein! Ich spürte noch, wie eine Kugel an meinem Gesicht vorbeipfiff. Dann war ich im rettenden Bunker.

Nach einer Weile, die wir dort in panischer Angst verbracht hatten, hörten wir die Stimme des Schaffners, der uns wieder in den Zug zurückholte. Wir konnten trotz zahlreicher beschädigter Eisenbahnwagen weiterfahren. Aber schon auf der Fahrt von Kempten nach Kaufbeuren wurden wir wieder von US-amerikanischen Tieffliegern beschossen. Wir warfen uns angstbebend auf den Boden der Waggons. Ich hielt meine Hände über den Kopf, um die entsetzlichen Schreie der Verwundeten nicht zu hören. Es war unmöglich, jemandem zu helfen. Irgendwann kam wieder der Schaffner und erklärte uns, daß der Zug so zerstört sei, daß er nicht mehr weiterfahren könne und wir versuchen müßten, uns zu Fuß nach Hause durchzuschlagen. Wir Mädchen verließen also alle den Zug, und ich kam auf abenteuerlichen Wegen über Kaufering und Landsberg nach Hofstetten.

**Bericht von Anneliese Weigele, Landsberg**
Niedergeschrieben am 29.3.1989

Etwa fünf Tage vor dem Einmarsch der Amerikaner im April 1945 ging ich mit einer Bekannten vormittags zwischen 10 und 12 Uhr durch die Frühlingstraße in Landsberg. Ich war damals 19 Jahre.

Wir mußten fast eine halbe Stunde vor einem feindlichen Tiefflieger in Deckung gehen, der auf alles schoß, was sich bewegte.

*Landsberg, 29.3.1989 Anneliese Weigele*

*Anneliese Weigele*
*Foto: Privat*

---

**Den Frieden finde bei Gott**
**mein innigstgeliebter Gatte, unser guter Vater, Sohn und Bruder**

# Michael Deibler

**Lastfuhr-Unternehmer**
Geb. 24. Mai 1909 in Hügelshart
Gef. durch Tiefflieger am 20. April 1945 bei Sulzemoos.

Die Kugel, die dich niederwarf, / Sie traf auch uns ins Herz./ Doch ein edles Gattenherz / Darf nicht untergehn im Schmerz, / Du warst stets deiner Eltern Freud / Hast nie mit Vorsatz sie betrübt. / Auch dein Kind trägt dieses Leid / Um dich, den sie so sehr geliebt.

## Frau Therese Kyrrmayr wurde mit mehreren Schüssen in den Rücken getötet

Die Landwirtin Therese Kyrrmayr, geb. am 31.1.1901 in Erbenschwang, wurde am 21.4.1945 in Grünenbaindt bei Dinkelscherben von Tieffliegern erschossen.

Der Sohn der Familie Kyrrmayr ist in Tilsit gefallen. Sein Name wurde am Familiengrabstein vermerkt.

Therese Kyrrmayr wollte an ihrem Todestag in Dinkelscherben Blumen für das Grab zum Gedenken an ihren gefallenen Sohn kaufen, dabei wurde sie von amerikanischen Tieffliegern vom Fahrrad geschossen.

*Therese Kyrrmayr*

*Foto: Privat*

Als ihr Mann und die Tochter Kreszentia, die damals 14 Jahre alt war, die Mutter heimholten, sahen sie, daß ihr Rücken von den Geschossen der Flieger durchsiebt war. Frau Kyrrmayr wurde in Grünenbaindt beerdigt und später nach Sachsenried überführt.

*Hildegard Zistler*

*Foto: Privat*

## 14-jähriges Mädchen in Landsberg von Tiefflieger beschossen

Kurz vor Kriegsende (April 1945) hatte ich für meinen Vater in Landsberg Farbe gekauft und fuhr mit dem Fahrrad nach Hause in die Dietrich-Eckhart-Straße, heute Schmalholzstraße. Ich war damals 14 Jahre alt.

Am Kasernenberg erklärte mir ein deutscher Soldat, daß Voralarm sei und ich solle in den Luftschutzkeller gehen. Ich fuhr aber weiter.

Nach dem Schongauer Dreieck beim Galgenweg (es standen damals dort nur wenige Häuser) kam plötzlich von vorne ein feindlicher Tiefflieger auf mich zu und schoß auf mich. Er flog so tief, daß ich das Gesicht des Piloten deutlich sehen konnte.

Am Flugzeug erkannte ich einen weißen Stern. Die Einschüsse gingen links und rechts an mir vorbei. Verletzt wurde ich nicht.

*Landsberg, den 12.1.2007 Hildegard K. geb. Zistler*

## Frau Kaindl wurde am Fenster von einem Tiefflieger erschossen

Die Metzgermeistersgattin Babette Kaindl aus Friedberg stand am 24.4.1945 am Fenster ihrer Wohnung, als sie vom Bordwaffengeschoß eines Tieffliegers tödlich getroffen wurde. Sie war 48 Jahre alt.

*Babette Kaindl*
*Foto: Privat*

## Erinnerungen an das Kriegsende in Landsberg von D. Baumgärtner aufgeschrieben am 8.12.2011

Am Ende des Zweiten Weltkrieges hatten wir in Landsberg eine kleine Wohnung beim Hl. Geist Spital. Bei einem Fliegeralarm Anfang 1945 holte mich meine Mutter aus dem Bett, um im nahen Keller der Malteserkirche (Hl. Kreuz Kirche) Schutz zu suchen. Kurz nachdem wir das Zimmer verlassen hatten, schoß ein feindlicher Flieger durchs Fenster in das Zimmer und traf mein Kinderbett, das dabei kaputt ging. Die Bettfedern flogen im ganzen Zimmer herum. Da durch den Luftdruck die Zimmertüre aufsprang, ist anzunehmen, daß es sich um ein Explosivgeschoß handelte.

## Bauersfrau von Tieffliegern erschossen

Die 44-jährige Bäuerin Sophie Hummel aus Immenthal hatte gehört, daß ein Schuhgeschäft in Obergünzburg Schuhe verkauft, da nach dem Einmarsch der Amerikaner ohnehin alles geplündert werde. Am Morgen des 24.4.1945 fuhr Frau Sophie Hummel gemeinsam mit einer Bekannten mit dem Fahrrad nach Obergünzburg und erhielt tatsächlich für ihren Mann und die Kinder Schuhe. Auf dem Rückweg mit dem Fahrrad wurde sie von einem Tiefflieger erschossen.

Bei der Beerdigung am 27.4.1945 auf dem Friedhof in Obergünzburg konnten die

*Sophie Hummel*　　*Foto: Privat*

Kinder nicht dabei sein. Es durften insgesamt nur sieben Personen an der Beerdigung teilnehmen, da Menschenansammlungen von der Besatzungsmacht verboten waren. Auch auf dem Sterbebild wurde als Todesursache nur Unfall erwähnt.

## Raimund Wiedemann starb bei der Ausübung seines Dienstes

Der verheiratete Reichsbahnsekretär Raimund Wiedemann, geb. am 13.4.1892, war Bahnhofsvorstand in Walleshausen/ Kreis Landsberg a.L.

Am 24.4.1945 wurde Raimund Wiedemann bei einem Tieffliegerangriff auf einen einfahrenden Personenzug am Bahnhof Walleshausen in Ausübung seines Dienstes von den Maschinengewehrkugeln eines Tieffliegers durch die Brust geschossen und ist daran verblutet.

*Raimund Wiedemann*     *Foto: Privat*

**Zum frommen Gedenken
im hl. Gebete**
an unser lb. Töchterlein u. Schwesterchen

# Paula Fuchs

von Mering
Geboren am 13. April 1934
Gestorben beim Fliegerangriff auf Mering
am 24. April 1945

Das Knösplein brach, auf das wir uns so freuten / Es welkt u. brach, noch eh' es aufgeblüht, / Und nun, von unsern Tränen still begleitet, / Ein holder Engel nach der Heimat zieht. / O Herr gib ihr die ewige Ruhe!

## Mit Rotem Kreuz gekennzeichnetes Fahrzeug von Tieffliegern in Brand geschossen

Aus Dießen kommend fuhr in Richtung Rott am 25. oder 26.4.1945 eine Hanomag-Zugmaschine mit Kofferanhänger, deutlich mit dem Roten Kreuz gekennzeichnet.

Mehrere Rotkreuzhelferinnen befanden sich auf dem Fahrzeug, als es von einem englischen Jagdflugzeug in drei bis vier Anflügen in Brand geschossen wurde. Die jungen Mädchen suchten in dem nur flachen Straßengraben Schutz und blieben unverletzt. Geschockt und ohne jede Habe zogen sie in ihren Saniuniformen zu Fuß weiter.

*Aufzeichnungen von Ignaz Schiele, Rott*

## 18-jährige Abiturientin durch Bordwaffenbeschuß getötet

Die Abiturientin Charlotte Stanglmayr, Tochter des Braumeisters der Schloßbrauerei Mering, stand an der Schloßeinfahrt, als sie durch Bordwaffenbeschuß eines feindlichen Tieffliegers getötet wurde.

Sie war 18 Jahre alt und kam erst einen Tag vorher von einem Arbeitseinsatz zurück.

*Charlotte Stanglmayr*

## Die Schauspielerin Hannelore Elsner erinnert sich

Mein Bruder starb mit knapp fünf Jahren bei einem Tieffliegerangriff. Da war der Krieg schon fast vorbei.

Ich war zwei Jahre jünger als Manfred und sehr mit ihm verbunden. Er war mein Anführer, mein großer Bruder. Meine Mutter hatte gerade unseren kleinen Bruder auf die Welt gebracht, und Manfred war mit einem Nachbarmädchen auf dem Weg zu unserer Großmutter von Burghausen nach Neuötting. Während der Fahrt wurde der Zug bombardiert.

In seinem Körper fand man sechs Patronen, die meine Mutter später in einem Leinensäckchen aufbewahrte, zusammen mit zwei winzigen Holzpferdchen, die Manfred immer bei sich hatte. Dieses Leinensäckchen besitze ich immer noch. Meine Erinnerungen sind verblaßt, aber die Gefühle sind da. Ein unglaubliches Verlassensein in meinem Herzen. Es war ein unsagbarer Schmerz in der Familie. Und gleichzeitig totale Sprachlosigkeit. Zu Hause sprach man nicht darüber.

*Süddeutsche Zeitung vom 22.5.2011*

**23-jähriger an den Folgen des Bordwaffenbeschusses gestorben**

Der Schlosser August Kühn aus dem Kreis Waiblingen wurde am 24.4.1945 in Mering durch Bordwaffenbeschuß schwer verletzt und ist an den Folgen im Krankenhaus gestorben.

**Zum treuen Gedenken**
an unseren geliebten Sohn und Bruder

# Matthäus Meier

Schüler
Geb. am 28. April 1934 zu Augsburg
Gef. am 25. April 1945 durch Tiefflieger
in Thierhaupten.

In der schönsten Lebensblüte
Brach mir an der letzte Tag
Lebet wohl ihr meine Lieben
Ich entrann der Erdenplag

**Auch viele Fremdarbeiter fielen den Angriffen zum Opfer**

Der polnische Fremdarbeiter Henryk Gosorkiwicz, 24 Jahre alt, aus dem Warthegau und der 26-jährige polnische Fremdarbeiter Josef Slominsky aus dem Kreis Radomsko kamen bei dem Angriff auf Mering am 24.4.1945 ums Leben.

Die Hilfsarbeiterin Pauline Hawrikowa aus Kissing ist ihren schweren Verletzungen, die sie bei dem Angriff auf Mering am 24.4.1945 erlitt, im Krankenhaus erlegen.

## Georg Miller aus Pitzling, geb. 1907, wurde von einem Tiefflieger mehrmals um einen Feldstadel gejagt

Ende April 1945, als die Amerikaner bereits zum Lech vorrückten, befand ich mich auf unserer Wiese, südlich von Pitzling und mähte mit der Sense Gras.

Gegen Mittag kam ein feindlicher Flieger und schoß auf mich. Da ich mich in der Nähe des dortigen Heustadels befand, konnte ich noch Deckung finden. Vermutlich wäre ich sonst getroffen worden.

*Pitzling, den 24.7.1985 Georg Miller*

*Georg Miller*
*Foto privat*

## Angriff auf einen Flüchtlingszug in Pfortzen

Am 24.4.1945 wurde ein einfahrender Flüchtlingszug im Bahnhof Pfortzen bei Kaufbeuren von feindlichen Tieffliegern beschossen.

Vier jugendliche Schüler und der Stationsangestellte Josef Dillian kamen dabei ums Leben.

Außerdem gab es 35 Verletzte.

## Angriff auf einen Personenzug in Hohenfurch bei Schongau

Am 27.4.1945 starben bei einem Tieffliegerangriff auf einen Personenzug in Hohenfurch bei Schongau neun Personen:

Frl. Magdalena Albertshauser, geb. 1910, ledig, streng katholisch, wohnhaft in Schongau

Frl. Susanne Schießer, geb. 1910 im Kreis Bieberach, ledig.

Mori Bela, geb. 1911 in Ungarn.

Heinrich Hoffmann, Panzergrenadier, geb. 1904 in Birda/Rumänien.

Georg Silin, geb. 1901 in Pinsk/Polen, serbischer Soldat in der deutschen Wehrmacht.

Hubert Hacken, geb. 1928 in Linz am Rhein.

Wilhelm Sperlin, geb. 1902 im Kreis Marienwerder, Kraftfahrer.

Hans-Werner Schmidt, geb. 1922 in Waldsolingen, Kaufmann.

Ein Hauptmann, Name nicht bekannt, da alle Erkennungszeichen fehlten.

Sie wurden am 29.4.1945 in einem Massengrab auf dem Friedhof in Hohenfurch beerdigt.

*Quelle: Stadtarchiv Schongau, kath. Pfarramt Hohenfurch, Hinweise von Privatpersonen*

## Lokheizer wurde am 24.4.1945 in Lechfeld durch Bordwaffenbeschuß getötet

Josef Schmauser, geb. am 8.3.1900 in Niederleiendorf, wohnhaft in Greifenberg bei Landsberg, war Melker. Bei Kriegsende wurde er als Lokheizer eingesetzt.

Am 24.4.1945 kam er bei einem Tief-fliegerangriff in Lechfeld bei Ausübung seines Dienstes durch Bordwaffenbeschuß (Schädelschuß und andere tödliche Verletzungen) ums Leben.

*Josef Schmauser*

Foto: Privat

## Tieffliegerangriff auf einen Personenzug im Bahnhof Buchloe

Am 25. April 1945 um 7.45 Uhr griffen 10 bis 12 feindliche Jabos im Tiefflug das Bahngelände im Buchloe an und warfen Phosphorbrandbomben und mehrere Stab-brandbomben auf Gebäude und Eisenbahnwagen. Dabei gab es 6 Tote und 6 Schwerverletzte. 16 Eisenbahnwagons sind ganz ausgebrannt. Auch ein Haus in der Mindelheimer Straße wurde schwer beschädigt.

Die Toten des Tieffliegerangriffs waren:

Der Maschinenhausgehilfe Josef Reiter aus Buchloe durch Kopfschuss.

Nikolaus Lang aus Saarlautern durch Brustschuss.

Der sowjetische Kriegsgefangene Ezgoba Pugoban wurde durch Kopfschuss schwer verwundet und ist im Krankenhaus Waal gestorben.

Der Lokomotivführer Josef Zezlhuber aus Buchloe.

Der Technische Reichsbahninspektor Blum aus Halle.

Der Lokomotivführer Müller aus Kempten.

Am gleichen Tag wurde im Güterbahnhof die Leiche des sowjetischen Kriegsge-fangenen Feodor Puschalin aufgefunden. Er soll von eigenen Leuten, die er vom Plündern von Eisenbahnwagons abzuhalten versuchte, niedergeschossen worden sein.

*Quelle: Heimatverein Buchloe*

## Ende April 1945 wurde ein Personenzug im Bahnhof Geltendorf durch Tiefflieger angegriffen

Ricarda Winterswyl schrieb darüber in ihren Kindheitserinnerungen „Spiegel-stücke", erschienen 2000, folgendes:

„Eine abendliche Heimfahrt von München. In der einbrechenden Dunkelheit, beim Umsteigen in Geltendorf kam der Tiefflieger-Angriff.

Sie schossen auf die Menschen auf den übervollen Bahnsteigen. Meinem Bruder war es gelungen, seine schreckensstarre Mutter die Treppe hinunter in die Unterführung zu zerren. Ich kann mich nicht erinnern, wo ich war. Jemand hielt mir die Hände über das Gesicht. Das tödliche Summen in der Luft, Rattern der Schüsse, Schreie, Blut, Verletzte. Ein gezielter Schuß traf den Zugführer in der Lokomotive. An seiner Schläfe war ein runder, roter Fleck, und er kippte langsam, ganz langsam und steif, aus dem Wagen. ...

Ein Mann wurde schwerverletzt ins Lazarett St. Ottilien eingeliefert, wo er kurz darauf verstarb."

## Marterl in Unterammergau

Genoveva Reindl aus Unterammergau war auf dem Feld, als sie kurz vor Kriegsende am 29.4.1945 von einem amerikanischen Tiefflieger getroffen wurde. Sie starb an den schweren Verletzungen am 2.5.1945 und wurde im Familiengrab beigesetzt. Die Inschrift auf dem Marterl lautet:

Beim Einmarsch der Amerikaner am 29.4.1945 wurde hier

Genoveva Reindl
angeschossen
und starb an ihren schweren Wunden.

## Noch heute findet man vereinzelt Marterl
## für die Opfer von Tieffliegerangriffen

### Marterl im Altmühltal

Am 21.4.1945 kam der Bauer Eugen Neumeyer durch Bordwaffenbeschuß eines Tieffliegers ums Leben. An der Straße von Kipfenberg im Altmühltal nach Denkendorf, in dieser Fahrtrichtung rechts, befindet sich ein Gedenkkreuz mit folgender Inschrift:

*Aufnahme 1986 von Erich Reichel*

Hier starb am 21.4.45 durch Tieffliegerangriff
**Herr Eugen Neumeyer**
Bauer von Gelbelsee

„Bin doch so friedlich die Straßen gezogen,
Wurde vom Kriege schmählich betrogen.
Bracht' auch mein Tod euch viel Tränen und Leid,
Führt' er mich selber zur Seligkeit.
Schenkt mir dazu euer Fürbittgebet,
Ihr, die ihr jetzt vor dem Kreuze hier steht!"

O Herr, gib ihm die Ewige Ruhe!

## Marterl in Pfarrkirchen

In Pfarrkirchen befindet sich dieses Marterl für eine Bauerstochter.

Der Bauer Georg Baumgartner und seine Tochter holten, wie gewohnt die Frühmilch von den Gehöften der Umgebung ab, um sie zur Molkerei zu fahren.

Als sie das Geräusch von feindlichen Tieffliegern hörten, hielt Baumgartner sofort an und warf sich in den Graben. Seine Tochter suchte Schutz unter einem jungen Baum. Die MG-Garben peitschten heran, trafen aber die beiden Personen nicht.

Als die Tiefflieger zu einem neuen Angriff ansetzten, schrie der Vater dem Mädchen zu, es solle vom Auto weglaufen, da er eine Explosion befürchtete. Als das Mädchen weglief, wurde es von den Kugeln der Bordwaffen tödlich getroffen. Am Auto zählte man über hundert Einschüsse. Der Tank wurde nicht getroffen.

Zur Erinnerung an die junge Bauerstochter wurde an dieser Stelle ein Marterl errichtet.

*Stimme und Weg Mai 1983*

# Der Volkssturm in Landsberg a.L.

Im Herbst 1944 wurde in Landsberg der Volkssturm aufgebaut. Hermann Böhler wurde Volkssturmführer. Durch seine massive Werbung für den Volkssturm schaffte er sich nicht nur Freunde.

Melden mußten sich alle wehrfähigen Männer zwischen 16 und 60 Jahren. Schon im Ersten Weltkrieg 1915 griff man darauf zurück, als das verbündete Italien eine Kehrtwendung machte und die Dolomitenfront ungeschützt war. Es dauerte eine Zeit, bis Truppen aus den anderen Frontgebieten abgezogen werden konnten. Jugendliche und alte Männer stiegen auf die Berge und verteidigten erfolgreich die Heimat.

Als die Rote Armee Anfang 1945 in die deutschen Ostgebiete einrückte, hatte der Volkssturm z.B. in Schlesien noch eine andere Bedeutung. Im Frühjahr 1945 war das Kriegsende bereits absehbar und in Landsberg trat der Volkssturm kaum mehr in Erscheinung. Es fehlte auch an Ausrüstung, Bewaffnung und Bekleidung.

Karl Weckerle, Jahrgang 1891, Kaufmann in Landsberg, war Soldat im Ersten Weltkrieg. Er war nicht Mitglied der NSDAP oder einer ihrer Gliederungen. Er wurde dem Landsturm II A zugeteilt. Am 1. März 1945 wurde Weckerle für sechs Tage zu einem Zugführerlehrgang des Volkssturmes nach Wörgl in Tirol geschickt.

## Bericht von Georg Miller am 24.7.1965

Bei Gründung des Volkssturmes wurde ich Führer einer Volkssturmkompanie in Landsberg. Adjutant war R. Förster. Später wurde die Kompanie von Braumeister Z. übernommen. Es waren hauptsächlich UK gestellte Leute (das waren

*Unterführer-Lehrgang des Volkssturmes in Wörgl.*

Foto: privat

unabkömmlich gestellte Personen, die deshalb nicht an die Front geschickt werden konnten). Die Kompanie bestand aus fast 100 Mann. Unterricht wurde in der Kantine der Pflugfabrik abgehalten. Die Zusammenkünfte waren unregelmäßig. Es war schwer, die Leute zusammen zu bekommen, denn viele waren dienstverpflichtet, hatten Nachtdienst usw. Als Bewaffnung waren veraltete italienische Karabiner vorhanden. Andere Waffen oder Uniformen standen nicht zur Verfügung.

Man hatte nicht die Ansicht vertreten, kriegswichtig irgendwie etwas Entscheidendes leisten zu können. Man glaubte, eventuelle wichtige Objekte wie Brücken zu bewachen oder bei eventuellen Plünderungen usw. die Ordnung aufrecht zu erhalten.

## An alle Haushaltungen des Kreises Landsberg!

Volksgenossen und Volksgenossinnen! Erneut ergeht an uns der Ruf des Führers. Es gilt für unsere Soldaten an der Front und in der Heimat notwendige Bekleidungs- und Ausrüstungsreserven zu schaffen.

## Wir sind aufgerufen zum Volks-Opfer!

Von kriegsentscheidender Bedeutung ist das Ergebnis der Sammlung, die sich auf Wäsche, Bekleidungsstücke und Ausrüstungsgegenstände aller Art erstreckt, jeder Lumpen, jeder Fetzen ist von Wert.

Partei und Volkssturm sammeln in Euren Wohnungen am **Sonntag**, den 14., 21., 28. Januar 1945.

**Kreisleitung Landsberg**

N/0307.

von Moltke, Kreisleiter.

# Aufruf

## zum

## „Volksopfer für Wehrmacht und Volkssturm"

Liebe Volksgenossen!

Wiederum wendet sich die Führung des Reiches an Euch mit der Bitte, den Kampf unserer tapferen Soldaten und die Aufstellung der Volkssturmbataillone durch eine großangelegte Spende des gesamten deutschen Volkes, das „Volksopfer für Wehrmacht und Volkssturm" zu unterstützen.

Nach allen Opfern, die wir bisher schon brachten, werden wir auch der neuen Forderung uns nicht versagen und alles daransetzen, um vor der selbstlosen Hingabe an allen Fronten und in den Luftkriegsgebieten der Heimat zu bestehen. Das hohe Beispiel der Millionen tapferer deutscher Männer und Frauen steht uns vor Augen und spornt uns stetig dazu an: treu und beharrlich unseren Schicksalsweg zu gehen.

Von den kleinen Gesinnungen jener, die den harten Zugriff des Krieges bisher noch am wenigsten verspürt haben, wollen wir uns nicht beeinträchtigen lassen. Wir hören nicht auf sie, sondern lassen wie immer die Stimme unseres Herzens sprechen. Unser Herz ist heute mehr denn je bei unserem Vaterlande, dem wir uns nie versagen und dem wir die Treue halten in allen Dingen.

So folgen wir auch heute dem Ruf, für den deutschen Soldaten der Wehrmacht und des Volkssturmes notwendige Textilien und Gebrauchsgegenstände, Spinnstoffe aller Art, alte Uniformen, Bekleidungsstücke, Ausrüstungsgegenstände usw. zu beschaffen und wollen in der treuen Erfüllung des Volksopfers alle miteinander beweisen, wie fest wir in unserer Volkskameradschaft stehen.

Alle Volksgenossen, denen ein gütiges Geschick in den Kriegsstürmen noch ihre Lebensgüter gelassen hat, mögen die Bestände auch noch so zusammengeschmolzen sein, bitte ich von der zwingenden Notwendigkeit dieses Appells überzeugt zu sein und, wenn auch mit kleinen Stücken, so doch tatkräftig dazu zu helfen, daß unser Traditionsgau seine vaterländische Pflicht im „Volksopfer" erfüllt.

Heil Hitler!

*Paul Giesler*

Gauleiter.

## Aussage des Sparkassenangestellten E. M. Pflanz, Jahrgang 1893 vom Sommer 1979

Ende 1944 wurde in Landsberg ein Volkssturm aufgestellt. Ich gehörte zur 1. Kompanie, letzte Reserve. Die Vereidigung war am Hauptplatz. Schießübungen wurden abgehalten am Schießplatz zwischen Landsberg und Kaufering.

Einen Tag bevor die Amerikaner in Landsberg einrückten sind wir in der Innenstadt mit zwei Kompanien zu etwa 30 Mann in Zivil am Paradeplatz (heute Georg-Hellmair-Platz) angetreten. Es kam ein 17jähriger Adjutant und meldete, wir sollen sofort abrücken mit Waffen in Richtung Buchloe. Dies wurde von uns abgelehnt, da wir weder Ausweise noch Armbinden hatten und uns als reguläre Soldaten nicht erkenntlich machen konnten.

Die Gewehrkammer mit vorwiegend italienischen Karabinern befand sich im Hause von Bäcker Geisenhof, neben Pelzhaus Abt. Wir trugen die Gewehre in die Gewehrkammer zurück, einige legten sie einfach an der Kirche beim Paradeplatz ab.


## Bericht von Erich Pfaff, Landsberg, Jahrgang 1929

Aufgrund eines Schreibens mußte ich mich Anfang März 1945 im Hotel Post in Diessen melden. Dort wurde ich mit ca. 60 Kameraden des Jahrgangs 1929 einquartiert. Wir bekamen eine Uniform, mußten aber Kragenspiegel usw. abtrennen. In diesen Wochen bekamen wir eine vormilitärische Ausbildung. Schießen durften wir ausschließlich mit Platzpatronen.

Ende April 1945 sagte unser Ausbilder: „Buben, der Krieg ist zu Ende, geht nach Hause." Zu Fuß sind wir dann nach Landsberg gelaufen, wo bereits die Amerikaner waren.

Zwischen Issing und Lengenfeld wurden wir von Tieffliegern angegriffen. Zum Glück ist aber niemandem von uns etwas passiert.

*Landsberg, den 5.11.1990 Erich Pfaff*

# Auch die Feindpropaganda schlief nicht

Die Alliierten warfen vom Flugzeug aus massenweise Flugblätter ab, um den Wehrwillen der Deutschen zu brechen. Hier einige Beispiele im Original. Da sie von meinem Vater seit Kriegsende aufgehoben wurden, gehe ich davon aus, daß sie über Landsberg abgeworfen wurden.

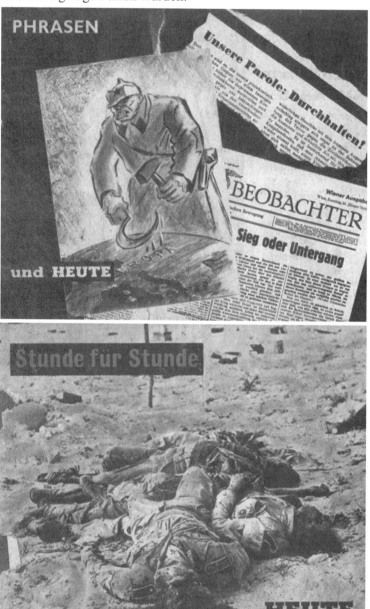

# Über Landsberg a.L. abgeworfenes feindliches Flugblatt

## 1944

## Wer wird den Weltkrieg verlieren?

**ENGLAND** das nicht einmal 1940, im Zustande seiner äussersten Schwäche, niedergerungen werden konnte?

das seitdem seine Kriegsproduktion versiebenfacht hat?

dessen Flotte nach vier Jahren U-Bootkrieg mehr Schiffe hat als 1939?

dessen Luftwaffe im Fronteinsatz die deutsche um ein Drittel überflügelt hat?

dessen Armee aus der Armee von Dünkirchen zur Armee von Tunis, Sizilien und Italien geworden ist?

**RUSSLAND** das über die Arbeitskraft von 170 Millionen verfügt?

das den Reichtum des Donetzbeckens für seine stetig wachsende Kriegsproduktion zurückgewonnen hat?

das jedes Jahr 2 Millionen neue Rekruten in seine Armee einstellen kann?

dessen „vernichtete" Armeen in 7 Tagen die deutsche Sommeroffensive gebrochen, und die deutschen Truppen um Hunderte von Kilometern zurückgetrieben haben?

**AMERIKA** das über die Arbeitskraft von 130 Millionen und die modernste technische Ausrüstung verfügt?

das heute schon an die 8 000 Flugzeuge im Monat produziert, fast das Dreifache der deutschen Erzeugung?

dessen Produktion „bombensicher" ist? das in einem Jahr trotz der U-Boote bereits über 2 Millionen Soldaten mit voller Ausrüstung übersee geschickt hat?

## ODER

**DEUTSCHLAND** das sich vier Jahre lang verblutet hat, ohne eine Entscheidung zu erzwingen,

das heute Facharbeiter an die Front schicken und Ausländer an die Maschinen stellen muss,

das seine Industrien nicht mehr gegen Luftangriffe verteidigen kann, und das mit schwindenden Kräften immer mehr Fronten halten soll?

## DAS BLATT HAT SICH GEWENDET!

**Über Landsberg a.L. abgeworfenes feindliches Flugblatt**

Diesmal hat Deutschland einen Führer, der Deutschland zwingen will weiterzukämpfen, obwohl jede Möglichkeit des Sieges geschwunden ist und Weiterkämpfen totale Selbstvernichtung bedeutet.

Hitler weiss : Kriegsende ist sein Ende. Darum verlängert er den verlorenen Krieg.

Solange der verlorene Krieg weitergeht, wird eine deutsche Fabrik nach der andern dem Erdboden gleichgemacht. Was heute in der deutschen Kriegsindustrie zerstört wird, fehlt morgen in der deutschen Friedensindustrie. Jeder Tag, den Hitler gewinnt, ist für die Zukunft des deutschen Volkes verloren.

Nur Deutsche können Deutschland retten!

## Über Landsberg a.L. abgeworfenes feindliches Flugblatt

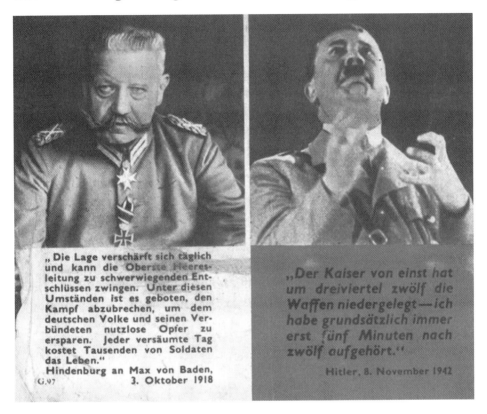

„Die Lage verschärft sich täglich und kann die Oberste Heeresleitung zu schwerwiegenden Entschlüssen zwingen. Unter diesen Umständen ist es geboten, den Kampf abzubrechen, um dem deutschen Volke und seinen Verbündeten nutzlose Opfer zu ersparen. Jeder versäumte Tag kostet Tausenden von Soldaten das Leben."
Hindenburg an Max von Baden,
G.97                    3. Oktober 1918

„Der Kaiser von einst hat um dreiviertel zwölf die Waffen niedergelegt — ich habe grundsätzlich immer erst fünf Minuten nach zwölf aufgehört."

Hitler, 8. November 1942

## Die Amerikaner warfen nicht nur Flugblätter ab

### Bericht von Otto Feller, Landsberg, Jahrgang 1932

Im Spätsommer 1944 ging ich mit meinem Onkel zum Schwammerlsuchen Richtung heutiges Krankenhaus in den Erpftinger Wald.

Dort fanden wir ein Paket mit gefälschten Lebensmittelmarken. In der Nähe lag auch ein aufgeplatztes Paket mit Füllfederhaltern. Offensichtlich wurden diese von alliierten Fliegern abgeworfen. Mein Onkel rief sofort „Hände weg" und warnte mich, die Füllfederhalter zu berühren.

Als er mit einem Stock darauf schlug, gab es kleine Explosionen. Offensichtlich waren die Füllfederhalter mit Sprengsätzen versehen. Wenn ich sie in die Hand genommen hätte, hätte es mir vermutlich die Finger abgerissen.

*Landsberg, den 31.7.1997 Otto Feller*

# Wie dachten die Menschen damals

Die Meinungen über die politische Lage waren damals sicher unterschiedlich. Im Herbst 1944 zweifelten wohl viele Menschen daran, daß Deutschland den Krieg noch gewinnen könnte. Neben den Alltagssorgen um die Familie kam noch die Sorge hinzu, was die Zukunft bringen werde.

Nathan Kaufman veröffentlichte 1941 in den USA eine Broschüre mit dem Titel „Germany must perish!" („Deutschland muß sterben!"), darin schlug er detailliert vor, daß alle deutschen Frauen unter 45 Jahre und alle deutschen Männer unter 60 Jahre sterilisiert werden sollten und er schrieb, „...wenn die Deutschen nach und nach aus Europa verschwinden, wird dies keine nennenswerte negative Lücke hinterlassen, keine größere als das allmähliche Verschwinden der Indianer hierzulande." Außerdem verfaßte er eine Skizze, wie das restliche Deutschland nach einem verlorenen Krieg aufgeteilt werden sollte. Da diese Broschüre in den USA veröffentlicht wurde, blieb sie auch in Deutschland nicht unbekannt und wurde vom Reichspropagandaministerium entsprechend verwendet.

1944 entwickelte der amerikanische Finanzminister Henry Morgenthau den sogenannten Morgenthau-Plan. In dem er u.a. die totale Vernichtung der deutschen Industrie forderte. Hier einige Kernsätze aus dem Morgenthau-Plan:

„Nach Beendigung der Feindseligkeiten sollen im Ruhrgebiet alle Industrieanlagen und -ausrüstungen, die nicht schon durch Kriegseinwirkung zerstört sind, vollständig abgebaut und in alliierte Länder als Sühne abtransportiert werden. Alle Ausrüstungen sollen aus den Bergwerken entfernt werden und diese selbst geschlossen werden. Die Beseitigung der industriellen Struktur ist unumgänglich. Die Zerstückelung Deutschlands alleine würde nicht genügen. Ein Reparationsprogramm für Deutschland nach dem Kriege verspricht keinen größeren Erfolg, als der Versuch mit dem Dawes- und Young-Plan nach dem Ersten Weltkrieg."

Umerziehung:

„Das bestehende Erziehungssystem ... muß vollkommen neu geordnet und umorganisiert werden. Die Hauptaufgabe wird darin bestehen, politisch zuverlässige Lehrer ausfindig zu machen und so schnell wie möglich neue Lehrer auszubilden, die von einem neuen Geist beseelt sind."

„Die Umerziehung kann nicht wirksam von außerhalb des Landes durchgeführt werden. Sie muß von den Deutschen selbst geleistet werden."

„Alle deutschen Rundfunksender, Zeitungen, Zeitschriften, Wochenzeitungen usw. haben ihren Betrieb einzustellen, bis entsprechende Kontrollen eingerichtet sind und ein geeignetes Programm erstellt ist."

Auch dieser Plan war in Deutschland bekannt und in der Bevölkerung ging der Spruch um: „Genieße den Krieg, denn der Frieden wird furchtbar."

Im Februar 1945 trafen sich der amerikanische Präsident Roosevelt, der englische Premierminister Churchill und der sowjetische Diktator Stalin in Jalta, um über die Zerstückelung Deutschlands zu beraten. Man war der Ansicht, daß Frankreich als Großmacht nicht anerkannt werden sollte, da es im Kampf gegen Deutschland versagt habe. Gegenüber der Sowjetunion wurden große Zugeständnisse gemacht, da man Stalin dazu bringen wollte, Japan trotz Neutralitätspakt anzugreifen, was ja dann auch im Sommer 1945 geschah.

In einem Memorandum des amerikanischen Außenministeriums vom 10. November 1944 heißt es in Absatz 3: „In der ersten Nachkriegszeit sollten die USA den niedrigsten Lebensstandard in Deutschland begünstigen, der noch mit der Verhütung von Seuchen und von Chaos zu vereinbaren sei." (Landsberger Zeitungsbericht vom 19.3.1955, S. 3)

Ein anderer Teil der deutschen Bevölkerung hoffte, daß die von der Reichsregierung angekündigten Wunderwaffen noch eine Wende des Krieges herbeiführen würden. Manche nahmen es mit Humor und stellten die Frage: „Was ist der Unterschied zwischen einem Gewitter und den Wunderwaffen? Den Blitz sieht man, aber man hört ihn nicht. Den Donner hört man, aber man sieht ihn nicht. Und von den Wunderwaffen hört und sieht man nichts."

Wenn die Erwachsenen nach dem Kriege diskutierten, habe ich immer aufmerksam zugehört und oft wurde die Meinung vertreten, die Wunderwaffen waren eine Propagandaerfindung von Göbbels. Heute aber weiß man, daß es eine ganze Reihe technische Neuentwicklungen gegeben hat:

Die V1 und die V2 Raketen waren bereits im Einsatz. Auch eine **V3 Rakete** war in der Entwicklung. Der **Düsenjäger Me 262**, das schnellste Jagdflugzeug der Welt, war bereits fertiggestellt und im Einsatz. Um es aber effektiv einsetzen zu können, mußte es in Serie gebaut werden und es mußten auch genügend ausgebildete Piloten vorhanden sein. Die Montage wurde wegen der andauernden Luftangriffe teilweise in den Wäldern durchgeführt, was sehr aufwändig war. Es wurden deshalb halbunterirdische und bombensichere Fertigungshallen in Auftrag gegeben. Auch wurde ein **Senkrechtstarter** entwickelt, der bereits Ende 1944 und Anfang 1945 in der Erprobung war. Englische Flugzeuge sahen unbekannte Flugobjekte (Ufos) in Form einer Scheibe bzw. einer Glocke. Auch ein **Nurflügler** wurde entwickelt, heute als Tarnkappenbomber bezeichnet. Man muß auch davon ausgehen, daß die fertig entwickelte **Atombombe** von den Amerikanern erbeutet wurde. Daß die Siegermächte nicht sehr auskunftsfreudig darüber sind, was sie in Deutschland an technischen Neuentwicklungen erbeutet haben, ist verständlich. Der für die Geheimwaffen zuständige SS-Obergruppenführer Kammler ist seit Kriegsende verschwunden.

Bereits bei Kriegsende wurden die Spannungen zwischen Ost und West immer deutlicher und es gab Spekulationen, daß die Amerikaner die deutschen Soldaten im Kampf gegen den Kommunismus noch benötigen werden. Aus heutiger Sicht betrachtet, waren diese Gedanken nicht ganz illusorisch. 1946 führte Frankreich einen erbitterten Krieg in Indochina, wozu in den Kriegsgefangenenlagern massiv deutsche Soldaten als Fremdenlegionäre angeworben wurden. Bereits einige Jahre später standen sich die einstigen Verbündeten Amerika und die Sowjetunion in Korea im Kriegszustand gegenüber.

1955 wurde auf Druck der Amerikaner die Deutsche Bundeswehr mit Soldaten der Deutschen Wehrmacht und der Waffen-SS wieder aufgebaut. Bundeskanzler Konrad Adenauer gab eine Ehrenerklärung für die Waffen-SS ab und Vizekanzler Erich Mende trug bei seinen Staatsempfängen das Ritterkreuz. Schon nach kurzer Zeit war die Deutsche Bundeswehr ein wichtiger NATO-Partner.

## Das Rüstungsprojekt Ringeltaube

Im Sommer 1944 wurde in der Nähe von Landsberg im Iglinger Wald mit dem Bau eines halbunterirdischen Flugzeugwerkes für den Bau des Düsenjägers Me 262, dem schnellsten Jagdflugzeug der Welt, begonnen. Dies war notwendig, da das dringend benötigte Flugzeug wegen der andauernden Luftangriffe dezentral in den Wäldern montiert wurde, was die Fertigung sehr erschwerte. Die Bauleitung hatte die OT (Organisation Todt). Auch mehrere Großbaufirmen wurden damit beauftragt. Für diese Großbaustelle wurden sehr viele Facharbeiter und Hilfsarbeiter benötigt. Arbeitskräfte waren zu dieser Zeit schwer zu finden.Es wurden Arbeiter vom Atlantikwall abgezogen. Aufgrund eines Abkommens zwischen Hitler und Mussolini sollten italienische Arbeiter geschickt werden. Da aber wegen der Situation in Italien nur einige hundert Italiener eintrafen, griff man auf Häftlinge des Konzentrationslagers Dachau, sowie auf Juden, vorwiegend aus Ungarn und dem Baltikum, zurück. Für die Versorgung so vieler Menschen war eine enorme Organisation notwendig, was durch die ständigen Luftangriffe bei Kriegsende immer schwieriger wurde. Für die Unterbringung der Häftlinge wurden mehrere Lager errichtet. Es gab dort eine Vielzahl von Betrieben, so z.B. eine Zahnstation, Nähstuben und sogar eine Uhrmacherwerkstatt befand sich dort. Häftlinge arbeiteten auch in verschiedensten Bereichen z.B. in Kfz-Werkstätten für die Instandsetzung von Fahrzeugen, in landwirtschaftlichen Guts-höfen usw. Natürlich stand dieses kriegswichtige Projekt unter strengster Geheimhaltung und mußte auch ständig wegen der Luftangriffe getarnt werden. Im Winter 1944/45 brach im Lager am Stoffersberg Typhus aus, so daß das Lager vorübergehend geschlossen werden mußte. Solche Vorkommnisse führten natürlich auch zu einer Verzögerung der Bauarbeiten. Im Lager 4 Hurlach wurde ein Krankenlager (Quarantänestation) eingerichtet.

Über die Zustände in den Lagern, vor allem bei Kriegsende wurde in den letzten 30 Jahren enorm viel geschrieben und berichtet, so daß ich glaube, daß ich es hier nicht wiederholen muß. Ich möchte mich deshalb auf einzelne Ereignisse kon-

*Zufahrt zum Bunker*

*Foto: Neuhaus*

*Die Baustelle am Bunker*

*Foto: Neuhaus*

zentrieren, von denen ich glaube, daß sie in der Berichterstattung der letzten Jahrzehnte etwas zu kurz gekommen sind.

Der jüdische Wiener Arzt Dr. Viktor Frankl war Häftling im Lager Türkheim. Ich hatte zu ihm persönlich ein gutes Verhältnis und habe auch immer wieder mit ihm telefoniert. Er hat mich sehr beeindruckt, und ich habe vor ihm einen hohen Repekt. Seine im Lager entwickelte Logotherapie wird auch heute noch erfolgreich angewandt und er ist ein international anerkannter Mann. In Landsberg ist er Ehrenbürger.

Frankl sagte nicht nur mir gegenüber sondern auch immer

*Prof. Dr. Viktor Frankl*

wieder öffentlich: „Es gibt keine Kollektivschuld und hat es auch nie gegeben. Es kann nur jemand schuldig sein, der persönlich Schuld auf sich geladen hat."

*Karl Hoffmann*     Foto: Privatarchiv

Dies steht aber im krassen Gegensatz zu den Urteilen der Dachauer Nachkriegsprozesse, in denen z.B. 30 Angeklagte nach einem für alle gleichlautenden Urteilsspruch zum Tode verurteilt und in Landsberg hingerichtet wurden, ohne daß ihnen persönliche Schuld nachgewiesen wurde.

Bei einer Gedenkfeier am 27.4.1985 in Türkheim sagte Dr. Viktor Frankl in seiner Gedenkrede wörtlich: „Es tut mir heute noch aus tiefstem Herzen leid, daß ich dem SS-Kommandanten Hoffmann heute nicht mehr danken kann. Der Mann hat aus seiner eigenen Tasche für uns Häftlinge Medikamente gekauft."

Die Häftlinge haben den SS-Lagerkommandanten Karl Hoffmann versteckt und den Amerikanern nur mit dem Versprechen ausgeliefert, daß ihm nichts passiert. Hoffmann kam trotzdem ins Lager Ludwigsburg und ist einige Jahre später verstorben.

Es ist mir nicht bekannt, daß es für Hoffmann eine Ehrung oder eine Gedenktafel gibt.

*KZ-Gedenkfeier am 27.4.1985 in Türkheim. Am Rednerpult Prof. Viktor Frankl.*
Foto: H. Pflanz

## Die Bezeichnung Arbeitslager – KZ-Lager

Als 1984 der Landsberger OB Hamberger in einem Interview von den Kauferinger Arbeitslagern sprach, ging ein Sturm der Entrüstung durch die Landsberger Vergangenheitsbewältiger. Sie verlangten, daß nur noch von KZ-Lagern gesprochen werden dürfe. Ich habe daraufhin am 4.12.1984 an das Institut für Zeitgeschichte in München geschrieben und um Auskunft gebeten, wie die richtige Bezeichnung für diese Lager ist. Nachdem ich wiederholt massiv eine Antwort reklamiert habe, erhielt ich am 27.3.1985 mit Aktenzeichen Au./ki von Hellmuth Auerbach u.a. folgende Auskunft:

„Aus der Aufstellung dieses oben genannten Verzeichnisses der Haftstätten (siehe beiliegende Kopie) geht hervor, daß es in Kaufering zwischen Mai 1944 und Kriegsende insgesamt elf Außenkommandos des Konzentrationslagers Dachau gab. Diese Kommandos wurden als **Arbeitslager** bezeichnet. Sie unterstanden verwaltungsmäßig dem KL Dachau; aus diesem wurden die Häftlinge nach Kaufering gebracht und nach Auflösung der Lager Ende April 1945 wieder dorthin zurückgebracht."

## Die Aufgabe des Rüstungsbauwerkes und die Evakuierung der Lager

Nach zehnmonatiger Bauzeit war ein Bunker im Iglinger Wald fast fertiggestellt. Der Bunker war so stabil gebaut, daß ihn die Amerikaner trotz Einsatz von Spezialsprengstoff nicht beseitigen konnten. Nach Aussage von Baurat Rudolf Neuhaus wurden bereits im hinteren Teil Düsenjäger montiert. Auch waren bei Kriegsende komplette Fabrikeinrichtungen und große Teile einer Atomspaltanlage usw. eingelagert.

Ende April 1945 wurden die Lager aufgelöst. Die marschfähigen Häftlinge marschierten in mehreren Evakuierungsmärschen ins Hauptlager nach Dachau. Die nicht marschfähigen Häftlinge aus dem Krankenlager IV in Hurlach sollten mit dem Zug abtransportiert werden.

Die Kapos informierten am Abend vorher die Häftlinge, daß das Lager evakuiert wird. Sie warnten davor, sich zu verstecken, da das Lager abgebrannt wird. Man kann sich vorstellen, daß es einzelne Häftlinge gab, die sich trotz aller Warnungen versteckten, um in Hurlach die Ankunft der Amerikaner zu erwarten. Sie wußten ja, daß die Front nicht mehr weit war. Anscheinend war es auch schwierig, die Häftlinge zu bewegen, ihre kranken Kameraden zum Zug zu bringen.

Am Morgen des 24. April 1945 wurde der Zug von zwölf feindlichen Tieffliegern mit Splitterbomben angegriffen und mit Bordwaffen auf die Häftlinge geschossen.

Herr Neuhaus beobachtete den Angriff vom gegenüberliegenden Lechufer und fuhr sofort zum Zug. Er sagte zu mir, die Situation war furchtbar. Die schwerverletzten Häftlinge haben sich in den Wald geschleppt, man konnte nur schwer helfen. Fahrzeuge standen kaum mehr zur Verfügung. Es wurde noch versucht, die Schwerverletzten ins Lager I zu bringen. Der Zug mit den Überlebenden ist dann abgefahren. Die Toten blieben liegen.

Lagerarzt Dr. Blanke ließ das Quarantänelager abbrennen und nahm sich dann mit seiner Frau das Leben. Um das Kleinkind von Blanke soll sich nach Aussage von Neuhaus eine jüdische Häftlingsfrau gekümmert haben.

Der Zug kam in Schwabhausen in einen neuen Angriff. Dort gab es nochmals ca. 170 Tote und viele Verletzte. Die Verletzten kamen nach St. Ottilien ins Lazarett. Die Toten wurden noch vor dem Einmarsch der Amerikaner beerdigt.

Abends fuhr der Zug weiter nach Dachau. Wenn der Zug dort nicht mehr ausgeladen wurde, kann man sich vorstellen, was das für ein Anblick für die einrückenden Amerikaner war.

*Der Evakuierungsmarsch der Häftlinge an der Neuen Bergstraße in Landsberg.*
*Aufgenommen von Joh. Mutter/Archiv Pflanz*

# Wlassow Soldaten zogen durch Landsberg

Freiwillige aus fast allen europäischen Ländern kämpften in der Waffen-SS gegen den Kommunismus, darunter auch Russen unter General Wlassow und Kosaken unter General Panwitz.

Wenn sie in russische Gefangenschaft gerieten, war das das sichere Todesurteil, da sie dort als Landesverräter angesehen wurden. So versuchten diese russischen Soldaten, die auf deutscher Seite kämpften, sich nach Westen abzusetzen. Auch Soldaten der russischen Wlassow-Armee zogen bei Kriegsende durch Landsberg in Richtung Westen.

Auf der Straße von Eresing Richtung Schöffelding wurde am 27.4.1945 gegen 10 Uhr eine Gruppe Wlassow-Soldaten von Tieffliegern angegriffen. 15 Soldaten waren sofort tot. Frauen aus Eresing versuchten die Verletzten zu versorgen. Die Schwerverletzten kamen ins Lazarett nach St. Ottilien, wo noch zwei an ihren Verletzungen starben.

An der Breslauer/Holzhauser Straße ereignete sich bei Kriegsende ein tragischer Vorfall. 1982 gab mir Herr Rudolf Neuhaus aus Kaufering folgenden Erlebnisbericht:

„Als ich Ende April 1945 bei der O.T. Oberbauleitung in Landsberg eintraf, zog gerade ein größerer Verband der Wlassow-Armee vorbei. (Das waren Russen unter General Wlassow, die im Zweiten Welt-

*Grabstein für die russischen Wlassow-Soldaten auf dem Friedhof in St. Ottilien*
Foto: 1990 H. Pflanz

krieg auf der deutschen Seite kämpften.) Bei der Breslauer/Holzhauser Straße war der Verband plötzlich gestoppt worden und Wlassow-Leute, SS- und O.T.-Leute (Organisation Todt) gingen auf beiden Seiten der Straße in Stellung.

Ein Wlassow-Soldat, der etwas Deutsch konnte, erklärte mir: „SS-Offizier Mann erschossen." Bei einem Panjewagen lag ein Soldat auf der Erde.

Auf der anderen Straßenseite erklärte mir ein SS-Offizier, die Russen hätten ein jüdisches Häftlingsmädchen vor der Bauleitung in ihrem Wagen versteckt. Er hätte den Wagen durchsuchen wollen und wäre durch einen Wlassow-Soldaten daran gehindert worden. Darauf habe er diesen Mann, nach Aufforderung, den Weg freizumachen, niedergeschossen.

Inzwischen traf ein höherer russischer Offizier ein. Man kam überein, daß auf die Durchsuchung im Panjewagen verzichtet wurde und die Wlassow-Soldaten zogen weiter."

Den toten Wlassow-Soldaten finde ich auf keinem Soldaten-Friedhof. Es ist nicht anzunehmen, daß die Wlassow-Soldaten ihren toten Kameraden mitgenommen haben. Wohin hätten sie ihn bringen sollen? Vermutlich haben sie seine Papiere und eventuelle Wertsachen mitgenommen und sind weitergezogen.

*Das Grab auf dem Spöttinger Friedhof in Landsberg*
*Foto: H. Pflanz*

In den Umsturzwirren lag er wohl einige Tage auf der Straße, bis ihn dann jemand am nächstgelegenen Friedhof begraben hat. Der Name war nicht bekannt. An der Uniform erkannte man aber, daß er Russe war. Man hatte also nur die Angaben: Unbekannter Russe, gestorben 1945.

Und genau das stand an dem Grabkreuz im Spöttinger Friedhof. Es ist mit an Sicherheit grenzender Wahrscheinlichkeit anzunehmen, daß es sich dabei um den toten russischen Wlassow-Soldaten handelt.

2003 wurde dieses Schild, wie auch die übrigen Namenstafeln an den Grabkreuzen entfernt. Für die Bevölkerung ist das nicht nachvollziehbar. Kriegstote haben aufgrund der Genfer Konvention von 1949 das ständige Ruherecht.

# Vor dem Umsturz war die Stimmung
# nervös und angespannt

Der Ortsgruppenleiter Wilhelm Nieberle wohnte in Landsberg in der Schulgasse und hatte dort ein Lebensmittelgeschäft.

Der 17-jährige Flakhelfer Adolf R. H. Schneider wollte im April 1945 in der Schulgasse mit Kameraden Plakate kleben. Als Nieberle nachts vor seinem Haus Geräusche hörte, glaubte er, es gehe gegen seine Person und schoß mit der Pistole aus dem Fenster. Schneider wurde mit einem Lungensteckschuß getroffen und war zwei Jahre zur Behandlung in einem Lazarett am Tegernsee. 1997 ist er gestorben.

## Bei Kriegsende gab es auch in Landsberg mehrere Selbstmorde

Die Frau des Ortsgruppenleiters Nieberle, Frau Centa Nieberle und ihre Tochter Maria nahmen sich kurz vor dem Einmarsch der Amerikaner am 28.4.1945 in ihrer Wohnung in der Schulgasse durch öffnen der Pulsadern das Leben.

Ortsgruppenleiter Wilhelm Nieberle versuchte nach seiner Entlassung aus dem Lager in Murnau einen Neuanfang, nahm sich aber 1954 ebenfalls das Leben.

*Der Grabstein der Familie Nieberle im alten Friedhof Landsberg. Das Grab ist inzwischen aufgelöst.*

*Foto 1987 H. Pflanz*

## Freigabe der Proviantlager

Bereits am 23.4.1945 gingen Gerüchte durch die Stadt, daß die Verpflegungs-
lager vor dem Einrücken der amerikanischen Truppen für die Bevölkerung freigegeben werden. Auch die Stadt Landsberg entschloß sich, angesichts des heran-
nahenden Feindes, das Proviantlager in der Viehhalle vor dem Inselbad für die
Bevölkerung freizugeben.

Nach Bekanntwerden fand sich eine große Menschenmenge vor dem
Versorgungslager ein. Nach übereinstimmenden Aussagen mehrerer Zeitzeugen
entstand ein unbeschreibliches Chaos. Die einen drängten in die Halle, die anderen, die irgendeinen Karton ergattert hatten, drängten wieder hinaus. Sie wußten
oft gar nicht, was sich in dem Karton befand.

Um das Chaos in den Griff zu bekommen, wurde in die Luft geschossen, aber
das beeindruckte die Leute nicht. Auch als Fliegeralarm gegeben wurde, kümmerte sich niemand darum, bis das Lager ausgeräumt war. Man muß bedenken,
daß eine große Unsicherheit herrschte, was kommen wird, und die Menschen
versuchten, sich mit dem Lebensnotwendigen einzudecken. Gebraucht wurde ja
alles.

## Bei Kriegsende waren ungarische Soldaten in Landsberg einquartiert

Im April 1945 waren einige Wochen in Landsberg in der Knabenschule und in der
Mädchenschule ungarische Soldaten einquartiert. Sie zogen bei Kriegsende über
das Klösterl in Richtung Pitzling ab. In dieser Zeit fiel der Schulunterricht aus.

## Erinnerungen von Johann Stenzer, Landsberg

An der Kreuzung Schongauer Dreieck in Landsberg kam bei Kriegsende ein
schwarzer Opel P 4 mit zwei deutschen Soldaten angefahren. Die deutschen Posten wollten das Auto aufhalten. Der Fahrer des Pkw kümmerte sich nicht darum
und fuhr durch. Ungefähr bei VW Kohler fuhr das Auto auf eine Mine. Der Mo-
tor flog ca. zehn Meter durch die Luft. Die zwei deutschen Soldaten sprangen aus
dem Auto und blieben wie durch ein Wunder am Leben. Ich habe das selbst
gesehen.

Auf dem Nachhauseweg wurde ich mit meiner kleinen Tochter zwischen dem
Schongauer Dreieck und unserem Haus von Tieffliegern angegriffen und beschossen. Getroffen wurden wir zum Glück nicht.

Anmerkung:
Bei den zwei Soldaten im Pkw handelte es sich um Sturmbannführer Otto Pörschner
und Obersturmführer Vinzenz Schöttl. Pörschner verlor dabei ein Auge.

# Die Amerikaner rücken an den Lech vor

Die amerikanischen Truppen konnten bei Dillingen eine fast unversehrte Donaubrücke einnehmen und einen Brückenkopf bilden, was für die in schweren Rückzugskämpfen stehenden deutschen Truppen katastrophale Folgen hatte. Im April 1945 überschlugen sich die Ereignisse. Ausgegebene Befehle waren manchmal schon überholt, ehe sie die Einheiten erreichten. Oft waren die Kommandeure auf sich selbst gestellt. Am Lechhang sollte wieder eine zusammenhängende Verteidigungslinie aufgebaut werden. Teile des 13. SS-Armeekorps und der 189. Inf. Division wurde der Rückzug an den Lech abgeschnitten und bei Markt Wald aufgerieben, so daß der Lechhang nur schwach besetzt werden konnte. Die SS-Division, die bei Landsberg den Lechhang besetzte, war aber nach Ansicht meines Vaters noch in Takt. Er sah moderne Tigerpanzer die neue Bergstraße hinauffahren, die rückwärts in Stellung gingen. Eine Geschützbatterie und eine Panzerbesatzung kann auch nicht mit versprengten Soldaten bedient werden. Hierzu müssen ausgebildete und eingearbeitete Leute vorhanden sein.

*Bei Kriegsende wurde an eine Hauswand bei der Karolinenbrücke (vermutlich von Fremdarbeitern) geschrieben „Panzersperren ist sinnlos"*

*Fotografiert von Joh. Mutter / Archiv Pflanz*
*Mein Vater, der mit Kunstmaler Joh. Mutter befreundet war, hat ihm ca. 1950 die Bilder vom Kriegsende abgekauft.*

# Am 27.4.1945 kurz vor 9 Uhr wurden die beiden Brücken gesprengt

*Die gesprengte Karolinenbrücke in Landsberg a.L.*

Foto: J. Mutter/Archiv Pflanz

Aus militärischer Sicht war die Sprengung der Lechbrücken sicherlich zu rechtfertigen. Ein Desaster wie an der Donau, wo die Amerikaner eine unversehrte Brücke einnehmen konnten, durfte sich nicht wiederholen.

Die Menschen, die die Brückensprengung verhindern wollten, riskierten viel im Glauben an eine gute Sache für ihre Heimatstadt. Unter der Karolinenbrücke verliefen auch die Versorgungsleitungen für die Katharinen Vorstadt.

Aus heutiger Sicht mag es sich vielleicht etwas anders darstellen. Ich habe mir überlegt, wie die Situation gewesen wäre, wenn die Lechübergänge unversehrt geblieben wären. Dann wären die amerikanischen Truppen ungehindert in die Innenstadt eingerückt. Am Lechhang waren die deutschen Truppen. Es wäre unweigerlich zu einer Konfrontation gekommen. Erfahrungsgemäß haben sich die amerikanischen Truppen in einem solchen Fall zurückgezogen und Luftverstärkung angefordert. Die Gefahr der Bombardierung von Landsberg wäre sicher bedeutend größer gewesen.

Die gesprengte Sandauer Brücke in Landsberg a.L.

Foto: J. Mutter/Archiv Pflanz

Deutsches Flakgeschütz an der Eisenbahnbrücke bei Kaufering

# Die Einnahme Landsbergs durch die Amerikaner

## Erlebnisbericht von meinem Vater Eduard Pflanz

Mein Vater Eduard Pflanz wurde bei Kriegsbeginn mit anderen Landsberger Bürgern zur Hilfspolizei eingezogen. Die Ausbildung der Landsberger Hilfspolizei erfolgte in Ingolstadt. Während des Krieges war mein Vater als Revier-Oberwachtmeister der Reserve in Landsberg dienstverpflichtet. Da er zu Ortsgruppenleiter Wilhelm Nieberle kein gutes Verhältnis hatte, sorgte dieser dafür, daß mein Vater 1945 zu einem Polizeibataillon an die Front nach Norddeutschland abgestellt wurde. Da die Engländer aber zu schnell vorrückten, konnte mein Vater seine Einheit nicht erreichen. In Landsberg herrschte Personalknappheit, und so wurde mein Vater erneut bei der Landsberger Polizei eingesetzt. Er hat das Kriegsende und den Einmarsch der Amerikaner in Landsberg als Polizist miterlebt und hat Kalendernotizen und Tagebuchaufzeichnungen gemacht. Anhand dieser Aufzeichnungen hat er seine Erlebnisse 1984 in lesbarer Form niedergeschrieben.

*Ausbildung der Landsberger Hilfspolizei in Ingolstadt 1940. Dritte Reihe rechts außen: Eduard Pflanz*                    Foto: privat

## Erinnerungen an die Zeit der Einnahme Landsbergs durch die Amerikaner

Bei Kriegsende war ich als Polizeioberwachtmeister der Reserve zum Dienst als Turmbeobachter auf dem Bayertor eingeteilt. Von dort beobachtete ich, wie eine deutsche Geschützbatterie ihre Verteidigungsstellung am rechten Lechufer beim Krachenberg bezog, die bald darauf von den Amerikanern zusammengeschossen wurde. Das rechte Lechufer sollte als letzte Verteidigungslinie der Deutschen Wehrmacht dienen.

In der Nacht zog eine noch intakte SS-Division mit vielen Panzern, darunter auch moderne Tigerpanzer, durch die Stadt die Neue Bergstraße hinauf, die dann am Lechhochufer und im rückwärtigen Gelände von Landsberg in Stellung ging. Eine weitere SS-Division hatte der Feind in den Stauden bei Markt Wald geschnappt, wie die Soldaten erzählten.

*Solche Schützenlöcher wie hier bei Kaufering sah man noch viele Jahrzehnte am ganzen Lechhang.*

Foto: H. Pflanz

In der Nacht von Donnerstag, den 26. April 1945 zum Freitag, den 27. April 1945 war ich dienstlich im Polizeirevier im alten Rathaus als Wachhabender tätig. Die Luftlagemeldungen wurden von der Zentrale in Buchloe an die Landsberger Polizei weitergeleitet. Nach meiner Erinnerung nahm ich um ca. 5 Uhr als Wachhabender im Rathaus den letzten Funkspruch aus Buchloe entgegen. Die Telefonistin der Luftnachrichtenzentrale meldete sich ab mit den Worten: „Soeben rücken die Amerikaner in Buchloe ein. Wir beenden damit die Durchsagen und wünschen euch viel Glück."

Ich verständigte Bürgermeister Dr. Linn und alle aktiven Polizeibeamten und Polizeireservisten, von denen nicht alle kamen. Von nun an handelte ich selbstständig. Ich gab Sirenenwarnung für Luftgefahr und nicht Daueralarm, wie das eigentlich vorgeschrieben war, und keine Entwarnung. Die Bevölkerung verhielt sich auch entsprechend und richtig. Niemand hielt sich auf der Straße auf, viele gingen in den Luftschutzkeller.

Kriegsgefangene Franzosen schliefen im Keller des Bayertores, in dem auch eine große Zahl Flaschen bester Weine lagerten.

Der stockfinsteren, unheimlich ruhigen Nacht folgte ein sonniger Tag. Die Amerikaner waren am linken Lechufer aufmarschiert, die Deutsche Wehrmacht hielt das rechte Lechufer und die Stadt Landsberg besetzt. Polizeichef Fellner schickte morgens noch Polizeimeister Leitenstorfer als Turmbeobachter auf das Bayertor.

Bei dem guten Einvernehmen von Bürgermeister Dr. Linn mit dem Standortkommandanten wurde dafür gesorgt, daß die Landsberger Einheiten rechtzeitig die Artilleriekaserne verließen, so daß ein Zusammenstoß mit dem anrückenden Feind vermieden wurde.

Das Kampfkommando unter Oberst Wolf befand sich auf dem Schloßberg. Die Nachrichtenzentrale des Kampfkommandos schlug ihren Sitz im Polizeirevier auf. Als die Telefondrähte nicht mehr funktionierten, verlegten diese ihren Sitz in den Luftschutzbunker am Schloßberg.

Von Bürgermeister Dr. Linn war ich beauftragt, zur Verhinderung unnötigen Handelns und zur möglichst kampflosen Übergabe der Stadt, verläßliche Männer zu finden. Ich bestimmte dazu fünf Männer, von denen aber nicht alle erschienen. Es wurde bekannt, daß vor der Brückensprengung der Zugang der Brücke links und rechts mit Geheimagenten und SS besetzt war, und diese ließen niemand zur Karolinenbrücke. Die Pioniereinheit, die die Sprengung vollzog, lag im „Kratzer" beim Klostereck.

Die Sprengung der beiden Lechbrücken erfolgte kurz hintereinander am Freitag, den 27. April 1945 vormittags zwischen dreiviertel 9 und 9 Uhr. Den Befehl hierzu überbrachte offensichtlich Oberst Wolf persönlich.

Am Schloßberg war ein deutsches MG in Stellung, das auch zu den Amerikanern hinüber schoß. Die Amerikaner schossen auch herüber auf den Berg.

Ich hielt mich dann viel zwischen Bunkereingang und Schmalzbuckel auf. Einmal beobachtete ich, wie das Rote Kreuz Oberlehrerin Frl. Peslmüller mit der Rotkreuzfahne voran, die vom Feind eingesehene Neue Bergstraße auf einer Trage einen totblassen, schwerverwundeten Hauptmann herunterfuhren in den Luftschutzkeller. Die Amerikaner beschossen das Rote Kreuz nicht.

Ich ging mit den Polizeimeistern Leitenstorfer und Schmitt im Hexenviertel (dort war auch ein Eingang zum Luftschutzbunker am Schloßberg), als etwa zehn Meter von uns entfernt eine Granate in der Nähe des Durchgangs zum Hofgraben einschlug. Es hat mordsmäßig gestaubt, aber der Schaden war gering. Ich ging mit Leitenstorfer im Hofgraben, als nach kurzer Zeit eine weitere Granate einschlug. Diesmal in das Haus im Hofgraben neben dem Durchgang an der Stadtmauer zur Neuen Bergstraße. Das Haus war kaputt. Ich bin hin und habe nachgesehen, aber es ist niemandem etwas passiert. Die Leute waren ja alle im Luftschutzbunker. (Das Haus wurde bei der Durchgangsvergrößerung abgebrochen und steht heute nicht mehr.)

Ich ging dann in den sonnenbestrahlten Hauptplatz, der fast ausgestorben war. Aber einige Bürger, besonders der Wirt vom Herzogstüberl ging aufgeregt auf

*Granateinschlag im Hofgraben*

*Foto: J. Multer/Archiv Pflanz*

mich zu und sagte: „Herr Pflanz, es muß etwas geschehen, wir werden sonst alle zusammengeschossen." Ich wußte, daß Bürgermeister Linn im Hotel Goggl war. Dort bin ich hingegangen und habe ihm erklärt, daß die Leute große Sorgen haben. Ich bat ihn, doch etwas zu unternehmen, damit die Stadt übergeben wird. Bürgermeister Linn sagte zu mir: „Ja, ich gehe zum Schloßberg hinauf und verhandele mit dem Kampfkommandanten." Er bat mich, zu seinem Schutz mitzugehen.

Am Schloßberg waren 40 bis 50 Offiziere und Unteroffiziere versammelt. Bürgermeister Linn ging mit Oberst Wolf am Schloßberg hin und her.

Währenddessen flog eine Granate über uns hinweg und schlug im Bayertor ein. Ich wußte, daß sich Leitenstorfer dort als Turmbeobachter aufhielt und bat Bürgermeister Linn, nachsehen zu dürfen, ob Leitenstorfer etwas passiert sei. Ich rannte das Bayertor hinauf, fand aber niemaden. Leitenstorfer ist einige Minuten vor dem Einschlag schon herunter gegangen. Ich ging dann wieder zum Schloßberg zurück. Dabei sah ich Ortsgruppenleiter Nieberle in Parteiuniform. Als er mich sah, kehrte er um und lief weg. Im Vorderanger hat er dann ein Motorrad beschlagnahmt und ist Richtung München davongefahren (vermutlich zur Parteileitung). Zu den Offizieren am Schloßberg sagte ich, daß die Verteidigung doch keinen Sinn mehr habe. Muß denn unsere schöne, alte Stadt auch noch kaputt gehen? Da kam ein Offizier zu mir her und sagte: „Ich rate Ihnen, halten sie das Maul. Da sind zwei, wenn die das hören, kann es sein, daß sie am nächsten Baum hängen." Bürgermeister Linn sprach ziemlich lange mit dem Kampf-

*Granateinschlag an der Zinne des Bayertores*

Foto: J. Multer/Archiv Pflanz

kommandanten. Es war ein großes Glück, daß dieser Oberst Wolf ein sehr feiner Mann war. Als wir wieder vom Schloßberg heruntergegangen sind sagte Bürgermeister Linn zur mir, Oberst Wolf habe ihm zugesagt, sobald es möglich ist, wird er seine Leute abziehen. Aber heute geht das nicht mehr. Tatsächlich haben sich die deutschen Truppen bis zum nächsten Tag zurückgezogen. Polizeimeister Leitenstorfer ging mit zwei französischen Kriegsgefangenen vom Lechle zu der Wäscherei im Hexenviertel und nagelte ein weißes Leintuch an eine Stange, die er an der Westseite des Schmalzturmes hinaushängte.

Meßner Wind von der Stadtpfarrei Mariä Himmelfahrt sagte mir am 1.6.1971 folgendes: Am 27.4.1945 kam ein Leutnant mit drei Mann zu ihm und sagte, wenn es noch einen Sinn haben soll, müsse er sofort die weiße Fahne auf dem Kirchturm hissen, sonst würde Landsberg zusammengeschossen. Wind sagte, so schnell sei er noch nie die Treppen zum Kirchturm hinaufgerannt und habe ein altes weißes Bettlaken aus dem Turm gehängt.

Der Beschuß hörte dann auf. Gleich nachdem Wind die weiße Fahne gehißt hatte, schickte Bürgermeister Linn zu ihm, mit dem Auftrag, der Hissung der weißen Fahne, das hatte er aber bereits getan.

79

*Auch das Gebäude der damaligen Oberrealschule erhielt einen Treffer. Man sieht, daß bereits die weiße Fahne an den Türmen der Maltheser Kirche hängt.*

Wie wichtig die kampflose Übergabe und das Hissen der weißen Fahne für den Erhalt der Stadt war, wurde deutlich, als ich einige Zeit später erfuhr, daß bereits amerikanische Flugzeuge in Memmingen für die Bombardierung Landsbergs bereit standen. Da Landsberg nicht verteidigt wurde, war die Sicherheit der Einwohner und der Erhalt unserer schönen Heimatstadt gewährleistet. Die dazu beitrugen, brauchten keinen Dank erwarten.

Es war uns klar, daß der Feind in der Nacht oder folgenden Tages kommen werde. Mäuschenstill und ruhig verlief die dunkle Nacht im heimatlichen Städtchen. Die Sicherheit der Bevölkerung in dieser Nacht lag in den Händen weniger Polizisten. Als die Deutsche Wehrmacht unbemerkt von der Bevölkerung im Schutze der Nacht die Stadt verließ und das rechte Lechufer räumte, war keine Verteidigung mehr vorhanden, und die bereitgestellten Straßensperren waren gegenstandslos geworden. Zwei Polizisten erschienen nicht zum Dienst und sind zu Hause geblieben. Ich wollte aber in der Stunde der Gefahr meine Heimatstadt nicht im Stich lassen und der Bevölkerung treu bleiben. Ich nahm mir einige Kleinigkeiten und eine Wolldecke mit, für den Fall der Gefangenschaft und ging zum Dienst. Ich habe mich noch ein bisschen am Boden neben den Stuhl hingelegt und geduselt. Als ich um ca. sieben Uhr aus dem Fenster schaute, sah ich die amerikanische Infanterie schon links und rechts von der Herkomerstraße mit schußbereitem Gewehr herankommen. Die anderen Polizisten sind hinausgegangen. Ich hatte keine Joppe an und wollte mir noch die Hände waschen und mich etwas erfrischen. So war ich der letzte, der noch drinnen war, als ein ameikanischer Soldat hereinkam und das Gewehr auf mich anlegte. Ich nahm die Hände hoch und bin ohne Joppe hinausgegangen. Wir wurden dann mit erhobenen Händen zum Klostereck geführt. Dort wurde alles gesammelt, was Uniform hatte, auch Sanitäter, z.B. Herr Schreiber, Feuerwehr, Luftschutz usw.

Das Hauptinteresse der amerikanischen Posten waren die kleinen Hakenkreuzfähnchen beim Schindlerladen, die sie sich als Trophäen einsteckten. Wir standen dort stundenlang. Metzger Holzmüller hat uns noch eine Wurst herüber gebracht, das war sehr nett, das vergißt man nie. Dr. Apostel, der im Goggl wohnte, lieh mir von sich eine Joppe. Als meine Frau, die immer treu zu mir hielt, erfuhr, daß wir verhaftet sind, kam sie zum Klostereck. Ich bat meine Frau, sie soll aus der Wache noch einige persönliche Gegenstände aus meiner Dienstjacke holen, die ich bei der Gefangennahme nicht mehr mitnehmen konnte. Wie gefährlich das war, wurde uns erst später bewußt.

Nun wurde ein Zug aufgestellt, und alle Uniformträger wurden denselben Weg, den die Amerikaner kamen, übers Klösterl durch die Staustufe ans andere Ufer geführt und an der Hauptstraße vor der Artilleriekaserne in lange Doppelreihen aufgestellt. Als wir dort einige Stunden standen, wurden wir unzählige Male ausgesäckelt und alles wurde uns abgenommen, auch meine Firmungsuhr vom Traunsteiner Vetter. Leitenstorfer, der ja schon einmal im Ersten Weltkrieg in Gefangenschaft war, hatte diesmal wieder eine Uhr dabei, die er nun wiederum einbüßte. Bei den gegenüberliegenden Häusern wurden plündernde Ausländer sichtbar. Als sie uns sahen, deuteten sie mit der Hand an den Hals, was bedeuten sollte, ihr werdet einen Kopf kürzer gemacht. Es wurden dann kriegsgefangene Franzosen sichtbar, die inzwischen frei waren.

Leitenstorfer hatte während des Krieges immer einen guten Kontakt zu ihnen. Da sagte er zu mir: „Du wirst sehen, die helfen uns."

Schmitt Eugen sagte, die längste Zeit haben wir gelebt. Wir anderen dachten dasselbe. Wir befürchteten nun erschossen zu werden. Dann erfolgte der Abmarsch der Gefangenen in ein unbekanntes Lager. Die Polizei marschierte als letzte im Zug. Als wir an der Hauptwache vorbei marschierten, kam ein amerikanischer Offizier heraus und sagte: „Polizei hier rein." Wir sind dann lange im Hof gestanden. Leitenstorfer wurde geholt und gefragt, ob ein Nazi dabei wäre. Leitenstorfer verneinte. Plötzlich wurde uns gesagt, daß wir frei wären. Nach Hause konnten wir nicht, da die Brücken gesprengt waren. So schlug ich vor, zu meinem Vetter am Waitzinger Berg zu gehen. Als wir bei der Köglerstraße gingen, sahen uns amerikanische Soldaten von der Großen Reibe (Hindenburgring) aus und stürmten mit aufgepflanztem Bajonett auf uns los. Mit Sprachschwierigkeiten wollten wir erklären, daß wir frei seien. Sie verlangten Papiere, die wir nicht hatten. Zwei Mann gingen zurück und holten Bescheinigungen, daß wir frei sind. Dann konnten wir gehen. Aber immer wieder versuchte man, uns auszuplündern. Bräumeister Zelger lieh mir eine viel zu weite Hose, die ich mit einem Strick zuband und er besorgte mir ein Quartier in der Nachbarschaft bei Lisl Rehm. Anderntags sah ich von dort aus einen letzten deutschen Aufklärungsflieger nördlich am Lech kreisen und eine lange amerikanische Panzerkolonne von Kaufering her am Lechhochufer in Richtung Landsberg fahren. Ich ging zu meinem Gartenhaus und sah, wie zwei Amerikaner mit dem Gewehrkolben die Türe einschlugen. Die Nachbarn hielten mich zurück und warnten mich eindringlich, nicht hinüber zu gehen, da kurz vorher beinahe von ihnen jemand erschossen worden wäre. Das Gartenhaus wurde geplündert und auch meine Briefmarkensammlung, die ich von Kindheit auf gesammelt hatte, wechselte den Besitzer. Meine Frau wußte nicht, was mit mir und uns geschah. Am zweiten Tag ging Dr. Linn bei ihr vorbei und sagte zu meiner Frau, daß er die Polizei frei bekam, aber nicht wisse, wo wir wären. Erst nach drei Tagen erfuhr meine Frau, wo ich bin. Mittlerweile wurde an der Karolinenbrücke ein Kletterweg installiert, wo man zur Not über den Lech kommen konnte. Am dritten oder vierten Tag kam ich nach Hause, wo alles geplündert war und im Laden ein furchtbares Durcheinander herrschte.

Ich habe dann nach dem Umsturz noch kurze Zeit Polizeidienst gemacht, da ich von Leitenstorfer geholt wurde. Während dieser Tage schützte ich oft kraftvoll unsere Einwohner vor randalierenden und plündernden Ausländern. Es setzte eine unglaubliche Denunzierungswelle ein und viele versuchten Sympathisanten der NSDAP bei der Militärregierung anzuschwärzen und sich als angebliche Nazigegner darzustellen. Es waren aber bei weitem nicht immer die rotgesinnten Gegner des Nationalsozialismus, sondern oftmals Menschen, die im Dritten Reich völlig unbeanstandet gelebt hatten. Hilfspolizisten wurden von der amikanischen Militärregierung für die Beschlagnahme von Radios, Möbeln und Einrichtungsgegenständen aller Art bei der Bevölkerung eingesetzt. Auch bei uns wurden eine Stehlampe mit Tischchen, ein Sessel und zwei komplette Bettwäschegarnituren beschlagnahmt.

Leitenstorfer, der als Polizeichef eingesetzt wurde, hatte von der Militärregierung den Auftrag, Verhaftungslisten von Nationalsozialisten aufzustellen. Das war eine schwierige Aufgabe und führte zu lebenslangen Feindschaften.

*Eduard Pflanz*

Da bekannt war, daß mein Vater zu Ortsgruppenleiter Nieberle ein schlechtes Verhältnis hatte, wurde er aufgefordert, gegen ihn auszusagen. Mein Vater hat es aber nicht getan, weil er immer der Ansicht war: „Der größte Lump im ganzen Land, das ist und bleibt der Denunziant."

Als Nieberle einige Jahre später vom Lager Moosburg entlassen wurde, kam Nieberle zu meinem Vater und wollte sich bedanken, daß er nicht gegen ihn ausgesagt hat. Mein Vater aber wies ihm die Türe, er wollte mit ihm nichts mehr zu tun haben. Nieberle versuchte in Murnau einen Neuanfang, nahm sich aber 1954 das Leben.

## Erinnerungen von Käthe Pflanz an das Kriegsende in Landsberg

Als die Amerikaner zum Lech vorrückten, es dürfte der 26. April 1945 gewesen sein, war die Stimmung in der Stadt bedrückt und angespannt. Ich sah, wie zwei deutsche Soldaten mit einer Panzerfaust durch den Vorderanger liefen. Dann hieß es: Der Böhler liegt an der Sandauer Brücke erschossen in seinem Auto. Ich ging zum Sandauer Tor und sah das Auto von Herrn Böhler an der rechten Straßenseite ungefähr beim Haus von Steinmetz Ludwig. Böhler saß tot auf der Fahrerseite. Er hatte eine Panzerfaust im Arm und im Mundwinkel hing noch ein Zigarettenstummel. Später erzählte

*Käthe Pflanz*

Foto: privat

man mir, im Auto von Böhler sei noch ein weiterer Mann gesessen und dieser sei verwundet worden. Man habe ihn zu Herrn Arnold im Vorderanger zum Verbinden gebracht.

Als die Amerikaner in Landsberg einrückten, hatte mein Mann Nachtdienst bei der örtlichen Schutzpolizei. Die Dienststelle befand sich damals im Rathaus am Hauptplatz. Vormittags ungefähr zwischen neun und zehn Uhr kam zu mir Fräulein Degenhart und berichtete, mein Mann sei gefangengenommen worden und stehe jetzt am Klostereck in Hemdsärmeln, da er bei der Gefangennahme keine Zeit mehr hatte, sich eine Jacke anzuziehen. Ich nahm eine Jacke und lief damit zum Klostereck. Herr Dr. Apostel, der im Hotel Goggl wohnte, hatte meinem Mann inzwischen von sich ein Sakko geliehen, das ich ihm dann zurückbrachte. Mein Mann gab mir noch den Auftrag, ich solle aus seinem Dienstrock im Rathaus noch einige persönliche Gegenstände holen und mit nach Hause nehmen, was ich auch tat. Wie gefährlich das war, wurde mir erst hinterher bewußt. Auf dem Heimweg sah ich, daß beim Modehaus Schreiber und Bekleidungshaus Hecht bereits geplündert wurde. Ich lief schnell heim und erzählte dies meinem Schwiegervater. Wir versuchten noch, Schuhe in die am Hof befindliche Waschküche zu tragen. Ein bis zwei mal konnten wir noch dorthin laufen, dann wurde bereits von einem Amerikaner in Uniform mit einem Gewehrkolben gegen die Haustüre geschlagen. Der Amerikaner brachte noch mehrere Ausländer mit und befahl, daß sich diese Schuhe aussuchen. Zu diesem Zeitpunkt sammelten sich viele Menschen vor dem Haus und diese stürmten dann den Laden. Die Ladentüre wurde eingedrückt, und es wurde geplündert und gestohlen, was jeder nur erwischen konnte. Unter den Plünderern befanden sich auch Landsberger. Ungefähr nachmittags drangen einige Ausländer in die im ersten Stock befindliche Wohnung vor. Ich schickte zu Tante Peppi, die zwei Häuser nebenan wohnte, und diese schickte mir einen Mann, der die Ausländer wieder aus der Wohnung trieb. Bei Tante Peppi wohnte auch Konrad, ein blonder Kroate, der schon während des Krieges in Deutschland arbeitete. Tante Peppi sagte, Konrad bräuchte dringend Schuhe, er möchte sie auch bezahlen. An der Plünderung beteiligte er sich nicht. Ich schenkte daraufhin Konrad ein Paar Schuhe. Eine Frau sah ich, wie sie die zur Reparatur befindlichen Skistiefel meiner Schwägerin Trudel hinaustragen wollte. Ich nahm ihr die Schuhe ab und sagte ihr, daß dies die Reparaturschuhe meiner Schwägerin seien und daß sie diese nicht bekomme. Kurz danach kam diese Frau mit einem bewaffneten Ausländer in Uniform zurück. Dieser packte mich beim Hals und forderte drohend die Herausgabe dieser Skistiefel. Daraufhin händigte ich die Schuhe aus. Abends war der Laden völlig ausgeplündert. Die Lichtschalter waren durch das Gedränge der Menschen abgerissen, so daß kein Licht war. (Die Schalter waren damals vorstehend auf Putz.) Am Boden lagen verstreut einzelne Schuhe, Papier und Kartons. Mein Schwiegervater versuchte, in dem Chaos liegengebliebene einzelne Schuhe zu paaren. Die Ladentüre und die zum Hausgang befindliche Türe konnten nicht mehr verschlossen werden. Mein Mann war in Gefangenschaft, und ich war mit den Kindern alleine. Ich hatte Angst. Opalenke, ein Ukrainer, der schon während des Krieges in Landsberg arbeitete und bei Tante Peppi wohnte, vernagelte notdürftig die Türen und blieb bei mir bis um zehn Uhr. Ein großer kräftiger Pole, der bei uns kurze Zeit in der Werkstatt arbeitete, fuhr abends mit einem Leichtmotorrad vollbepackt mit Waren an unserem Haus vorbei. Ich wollte ihm rufen, aber Opalenko wehrte ab. Er sagte, ich solle diesen Mann nicht ins Haus lassen, dieser Mann sei nicht gut.

Im Lettenbauer-Haus (zwei Häuser nebenan) befand sich noch ein kleines Schuhlager, das wir durch die Mithilfe von Frl. Gossner und Frau Rohrer vor der Plünderung retten konnten. Nach einigen Tagen holten wir diese Schuhe in unser Haus. Diese Schuhe wurden jedoch für die Judeneinkleidung beschlagnahmt.

Am zweiten Tag ging Dr. Linn bei uns am Haus vorbei und ich fragte ihn, ob er etwas von meinem Mann wisse. Er sagte mir, er hätte jetzt zwar die Polizei freibekommen, er habe aber keine Ahnung, wo sich diese Männer befinden. Nach drei bis vier Tagen kam Herr Sanz zu mir und brachte einen Zettel von meinem Mann. Darauf stand, daß er sich im Haus von Liesel Rehm in der Kloostraße befinde. Er konnte ja nicht über den Lech, da die Brücken gesprengt waren.

Einige Tage nach der Plünderung beobachtete mein Schwiegervater, daß ein Ausländer mein Fahrrad stahl, das sich im Lettenbauer-Haus befand. Er rief zu mir zum Fenster herauf: „Käthe, das ist ja dein Fahrrad", und ich sah, wie der Ausländer den Vorderanger hinauffuhr. Mein Schwiegervater rannte durch die Limonigasse, weil er glaubte, daß der Mann durch den Hinteranger fahren würde. Kurze Zeit später kam mein Schwiegervater zurück und erzählte mir, daß er den Ausländer im Hinteranger getroffen und aufgehalten habe. Dieser schlug jedoch meinem Schwiegervater die Luftpumpe über den Kopf und flüchtete mit dem Fahrrad. Anwohner des Hinteranger beobachteten den Vorfall, halfen aber meinem Schwiegervater nicht.

Ca. zwei Wochen später läuteten drei Amerikaner bei uns. Als ich öffnete, rief einer: „Wo ist Eduard Pflanz?" Zwei Amerikaner rannten sofort die Treppe hinauf, einer blieb bei mir. Sie durchsuchten das ganze Haus, sahen auch in der Toilette nach, obwohl ich sagte, mein Mann ist nicht da. Als sie ihn nicht fanden, fragen sie: „Wo ist Eduard Pflanz?" Ich sagte, er sei im Polizei-Dienst. Darauf der Amerikaner: „Wieso Polizei?" Ich sagte, mein Mann mache schon sechs Jahre Polizei-Dienst. Darauf der Amerikaner: „Eduard Pflanz nix Polizei. Gibt es noch andere Eduard Pflanz?" Ich sagte „Ja". Der Amerikaner: „Wo wohnt andere Eduard Pflanz?" Ich sagte „Gegenüber." Darauf gingen die Amerikaner wieder. Später erfuhr ich, daß der Eduard Pflanz von Haus Nr. 223 ins Lager Moosburg gebracht wurde, wo er ca. eineinviertel Jahre gefangengehalten wurde.

Ungefähr ein halbes Jahr nach der Kapitulation kamen zwei Männer (soweit ich mich erinnere, waren es Juden, die in der Saarburgkaserne wohnten) zu uns in die Werkstatt und verlangten die Herausgabe unserer Werkstatt-Maschinen. Sie fragten meinen Mann, ob er die Maschinen freiwillig herausgebe. Mein Mann beteuerte, daß er die Maschinen niemals freiwillig herausgeben werde. Daraufhin ging ich zur Militär-Regierung und beschwerte mich beim Juden Felsenburg. Ich schimpfte frei weg. Felsenburg saß pfeiferauchend in seinem Schaukelstuhl und hörte mich ruhig an. Als ich fertig war, sagte er nur: „Wissen sie, was MP heißt?" Ich sagte „Nein". (Natürlich wußte ich, daß mit MP Militär-Polizei gemeint ist.) Er ließ mich noch eine Weile zappeln, dann sagte er: „Man probiert, – gehen sie wieder nach Hause und sagen sie ihrem Mann, er solle sich nicht so aufregen.

Auch unsere Pflicht-Ausweichlager in Issing und Ummendorf wurden im Mai 1945 von den französischen Truppen restlos ausgeplündert.

*4.11.1979, Käthe Pflanz*

**Hans Schweyer** war Gastwirt „Zum goldenen Stern" am Hauptplatz in Landsberg.

Am 27.4.1945 als die Amerikaner bereits am linken Lechufer standen, waren die Angehörigen von Hans Schweyer sowie der größte Teil der Bevölkerung in den Luftschutzkellern. Schweyer blieb im Haus und ging an der rechten Seite zur Neuen Bergstraße hinauf, um sich ein Bild von der Lage zu machen.

Zwischen dem Rückgebäude vom Hotel Goggl und der großen Kurve war die Straße vom Feind einsehbar. Dort traf ihn seitlich ein Schuß in Lunge und Niere. Hans Schweyer wurde ins Krankenhaus an der Lechstraße gebracht, wo er nachmittags verstarb.

*Hans Schweyer*       *Foto: privat*

**Lorenz Greiter**, Jahrgang 1929, damals wohnhaft in Landsberg, berichtete mir am 27.10.1991 folgendes:

„Ich arbeitete bei der Firma Spring in Landsberg und kam am 27.4.1945 die Neue Bergstraße herunter. Ich wollte heim ins Klösterl. An der großen Kurve kam ein ca. 40 bis 50-jähriger Hauptmann der Deutschen Wehrmacht und sein ca. 18-jähriger Sohn die Treppe vom Klösterl herauf. Der Hauptmann winkte mich her und fragte, wo ein Bunker sei. Die Stelle war von den Amerikanern bereits einsehbar. Ich wurde von einem amerikanischen Geschoß am rechten Unterschenkel getroffen. Der Hauptmann erhielt einen Bauchschuß. Der Sohn stand auf der anderen Straßenseite und blieb unverletzt. Ich wurde von einer Frau aus dem Klösterl mit einem Leiterwagen ins Krankenhaus an der Lechstraße gefahren. Auch der Hauptmann wurde ins Landsberger Krankenhaus gebracht, wo er starb."

Da die Lechbrücken gesprengt waren und der Friedhof auf der anderen Seite des Lechs war, wurde auf einem städtischen Lagerplatz hinter dem Major-Haus (später abgerissen, ungefähr wo heute das Ignaz-Kögel-Gymnasium steht), ein Beerdigungsplatz eingerichtet für diejenigen Personen, die in dieser Zeit verstorben sind.

# Johann Böckl wurde nach der Gefangennahme erschossen

Johann Böckl, geb. 1884, war Chef der Gendarmerie in Landsberg. Die Dienststelle befand sich an der Katharinenstraße. Der Eingang war aber damals seitlich. Bei Eintreffen der Amerikaner trat Böckl mit seinen Leuten aus dem Gebäude, um sich den Amerikanern zu ergeben.

Böckl wurde von einem amerikanischen Soldaten abgeführt. Dies hat Josef Reich sen. von seinem dahinter befindlichen Garten aus gesehen. Kurze Zeit darauf hörte er einen Schuß.

Böckl lag mit Kopfschuß an der Ecke Katharinenstraße/Museumstraße am Hauseck des Bäckermeisters Ehelechner/Lahner.

Gründe für diese Erschießung sind nicht bekannt und wären reine Spekulation. Tatsache ist nur, daß Böckl kurz nach der Gefangennahme durch die Amerikaner am 27.4.1945 um ca. 9.15 Uhr durch Kopfschuß getötet wurde.

*Johann Böckl*

*Foto: Privatarchiv*

*Das Gebäude der Gendarmerie an der Katharinenstraße um 1940. Der Eingang war früher seitlich.*

*Foto: Archiv Pflanz*

# Gefallene Soldaten in Landsberg und Umgebung

Auf der Waitzinger Wiese in Landsberg waren sechs Flakgeschütze in Stellung. Bei Kriegsende im April 1945 rückten diese ab. Dabei geriet ein deutscher Soldat zwischen Zugwagen und Lafette und wurde erdrückt. Dies geschah beim Eingang zum Eiskeller des Kristeiner Keller am Waitzinger Berg.
*Aussage von Karl Zelger am 8.1.1988*

### Hedwig Simon beim Rückzug durch Tiefflieger erschossen

In der Pössinger Au in Landsberg befand sich bei Kriegsende nach Aussage von Frau Herta Heilrath aus Stoffen eine Stabsbaracke der Deutschen Luftwaffe mit Fernschreibstube und Fernsprechvermittlung. Diese war vom Fliegerhorst Penzing wegen der Luftangriffe dorthin ausgelagert.

Am 27.4.1945 befanden sich mehrere Fahrzeuge dieser deutschen Nachrichtenstation auf dem Rückzug zwischen Lengenfeld und Issing. Beim alleinstehenden Wegele Hof wurden die Fahrzeuge von amerikanischen Tieffliegern angegriffen. Die 23-jährige Nachrichtenoberhelferin Hedwig Simon kam dabei durch Bordwaffenbeschuß ums Leben. Der Wegele Hof wurde in Brand geschossen und brannte vollkommen ab.

## Hermann Böhler an der Sandauer Brücke gefallen

Hermann Böhler wurde bei Kriegsende Leiter des Volkssturmes in Landsberg.

Am 27.4.1945 sprach Böhler meinen Vater an der Neuen Bergstraße an und fragte, ob er mit ihm dem Feind entgegen fahre. Mein Vater verneinte und ging weiter.

Offenbar hatte aber Böhler jemand gefunden, der mit ihm in einem VW-Kübelwagen zur gesprengten Sandauer Brücke fuhr. Von der gegenüberliegenden Lechseite schoß ein amerikanisches, gepanzertes Fahrzeug auf den Kübelwagen von Böhler, der beim Aufgang zum Leitenberg, beim Haus von Steinmetz Ludwig stand. Böhler wurde von meh-

*Hermann Böhler*

Foto: privat

reren Schüssen getroffen und war sofort tot. Ein Schuß ging durch den Kopf und traf den neben ihm sitzenden Beifahrer, der schwer verletzt wurde. Es soll ein Oberleutnant aus der Kaserne gewesen sein. Der Name ist nicht bekannt.

*Grabstein von Hermann Böhler*
Foto: 1985 H. Pflanz

Oberlehrer Breuer wohnte in dem Eckhaus an der Lechstraße und hat dies von seinem Fenster aus genau gesehen. Der verletzte deutsche Offizier wurde ins Landsberger Krankenhaus an der Lechstraße gebracht, wo er anderntags gestorben sein soll.

Der Kübelwagen mit dem toten Hermann Böhler stand noch längere Zeit am Treppenaufgang zum Leitenberg. Später wurde das Auto in die Lechstraße geschoben.

Hermann Böhler wurde auf dem alten Friedhof in Landsberg beerdigt. Das Grab ist inzwischen aufgelöst. Auf dem Grabstein stand als Todestag 29.4.1945.

Als ich Frau Böhler darauf ansprach, daß das Datum nicht stimmen könne, sagte sie zu mir: „Ich weiß schon. Der Steinmetz hat sich geirrt, dann hat man es halt gelassen."

Früher war man doch bedeutend unkomplizierter.

**Franz Heider**, geb. 12.5.1927 in Mindelheim, erlernte im elterlichen Betrieb das Bäckerhandwerk. Mit 17 Jahren kam er zum RAD (Reichsarbeitsdienst) nach Österreich. Im September 1944 wurde er als Kanonier zum Gebirgs-Nebelwerfer-Ersatz-Bataillon 6 nach Traunstein einberufen.

Am 24.4.1945 war er mit einem Munitionstransport auf der Straße von Buchloe nach Landsberg unterwegs, als er bei Holzhausen von Tiefliegern erschossen wurde. Am 27.4.1945 wurde er in Mindelheim beerdigt. Er sollte einmal die elterliche Bäckerei übernehmen.

Kanonier **Erhard Weidenbruch**, 33 J. aus Meudersbach, Gren. u. Ausb. Btl. 16 wurde beim Fliegerangriff auf den KZ-Zug in Hurlach am 24.4.1945 schwer verletzt und kam ins Lazarett nach Landsberg, wo er noch am gleichen Tag verstarb.

Uffz. **Franz Fischer**, 43 J. aus Mainz, gefallen am 24.4.1945 in Landsberg durch Granatsplitter in Brust und Lunge.

Der Soldat **August Heidinger** ist am 26.4.1945 in Erpfting gefallen. Nähere Umstände sind mir nicht bekannt.

Der 18-jährige Gefreite **Günther Wedrich** hatte am 26.4.1945 sein leichtes Flakfahrzeug in einem Stadel an der Schwiftinger Dorfstraße 13 abgestellt und im Führerhaus geschlafen. Wehrmachtskameraden haben im Hof von Wagner, Dorfstraße 7 gegen 23 Uhr mit Licht einen Anhänger angekoppelt. Dadurch wurden feindliche Tiefflieger aufmerksam und schossen wahllos in Schwifting herum. Dabei wurde der Gefreite Wedrich durch Bordwaffenbeschuß im Führerhaus mit Kopfschuß getötet. Dies wurde erst morgens bemerkt, als er beim Antreten fehlte. Bevor die Truppe abzog, wurde noch schnell eine Beerdigung auf dem Dorffriedhof veranlaßt.

Die Tiefflieger schossen auch durch ein Fenster in der Dorfstraße 15 und trafen das Bettgestell eines dreijährigen Kindes. Das Kind blieb aber unverletzt.
*Aussage von Michael Wagner, Schwifting, Dorfstraße 7, am 14.8.1987*

### Aussage von Josef Reich sen., Landsberg

Nach Aussage von Josef Reich sen., Landsberg, Museumstraße haben zwei deutsche Soldaten beim Anrücken der amerikanischen Truppen von der Museumstraße aus versucht, den Lech zu erreichen. Ein Soldat wurde erschossen, der andere erreichte angeschossen den Lech.

Diese Angabe scheint sich zu bestätigen durch die Aussage von Anton Mayr, damals wohnhaft in Landsberg, Frieseneggerstraße:

„Einen Tag nach dem Einmarsch der Amerikaner sah ich bei der Bäckerei Ehelechner (Lahner), Ecke Katharinenstraße/Museumstraße zwei Tote. Sie lagen am Ende des Hauses der Bäckerei, am Rande der Museumstraße. Offensichtlich waren sie dort abgelegt worden und bereits teilweise mit einem Tuch zugedeckt. Bei dem einen Toten handelte es sich um Polizeichef Böckl, bei dem anderen Toten um einen deutschen Soldaten. Dieser hatte keinen Kampfanzug an, sondern eine feldgraue Uniform mit einer Skimütze, die auf das Gesicht gelegt war. Meine Tante hob die Mütze hoch, so daß ich kurz das Gesicht sah. Das Alter ist rückwirkend schwer zu schätzen. Nach meiner Erinnerung dürfte es sich um einen ca. 30-jährigen Soldaten gehandelt haben."

### Auskunft von Karlheinz Strasser, Landsberg, am 24.4.1992

Ich war damals 15 Jahre und sah von unserem Haus aus, wie (nach meiner Erinnerung am 27.4.1945) ein deutscher Soldat mit einem Gewehr zur Karolinenbrücke beim Schuhhaus Stark ging. Die Amerikaner schossen von der anderen Lechseite herüber und trafen den deutschen Soldaten. Ich bin sicher, daß er sofort tot war. Es wurde mir später erzählt, daß es sich um einen jungen Leutnant gehandelt haben soll.

### Unbekannter Soldat

Nach mündlicher Überlieferung ist ein junger deutscher Soldat an der Stadtmauer zum Schloßberg von amerikanischen Scharfschützen am 27.4.1945 durch Kopfschuß gefallen. Der Name ist nicht bekannt.

### Christa Döhler, Nachrichtenhelferin

Als am 27.4.1945 die Amerikaner in Oberigling einrückten, versuchten gegen acht Uhr die 20-jährige Nachrichtenhelferin (Stenotypistin) Christa Döhler aus Wolfengrün b. Zwickau und ein deutscher Uffz. aus Erfurt über den Bahndamm zu fliehen. Dabei wurden sie erschossen.

### Zwei unbekannte deutsche Soldaten gefunden

Bei Bauarbeiten auf dem Gelände der ehemaligen Firma Belinda an der Schongauer Straße in Landsberg wurden 1997 und 1998 die sterblichen Überreste von zwei jungen deutschen Soldaten gefunden. Einer Kleidermarke zufolge gehörten sie dem Art.Reg.63 an. Vermutlich sind sie nach Auflösung der Artillerie Kaserne Landsberg beim Einmarsch der Amerikaner am 27.4.1945 ums Leben gekommen. Gerhard Rolitschek hat sich um die Bergung und eine würdige Beerdigung auf dem Soldatenfriedhof Schwabstadl gekümmert.

# Sechs Gefallene im Stadtteil Spötting

**Robert Lange**, SS-Mann aus Frankfurt a.M., geb. 1927, gef. 27.4.1945 in Landsberg. Aufgefunden mit Kopfschuß an der Spöttinger Viehweide.

**Georg Taube**, OGefr. aus Güßau/Schlesien, ledig, gefallen 28.4.1945, 11 Uhr in Landsberg, Hindenburgring 12, Durchtrennung der Halsader, Schädelbasisbruch

**Helmut Ulbrich**, Soldat, geb.1915, gef. 28.4.1945 früh drei Uhr in Landsberg, Hindenburgring 12, Bauchschuß.

**Johann Jaqumin** aus Osnabrück, geb. 1900, Heereswerkmeister, Reserve-kraftfahrer, gef. 28.4.1945, elf Uhr, Landsberg, Hindenburgring 12, Splitter-verletzung der Bauchhöhle, Durchtrennung Milz, Niere.

**Paul Bühren**, gef. 27.4.1945, Landsberg. Von der Strafanstalt zum Landsberger Friedhof gebracht und dort beerdigt.

**Namenloser Soldat**, gef. 27.4.1945 in Landsberg. Von der Strafanstalt zum Landsberger Friedhof gebracht und dort beerdigt.

## Aussage von Frau Anneliese Weigele, geb. 1925 am 29.3.1989
Wir wohnten bei Kriegsende 1945 in einer Dienstwohnung der Strafanstalt Landsberg. Einen Tag nach dem Einmarsch der Amerikaner sah ich zwei gefallene deutsche Soldaten in Luftwaffenuniform vor dem Torgebäude der Strafanstalt Landsberg. Einer lag links vor dem Turm, der zweite links an der Mauer. Einer war anscheinend am Bauch getroffen. Daneben lag eine Schüssel.

## Bericht von Herrn Otto Feller, geb. 1932 am 31.7.1997
Bei Kriegsende befand ich mich in einem Haus am Hindenburgring, links vom Hauptgebäude des Landsberger Gefängnisses. Ich sah, wie die amerikanischen Soldaten am Haupttor vorfuhren und von Herrn Schuster, der vor dem Haupttor stand, die Übergabe verlangten. Herr Schuster ging ins Gebäude und schlug die Tür hinter sich zu. Links vom Hauptgebäude an der Südmauer stand ein brennender deutscher VW-Kübelwagen. In diesem Wagen befand sich offensichtlich Gewehrmunition, die nacheinander explodierte. Die amerikanischen Soldaten wurden dadurch verschreckt und zogen sich ängstlich in ihre Panzer zurück. Sie schossen auf das Hauptgebäude und auf alles, was sich bewegte.

Ich sah einen deutschen Soldaten in Luftwaffen-Uniform am Boden liegen, der offensichtlich erschossen wurde. Er lag an der Grünanlage vor dem Hauptge-bäude. Ich wurde dann von meiner Mutter sofort wieder in den Keller gezogen. Wir durften das Haus nicht verlassen und konnten auch nicht helfen.

**Georg Hierl**, geb. 1926 in Niedersüßbach bei Furth, wuchs mit zwei Geschwistern auf einem Bauernhof in der kleinen Gemeinde auf. Etwa 1941 wurde sein älterer Bruder zur Deutschen Wehrmacht eingezogen und ist seit 1943 in Rußland vermißt. 1942 starb die Schwester mit 22 Jahren an einer Krankheit. Bei Kriegsende wurde auch Georg Hierl mit 18 Jahren zur Waffen-SS eingezogen. Im Frühjahr 1945 war er noch auf Heimaturlaub zu Hause. Am 27.4.1945 morgens kam Georg Hierl als versprengter Soldat aus dem Erpftinger Wald und ging auf ein Haus zu. Vermutlich wußte er nicht, daß die Amerikaner schon hier waren. Johann Stenzer aus Landsberg wohnte in der Unfriedstraße und beobachtete an seinem Fenster folgendes:

*Georg Hierl*
*Foto: Archiv Pflanz*

„Am Morgen kam ein versprengter deutscher Soldat aus dem Erpftinger Wald und ging über die Wiese Richtung Garten von Notar Gum. Er wurde von Amerikanern erschossen." Hierl wurde beim Sportplatz beerdigt und später zum Heimatfriedhof überführt. Seine Cousine pflegte das Grab.

*Karl Thon*
*Fotos: Archiv Pflanz*

Kanonier **Karl Thon**, 48 Jahre, Gastwirt in Goslar, war bei Kriegsende in der Saarburgkaserne Landsberg stationiert. Als die Kaserne aufgelöst wurde, wollte er vermutlich im Erpftinger Wald der Gefangenschaft entgehen. Bei Friedheim wurde er von amerikanischen Soldaten angeschossen und am 27.4.1945 vormittags schwer verletzt mit Steckschuß im Hals zu Keller in der Trautweinstraße gebracht. Frl. Keller fuhr mit einem amerikanischen Soldaten zur Post, um dort einen Arzt zu holen. Als sie zurückkam, war Thon bereits gestorben. Karl Thon wurde vorübergehend am 30.4.1945 mit einer Zeltplane im Garten von Keller beerdigt und dann zum Landsberger Friedhof gebracht. Am 30.6.1946 wurde er nach Goslar überführt.

*Das Grab von Kanonier Karl Thon in der Trautweinstraße Landsberg*

*Uffz. Adolf Zeller*
Foto: Archiv Pflanz

**Adolf Zeller**, Uffz. der Deutschen Luftwaffe, 32 Jahre, stammte aus Göppingen. Am 27.4.1945 ist er in Landsberg a.L. gefallen und wurde auf einem Feld begraben. Die näheren Umstände sind nicht bekannt.

Adolf Zeller war an Ostern 1945 zu Hause. Er wollte nicht fahnenflüchtig werden und ist seiner Einheit mit einem Fahrrad nachgefahren. Von der Schwäbischen Alp soll er mit einem Lastwagen Richtung Landsberg gefahren sein. Von da an hatte Frau Zeller keine Nachricht mehr von ihrem Mann.

Im November 1945 erhielt sie aus Landsberg die Nachricht, daß ihr Mann in Landsberg im Nahkampf gefallen sei. Von einem Feldgrab wurde Zeller zum Landsberger Friedhof gebracht. Im November 1945 wurde er nach Göppingen überführt und am 19.11.1945 im Familiengrab beigesetzt. Eine Wahrsagerin sagte Frau Zeller, daß ihr Mann bis Weihnachten zu Hause sei. Die Enttäuschung war deshalb besonders groß.

**Otto Hellmuth**, Feldwebel der Deutschen Luftwaffe, geb. 1899, war Kaufmann in Würzburg. Gefallen am Krachenberg in Landsberg a.L. zwischen 27.4.1945 und 6.5.1945.

Die Angehörigen von Hellmuth vermuteten, daß er nicht gefallen ist, sondern von den Amerikanern ermordet wurde. Möglicherweise wegen einer Verwechslung mit dem namensgleichen Gauleiter Otto Hellmuth. Der genaue Sachverhalt wird wohl für immer im Dunkeln bleiben.

Otto Hellmuth wurde zum Landsberger Friedhof gebracht und am 1.12.1945 nach Würzburg überführt.

*Feldw. Otto Hellmuth*
Foto: Archiv Pflanz

## Bericht von Anton Heilrath, Landsberg, am 20.2.1988

Ende April 1945 zogen sich die deutschen Truppen östlich des Lechs zurück. In unserem Garten an der Schwaighofstraße waren bereits amerikanische Soldaten. Diese saßen gedeckt im Efeu.

Nachts ca. 23 Uhr kamen drei deutsche Soldaten, die offensichtlich nicht wußten, daß die amerikanischen Truppen bereits hier waren, von der Lechseite her zu unserem Garten herauf. Sie waren unbewaffnet und hatten ein einachsiges Handwägelchen dabei. Bis an den Bauch waren sie naß, so daß man annehmen kann, daß sie versuchten, den Lech zu überqueren. Als sie über ein Brett gingen, hörten wir, daß sie genagelte Schuhe hatten und daran erkannten wir auch, daß es deutsche Soldaten waren. Sie öffneten das Gartentürchen, das laut quietschte. Als sie im Garten waren, eröffneten die Amerikaner das Feuer und schossen die drei deutschen Soldaten nieder. Ein Mann hatte einen Bauchschuß, der andere einen Kopfstreifschuß, der dritte war am Oberschenkel verletzt. Die verwundeten deutschen Soldaten riefen nach Sanitätern, worauf die Amerikaner die Verwundeten zu uns ins Haus brachten. Einer wurde in unsere Schuhmacherwerkstatt gelegt, der Verwundete mit dem Bauchschuß lag im Hausgang. Wir gaben ihm eine Decke. Noch in der Nacht wurden die drei deutschen Soldaten von den Amerikanern weggefahren. Vermutlich kamen sie ins Militärlazarett nach Holzhausen bei Buchloe. Was aus ihnen geworden ist, konnten wir nicht in Erfahrung bringen. Unser Haus und das Südfenster wurden durch die Einschüsse beschädigt.


## Aussage von Erwin Drexl, Landsberg, Jahrgang 1936, am 29.3.1983

Ich sah nach dem Einmarsch der Amerikaner am Krachenberg drei gefallene Soldaten. Ich meldete dies beim Pfarrer. Aber erst nach ein bis zwei Wochen wurden die Toten mit einem Handwagen geholt und zum alten Friedhof gefahren.

Ein Mann vom Volkssturm hing vornüber gebeugt in einem Schützenloch am Eselssteig mit Kopfschuß. Eine Beutewaffe, vermutlich ein französisches Gewehr lag neben ihm.

Ein Mann lag außerhalb des Schützenloches in der Nähe des Schlageter-Denkmals.

Ein Mann lag beim Altmannshofer.

Nach dem Abzug der deutschen Truppen befanden sich noch vier Geschütze am Krachenberg.

Ein Geschütz beim Naturfreundedenkmal,

ein Geschütz vor dem Schlageterdenkmal,

ein Geschütz beim Fuchsloch,

ein Geschütz vor dem Eselssteig. Dieses war gesprengt und dadurch unbrauchbar gemacht. An diesem Geschütz kam 1947 Georg Baier uns Leben.

Für die Gefallenen am Krachenberg wurden Gedenkkreuze aufgestellt (mit Stahlhelm), die dort noch lange standen.

Bei der Burgwiese liegt noch im Stausee ein englischer Spitfeier. Er wurde im August 1944 abgeschossen.

Gleich nach dem Klösterl befanden sich zwei Weiher. Als diese zugeschüttet wurden, befand sich ein deutsches Kettenfahrzeug darin.

Korporal **Eugen Böröcy**, 24 J. aus Balsa/Ungarn. Beim Kindergarten durch Bauchschuß verletzt, gestorben im Krankenhaus am 27.4.1945.

**Hans Schunk** beim Kindergarten gefallen am 27.4.1945 in Landsberg.

Uffz. **Jürgen Bähner**, 19 J., aus Oldenburg, Art.Ers.Abt 107 Stammbtr., gefallen an der Erpftinger Straße am 27.4.1945.

**Willi Hausner**, gef. am 27.4.1945 in Landsberg beim Friedhof.

Gefr. **Josef Hiller**, 36 J., aus Fellbach, gefallen am 27.4.1945 in Landsberg.

Gefr. **August Kakuschke**, 52 J., aus Königsberg, Bleicherstr. 21, Bote, gefallen am 27.4.1945 in Landsberg.

Soldat **Max Körner**, 34 J., aus Küstingen, gefallen am 27.4.1945 in Landsberg.

**Jlya Ustubetz**, OT-Mann, gefallen am 27.4.1945 in Landsberg, Schongauer Straße.

Soldat **Friedrich Porchand**, gefallen am 27.4.1945 in Landsberg.

Hauptmann **Hans Schaak**, 52 J., aus Mühldorf/Elsaß, am 27.4.1945 an der Neuen Bergstraße durch Bauchschuß schwer verletzt, gestorben im Krankenhaus Landsberg.

**Unbekannter Soldat**, OGfr, gefallen am 27.4.1945 in Landsberg.

SS-Rottenführer **Alfred Bratz**, 37 J., aus Schloppe, gefallen am 27.4.1945 in Landsberg, Weilheimer Straße.

SS-U.Scharf. **Willi Niehoff**, 41 J., aus Werningerorde, gefallen am 27.4.1945 in Landsberg, Weilheimer Straße.

SS-Mann **Walter Simitus**, 19 J., gefallen am 27.4.1945 in Landsberg, Weilheimer Straße.

Feldwebel **Roman Wilferth**, gefallen am 27.4.1945 in Landsberg.

Uffz. **Bruno Krüger**, 25 J., aus Schönlänke, gefallen am 27.4.1945 in Unterdießen.
O.Gefr. **Gottfried Kotzsch**, 18 J., aus Schepnitz, gefallen am 27.4.1945 in Unterdießen.
Am 27.4.1945 wollten die zwei Soldaten in Unterdießen in letzter Minute Richtung B 17 mit dem Motorrad ihre Einheit erreichen. Obwohl sie von der Bevölkerung gewarnt wurden, daß die amerikanischen Panzerspitzen bereits in der Nähe sind, versuchten sie ihr Glück und wurden erschossen.

Ltn. **Herbert Krawitz**, 29 J., aus Kleusberg, gefallen am 17.4.1945 in Seestall.

O.Gefr. **Herbert Keil**, 21 J., aus Ehrenfriederdorf, gefallen am 17.4.1945 in Seestall.

OT-Mann **Otto Alfred Segura**, 41 J., aus Reichenbach, gefallen am 27.4.1945 in Asch.

**Unbekannter Soldat**, ca. 35 J., Luftwaffe, gefallen zwischen 27.-29. 4.1945 in Ellighofen.

**Unbekannter SS-Mann**, gefunden am 28.4.1951 in Landsberg a.L. Überführt zum Soldatenfriedhof Schwabstadl am 30.6.1951, Grab 386.

**Unbekannter Soldat** wurde im August 1945 am Lechufer der Erpftinger Flur angeschwemmt und im Erpftinger Friedhof begraben. Die Familie Munk kümmert sich seitdem mit viel Hingabe um das Grab.

*Foto: H.Pflanz*

## 15 Gefallene in Kaufering

Bei Kriegsende war am Lechhang in Kaufering oberhalb der Leonhardikapelle eine Panzerabwehrkolonne in Stellung, die einen Volltreffer erhielt. Die Geschützbedienung ist dabei gefallen. Nach Aufzeichnungen des damaligen Ortspfarrers konnten dieToten erst einige Tage später geborgen werden. Eine Leiche war völlig plattgedrückt, da ein feindlicher Panzer darüber gefahren ist. Die Gefallenen hatten keinerlei Wertsachen bei sich, so daß man annimmt, daß sie ausgeplündert wurden. Man vermutete, daß es polnische Fremdarbeiter waren.

Gefr. **Anton Knolle** aus Bez. Chemnitz, 2.M.Werf.Ers.Abt. 1 Celle, gefallen am 27.4.1945 in Kaufering.

O.Gefr. **Willi Paul**, 36 J., aus Fürth, LnEspr.Ers.Komp. 17/13 mot. Nbg., gefallen am 27.4.1945 in Kaufering.

Uffz. **Konrad Risch**, 35 J., aus Thüringen, Luftw.Fla.M.G.Res.Komp. 114, gefallen am 27.4.1945 in Kaufering.

**Günter Scheffler**, 18 J., aus München, Flak Ers.Abt. 92, gefallen am 27.4.1945 in Kaufering.

**Walter Bela**, 37 J., aus Berlin, 2. Eis.Pio.Ers.Btl. 4-346, gefallen am 27.4.1945 in Kaufering.

**Julius Loos**, 45 J., aus Ried in Tirol, Gendarmerie Wachtmeister, gefallen am 28.4.1945 in Kaufering.

**Ernst Junge**, aus dem Kreis Roda, gefunden ca. 10.5.1945 in der Nähe der Leonhardikapelle.

**Peter Neumeir**, 28 J., aus Appercho, Art.Ers.u.Ausb.Abt. Augsburg, wurde in Fetzen gerissen. In der Nähe der Leonhardikapelle fand man nur noch Stücke.

**Xaver Neulinger**, 45 J. aus Hammerau, gefallen am 27.4.1945 in Kaufering.

St. Gefr. **Peter Stürmer**, 26 J., Emden, gefallen am 27.4.1945 in Kaufering.

O.Gefr. **Paul Gerber**, 18 Jahre, aus Celle, Kanonier Werf.Ers.Ausb.Abt. 4 Bat. Die Leiche befand sich im Lech am mittleren Pfeiler der Eisenbahnbrücke und ist vermutlich angeschwemmt worden.

### Unbekannter 16-jähriger Flakhelfer

Nach Aussage von Sebastian Enthard aus Kaufering befand sich bei Kriegsende 1945 in der Nähe des Burgberges in Kaufering ein deutsches Vierlings-Flak-Geschütz. Ein junger etwa 16-jähriger Flakhelfer hatte die Aufgabe, Munition vom Stadel zum Geschütz zu tragen. Er wurde von einem feindlichen Geschoß am Kopf getroffen und war tot. Er wurde in den Stadel getragen und lag dort einige Tage. Amerikaner oder Franzosen brachten ihn dann weg. Auf dem Koppel stand: Name, Geb.Datum und Bochum. Näheres darüber ist nicht bekannt.

### Vier deutsche Soldaten erschossen

Frau Nützel sen. aus Kaufering sah von ihrem Wohnungsfenster aus, wie beim Einmarsch der Amerikaner am 27.4.1945 zwischen dem Bahnhof Kaufering und der Bundesstraße von den Amerikanern vier deutsche Soldaten den Bahndamm hinaufgetrieben und von hinten erschossen wurden.

Tatsächlich finden sich auf dem Soldatenfriedhof Schwabstadl vier unbekannte Deutsche Soldaten, die am 27.4.1945 in Kaufering gefallen sind. Man kann annehmen, daß es sich dabei um diese vier Soldaten handelt. Genaueres wird man darüber wohl nie mehr erfahren.

**Hans Menzel**, Oberfähnrich einer Werferabteilung, 24 Jahre aus Leverkusen, gefallen am 28.4.1945 bei Reisch.

Hans Menzel wurde gleich nach dem Abitur zur Wehrmacht eingezogen. Er wollte einmal Land- und Forstwirtschaft studieren. Am 28.4.1945 ging Menzel auf dem Rückzug als versprengter Soldat nahe der Pürgener Straße auf dem Thalhofer Feld Richtung Reisch. Drei aus Landsberg kommende amerikanische Panzer sahen Menzel. Ein Panzer bog von der Straße ab, fuhr Menzel nach und erschoß ihn. Eine Frau aus Thalhofen hat dies von ihrem Fenster aus gesehen. Menzel wurde zuerst auf dem Acker begraben und am 24.3.1946 auf dem Friedhof in Reisch beigesetzt. Später wurde er zum Soldatenfriedhof Schwabstadl überführt. Die Umstände, wie Hans Menzel gefallen ist, haben die Angehörigen erst 1995 durch meine Nachforschungen erfahren.

*Oberfähnrich Hans Menzel*

*Foto: Archiv Pflanz*

Pater Kowalski weihte das Marterl am 12.6.1995 in einer schlichten Feier ein.

*Einweihung des Marterls am 12.6.1995*                    Foto: H. Pflanz

**Uffz. Hans Haller, 26 J. aus Saalfeld, gef. 28.4.1945 bei Schöffelding**
**Alfred Brockelt, 43 J., aus Immensen/Lün., gef. 28.4.1945 bei Schöffelding**

*Hans Haller*
Foto: Archiv Pflanz

Hans Haller war als Bodenpersonal auf dem Flugplatz Wischau/Tschechei stationiert. An seinem Geburtstag am 4.4.45 war er noch einige Tage zu Hause. Dann fuhr er mit der Bahn Richtung Süden.

Bei Kriegsende wurden viele vom Urlaub kommende Soldaten zusammengefaßt und an Brennpunkten eingesetzt.

Auf das Foto, das er seiner Frau schickte, schrieb er noch folgenden Text: „Liebe Hanni So schaut Dein Hans in Wischau. Am Blick siehst Du schon, daß von Urlaub keine Rede sein kann. Wenn auch der Blick zur Heimat steht. Nimm ihn einstweilen so, da hast Du ihn im Bild. Es grüßt Dich Dein Hans"

*Das Grab von Hans Haller und Alfred Brockelt am Stockerberg*

Foto: Archiv Pflanz

102

Hans Haller und Alfred Brockelt sind am 28.4.1945 um ca. 16.30 Uhr am Stockerberg bei Schöffelding gefallen. Dort war eine Panzersperre errichtet. Vermutlich sollten sie den Rückzug decken.

Von Alfred Brockelt gibt es kein Foto, da den Angehörigen bei dem Luftangriff „Gomorra" 1943 auf Hamburg alles verbrannt ist.

## Uffz. Anton Schneider, 48 J., aus Veldenz/Norddeutschland, Luftwaffe, Mitglied des kath. Kirchenvorstandes in Veldenz

Anton Schneider war bereits Soldat im Ersten Weltkrieg. Am 27.4.1945 war er auf dem Rückzug mit einem Munitionstransport unterwegs. Zwischen Reichling und Rott wurden sie von Tieffliegern angegriffen. Die Kameraden suchten unter einer Brücke Schutz.

*Uffz. Anton Schneider*
*Foto: privat*

Dabei ist A n t o n S c h n e i d e r gefallen.

Schneider wurde in Reichling beerdigt.

Eine Frau, deren Mann in Rußland vermißt ist, pflegt das Grab.

*Das Grab von Anton Schneider in Reichling*
*Foto: privat*

## Unbekannter Soldat angeschwemmt

Am 16.6.1945 wurde im Lech bei Reichling ein unbekannter deutscher Soldat angeschwemmt.

## Vier Gefallene in Dettenhofen

Am 27.4.1945 nachmittags 3 Uhr befand sich ein Fahrzeug des OKW bei Dettenhofen auf dem Rückzug. Auf dem Fahrzeug war auch Munition geladen. Feindliche Tiefflieger entdeckten das Fahrzeug und schossen es in Brand.
Uffz. **Kurt Huster**, 33 Jahre aus Aue/Chemnitz und
Gefr. **Bruno Schilb**, 49 Jahre aus Eisleben/Thüringen
konnten zwar noch abspringen, wurden aber durch Bordwaffenbeschuß oder explodierende Munition getötet.
Gefr. **Kurt Hoffmann**, 43 Jahre aus Leibnitz/Sachsen und
Gefr. **Otto Ziel**, 51 Jahre aus Zeithain bei Riesa/Sachsen
verbrannten vollkommen im Auto.

Ebenfalls am 27.4.1945 fand der 15-jährige **Wilhelm Knaus**, geb. am 30.1.1930 in Bad Tölz, Landwirt-Lehrling, wohnhaft in Ummenhausen auf einer Weide bei Ummenhausen eine Panzerfaust. Er wollte sie zerlegen, wobei sie explodierte und Wilhelm Knaus ums Leben kam.

Huster und Schilb wurden noch am 27.4.45 abends 8 Uhr in Dettenhofen beerdigt.

Wilhelm Knaus wurde am 28.4.45 um 12.30 Uhr zusammen mit den verkohlten Überresten von Hoffmann und Ziel in Dettenhofen beerdigt.


## Später an ihren Verwundungen im Krankenhaus Landsberg gestorben:

Soldat **Hugo Livitran**, 53 J., aus Eisenach, nach Verwundung (Schußverletzung Lunge), gest. am 2.5.1945 im Krankenhaus Landsberg.

**Otto Lang** (keine näheren Angaben) an Verwundung gestorben am 10.5.1945 im Krankenhaus Landsberg.

Soldat **Rudolf Waltner**, 39 J., aus Plauen, an Verwundung gestorben am 1.6.1945 im Krankenhaus Landsberg.

OT-Mann **Heinrich Bank**, 49 J., aus Freiburg, an Verwundung (Wundflächen) gestorben am 17.7.1945 in Landsberg.

Soldat **Richard Thomas**, 20 J., aus Josefinenhöhe/Westpreußen, wohnhaft in Unterigling, gest. an Verwundung (Zerstörung der Beckenseite mit großen Wundflächen) am 18.8.1945 im Krankenhaus Landsberg.

## Jürgen Spitzeder, geb. 1925 in Hamburg, kam in Dornstetten bei Landsberg a.L. in amerikanische Kriegsgefangenschaft

*Jürgen Spitzeder*
Foto: Archiv Pflanz

Ich bin Jahrgang 1925 und wurde im Oktober 1943 zur Deutschen Wehrmacht als Funker bei der bespannten Artillerie eingezogen. Ich gehörte 1945 der im Herbst 1944 aufgestellten Volksgrenadier Division als Gefreiter an. Beim Rückzug im April 1945 kamen wir aus dem Elsaß und gingen bei Schifferstadt über den Rhein. Da wir bereits hinter die feindlichen Linien geraten waren, hat sich unsere Einheit bei Urach im Schwarzwald aufgelöst. Die Pferde ließen wir laufen und wurden vermutlich von Bauern eingefangen.

Wir gingen nachts in kleinen Gruppen von drei bis vier Mann nach Süden und sollten uns am Starnberger See wieder treffen. Unterwegs gesellte sich zu uns ein Leutnant der Panzertruppe. Die Bauern, bei denen wir um etwas Eßbares fragten, hatten alle Angst, da es eine Bekanntmachung gab, wer deutsche Soldaten unterstützt, wird streng bestraft. Ich glaube sogar, die Todesstrafe war angedroht. Als wir an den Lech kamen, waren die Brücken bereits gesprengt und die vorhandenen Übergänge von den Amerikanern stark bewacht. So saßen wir bei Dornstetten am Lech und überlegten, wie wir den Fluß überqueren könnten. Am 2. Mai 1945 wurden wir von den Amerikanern dort entdeckt und gefangengenommen.

Der Leutnant der Panzertruppe wurde wegen seiner schwarzen Uniform fälschlicherweise als SS-Mann angesehen und sofort von uns getrennt. Seine Leica-Kamera nahm der Amerikaner an sich. Auch meine Armbanduhr wechselte den Besitzer. Wir kamen dann nach Landsberg in die Artillerie-Kaserne und einige Tage später nach Gauting in ein Kriegsgefangenenlager unter freiem Himmel. Dort erlebte ich den 8. Mai 1945. Dann kam ich in ein Lager nach Fürstenfeldbruck, wieder unter freiem Himmel. Ich schätze, daß dort ca. 12.000 Kriegsgefangene waren, vier Camps mit je 3.000 Mann. Die Verpflegung im Lager Fürstenfeldbruck bestand pro Tag aus einem Päckchen Keks, einer kleinen Konservendose und Zigaretten. Satt werden konnte man davon nicht.

Eines Tages wurde ich mit anderen Kameraden zu einem Gebäude zur Entnazifizierung gefahren. Wo genau das war, konnte ich nicht feststellen. Wir wurden untersucht und mußten Fragebögen ausfüllen. Ein Kamerad wurde aufgrund der Blutgruppe am Arm als SS-Mann erkannt. Er wurde geschlagen und weggeführt. Ich habe ihn später nicht mehr gesehen.

Dann hieß es, wer einen Handwerksberuf hat, solle sich melden. Ein Kamerad meldete sich und schrieb mich dazu. Tatsächlich wurden wir zusammen mit ca.

400 Mann herausgenommen. Wir kamen als Kriegsgefangene zum Fliegerhorst Penzing bei Landsberg a.L., und ich wurde in der Küche beschäftigt. Dort ging es mir verhältnismäßig gut. Wir hatten strenge Anweisung, gebrauchtes Fett zu vernichten. Lebensmittel durften bei Androhung hoher Strafen nicht an Zivilpersonen abgegeben werden.

*Das Gefangenenlager Flugplatz Penzing im September 1946. Zu dieser Zeit hatten die Gefangenen bereits eingeschränkte Freiheiten.*

*Foto: Archiv Pflanz*

1946 hätte ich entlassen werden können. Meine Familie in Hamburg hatte aber ein Schreiben, daß sie ggf. innerhalb von zwei Stunden die Wohnung räumen müßte (was aber nicht zustande kam). So blieb ich noch in Penzing und wurde dienstverpflichtet. Ich hatte dann größere Freiheiten und durfte mich im Landkreis frei bewegen. Im März 1946 wurde ich entlassen.

*1.6.2009, Jürgen Spitzeder*

## Julius Weinmann, Jahrgang 1928, kam mit 17 Jahren in Landsberg a.L. in amerikanische Kriegsgefangenschaft

*Julius Weinmann*   Foto: privat

Im Frühjahr 1944 wurde ich erstmals mit 16 Jahren ins Kriegsgeschehen mit einbezogen. Ich wurde zu einer vormilitärischen Ski-Ausbildung für drei Wochen nach Oberstaufen geschickt. Danach wurde ich mit der Hitlerjugend im Westwall in der Nähe von Rastatt zum Bau von Bunkern und Schützengräben eingesetzt.

Im Spätsommer 1944 wurde ich zum Reichsarbeitsdienst eingezogen. Ich meldete mich freiwillig zur Waffen-SS und wurde Anfang 1945 in Ellwangen dem SS-Ausbildungs- und Ersatzbataillon 5 zugeteilt. In dem Barackenlager war auch eine Baracke, in der KZ-Häftlinge untergebracht waren. Ich habe gesehen, daß diese Leute die gleiche Verpflegung bekamen, wie wir. Sie konnten nachts schlafen, während wir fast jede zweite Nacht eine Übung hatten und erschöpft und verschmutzt in unser Quartier zurückkamen.

*Das Grab in Lippach für die 36 jungen Soldaten.*   Foto: Mayer

Ab dem 10. April 1945 haben wir unsere Kaserne verlassen, um rund um Ellwangen Stellungen zur Verteidigung auszubauen. Bei der Verteidigung hatten wir fünf tote Kameraden zu beklagen, darunter auch ein sehr guter Freund von mir. Am 22. April 1945 durchbrachen wir die Einschließung und schlugen uns in Richtung Westhausen durch. Beim Ortsteil Lippach in Westhausen wurden 36 Soldaten aus meinem Bataillon durch US-Soldaten nach der Gefangennahme bestialisch getötet.

Unsere Einheit zog weiter über Aalen, Heidenheim, Giengen, Günzburg. Immer wieder haben wir Stellungen gebaut; wurden aber durch Fliegerangriffe und durch Panzerbeschuß an einer wirkungsvollen Verteidigung gehindert.

Wir zogen weiter über Ichenhausen, Krumbach, Mindelheim und Buchloe. Die Amerikaner waren motorisiert, während wir alles zu Fuß bewältigen mußten. Täglich wurden wir von US-Einheiten überrollt. Auf diesem Weg hatten wir erneut Tote und Verwundete zu beklagen. Infolge eines Tieffliegerangriffes wurde unsere Truppe auseinandergerissen. Zwischen Buchloe und Kaufering schlief ich nochmals im Wald zusammen mit zwei Kameraden.

Am frühen Morgen kamen wir dann bei Kaufering an den Lech. Die Brücke war bereits gesprengt und Kaufering von den Amerikanern besetzt. Auch an der Eisenbahnbrücke war ein schwarzer Soldat sichtbar. So gingen wir den Lech entlang Richtung Landsberg. Meine zwei Kameraden wollten gegen 6 Uhr durch den Lech schwimmen, dazu legten sie ihre Waffen und teilweise ihre Kleidung ab. Ich konnte nicht schwimmen.

Fast einen Tag lang wartete ich vergebens auf ihre Rückkehr. Ich saß versteckt im Gebüsch – rundum war bereits der Feind – als es plötzlich raschelte. Ich legte meine MP an – da sah ich ungefähr 30 deutsche Soldaten vor mir. Bei Einbruch der Dunkelheit marschierten wir in kleinen Gruppen weiter.

Meine Gruppe verirrte sich im Wald, dabei kamen wir an einen großen Zaun, da wir nach dem Kompaß liefen, stiegen wir darüber. Wir stellten fest, daß es ein Lager mit Baracken war – voll mit amerikanischen Soldaten. (Später erfuhr ich, daß hier einige tausend KZ-Häftlinge waren.) Wir glaubten nicht, daß wir hier jemals wieder herauskommen würden. Es gelang uns letztendlich, ungesehen wieder über den Zaun zu steigen. Nach einigen hundert Metern, kamen wir dann auch aus dem Wald heraus.

Am ersten Bauernhaus fragten wir nach etwas zum Essen. Der Bauer hat uns abgewiesen, denn er hatte Angst, daß ihm die Amerikaner sein Haus anzünden, wenn er deutsche Soldaten bewirtet. Das hatten sie ihm bei der Besetzung angedroht.

Wir zogen enttäuscht und hungrig weiter und schliefen in der nächsten Nacht in der Scheune eines Bauernhofes. Bei Tagesanbruch zogen meine zwei Kameraden weiter. Ich dagegen konnte wegen einer Fußverletzung kaum mehr gehen, deshalb blieb ich hier. Der Bauer gab mir etwas zu Essen – als plötzlich die Türe aufgestoßen wurde und zwei Amerikaner hereinkamen und mich gefangennahmen. Meine Erkennungsmarke hatte ich bereits vernichtet und mein Soldbuch verbrannt, somit hatte ich keine Identität mehr.

Als die Amerikaner hereinkamen, hatte ich solche Angst, erschossen zu werden, daß ich nicht einmal die Hände hob. Mit einem Jeep wurde ich in ein Lager gefahren und in einen finsteren Bunker gesperrt. Nach meiner Schätzung war ich dort allein drei Tage ohne jede Verpflegung eingesperrt. Ich dachte, wenn dies Fronttruppen waren, die weiterziehen oder derjenige, der mich hier einschloß, ums Leben kommt, weiß niemand, daß ich hier sitze. Ich hatte furchtbare Angst, dort vergessen zu werden und leide heute noch unter einem Trauma, vor allem wenn eine Tür zufällt. Auch habe ich Probleme, wenn ich in einem öffentlichen

Verkehrsmittel sitze, in dem sich die Türe nicht öffnen läßt. Nach etwa zweieinhalb Tagen kamen ca. sechs weitere deutsche Gefangene in diesen fensterlosen Bunker.

Am dritten Tag wurden wir dann auf einem Lastwagen nach Landsberg transportiert, wo wir nochmals für einige Stunden in eine Garage gesperrt wurden, die bereits voller Landser war.

Ein weiterer Lastwagen fuhr uns dann nach Kaufbeuren und danach nach Ulm. Von dort fuhr man uns weiter in das Lager Heilbronn.

Nachdem dort auch kein Platz für uns war, kamen wir in das Rheinwiesenlager nach Ludwigshafen. Hier bekam ich seit meiner Gefangennahme zum ersten mal etwas zu essen. Im Lager Ludwigshafen war ich sechs Wochen in freier Natur, ohne sanitäre Einrichtung. Mehrmals bin ich infolge Schwäche zusammengebrochen. Jeder bekam Läuse und viele sind an der Ruhr erkrankt. Ich wurde von einem amerikanischen Offizier verhört. Aufgrund meiner standhaften Aussagen, wurde ich den Franzosen ausgeliefert und in einem Viehwagen nach Frankreich transportiert.

Viele deutsche Soldaten wurden dort in die Fremdenlegion gepreßt und sind für Frankreich gefallen. Mir wurde der Status eines Kriegsgefangenen aberkannt und dem DEF-Status (deutsche entwaffnete Feindstreitkräfte) zugeteilt. Somit war ich dem Zugang des Roten Kreuzes entzogen. Unser Lager in La Fleche war eines der schlimmsten, die es gab.

Im August 1945 sollte ich nach Hause entlassen werden, aber statt dessen landete ich in Cherbourg in der Normandie.

Ende September war es dann soweit, daß ich nach Heilbronn transportiert und dort entlassen wurde. Da es keine Fahrgelegenheit gab und ich auch kein Geld hatte, bin ich von Heilbronn nach Plattenhardt auf den Feldern zu Fuß gegangen, das dauerte mehrere Tage. Ein Küchenstuhl wurde von meiner Mutter aufgepolstert, damit ich überhaupt sitzen konnte, weil ich so abgemagert war.

*8.4.2003, Julius Weinmann*

## Mehrere Personen sind nach dem Einmarsch der Amerikaner in Landsberg verschwunden

**Alois Spachtholz**, geb. 20.6.1914 in Landsberg, wohnte im Klösterl/Seelberg. Seine Mutter hatte eine kleine Landwirtschaft, in der er mithalf. Leute, die ihn kannten, beschrieben ihn als einfachen, fleißigen und ruhigen Menschen. Er war Epileptiker. Nach Aussage einer Frau aus dem Klösterl soll er beim Einmarsch der Amerikaner an der Straße gestanden sein. Seitdem ist er spurlos verschwunden. Am 4.1.1956 wurde er offiziell für tot erklärt.

**Georg Morath** heiratete 1919 eine Landsbergerin und wohnte vor dem Zweiten Weltkrieg in München. Im Mai 1945 wollte er zu Fuß (evtl. auch mit dem Fahrrad) von Schongau nach Landsberg gehen, wo sich seine Frau aufhielt. In Landsberg ist er nie angekommen. Georg Morath ist seitdem verschollen.

**Polizeimeister Eugen Schmitt** wohnte mit seiner Familie in der Frühlingstraße in Landsberg am Lech. Bei Ankunft der amerikanischen Truppen mußten sie, wie auch andere Familien in der Straße, ihr Haus verlassen und fanden notdürftig Unterkunft im Haus von Dr. Müller und seiner französischen Ehefrau an der Ecke Von-Kühlmann-Straße/Frühlingstraße.

Am 29.4.1945 gegen 22 Uhr kamen zwei Amerikaner in Uniform und fragten nach Eugen Schmitt. Schmitt wurde, wie er war, mit den Hauspantoffeln mitgenommen und auf ein amerikanisches Militärfahrzeug geladen, das in der Von-Kühlmann-Straße Richtung Post wegfuhr. Seitdem ist Eugen Schmitt verschwunden. Auch seine Leiche wurde nie gefunden. Man vermutet, daß er erschlagen wurde.

*Polizeimeister Eugen Schmitt*
*Foto: privat*

## Das Landsberger Tagblatt schrieb zum Jahreswechsel 1960/61 folgendes:

### Unbekannte Schicksale

Noch immer schwebt über vielen Menschen ein Dunkel. Aus Stadt- und Landkreis führt das Bayerische Rote Kreuz nicht weniger als 1072 Wehrmachts- und Zivilvermißte. Die Großzahl der Zivilvermißten ist von den Familien der Heimatvertriebenen gemeldet.

## Vieles wanderte beim Einmarsch der Amerikaner als Beutegut nach Amerika

Die alte Königskette der Königl. Privel. Feuerschützengesellschaft Landsberg lagerte1945 in einem Tresor der Sparkasse Landsberg. Nach dem Einmarsch der Amerikaner war sie verschwunden. 1988 erhielt der damalige Schützenmeister Leonhard Fiedler einen Hinweis, wonach eine Landsberger Schützenkette in New York versteigert wird. Da diplomatische Bemühungen wenig Erfolg versprachen, flogen Leonhard Fiedler und Volksbankdirektor Erwin Stolz nach New York. Sie ersteigerten mit viel Geschick die gestohlene Landsberger Schützenkette und brachten sie wieder in die Heimat zurück, wo sie im Stadtmuseum ausgestellt wird.

Im Trauzimmer des Rathauses befand sich ein kleines Tischchen, dessen Tischplatte ein Relief der Altstadt von Landsberg a.L. zeigte. Auch dieses Tischchen war seit Kriegsende verschwunden. Ein Amerikaner nahm 1991 Kontakt mit der Deutschen Botschaft auf und gab das Tischchen zurück, so daß es heute wieder an seinem alten Platz steht.

Das Vereinslokal der Landsberger Schuhmacherinnung befand sich 1945 im Gasthof „Zur Glocke". Dort befand sich auch das Zunftzeichen der Schuhmacher, ein silberner Schuh, in einem Glaskasten. Dieses Zunftzeichen, sowie das Zunftzeichen der Gerber, sind seit dem Einmarsch der Amerikaner verschwunden. Es wäre schön, wenn auch diese alten Zunftzeichen wieder den Weg in die Heimat finden könnten.

# Erschießungen deutscher Kriegsgefangener

Beim Vormarsch der Amerikaner kam es zu zahlreichen Erschießungen von gefangenen deutschen Soldaten – Kriegsverbrechen, die nie gesühnt wurden.

Einige Beispiele aus unserer Gegend:

## Der Massenmord von Eberstetten

Am 28.4.1945 hat sich Pfaffenhofen an der Ilm kampflos den Amerikanern ergeben. Gegen 14 Uhr erreichten die amerikanischen Panzerspitzen den nahegelegenen Ort Eberstetten. Darin befanden sich noch 15 junge Soldaten der Waffen-SS, die sich auf einem Bauernhof waffenlos den Amerikanern ergaben. Kurz darauf wurden die deutschen Soldaten auf Panzer geladen und rückwärts aus dem Dorf gefahren. Der Schreinermeister Georg Welter aus Eberstetten berichtet darüber:

Ich befand mich mit noch einem Pfaffenhofener Bürger auf dem Dachboden meines Anwesens. Ich beobachtete, wie plötzlich amerikanische Fahrzeuge mit aufsitzenden deutschen Soldaten zurückfuhren und am Ortsrand etwa 100 Meter von mir hielten. Die Amis befahlen mittels Gebärden, abzusetzen und nach links in die Wiese zu laufen. Darauf eröffneten sie mit Maschinenpistolen von hinten das Feuer auf die deutschen Soldaten. Nach geraumer Zeit kam nochmals ein Jeep angefahren, auf dem sich noch drei Gefangene befanden. Diese wurden von den Amis nach rechts in die Wiese geschickt und ebenfalls mit einer MP-Salve von hinten getötet. Darunter befand sich auch ein etwa 40jähriger verwundeter gehbehinderter Soldat aus einem Lazarett, der in Eberstetten von einem Sanka abgeholt werden sollte. Gestützt auf seine zwei Kameraden wurde er zum Hinrichtungsort geführt.

Ein angeschossener Soldat rief noch eine Stunde lang um Wasser und um Hilfe. Doch kein Eberstettener durfte Hilfe bringen. Nach einer weiteren Stunde passierte ein nachfolgender amerikanischer Verband die Stätte des Grauens. Ein weißer Amerikaner hörte das Wimmern des letzten Überlebenden. Er beendete es kurzerhand mit einem Kopfschuß aus seiner Pistole.

Erst am dritten Tag durften wir auf Geheiß eines amerikanischen Kommandeurs die Toten begraben. Zuvor sammelte ich die Soldbücher, Brieftaschen und Wertsachen ein. Die Toten beerdigten wir in einem naheliegenden Aushub, der von einem deutschen Funkwagen stammte. Ich übergab die Soldbücher, Brieftaschen und Uhren dem Bürgermeister, der sie in einer Kiste aufbewahrte. Etwa eine Woche später kam ein amerikanischer Offizier, der nach Waffen suchte. Dabei sah er die Kiste und fragte nach dem Inhalt. Als ihm dieser mitgeteilt wurde, nahm er die Kiste mit und lehnte die Bitte, sie zur Benachrichtigung der Hinterbliebenen zurückzulassen, kategorisch ab. Seitdem fehlt von der Kiste und dem Inhalt jede Spur, sodaß niemand weiß, wer die Ermordeten waren.

1952 wurden die in dem Massengrab ohne Särge bestatteten Soldaten vom

Volksbund Deutscher Kriegsgräberfürsorge auf einen Soldatenfriedhof bei Regensburg überführt. Bei der Exhumierung fand man zwei Eheringe, aus deren Gravierung sich offenbar später ergab, daß es sich bei den Überführten um „SS-Unterscharführer August Kleber, SS-Rottenführer Wanitzke und 13 unbekannte Tote" handelte, die „zur SS-Division Götz von Berlichingen" gehörten.

Am Samstag, dem 3. Mai 1980, wurde ein von der Stadtverwaltung am Ortseingang von Eberstetten errichtetes Steinkreuz zur Erinnerung an diese Mordtat eingeweiht, das die Inschrift trägt:

„In den Wirren der letzten Kriegstage kamen unweit dieser Stelle 17 Soldaten auf tragische Weise ums Leben."

*Gedenkstein in Eberstetten*

## Der Massenmord in Webling bei München

Bericht aus der Zeitschrift „Der Freiwillige" 1990:
Kurz vor Beendigung des Krieges, am 29.4.1945, wurden in Webling/Obb. 43 Soldaten der Waffen-SS nach ihrer Gefangennahme durch amerikanische Truppen der 42. Inf. Division völkerrechtswidrig umgebracht.

Es ist eines der vielen bisher aufgedeckten Kriegsverbrechen im oberbayerischen Raum. Diese Geschehen beinhalten in vielen Fällen die schreckliche Gewißheit, daß die Namen der Toten nicht mehr festzustellen sind, und diese somit bei ihren Angehörigen als vermißt gelten müssen.

Die Kreisgemeinschaft München der HIAG (Hilfsgemeinschaft auf Gegenseitigkeit) hat sich am 27.10.1989 zusammengefunden, um einen Gedenkstein, der mit seiner Erinnerungstafel zum Gedenken an die hier zu Unrecht getöteten Kameraden auffordert, einzuweihen.

In seiner Gedenkrede erinnerte unser Erster Sprecher, Kam. Reicher daran, daß mit der Errichtung dieser schlichten Gedenkstätte nicht die Absicht verbunden ist, Haß gegenüber unseren ehemaligen Kriegsgegnern zu schüren. Vielmehr sollen damit alle jetzt Lebenden und künftige Generationen an die Schrecken des Krieges erinnert werden.

So ist der Gedenksstein auch als Mahnung und Beitrag zur Völkerverständigung zu sehen, die allerdings nur dann gelingen kann, wenn wir und unsere ehemaligen Gegner das alte französische Sprichwort „Das Vorwort zur Versöhnung ist die Wahrheit" allem Tun und Handeln zugrunde legen.

Erfreulich war, daß aus einigen umliegenden Ortschaften Fahnenabordnungen der Veteranenvereine an unserer Einweihung teilnahmen. Mit der Kranzniederlegung, untermalt durch das von einem Trompeter vorgetragene Lied vom guten Kameraden, schloß die eindrucksvolle Feierstunde.

An dieser Stelle danken wir allen, die durch Spenden jedweder Art, ob materiell, finanziell oder – was besonders wiegt – durch Arbeitsleistung die Errichtung des Mahnmals ermöglicht haben. (WB)

Es ist den intensiven Nachforschungen von Herrn Schr. zu verdanken, daß 48 Namen der Ermordeten bekannt sind. Sie liegen größtenteils auf dem Soldatenfriedhof in Schwabstadl und auf dem Friedhof in Augsburg. Einige sind in Familiengräbern bestattet.

*Dieses Denkmal mit der Aufschrift mußte auf Anordnung der Behörden 1990 entfernt werden. Es wurde durch ein einfaches Birkenkreuz ersetzt.*

*Fotos: Privatarchiv*

## Gefangenenerschießung in Forst bei Wessobrunn

Der Kanonier Gustav Jahn, 20 J. aus Mondorf, vom Flak Rgt. 10 schwere Flak Abt. 133 und Stabsgefr. Georg Kersten, 30 J. aus Seehausen, von der gleichen Einheit ergaben sich am 30.4.1945 in Forst bei Wessobrunn den einrückenden Amerikanern. Sie waren unbewaffnet und hielten ein weißes Tuch in den Händen.

Zwei amerikanische Soldaten polnischer Herkunft trieben die beiden Gefangenen in die nahegelegene Kegelbahn des Gasthauses „Bayerischer Hiasl", wo sie sich als lebende Kegel aufzustellen hatten. Das Ehepaar H. mit ihren drei und sechs Jahre alten Kindern wurde ebenfalls gezwungen, in die Kegelbahn zu gehen. Dann wurden die beiden deutschen Landser erschossen. Während der eine lautlos zusammenbrach, bäumte sich der Körper des anderen noch einmal auf. Nachschüsse setzten auch seinem Leben ein Ende. Nach der Tat steckten sich die beiden US-Soldaten eine Zigarette an und grinsend wies der eine auf die Leichen der beiden Soldaten und sagte: „Kaputt!"

Die beiden Soldaten wurden später auf den Soldatenfriedhof Schwabstadl überführt.

*Das Gasthaus „Bayerischer Hiasl" in Forst, wo sich die Morde ereigneten.*
*Foto: DWZ 285 1965*

115

## Die Erschießung von Gefangenen in Oberpframmern

Am 1. Mai 1945 wird das kleine Dorf Oberpframmern Kreis Ebersberg Schauplatz eines Verbrechens. Die deutschen Truppen räumen den Ort, aber immer noch ziehen versprengte Soldaten durch. Ein erschöpfter deutscher Landser auf einem Schimmel sucht seine Einheit. Der Bäckermeister gibt ihm zu essen und bietet ihm Zivilkleidung an. Der Mann aus Wien will aber seine Einheit und sein Pferd nicht im Stich lassen und lehnt ab. Ehe er weiterreiten kann, wird er von amerikanischen Truppen überrascht und gefangengenommen. Die Amerikaner haben eine deutsche Fahne gefunden, die sie mit Benzin übergießen und anzünden. Der Gefangene muß die Flammen mit den Füßen austreten, dafür bekommt er eine Zigarette, dann wird er auf eine Wiese geführt und erschossen.

Inzwischen haben sich weitere deutsche Gefangene im Ort angesammelt. Darunter drei Angehörige der Gendarmerie aus dem benachbarten Glonn, die auf einem Dienstgang gefangengenommen wurden. Die Gefangenen stehen im Hof des „Alten Wirt", die Hände über dem Kopf, das Gesicht gegen die Wand.

Die Männer frösteln, haben Hunger und Durst, aber niemand darf ihnen etwas geben. Der Sergeant, der die Aufsicht führt, sitzt irgendwo und trinkt.

Gegen Abend taucht er auf und läßt im Dorf sieben Spaten requirieren. Als diese den Gefangenen in die Hand gedrückt werden, wissen sie, was ihnen bevorsteht. Ein Siebzehnjähriger ruft verzweifelt, ob denn niemand für sie eintreten wolle, aber der Sergeant, der sehr gut deutsch spricht, läßt sich auf nichts ein. Von der Wache eskortiert, marschieren die Sieben mit ihren Spaten durch die leere Dorfstraße zum Ortsrand. Vor dem nächsten Acker wird „Halt" befohlen. Dort verrichten die Sieben ihre letzte Arbeit, bevor sie erschossen werden.

*Gedenkstein in Oberprammern*

## Gefangenenerschießung in Haar

Beim Einmarsch der amerikanischen Truppen in Haar bei München kam es am 1. Mai 1945 zur Erschießung von Gefangenen. Sechs Soldaten der Waffen-SS, fast lauter junge Burschen, übernachteten in dem „Pflegerhaus" Wasserburger Landstraße, während ihre Kameraden nach Ebersberg weitergezogen waren. Als die Soldaten mit erhobenen Händen das Haus verließen, wurden sie von den US-Soldaten, nachdem die Zugehörigkeit zur Waffen-SS erkannt wurde, auf die andere Straßenseite getrieben und am Anfang der Leibstraße erschossen. Eine junge Frau mit Englischkenntnissen, die vermitteln wollte, wurde von den Amerikanern schroff abgewiesen.

Es ist Herrn Günther H. aus Haar zu verdanken, daß die Vorgänge im Detail festgehalten wurden. Ihm fiel auf, daß es in Haar sechs deutsche Gefallenene gibt, ohne daß dort Kampfhandlungen stattfanden. Seine Forschungsergebnisse wurden von der Süddeutschen Zeitung zur Veröffentlichung abgelehnt.

Während des Amerikanischen Vormarsches kam es immer wieder zur Erschießung deutscher Gefangener, insbesondere der Waffen-SS. Dies wurde mir auch

von einem amerikanischen Soldaten bestätigt, der dies selbst gesehen hat. Offensichtlich hat es derartige Anordnungen gegeben. Im National-Archiv in Washington soll es diesbezügliche Hinweise geben. Es ist mir nicht verständlich, warum sich Historiker damit nicht auseinandersetzen.

Der Bürgermeister Hans Gmeinwieser aus Haar bei München wurde von den amerikanischen Besatzungstruppen auf einen Lastwagen geworfen und abtransportiert. Seitdem fehlt von ihm jede Spur. Er gilt als vermißt.

*Gedenkstein in Haar*   *Foto: Privatarchiv Pflanz*

## Aussage von Ernst Schmidt, ehemaliger KZ-Häftling geb. 1908
aufgeschrieben am 9.7.1986

*Ernst Schmidt*
          *Foto: privat*

Ernst Schmidt war aktiv in der kommunistischen Jugend und wurde deshalb nach seinen Angaben von 1933 bis 1945 als politischer Gegner im KZ-Dachau inhaftiert. Er hat den Einmarsch der Amerikaner in Dachau erlebt und gab mir hierzu folgende Schilderung:

Bei Kriegsende verließen die Posten die Lagertürme. Das Lager war ca. eineinhalb Stunden ohne Bewachung. Wir Häftlinge wußten das damals nicht, wir sahen nur, daß das Licht aus war.

Es kamen dann Fronttruppen. Als sie merkten, daß das Lager ohne Bewachung war, gingen sie auf die Türme und übernahmen noch kurz die Bewachung. Es wurden auch Häftlinge mit Armbinde und Gewehr als Hilfsposten eingesetzt.

Als die Amerikaner das KZ-Dachau einnahmen, wurden diese Bewacher mit erhobenen Armen von den Türmen geholt und sofort erschossen. Dabei kamen auch unsere eigenen Leute (die Hilfsposten) ums Leben.

Ich habe das selbst gesehen.

*Die Erschossenen am B-Wachturm in Dachau*
          *Foto: DWZ*

118

# Vier Zivilisten in Waldtrudering erschossen

Am 4. Mai 1945 wurden in Waldtrudering bei München von amerikanischen Soldaten vier Zivilisten mit erhobenen Händen in ein Waldstück geführt und erschossen. Als Hintergrund wird die persönliche Denunziation eines Deutschen angenommen, der die Männer als Wehrwölfe bezeichnet haben soll.

**Georg Böhm**, Vermessungsinspektor, 56 Jahre alt. Erschossen von amerikanischen Soldaten am 4. Mai 1945 in Waldtrudering bei München.

**Arnold Eichmann**, Postsekretär, 48 Jahre alt. Von einem Deutschen denunziert und von Amerikanern ohne Verfahren erschossen.

**Friedrich Nagel**, Buchhalter, 43 Jahre alt. Auf einen Lastwagen geladen, mit erhobenen Händen in den Wald getrieben und erschossen.

**Kaspar Wagner**, 49 Jahre alt. Auch bei ihm genügte das Wort „Wehrwolf", um ihn unter den Salven der Maschinenpistolen sterben zu lassen.

## Ortsgruppenleiter Schwarz wurde an den Pranger gestellt

Ortsgruppenleiter Schwarz aus Waldtrudering wurde von den einrückenden Amerikanern an den Pranger gestellt. Man hängte ihm ein Schild um den Hals, mit der Aufschrift „Nazi Schwein". Auch hier soll der Denunziant seine Hand im Spiel gehabt haben. Schwarz wurde geschlagen und bespuckt. Ein besonnener amerikanischer Offizier machte dem Treiben ein Ende.

# Die Regierung Dönitz

Am 30. April 1945 nahm sich Adolf Hitler mit seiner Frau Eva in der Berliner Reichskanzlei vor dem Einmarsch der Roten Armee das Leben. Er hinterließ ein politisches und ein persönliches Testament.

Sein Nachfolger wurde Großadmiral Karl Dönitz. Er übernahm dieses verantwortungsvolle Amt in schwerer Zeit und bildete in Flensburg eine neue Reichsregierung. Dönitz nahm sofort Kapitulationsverhandlungen mit den Westmächten auf. Diese wurden aber auch nach dem Tod Hitlers kategorisch abgewiesen. Sie verlangten eine bedingungslose Gesamtkapitulation. Dönitz startete mit der Marine eine in der Geschichte wohl einmalige Rettungsaktion, um deutsche Flüchtlinge, hauptsächlich Frauen und Kinder aus Ost- und Westpreußen, die an der Küste feststeckten, nach Dänemark zu bringen. Dadurch wurden über zwei Millionen Menschen vor dem Zugriff der Roten Armee gerettet.

*Karl Dönitz, letztes Staatsoberhaupt des Deutschen Reiches.*

Am 8. Mai 1945 trat die bedingungslose Kapitulation der Deutschen Wehrmacht in Kraft. Die Bildung einer neuen Reichsregierung war sehr wichtig, weil dadurch nicht das Deutsche Reich, sondern nur die Deutsche Wehrmacht kapitulierte und rechtlich gesehen das Deutsche Reich mit seinen Grenzen von 1937 weiter besteht.

Am 23. Mai 1945 wurde die Deutsche Reichsregierung mit Reichspräsident Dönitz in Flensburg von den Engländern völkerrechtswidrig gefangengenommen.

# Der letzte Wehrmachtsbericht

Aus dem Hauptquartier des Großadmirals / den 9. Mai 1945
Das Oberkommando der Wehrmacht gibt bekannt:

In Ostpreußen haben deutsche Divisionen noch gestern die Weichselmündung und den Westteil der Frischen Nehrung tapfer verteidigt, wobei sich die 7. Division besonders auszeichnete. Dem Oberbefehlshaber, General der Panzertruppen von Saucken, wurden in Anerkennung der vorbildlichen Haltung seiner Soldaten die Brillanten mit Schwertern zum Ritterkreuz des Eisernen Kreuzes verliehen.

Als vorgeschobenes Bollwerk fesselten unsere Armeen in Kurland unter dem bewährten Oberbefehl des Generalobersten Hilpert monatelang überlegene sowjetische Schützen- und Panzerverbände und erwarben sich in besonders großen Schlachten unvergänglichen Ruhm. Sie haben jede vorzeitige Übergabe abgelehnt. In voller Ordnung wurden mit den nach Westen noch ausfliegenden Flugzeugen nur Versehrte und später zahlreiche Kinder abtransportiert. Die Stäbe und Offiziere verbleiben bei ihren Truppen. Um Mitternacht wurde von deutscher Seite entsprechend den unterzeichneten Bedingungen der Kampf und jede Bewegung eingestellt.

Die Verteidiger von Breslau, die über zwei Monate lang den Angriffen der Sowjets standhielten, erlagen in letzter Stunde nach heldenhaftem Kampf der feindlichen Übermacht.

Auch an der Südost- und Ostfront von Brünn bis an die Elbe bei Dresden haben alle höheren Kommandobehörden den Befehl zum Einstellen des Kampfes erhalten. Eine tschechische Aufstandsbewegung – sie umfaßt ganz Böhmen und Mähren – kann die Durchführung der Kapitulationsbedingungen in diesem Raum gefährden. Meldungen über die Lage bei den Heeresgruppen Löhr/Rendulic und Schörner liegen beim Oberkommando zur Stunde noch nicht vor.

Tapfer haben die Verteidiger der Atlantikstützpunkte, unsere Truppen in Nord-Norwegen und die Besatzungen der ägäischen Inseln in Gehorsam und Disziplin die Waffenehre des Deutschen bewahrt.

Seit Mitternacht schweigen nun an allen Fronten die Waffen. Auf Befehl des Großadmirals hat die Wehrmacht den aussichtslos gewordenen Kampf eingestellt. Damit ist das fast sechsjährige ehrenhafte Ringen zu Ende. Es hat uns große Siege, aber auch schwere Niederlagen gebracht. Die deutsche Wehrmacht ist am Ende einer gewaltigen Übermacht ehrenvoll unterlegen. Der deutsche Soldat hat getreu seinem Eide im besten Einsatz für sein Volk für immer Unvergeßliches geleistet. Die Heimat hat ihn bis zuletzt mit allen Kräften unter schwersten Opfern unterstützt. Die einmalige Leistung von Front und Heimat wird in einem späteren Urteil der Geschichte ihre endgültige Würdigung finden. Den Leistungen und Opfern der deutschen Soldaten zu Wasser, zu Lande und in der Luft wird auch der Gegner die Achtung nicht versagen. Jeder Soldat kann deshalb die Waffen aufrecht und stolz aus der Hand legen und in der schwersten Stunde unserer Geschichte tapfer und zuversichtlich an die Arbeit gehen für das ewige Leben unseres Volkes.

Die Wehrmacht gedenkt in dieser schweren Stunde ihrer vor dem Feind gebliebenen Kameraden. Die Toten verpflichten zu bedingungsloser Treue, Gehorsam und Disziplin gegenüber dem aus zahllosen Wunden blutenden Vaterland.

# Die amerikanische Militärregierung in Landsberg a. Lech

*Die amerikanische Militärregierung in Landsberg a.L. Sommer 1945:*
*1. v. li. Cpt. Rein, 2. Müller, 5. Felsenburg*        *Foto: Archiv Pflanz*

*Capt. Matt im Bürgermeisterzimmer der Stadtverwaltung Landsberg a.L.*
       *Foto: Archiv Pflanz*

Seit Ende April 1945 war Landsberg a.L. amerikanische Besatzungszone. Alle deutschen Medien waren verboten. Die Bestimmungen der amerikanischen Militärregierung wurden mit Plakatanschlag bekanntgemacht. Ich erinnere mich, daß bei besonders aktuellen Anlässen ein Lautsprecherwagen durch die Stadt fuhr. Später gab es auch ein Amtsblatt.

## Bestimmungen der amerikanischen Militärregierung

Nach dem Einmarsch der Amerikaner wurde auch in Landsberg a.L. für die Bevölkerung Ausgangssperre verhängt.

### Bekanntmachung Nr. 1 für die Stadt Landsberg a.L. vom Mai 1945: Sperrzeit.

In der Zeit von 19.00 bis 6.00 Uhr darf die Straße ohne Sonderausweis der Militärregierung nicht betreten werden. Ausweise zum Verlassen der Stadt können nur ausgestellt werden für Berufstätige und nur im Umkreis von 6 km. Dies umfaßt die Ortschaften: Kaufering, Untermühlhausen, Epfenhausen, Penzing, Schwifting, Reisch, Pürgen, Ummendorf, Pitzling, Erpfting, Ober- und Unterigling.

Der Verkehr ist, solange Truppen im Durchmarsch sich befinden, auf ein Mindestmaß zu beschränken.

## Aus der Bekanntmachung zur Übertretung der Sperrzeit vom 10.6.1945 der amerikanischen Militärregierung

Zuwiderhandelnde werden in Zukunft unnachsichtig und strengstens bestraft (Geldstrafe bis zu 500 RM oder Haftstrafen bis zu 14 Tagen). Vorgebrachte Entschuldgungsgründe oder Ausreden werden bei der Strafbemessung nicht berücksichtigt.

Um bestehenden Zweifeln vorzubeugen, wird im Zusammenhang damit besonders darauf aufmerksam gemacht, daß auch der Aufenthalt im Freien innerhalb des Besitzgrundstückes oder das Herumstehen oder Sitzen vor dem Hauseingang allein oder in Gruppen in der Zeit nach 21 Uhr gleichfalls verboten ist. Das Herauslehnen oder Sehen bei offenen Fenstern ist bis zum Einbruch der Dunkelheit gestattet.

Sollte die Einwohnerschaft der Stadt Landsberg diesen Maßnahmen das erforderliche Verständnis trotzdem nicht entgegenbringen, so sieht sich die Militärbehörde gezwungen, die Sperrzeit am Abend ganz empfindlich herabzusetzen.

# Bekanntmachung

Auf Befehl der Militär-Regierung für das Land Bayern dürfen ab sofort

## bewirtschaftete Lebensmittel aller Art ohne MARKEN

weder gefordert, noch abgegeben werden. Dies gilt auch für Ausländer und Juden. Zuwiderhandlungen werden schärfstens geahndet.

Landsberg, am 6. Juni 1945.

### Der Landrat
Dr. Linn.

Druck Karl Frank, Landsberg-Lech.

Stadt Landsberg a. Lech

*Bekanntmachung im Auftrag der Militärregierung.*

*Stadtarchiv Landsberg*

## Bekanntmachung.

Laut Anordnung der Militärregierung ist ab **sofort** jeglicher Möbeltransport (mit Lastwagen, Eisenbahn) zur Zeit bis auf weiteres **verboten.**

Landsberg, den 10. September 1945

### Der Landrat:

Dr. Gerbl

Stadt Landsberg a. Lech
Stadtarchiv

*Bekanntmachungen im Auftrag der Militärregierung.*

*Stadtarchiv Landsberg*

## Zivilpersonen und Ausländern ist das Betreten der Gartenanlagen untersagt.

## Civilians and foreigners are not allowed to enter the gardening-land.

Stadt Landsberg a. Lech
Stadtarchiv

Der Bürgermeister der Stadt Landsberg a. L.

1945-42

Druck der Landsberger Verlagsanstalt Martin Neumaier

# Bekanntmachung

## Ausstellung von Fahrrad-Ausweisen.

Alle Fahrradbenützer haben künftig einen Ausweis bei sich zu führen, der den Namen und die Wohnung des Eigentümers sowie die Fabrikmarke und die Nummer des Fahrrades zu enthalten hat.

Für die in der Stadt Landsberg wohnhaften Eigentümer von Fahrrädern werden diese Ausweise in der Zeit vom

## Donnerstag, 26. Juli mit Samstag, 28. Juli

### jeweils von 8—12 Uhr und von 14—17 Uhr im alten Rathaus, III. Stock ausgestellt.

Sämtliche Besitzer von Fahrrädern werden aufgefordert, innerhalb vorgenannter Zeit sich einen Fahrrad-Ausweis ausstellen zu lassen. Gebühr: 1.— RM.

Wer keinen solchen Ausweis besitzt, hat bei Kontrollen mit der Beschlagnahme des Fahrrades zu rechnen.

Landsberg, den 24. Juli 1945.

Frank-Druck Landsberg-Lech.

Der Bürgermeister:
Pfannenstiel.

Stadt Landsberg a. Lech
Stadtarchiv

*Bekanntmachung im Auftrag der Militärregierung.*

*Stadtarchiv Landsberg*

## Bekanntmachung.

### Überprüfung der Geschäfte.

Folgende Betriebe werden überprüft und bedürfen zur Fortführung der besonderen Genehmigung der Militärregierung und der zuständigen Verwaltungsbehörde:

1. Sämtliche Einzelhandelsgeschäfte,
2. Sämtliche Gaststättenbetriebe,
3. Sämtliche Handwerksbetriebe, soweit ein Ladengeschäft damit verbunden ist. Handwerksbetriebe, die kein Ladengeschäft führen, fallen vorerst noch nicht unter diese Anordnung.

Die im Stadtgebiete Landsberg vorhandenen Betriebe vorgenannter Art haben zur Durchführung der angeordneten Maßnahme in der Zeit vom

**Montag, 20. August mit Mittwoch, 22. August 1945**
jeweils von 8-12 und 14-17 Uhr

im Geschäftszimmer Nr. 4 - Verwaltungsgebäude 1. Stock - einen Fragebogen abzuholen und diesen genauestens und deutlich ausgefüllt bis längstens **Samstag, den 25. August 1945**
im gleichen Geschäftszimmer wieder abzuliefern.

Landsberg, den 14. August 1945

Der Bürgermeister:
Blumenthal.

# Office of Military Government
for
# Landkreis Landsberg a. Lech

Detachment H-287
APO 170

The firm of _____          Die Firma _____

is hereby authorized to engage in trade or industry activities subject to all laws and promulgations of the Military Government.

This license will be posted in a conspicuous place.

**Official**

By order of the Military Government

ist hiermit ermächtigt, eine Tätigkeit in Handel oder Industrie gemäß den Gesetzen und Bekanntmachungen der Militär-Regierung aufzunehmen.

Diese Genehmigung hat an einem gut sichtbaren Platz angebracht zu werden.

Der Landrat

*Diese Genehmigung mußte ab 1945 in jedem Geschäft sichtbar vorhanden sein.*
*Foto: H. Pflanz*

129

# Bekanntmachung

Sie können ohne Paß reisen in dem Kreis, in dem Sie wohnen und außerdem 20 km im angrenzenden Kreis, wenn Sie sich von militärischen Hauptstraßen fernhalten.

Ärzte, Krankenhausangestellte, Telefon- und Telegrafenarbeiter, landwirtschaftliche Arbeiter, Angestellte des Ernährungsamtes und ähnliche lebenswichtige Arbeiter können über militärische Hauptstraßen reisen und militärisch wichtige Brücken benutzen, wenn sie von der Militärregierung die Berechtigung dazu erhalten haben und ihnen ein Paß gegeben wurde. Solche durch die Militärregierung ermächtigte lebenswichtige Arbeiter können in Bayern außerhalb der 20 km-Grenze reisen. Es können sich jedoch lediglich die dazu berechtigten Leute außerhalb der 20 km-Grenze bewegen, auf die die Allgemeinheit beschränkt ist.

Geben Sie sich keine Mühe, einen Passierschein zu bekommen, wenn Sie sich nicht als solch ein lebenswichtiger Arbeiter ausweisen können. Es werden zur Zeit keine Ausnahmen gemacht. Wenn eine Änderung dieser Regeln eintritt, wird es durch Radio, Presse und öffentliche Anschläge bekanntgegeben.

## Auf Befehl der Militärregierung.

# Bekanntmachung!

Bis auf weiteres werden Brauereien nicht mehr die Erlaubnis haben, Bier für zivilen Bedarf herzustellen.

Auf Befehl der

## Militärregierung.

# Bekanntmachung.

Die Militärregierung hat für die
Nacht vom 24. auf 25. Dezember, zur
Abhaltung der Christmette, die Aus-
gangserlaubnis bis 3 Uhr morgens ausgedehnt.

Landsberg, den 18. Dezember 1945

Der Bürgermeister:

i. D.: Nik. Kolb.

LANDSBERGER VERLAGSANSTALT

**Amtsblatt vom 8.1.1946**

**Gesetz Nr. 2 über die Personenkraftwagen von Mitgliedern der NSDAP oder ihren Gliederungen**

Mitgliedern der NSDAP oder einer ihrer Gliederungen ist das Fahren von Personenkraftwagen verboten. Bereits erteilte Genehmigungen werden zurückgenommen.

Angehörige im Sinne dieser Bestimmung sind Ehegatten, Eltern, Kinder, Geschwister, wenn sie mit einer oben genannten Personen eine Familiengemeinschaft bilden.

*Amerikanische Besatzungssoldaten bestimmten in der Nachkriegszeit das Stadtbild in Landsberg. Vor der Stadtpfarrkirche stand eine Säule für Plakatanschläge.*

*Foto: Archiv Pflanz*

### Für Postkarten und Briefe gab es strenge Vorschriften

Auszug aus einem Muster gemäß den Anordnungen der Militärregierung:

6. In der Geschäftskorrespondenz ist **keine persönliche** Mitteilung gestattet.

7. Name des Unterzeichners muß in Maschinenschrift oder lateinischen Druckbuchstaben unter der Unterschrift wiederholt werden.

**Merke:** Jede Mitteilung mußt Du mit Deinem **vollen** Namen unterschreiben!
Schreibe nicht nur:

„Es grüßt Deine Mutter"     oder: „herzlichst Dein Xaver"

sondern dazu:

Anne Huber                 bzw.   Xaver Bauer.

## Von der amerikanischen Militärregierung geöffnete Briefe

Familie
Eduard Pflanz, Schuhhaus
(13 b) Landsberg a. Lech

Vorderanger 271

Klug
berg
nstr.19

GEOEFFNET!

Familie

Karl W e c k e r l e
Lebensmittel

L a n d s b e r g a.Lech
======================
Vorder Anger - Oberbayern
American Zone - Deutschland

GEOEFFNET! PRÜFSTELLE
0609
OESTERREICH

## Die amerikanische Militärregierung bestimmte Joh. Pfannenstiel zum kommissarischen Bürgermeister in Landsberg

Johann Pfannenstiel wurde im Mai 1945 von der amerikanischen Militärregierung kommissarisch zum Bürgermeister in Landsberg eingesetzt. Pfannenstiel hatte keine leichte Aufgabe. Er mußte die Anordnungen der Militärregierung durchführen, was in der Praxis oft nur schwer möglich war. Die Amerikaner forderten, daß in der Verwaltung alle Personen, die Mitglied in der NSDAP waren, entlassen werden. Dies konnte aber nur stufenweise geschehen, da sonst die Verwaltung zusammengebrochen wäre. Bei Neueinstellungen war nur die politische Einstellung ausschlaggebend. Oft fehlte aber die fachliche Voraussetzung für die jeweiligen Aufgabengebiete.

Landsberg hatte 1945 zwischen 10.000 und 12.000 Einwohner, dazu kamen 7.000 bis 8.000 Ausländer, meist jüdischer Herkunft. Die amerikanischen Besatzungsmitglieder sind dabei nicht mitgerechnet.

Ein besonderes Problem stellte die Versorgung der Bevölkerung mit Lebensmitteln dar. Pfannenstiel schreibt in seinem Rechenschaftsbericht vom Januar 1946 hierzu folgendes:

„Von dem Ausländerlager wurden täglich, um nur einen Tag herauszugreifen, angefordert: 4.000 Stück Brote zu je 2 Kilogramm, 10.000 Eier, 1.500 Liter Milch, 500 Weißbrote, 20-25 Zentner Fleisch, 200 Zentner Gemüse und Kartoffeln und vieles andere mehr. Jeden Tag änderten sich die Sätze, jeder Tag brachte neue Anforderungen."

Andere Landkreise wollten nichts abgeben, weil sie selbst zu wenig hatten. Auch der Transport war schwierig.

„Alle Verkehrsmittel waren lahmgelegt, über dem Lech standen die Franzosen, die jeden, der hinüberkam, verhafteten, jedes Fahrzeug beschlagnahmten. Das Hinterland war uns als Lieferquelle verschlossen."

Besonders krass war die Wohnungsnot. Die von der amerikanischen Militärregierung angeforderten Gegenstände waren von Aktivisten der NSDAP alleine nicht zu beschaffen, sodaß man laut Pfannenstiel gezwungen war, auch bei Nichtmitgliedern der Partei Beschlagnahmungen durchzuführen.

## Der Mord an Baurat Ortmann wurde nie aufgeklärt

Regierungsbaurat Paul Ortmann, geb. 1886 in Rotenburg, wohnte in Kaufering. Am 7.5.1945 wurde er auf dem Heimweg von Landsberg nach Kaufering in der Nähe des Weißen Hauses mit Bauchschuß niedergeschossen und ist im Krankenhaus gestorben.

Über den Täter und die Hintergründe ist nichts bekannt geworden.

## Die Menschen sehnten sich nach Normalität

Wenn die amerikanischen Soldaten nach Deutschland kamen, wurde ihnen eine Broschüre ausgehändigt, was sie in Deutschland erwartet und wie sie sich verhalten sollten. Dabei wurden die Deutschen in einem nicht besonders guten Licht beschrieben. Mehrere Amerikaner erzählten mir, daß sie völlig verhetzt nach Deutschland kamen und erst hier merkten, daß die Deutschen auch normale Menschen sind.

Im Laufe der Zeit hat sich die Einstellung gewandelt. Das Fraternisierungsverbot konnte nicht aufrechterhalten werden und wurde bald abgeschafft. Ich kenne viele deutsche Frauen, die einen amerikanischen Soldaten geheiratet haben.

Viele Jahre während des Krieges gab es keine gesellschaftlichen Veranstaltungen. Die Menschen sehnten sich nach Normalität und wollten den Krieg endlich hinter sich lassen.

*Amerikanische Militärfahrzeuge 1945 im Landsberger Vorderanger.*

*Foto: Archiv Pflanz*

## Das Olympiakino wurde angezündet

Zwei Tage nach dem Einmarsch der Amerikaner brannten die DPs (Displaced Persons) am 29. April 1945 das Olympiakino nieder. Zu dieser Zeit war von der amerikanischen Militärregierung Ausgangssperre verhängt. Die vorhandenen Feuerwehrleute und Mitglieder der HJ-Feuerwehr liefen trotzdem zum Einsatz. Sie wurden zwar kontrolliert, konnten dann aber doch den Löscheinsatz durchführen. Das Kino wurde erst 1937 eröffnet. Man muß bedenken, daß es damals kein Fernsehen gab und ein Kinobesuch war für die Bevölkerung ein großes Erlebnis. Es dauerte Jahre, bis das Kino wieder aufgebaut war.

# Die amerikanische Besatzungsmacht vernichtete 1945 ein landwirtschaftliches Anwesen in Penzing

*Der geschichtsträchtige Kreuthof zwischen Penzing und Sandau wurde 1945 von der amerikanischen Besatzungsmacht gesprengt und durch Brand restlos vernichtet.*

„Alte Zeiten", Gemeinde Penzing

Am 16. Juni 1945 wurden das Wohnhaus (elf Wohnräume) und sämtliche Wirtschaftsgebäude des „Kreuthofes" innerhalb von zwei Stunden nach Bekanntgabe von einem Pionierkommando der amerikanischen Flugplatzbesatzung in die Luft gesprengt.

Dabei wurden sämtliche Maschinen und Geräte sowie ca. 80 Prozent des Hausrates mit zerstört. Lediglich das Vieh und einige Hausrats- und Haushaltsgegenstände konnten in Sicherheit gebracht werden.

Am folgenden Tage, also dem 17. Juni 1945, hat dasselbe Kommando über der Trümmerstätte große Mengen Benzin ausgegossen und sodann angezündet, um die Zerstörung vollständig zu machen. Dagegen wurden die etwa 15 Meter hohen Fichten, die an der westlichen Hofgrenze standen, stehen gelassen.

Es ging also nur um die Vernichtung des Hofes aus irgendwelchen undurchsichtigen Motiven, sehr wahrscheinlich ein ausgesprochener Willkürakt.
*Quelle: Häuser und Hofgeschichte Penzing 2014*

# Die Toten von Hurlach

Es steht außer Zweifel, daß die abgemagerten Toten aus dem Krankenlager IV in Hurlach ein furchtbarer Anblick waren.

Die amerikanische Propaganda hat dies auch entsprechend bearbeitet. Viele Menschen aus der Umgebung wurden nach Hurlach gebracht, um die Toten zu besichtigen und zu begraben.

Besonders für die 15-jährigen Mädchen und Jungen, die wegen ihrer Zugehörigkeit zum BDM und zur HJ in Hurlach mitarbeiten mußten, war das ein schockierendes Erlebnis.

*Die Toten des Luftangriffes bei der Evakuierung des Krankenlagers IV in Hurlach, Kreis Landsberg a.L.. Im Hintergrund die Eisenbahnlinie Kaufering-Hurlach.*

### Bericht von Erich Pfaff, Landsberg, geb. 1929

Etwa Mitte Mai 1945 mußte ich zu Fuß mit ca. 40 Mann verschiedenen Alters unter Aufsicht von Hilfspolizisten nach Hurlach marschieren. Ich war damals noch nicht 16 Jahre alt. Bei Kaufering mußten wir auf Anweisung von französischen Soldaten von der Straße herunter und im Graben weiterlaufen.

In dem ehemaligen Lager links von der Straße nach den Einödhöfen bei Hurlach lagen auf der Wiese nackte männliche Leichen. Daneben war eine große Grube ausgehoben. Wir hatten die Aufgabe, die Toten mit den Händen in die Grube zu transportieren und die Grube mit Erde zuzufüllen. Mit Handkarren wurden weitere Tote vom nahegelegenen Waldrand Richtung Bahndamm herbeigefahren.

Unter den Toten sah ich drei ältere Männer in deutscher Uniform, die ebenfalls in die Grube geworfen wurden. Ein Mann hatte OT-Uniform, zwei Männer hatten feldgraue Uniformen an. Erkennungsmarken wurden nicht abgenommen.

Von den Wachmannschaften wurde wiederholt geschossen, u.a. auch in die Grube, um uns zur schnelleren Arbeit anzutreiben.

Landsberg, den 5.11.1990 Erich Pfaff

*Erich Pfaff in Hurlach*    *Foto: 1990 H. Pflanz*

139

## Bericht von Schneidermeister Helmut Kern, Landsberg

aufgeschrieben am 20.11.1982

Ich war bei der HJ und mußte deshalb im Frühjahr 1945 zum Eingraben der Leichen nach Hurlach. Einige Tote hatten noch Erkennungsmarken umhängen, vermutlich waren dies Angehörige der Wachmannschaft. Alle Toten kamen zusammen in das Massengrab. Die Amerikaner schossen oft über unsere Köpfe hinweg.

Ernst K. war auch dabei. Plötzlich sagte er zu mir: „Ich gehe jetzt nach Hause", und wandte einen Trick an. Er stieß sich mit einem Stöckchen in die Hand,
daß es rote Flecken gab. Dann zeigte er seine Hände der Aufsicht und rief: „Typhus!" Daraufhin wurde er nach Hause geschickt. Die Amerikaner hatten große
Angst vor Ansteckung.

*Nur Minuten nachdem dieser KZ-Wachmann von dem US-Sergeant Ed Bernstein
(links) gefangengenommen wurde, schlug ihm ein KZ-Häftling hinterrücks den
Schädel ein.*

*LT-Nummer 97, 28. April 2005*

## Aussage von Herrn Johann Stenzer, Landsberg
aufgeschrieben am 23.11.1982

In Hurlach links von der Straße hinter den Bauernhöfen mußten wir ein Massengrab schaufeln für ca. 50-60 Männer. 7-8 m lang, ca. 3,5 m breit, 2 m tief. Schneider Dingfelder hatte keine Schaufel. Ihm wurde die Erde in die Jacke geschaufelt. Gerichtsvollzieher M. wurde besonders oft geschlagen.

Zwischendurch wurden wir immer wieder zu den Toten kommandiert. Wir mußten die Mütze ablegen und den Oberkörper frei machen. Dann mußten wir ca. fünf bis sieben Minuten stillstehen und auf die Toten schauen, wer sich bewegte, der wurde mit dem Gewehrkolben geschlagen.

Bei der Errichtung der Mauer zum Erpftinger Judenfriedhof arbeitete ich mit. Tote am Erpftinger Friedhof habe ich nicht gesehen.

*Joh. Stenzer vor dem Friedhof in Hurlach 1983*

Foto: H. Pflanz

## Aussage von Karl Sandner, geb. 1912
aufgeschrieben am 22.3.1985

Rasso Leitenstorfer sen. erließ einen Aufruf, die Landsberger sollten sich melden zum Reparieren der gesprengten Brücke. Deshalb ging ich wie auch andere Männer zum Lechhaus. Dort wurden wir aussortiert und für uns hieß es rechts um marsch, und wir marschierten unter Bewachung von Schutzmann S. durch die Kühlmann-

straße, Waitzinger Berg nach Hurlach. Nach den Bauernhöfen links von der Straße nahmen uns Juden, Polen und Amerikaner in Empfang. Es lagen dort ca. 20
Leichen nackt in einem Kreis. Für diese Toten sollten wir eine Grube schaufeln.

Es waren nicht für alle Personen genügend Pickel und Schaufeln vorhanden.
Während ein Teil arbeitete, mußten die anderen um die toten Juden herum
stillstehen. Wer nicht andächtig genug schaute, dem wurde der Gewehrkolben in
den Rücken gestoßen. Da ich einmal zur Seite sah, stieß mir ein Amerikaner den
Gewehrkolben in den Rücken, packte mich und stellte mich mitten unter die Toten.

Joh. Stenzer war auch dabei. Dingfelder, er war in der Kaserne in der Schnei-
derei, war damals auch dabei. Er wurde geschlagen. Dingfelder hatte keine Schaufel, er sollte den Dreck mit den Händen wegtragen. Dies ging zu langsam. Da
haben sie ihm ein paar herunter gehaun, die Jacke verkehrt herum angezogen und
hinten zugeknöpft. Vorne mußte er die Jacke aufheben, da wurde ihm Kies und
Sand hineingefüllt, den mußte er dann immer wegtragen und ausleeren.

Ob die Toten tatsächlich in das von uns geschaufelte Grab gekommen sind,
weiß ich nicht. Ich bin da nur einmal hingegangen.


## Bericht von Herrn Mathias Mayrok, Kaufering
aufgeschrieben am 22.2.1986

Am 22.5.1945 wurden wir beim Rössle Wirt in Kaufering gesammelt Wir waren
ca. 100 Mann und marschierten unter französischer Bewachung über die Eisenbahnbrücke und dann auf der Bundesstraße zur Schwabau bei Hurlach. Dort waren mehrere Massengräber geöffnet. Die Gräber waren rundherum ca. einen Meter ausgegraben, so daß die Leichen offen lagen. Sie waren nackt und ganz sauber. Man sagte uns später, Landsberger Bürger mußten sie abwaschen. Wir mußten
ständig um die offenen Gräber laufen. Dabei bildeten die französischen Soldaten
um uns herum einen engen Kreis, so daß wir ganz dicht am Gräberrand gehen
mußten. Bei einem Fehltritt wäre man unweigerlich auf die schon in Verwesung
übergehenden Leichen gefallen. Es herrschte dort ein furchtbarer Verwesungsgeruch. Ich sah, wie Bürgermeister Frigl ein Taschentuch vor die Nase hielt. Ein
französische r Soldat, der das sah, sprang auf ihn zu, tobte furchtbar und nahm
ihm das Taschentuch weg. Der Kommandoführer sprach gut deutsch.

Konrad Strobel arbeitete während des Krieges bei der Fa. Moll. Nach der
Kapitulation wohnte er im Bahnwärterhäuschen Kaufering. Strobel wurde aus
der Menge gezogen und vor unseren Augen zusammengeschlagen und mit Stiefeln getreten. Er wurde dann zu den Lechauen weggebracht. Nach einiger Zeit
hörten wir Schüsse aus einer Maschinenpistole. Uns allen war klar, daß Strobel
erschossen wurde. Es kam ein Offizier in einem Jeep. Dann durften wir unter

Bewachung wieder heimwärts marschieren. Anschließend war dann noch ein Gottesdienst in der Kauferinger Kirche für die Toten von Hurlach. Die französischen Soldaten waren vorwiegend junge Leute von ca. 18-19 Jahren.

## Unterschiedliche Totenzahlen

Aufgrund der Forschungsergebnisse der Vereinigung Landsberg im 20. Jahrhundert veröffentlichten die Medien über die hiesigen Dachauer Außenlager in Kaufering/Hurlach u.a. folgende Zahlen, ich zitiere jeweils wörtlich:

LT 29.9.83: „Nach Schätzungen sollen 8.000 - 12.000 Menschen in den Lagern in und um Landsberg umgekommen sein."

LT 11.11.83: „annähernd 12.000 seien durch Erschöpfung, Krankheit, Hinrichtungen und Fliegerangriffe ums Leben gekommen."

LT 25.6.84: „befanden sich 11 KZ-Lager mit 28.000 jüd. Opfern, die durch Arbeit vernichtet wurden."

AZ 25.6.84: „28.000 jüd. Opfer kamen hier ums Leben."

SZ 13.7.84: „24.750 tote KZ-Häftlinge."

Bayer. Rundf. 30.4.84: „10.000 davon kamen um."

LT 10.11.84: „In Kaufering starben 12.000 KZ-Häftlinge."

TZ 3.1.85: „Ringeltaube kostete 11.000 Menschenleben."

Kreisbote 27.7.88: „14.000 Häftlinge kamen dabei um."

La. im 20. Jahrh. 1993: „Etwa 15.000 Menschen wurden dabei ermordet."

In der unmittelbaren Nachkriegszeit kam man zu anderen Ergebnissen. Wäre es nicht besser, erst zu forschen und dann zu veröffentlichen? Man muß sich nicht wundern, wenn sich die Bürger einmal fragen werden, was sie nun glauben sollen?

2009 wurde in Kaufering ein Gedenkstein für 20.000 tote KZ-Häftlinge errichtet. Dies ist wissenschaftlich nicht haltbar (La. Tagbl. vom 19.2.2019).

Es ist Herrn Gerhard Rolitscheck zu verdanken, daß das exakt bis zum letzten Tag geführte Lagerbuch nun gefunden wurde, das 6334 Tote aufweist.

## Handschriftliche Aufzeichnungen von Georg Scharold, Landsberg

Als im Sommer 1945 rings um Landsberg die Judenfriedhöfe errichtet wurden, mußte auch ich als ehemaliger Parteigenosse zur Mitarbeit antreten. Am damaligen Gasthof „Kristeiner" fuhren die amerikanischen Lastwagen vor und brachten uns in den Erpftinger Wald.

Nach Aussagen von Juden verstarben dort bei Waldarbeiten zwei Juden und wurden im Erpftinger Wald begraben. Ein Suchtrupp war die ganze Zeit unterwegs, fand aber die Toten nicht. Ich war mit Pickel und Schaufel beim Bau der Umfassungsmauer beschäftigt und konnte gut beobachten, wie andere die „Massengräber" errichteten, ohne auch nur einen Toten.

Nach ca. 14 Tagen bekam ich einen Abszeß unter der linken Achselhöhle und konnte nicht mehr mitarbeiten.

Während eines Fronturlaubs lernte ich den SS-Scharführer Otti Zerbes kennen. Er war Dentist und Leiter der Zahnstation im Judenlager am Iglinger Wald. Er verkehrte bei meinen Eltern, weil er Familienanschluß und Brot für seine hungrigen Juden suchte, die ihm als Zahnärzte unterstellt waren. Er erbot sich, mir meine Zähne zu behandeln und ich kam zu ihm in die Zahnstation des Judenlagers. Dort behandelte mich der jüdische Zahnarzt Dr. Akabas. Auf diese Weise lernte ich diesen Mann kennen.

Nach Kriegsende wurden die Barackenlager aufgelöst und die Juden wurden in der Saarburgkaserne untergebracht. Dort war auch Dr. Akabas in leitender Stellung.

Er kam noch oft und gern zu uns herein und wir unterhielten uns über alles mögliche. Eines Tages kamen wir auf die Judenfriedhöfe zu sprechen und ich erzählte ihm, daß ich im Erpftinger Wald mitarbeiten mußte und genau weiß, daß dort kein Jude begraben ist. Er widersprach mir nicht und sagte nur: Ach, sind doch so viele umgekommen, da kommte es doch auf die paar nicht an.

Auf dem Gedenkstein im Erpftinger Judenfriedhof stand sinngemäß: Hier wurden 1.200 Juden begraben. Dieser Stein wurde ca. 1950 durch einen neuen Gedenkstein ersetzt.

Ob zu einem späteren Zeitpunkt in diesem Friedhof Tote beigesetzt wurden, weiß ich nicht.

Landsberg/L., den 18.4.1983, Gg. Scharold

Fünf Juden aus dem DP-Lager, die 1948 und 1949 an Krankheiten gestorben sind, wurden in der Nähe der KZ-Gedenkstätte Erpfting beerdigt.

Im August 1982 wurden diese fünf Juden in den KZ-Friedhof Erpfting umgebettet.

*Die Gräber vor der Umbettung 1981*          Foto: H. Pflanz

Am 8.11.1957 berichtete die Augsburger Allgemeine Zeitung:

**Kommission entdeckt Friedhof ohne Tote**

KZ-Grabanlage barg keine Opfer – Irrtum nach zwölf Jahren aufgeklärt

*Der irrtümlich angelegte KZ-Friedhof Stoffersberg-Süd bei Landsberg wird jetzt aufgelassen.*

Bild: Engert

Gedenkartikel zum 5. Todestag von
Dr. Arthur Müller 1950 in den
Landsberger Nachrichten

## Dr. med. Arthur Müller
### zum 5. Todestag am 26. Mai 1950

„Wie tief erschütterte mich und wohl die ganze Stadt
das Ableben unseres Krankenhausarztes, Herrn Dr.
Arthur Müller. Seine großen chirurgischen Kenntnis-
se gerade in einer Zeit zu verlieren, in der man den
Arzt sodringend brauchte wie das tägliche Brot, war ein schwerer Schlag für das
Krankenhaus und damit für die ganze Stadt."

So schrieb der komm. Bürgermeister Pfannenstiel in seinem Verwaltungsbericht
für die Zeit vom Mai 1945 bis zum 31. Januar 1946.

Und fürwahr, er hatte recht mit dieser Feststellung. Der fünfte Todestag dieses
um Landsberg so verdienten Arztes, der als Opfer seines Berufes in treuester
Pflichterfüllung am 26. Mai 1945 sein Leben gab, sei Anlaß, seiner ehrend zu
gedenken. Im Trubel des Zusammenbruches, in einer Zeit, als keine Zeitung den
Tod melden konnte, hat uns Dr. Müller verlassen. Die folgenden Zeilen aber sollen ihm nachträglich ein Gedenken sein, das er ehrlich verdient hat.

Dr. Arthur Müller wurde am 12. August 1883 in Ludwigsburg Württ. geboren,
studierte Medizin in Heidelberg, Paris und London, war Assistenzarzt des deutschen Krankenhauses in Konstantinopel, machte den ersten Weltkrieg als Arzt
mit und kam gegen Kriegsende nach Landsberg in das Heereslazarett.

Nach dem Zusammenbruch 1918 eröffnete er in Landsberg eine Arztpraxis
und wurde bald darauf als ärztlicher Leiter und Chirurg an das Städt. Krankenhaus berufen. Viel hatte er damals zu leisten, als er, der moderne Arzt, Neuerun-
gen einführen wollte und auch gegen alle Widerstände zum Wohle der Patienten
einführte. Immer bestrebt, den Ruf des Hauses zu heben, setzte er sich lebhaft für
den im Jahre 1928 durchgeführten Erweiterungsbau des Krankenhauses ein. Sein
Ruf als Chirurg brachte dem Krankenhause viele Patienten, da er mit größter
Fach- und Sachkenntnis arbeitete, und seine tiefreligiöse Natur ihm die Kraft
gab, schwierigste Operationen auszuführen.

Im 2. Weltkrieg wurde er wieder als Stabsarzt eingezogen und leitete neben
seiner umfangreichen Tätigkeit im Krankenhaus längere Zeit das damals im
Schülerheim untergebrachte Kriegslazarett, bis er endlich seine uk-Stellung als
Chefarzt des Städt. Krankenhauses erhielt. In unermüdlicher Tätigkeit sorgte und
betreute er nicht nur die deutschen Patienten, er und seine Gattin halfen den französischen Kriegsgefangenen, unterstützten die KZ'ler mit Kleidungsstücken und
Nahrung und suchten überall zu helfen, wo es irgendwie ging.

Durchdrungen von äußerstem Pflichtgefühl setzte sich Dr. Müller auch in den
letzten Apriltagen 1945 für die Kranken ein. Als am 27. April die Brücken gesprengt waren und Dr. Müller zu einer Operation an einem amerikanischen Kriegs-

gefangenen in das Krankenhaus gerufen wurde, zögerte er nicht lange. Er verhandelte mit den bereits am linken Lechufer befindlichen amerikanischen Truppen und versuchte mit Hilfe eines Paddelbootes und mit Unterstützung der Amerikaner, den Lech zu überqueren. An seinem Arm leuchtete weithin sichtbar die Rotkreuzbinde, was aber die stadtseitig noch in den Berghängen sitzenden SS-Leute nicht hinderte, auf das Boot zu schießen. Dieses kenterte und Dr. Müller erreichte mit größer Mühe und unter ständiger Lebensgefahr schwimmend das Ufer. Hatte er schon vorher, besonders im Jahre 1944, schwer unter dem Druck von gewisser Seite zu leiden, weil er sich der kranken Ausländer annahm, sodaß ihm damals sogar die Entlassung als Krankenhausarzt angedroht, das Verfahren aber mangels eines Ersatzes bis nach dem Kriege zurückgestellt wurde, so ruhten die Angriffe gegen ihn nicht, die ihn immer wieder als Gegner des Regimes bezeichneten, während er nur seine Aufgabe als Arzt, den Kranken zu helfen, aus innerster Verantwortung, ohne Ansehen der Person, der Rasse oder Nationalität gerecht wurde.

Als dann die innere Stadt auch von den Amerikanern besetzt worden war, strömten die Menschen aus den KZs in die Stadt und sie brachten den Flecktyphus mit. Dr. Müller errichtete sofort im ehem. Kindergarten eine Infektionsabteilung und suchte die tödliche Seuche einzudämmen. Dabei infizierte er sich aber selbst. Trotzdem schritt er wenige Tage vor seinem Tode, obwohl schwer krank, noch zu einer Operation an einer Frau mit einem eingeklemmten Bruch. Sicher und ruhig führte er diese seine letzte Operation durch und rettete damit dieser Frau, die heute noch in Landsberg lebt, das gefährdete Leben.

Damit war aber seine Kraft erschöpft und er erlag dem Flecktyphus am 26. Mai 1945. Stadtpfarrer Hörmann segnete den verdienten Arzt zur letzten Ruhe ein und widmete ihm einen herzlichen Nachruf, ebenso der komm. Bürgermeister Pfannenstiel.

Dr. Müller hat es nicht mehr erleben müssen, aus seinem Hause, das er liebevoll zu seinem Heim gestaltet hatte, ausziehen zu müssen. Aber seine Gattin mußte dieses Los auf sich nehmen, obwohl sie von Geburt Französin ist. Die Alliierten nahmen keine Rücksicht darauf und bis heute hat Frau Dr. Müller nicht einen einzigen Raum ihres Hauses zur Verfügung gestellt erhalten. Es ist der Besatzungsbehörde bekannt, daß Dr. Müller und seine Gattin sich große und nachgewiesene Verdienste, besonders um die französischen Kriegsgefangenen, um die Ausländer in den Arbeitslagern erworben haben. Die französische Regierung verlieh in dankbarer Anerkennung dieses karitativen Wirkens Frau Müller im Jahre 1948 wieder die volle französische Staatsangehörigkeit. Aber auch diese Eigenschaft, Staatsangehörige eines mit den Amerikanern verbündeten Staates zu sein, brachte ihr bis heute ihr Haus, das nun als französischer Besitz angesprochen werden muß, nicht zurück. Die Stadt Landsberg hat in Würdigung der vielen Verdienste des als Opfer seines Berufes, als eines für seine Patienten gestorbenen Arztes, der Witwe im Schülerheim nur zwei bescheidene Räume zuweisen können.

Möge das, was Dr. Arthur Müller den Angehörigen ausländischer Nationen Gutes getan hat, an seiner Witwe vergolten werden.

Das Andenken Dr. Müllers aber wird in der Stadt und besonders im Städt. Krankenhaus lebendig bleiben, als das eines Arztes und Mannes, der sein Leben im Dienste der Allgemeinheit hingegeben hat. R.I.P. Wi.

## Automatik-Arrest – Internierungslager

Alle Lager, wie KZ-Lager, Kriegsgefangenenlager usw. wurden als Internierungslager weiterverwendet, nur die Insassen wurden ausgetauscht. Alle Personen, die im Dritten Reich irgendeine Aufgabe hatten, z.B. nicht nur Bürgermeister sondern auch Leiter der Volkswohlfahrt, Hitlerjugend, Bund Deutscher Mädchen, Sanitäter, Feuerwehr usw. kamen in Automatikarrest und waren oft mehrere Jahre ohne Anklage in Haft. Oft reichte dafür schon eine einfache Denunziation. Die Menschen in den Internierungslagern durften ihren Angehörigen bis Ende 1945 keinerlei Mitteilung geben, wo sie sich befanden (siehe hierzu „Das Internierungslager Moosburg 1945-1948"). In den meisten Fällen wurden die Denunzianten bekannt, und so entstanden viele Feindschaften in den Familien. Natürlich haben es viele Menschen nicht vergessen, wem sie diese schwere Zeit zu verdanken hatten. Viele fühlten sich ungerecht behandelt und fühlten sich unverstanden. Ich kannte Menschen, die sind ein Leben lang damit nicht fertiggeworden.

### Stanislaus Schmid
### wurde im Internierungslager Moosburg erschossen

Stanislaus Schmid aus Dießen a. Ammersee war stellvertretender Bürgermeister in Dießen. Schmid wurde im Rathaus Dießen 1945 verhaftet und ins Internierungslager Moosburg gebracht. Die Angehörigen wußten davon nichts und konnten später nur mühsam in Erfahrung bringen, wo sich Herr Schmid befand. Am 24.8.1945 wurde Stanislaus Schmid ohne ersichtlichen Grund von einem Wachposten erschossen, als Schmid auf der Wiese des Lagers einen Löwenzahn zum Essen pflücken wollte. Schmid befand sich dabei ca. 10 m vom Zaun entfernt. Dieser Vorgang wurde von verschiedenen Augenzeugen bestätigt.

*Stanislaus Schmid*

*Foto: privat*

Über den Tod von Herrn Schmid bekamen die Angehörigen niemals eine offizielle Mitteilung, nur eine Rechnung über das Eingraben „der Stalag-Leiche Schmid Stanislaus, beerdigt am 25.8.45" über MK 35,-. Die Rechnung wurde von Frau Schmid am 16.10.1945 bezahlt. Erst auf intensives Betreiben der Angehörigen wurde ein Totenschein ausgehändigt, der aber keine Mitteilung über die Todesursache enthielt. Die Todesumstände erfuhr die Familie erst durch entlassene Mitgefangene.

Das Bett von Herrn Schmid wurde von zwei Männern bereits aus seiner Dießener Wohnung abgeholt, bevor die Familie die Rechnung über das Eingraben der „Stalag-Leiche" erhielt. Die Tochter von Stanislaus Schmid mußte nach

150

der Rückkehr ihres Ehemannes aus der Kriegsgefangenschaft 1948 erst klagen, ehe sie für sich und ihren Ehemann ein Zimmer in ihrem Elternhaus freibekam. Am 22. September 1949 war eine Verhandlung vor der Spruchkammer in München. Dabei wurde Stanislaus Schmid freigesprochen. Die Verhandlung ergab keinerlei Begründung für seine Verhaftung.

Entschädigung hat die Familie Schmid natürlich nie erhalten.

*Bürgermeister Dr. Karl Linn*
*Foto: privat*

**Dr. Karl Linn** war in Landsberg Bürgermeister von 1937 bis 1945. Obwohl ihm Landsberg, besonders bei Kriegsende, viel zu verdanken hatte, war er bis Ende 1947 im amerikanischen Lager Moosburg in Automatikarrest. Es ist ein Brief von Dr. Linn aus dem Internierungslager Moosburg von 1947 vorhanden, aus dem zu entnehmen ist, daß er psychisch gesundheitlich sehr in der Haft litt. Bei der Spruchkammerverhandlung 1948 wurde ihm bescheinigt, daß er sein Amt mit Gerechtigkeit und Menschlichkeit ausübte. Viele Regimegegner sowie auch ehemalige KZ-Häftlinge haben für ihn gesprochen. Selbst der Ankläger der Spruchkammer bestätigte, daß er Bürgermeister Linn viel zu verdanken hatte. Obwohl Dr. Linn bei der Partei war, wurde er gegen den Willen der amerikanischen Militärregierung als entlastet eingestuft.

Kreisleiter **Joachim von Moltke** war bis Ende 1947, obwohl er beinamputiert war, im Lager Ludwigsburg. Bei der Spruchkammerverhandlung 1948 traten von 14 Zeugen, 11 Zeugen als Entlastungszeugen auf. Es ist mir kein Fall bekannt, bei dem von Moltke Anzeigen gegen Regimegegner nach oben weitergeleitet hätte. Kreisleiter von Moltke wurde als minderbelastet eingestuft. Er hatte aber sein Vermögen verloren und ist einige Jahre später gestorben.

Mein Vater sagte mir immer, in Landsberg war es nicht so fanatisch. Nach den mir vorliegenden Unterlagen scheint sich dies auch zu bestätigen.

*Kreisleiter Joachim von Moltke*
*Foto: privat*

# Die Nachkriegszeit

## Mit der Feuerleiter fuhren amerikanische Soldaten spazieren

Kurz nach dem Zweiten Weltkrieg wurde die Drehleiter der Freiwilligen Feuerwehr Landsberg von amerikanischen Besatzungssoldaten zum Spazierenfahren benutzt und landete Richtung Ammersee im Straßengraben. Als bekannt wurde, wo sich das Fahrzeug befand, wurde es von Mitgliedern der Freiwilligen Feuerwehr Landsberg zurückgeholt.

## Was für eine Tragik steckt hinter der nüchternen Notiz in einem Landsberger Kirchenbuch

Am 11.5.1945 starb der Knabe Johann Temsei im Alter von drei Monaten. Wohnhaft war er in einem Güterwaggon am Landsberger Bahnhof.

## Amerikanische Soldaten organisierten Weihnachtsfeiern für Kinder

*Weihnachtsfeier für Kinder 1945 in der Turnhalle Landsberg*

*Foto: LT Dez. 1976*

Nach dem Krieg organisierten amerikanische Soldaten für Kinder Weihnachtsfeiern. Ich erinnere mich an eine Weihnachtsfeier im Landsberger Stadttheater. Die Kinder bekamen eine Kleinigkeit zu essen und ein Spielzeug.

## Der Hungerwinter 1946/47

Der Winter 1946/47 war außergewöhnlich streng. Nicht nur Lebensmittel, auch Heizmaterial war knapp. Kohle gab es nicht. Die Öfen in den Schulen von Landsberg wurden mit Torf aus dem nahegelegenen Torfstich in Rott so gut es ging beheizt. Im Warteraum am Bahnhof saßen immer Leute, aber nicht alle warteten auf einen Zug. Viele saßen dort, um sich ein bißchen aufzuwärmen.

Die ausgebombten Menschen hausten größtenteils in Notquartieren. Viele Häuser waren von der Besatzungsmacht beschlagnahmt. Auch diese Familien waren notdürftig untergebracht. Auch für die in Deutschland arbeitenden Ostarbeiter war es nicht ratsam, in ihre Heimat zurückzukehren. Diejenigen, die aus Unkenntnis oder aus Heimweh die Rückkehr wagten, wurden in ihrer Heimat schweren Repressalien ausgesetzt, wenn bekannt wurde, daß sie in Deutschland gearbeitet hatten. So sind viele hier geblieben.

In dieser Situation wurden Millionen Deutsche aus den Ostgebieten aus ihrer angestammten Heimat vertrieben und mittellos in das restliche Deutschland gepreßt. Auch diese Menschen mußten ja irgendwie untergebracht und versorgt werden.

## Als festgestellt wurde, daß viele Schulkinder an Mangelernährung litten, wurde 1947 für mehrere Jahre eine Schulspeisung eingeführt

Die Organisation in Landsberg lag hauptsächlich bei Stadtpfarrer Niklas und den Frauen des Frauenbundes.

*Unsere Schulklasse beim Empfang der Schulspeisung 1949 in der Knabenschule Landsberg am Lech*

So spitzte sich die Situation dramatisch zu. Die Menschen in den Landgemeinden und den kleineren Städten konnten sich noch einigermaßen helfen. Katastrophal war die Lage in den Großstädten und den Ballungszentren. Viele Deutsche sind in dieser Zeit an Entkräftung gestorben. Andere begingen Selbstmord, weil sie nicht wußten, wie es weitergehen sollte.

Private Organisationen, wie CARE, versuchten durch Lebensmittellieferungen die Not in Deutschland zu lindern. Der jüdische Verleger Victor Gollancz setzte sich nach dem Zweiten Weltkrieg sehr für die notleidende deutsche Bevölkerung ein. Auch das gab es und sollte nicht vergessen werden.

Wir Kinder hatten alle Mangelerscheinungen. Ich bin überzeugt, daß es vielen Kindern schlechter gegangen ist als mir und dennoch hatte ich an den Folgen der Rachitis noch lange zu leiden. Ich erinnere mich, daß ich in der Volksschule während der Pause einen Apfelbutzen in den Abfallkorb warf. Ein Schulkamerad hat ihn herausgenommen und gegessen.

Der Vater eines Schulkameraden ist während des Krieges gestorben. Nach dem Krieg erhielt seine Mutter mit den sechs Kindern keine Witwenrente, weil ihr Mann bei der Partei einen Posten hatte. Die Familie war praktisch mittellos und lebte von einem geringen Fürsorgesatz. Auch das war Sippenhaft. Als Kind habe ich darüber kaum nachgedacht. Heute aber wird mit klar, daß viele bewußt oder unbewußt ihre Erlebnisse aus der Kindheit nie aufgearbeitet haben. Nicht alle Menschen empfinden gleich. Sensible Menschen empfinden intensiver. Ich habe es auch beobachtet, daß Personen, die das gleiche erlebt haben, völlig unterschiedlich damit umgehen. Kinder, die die Bombennächte und die Vertreibung aus der Heimat erlebten, litten besonders darunter. Verständnis dafür gibt es bis heute kaum. Sie können sich das nicht einmal von der Seele reden. Täglich neue Schlagwörter beherrschen die Tagesthemen und alles andere ist Schnee von gestern. Dennoch wird täglich von Menschlichkeit gesprochen.

## Amerikanische Soldaten durften Lebensmittel nicht an die Zivilbevölkerung abgeben

In dem Buch „M - AA 509 Elf Monate Kommandant eines Internierungslagers" erschienen 1951 im Selbstverlag, steht auf Seite 65 folgendes:

„Texas-Sergeant bestätigt, daß die amerikanischen Soldaten im April 1945 einen Armeebefehl Eisenhowers erhielten, wonach Deutschland nicht zum Zwecke der Befreiung zu besetzen sei, sondern als besiegtes Feindesland. Fraternisierung, gesellschaftlicher Verkehr mit der deutschen Bevölkerung sei verboten und strafbar. Ebenso Freundlichkeiten gegen deutsche Kinder und Hilfeleistung gegenüber Notleidenden. Die Messe-Unteroffiziere seien angewiesen worden, Speisereste zu vernichten. Abgabe an Deutsche ziehe ebenfalls Strafe nach sich. (Diese Mitteilungen finden ihre Bestätigung in dem Buche der amerikanischen Schriftstellerin Freda Utley: ‚Kostspielige Rache'.)

Es erscheint uns nun so manches seit April 1945 Geschehene verständlich. Deshalb also werden in der Offiziersmesse unseres Lagers laufend Speisereste und Backschmalz, das nur einmal verwendet wurde, zum Abfall geworfen. Provost hat bereits zwei Internierte aus dem Küchenkommando entfernt und bestraft, weil sie Schmalzgebackenes aus der Abfalltonne nahmen und hungernden Kameraden zusteckten."

### Bericht von Franz Montscher, Aschering, Andechser Weg, geb. 1912

In Eibenstock a.d. Mulde kam ich als Angehöriger des Reichsarbeitsdienstes im Mai 1945 in ein amerikanisches Gefangenenlager und sollte dort entlassen werden. Wir waren dort ohne jegliche Verpflegung. Eines Tages kam ein amerikanischer Lastwagen ins Lager 12 und lud Essensreste ab. Vor und hinter dem Lastwagen fuhr ein Jeep mit schußbereitem MG. Die ausgehungerten Gefangenen stürzten sich natürlich sofort auf diese Essensreste. Die schußbereiten MGs mahnten mich jedoch zur Vorsicht, und ich verhielt mich deshalb abwartend. Die Amerikaner schossen auf die in den Essensresten wühlenden Menschen. Es gab Tote und Verwundete. Dann wurde der Platz mit den Essensresten mit Benzin übergossen und angezündet. Die Verwundeten, die sich nicht mehr rechtzeitig wegschleppen konnten, verbrannten mit.

Ich habe dies selbst gesehen und kann dies jederzeit beeiden.

Aschering, den 2.6.1987, Franz Montscher

Nach dem strengen Winter war auch die Ernte im Sommer 1947 schlecht. Es fehlte an allem. Obwohl damals in Bayern die Landwirtschaft sehr ausgeprägt war, wurde die Lage immer katastrophaler. Das Geld hatte immer weniger Wert und der Tauschhandel war üblich. Der Schwarzmarkt blühte. Die Menschen fuhren aufs Land zum Hamstern und versuchten ihre wenige Habe für Lebensmittel einzutauschen.

1947 wurde von den Amerikanern für Europa der Marshall-Plan entwickelt, der 1948 in Kraft trat. Das Programm hatte einen Umfang von über 13 Milliarden Dollar und hatte das Ziel, die westliche Wirtschaft anzukurbeln. Sicherlich hat auch der Ost-West-Konflikt dazu beigetragen. Von den Amerikanern wurden Kredite vergeben, damit Lebensmittel aus Amerika eingekauft werden konnten. Das Programm lief von 1948 bis 1952 und die Kredite wurden von Deutschland vollständig zurückbezahlt.

1948 kam die erwartete Währungsreform und die D-Mark wurde eingeführt. Umtausch der Reichsmark eins zu zehn. Dann ging es wieder aufwärts. Und das Wirtschaftswunder-Zeitalter begann.

Ich schätze den Wohlstand, habe aber die schlechte Zeit nie vergessen. Daß alle Menschen aus der Notzeit gelernt haben, glaube ich nicht. Mit dem Wohlstand gingen auch viele Werte verloren. Die Kameradschaft und die Geselligkeit ließen nach und der Egoismus breitete sich aus. Viele Menschen haben schnell vergessen, daß es außer Geld auch noch andere Werte gibt, die so wertvoll sind, daß sie auch mit viel Geld nicht zu erhalten sind.

## Erinnerungen aus meiner Kindheit 1946-1949

Wir Kinder spielten viel im Freien, denn die Wohnungsverhältnisse waren sehr beschränkt. Wenn sich etwas ereignete, z.B. wenn ein Pferd zum Hufschmied geführt wurde, lief man sofort hin und schaute zu, dabei hat man auch viel gelernt. Man hat auch frühzeitig die verschiedenen Mentalitäten und Charaktere der Menschen kennengelernt, was im Leben von Vorteil war. Wir machten zusammen Spiele, die seit Generationen die jüngeren Kinder von den älteren lernten, wie z.B. Figurenwerfen, mach auf das Tor, Ein Uhr hat's geschlagen und die Hex ist noch nicht da u.a. Wir hatten ja oft nicht einmal einen Ball. Mit Erwachsenen gab es oft Ärger, weil manche sehr geräuschempfindlich waren. Beim „Räuber und Schande"-Spielen kletterten wir viel auf den Dächern der Hinterhöfe herum, was nicht gern gesehen wurde. Wenn man sich verletzte, hat man es meistens zuhause verschwiegen, denn sonst gab es ein weiteres Problem.

Es wird heute nur von Schokolade verteilenden amerikanischen Soldaten berichtet. Ich habe das so nicht erlebt. Auch ich habe ein Stückchen Schokolade oder einen Fruchtgummi von Amerikanern bekommen. Das war aber etwas Besonderes und man hat es lange nicht vergessen. Der Alltag war das nicht. Vielleicht haben Kinder, die bettelten, öfter etwas erhalten, aber ich war schon als Kind zu stolz, als daß ich mich zum Bettler degradierte. Von meiner Großtante erhielt ich einmal eine Orange. Die geschälte Frucht habe ich lange angesehen und daran gerochen, bevor ich sie gegessen habe. Selbst heute erinnere ich mich noch daran und empfinde diesen faszinierenden Geruch, wenn ich eine Orange esse.

Unser Geselle rauchte gern. Tabak war Mangelware. Um ihm eine Freude zu machen, sammelte ich Kippen. Denn aus dem Tabak von mehreren Kippen konnte er sich wieder eine Zigarette drehen. Es gab damals keine Filter und eine fingerbreite Zigarette blieb immer übrig. Wenn ich einen rauchenden amerikanischen Soldaten sah, lief ich hinterher, denn irgendwann warf er die Kippe weg und ich war ja nicht der einzige, der Kippen sammelte. Natürlich haben dies die Amerikaner gemerkt und manchmal hat auch jemand eine etwas größere Kippe weggeworfen. Es gab aber auch welche, die haben die Kippe mit ihrem Stiefel fest in den Dreck getreten und dann haben sie sich umgedreht und spöttisch gegrinst, auch das hat es gegeben.

Wenn ich mit meinem Freund am Altöttinger Weg ging, dann kam es immer wieder vor, daß auf dem schmalen Fußweg zwischen den Alleebäumen ein amerikanischer Jeep fuhr mit lässig darin sitzenden Amerikanern. Da mußten wir schon schauen, daß wir vom Weg herunter kamen, denn abgebremst haben die nicht, sie waren ja die Herren.

Es dürfte im Sommer 1946 gewesen sein, da ging es wie ein Lauffeuer durch die Stadt, ein Jude habe vergiftete Guazl (Bonbons) an Kinder verteilt.

Ich erinnere mich, daß die Erwachsenen aufgeregt diskutierten und ich wurde von meinen Eltern eindringlich darauf hingewiesen, daß ich Süßigkeiten, die ich evtl. geschenkt bekomme, auf keinen Fall essen dürfe, bevor ich sie zu Hause hergezeigt habe.

Landrat Bernhard Müller-Hahl schreibt in seinem Buch „Landsberg nach 1918" folgendes: Am 5.5.1946 verteilte ein Jude in der Schweighofsiedlung in Landsberg vergiftete Bonbons an die Kinder. Dies wurde bald bemerkt, sodaß den kranken Kindern gleich geholfen werden konnte. Bei H.R. färbte sich der Urin ganz schwarz, andere mußten brechen, einige Kinder brachten den nassen Zucker und die gelben Bonbons mit nach Hause."

1946 oder 1947 sprach mich im Vorderanger ein fremder Mann an, ich erinnere mich noch genau an ihn. Er war dunkelhaarig, klein, untersetzt und hatte einen Nadelstreifenanzug an. Nach Kleidung, Aussehen und Sprache war er eindeutig ausländischer Herkunft. Er fragte mich, ob ich Schokolade wolle. Natürlich antwortete ich mit ja. Daraufhin sagte er, ich solle mit ihm gehen, er wird mir geben. Selbstverständlich ging ich sofort bereitwillig mit ihm. Jemand beobachtete dies und benachrichtigte meinen Vater, der mich zurückholte. Wir waren damals bereits ca. 100 Meter weiter, ungefähr beim Gasthof Kristeiner. Der Mann hatte mit Sicherheit nichts Gutes im Sinn. Ich wurde daraufhin von meinen Eltern mit Nachdruck darauf hingewiesen, daß ich mit keinem fremden Mann mitgehen dürfe, egal was man mir verspricht. Ich hatte daraufhin große Angst und vielleicht ist es mir deshalb so genau in Erinnerung geblieben. Wenn ich ins Haus wollte, mußte ich an einer Ziehglocke läuten, dann mußte ich warten, bis jemand die Treppe herunter kam, um die Haustüre zu öffnen. Wenn jemand vorbei ging, den ich nicht kannte, hielt ich mich immer mit zwei Händen an der Haustüre fest, bis geöffnet wurde.

Es dauerte nicht lange, da hatten die amerikanischen Besatzungssoldaten deutsche Fräuleins. Das ist wohl zu allen Zeiten und in allen Ländern so. Die Mädchen, die einen amerikanischen Freund hatten, fielen sofort auf, denn Lippenstift, Kosmetik und dergleichen waren für andere unerreichbare Dinge. Besonders von der älteren Bevölkerung wurde dies sehr kritisch beurteilt und die Mädchen wurden als Amischickse bezeichnet. Ich möchte darüber nicht urteilen, denn ein indianisches Sprichwort lautet: „Man soll nie über einen Menschen urteilen, bevor man nicht in seinen Mokassins gelaufen ist." Wenn man sich darüber eine Meinung bilden will, muß man auch die damaligen Lebensumstände berücksichtigen. Es gab viele deutsche Frauen, die lange Jahre treu auf ihren Mann gewartet haben. Sie sind in der Öffentlichkeit nicht aufgefallen, aber es war sicher die Mehrheit. Auch sie sollten nicht vergessen werden. Die deutschen Frauen haben in dieser Zeit Enormes geleistet. Viele Männer waren gefallen, vermißt, in Kriegsgefangenschaft oder verhaftet. Viele Frauen waren auf sich alleine gestellt. Neben der wirtschaftlichen Not, kam auch die Sorge um die Angehörigen. Das Kochen und der Waschtag waren nicht so einfach, wie das heute der Fall ist. Und die Mütter haben dafür gesorgt, daß die Kinder ordentlich erzogen wurden. Es fiel mir auch immer wieder auf, daß viele Frauen enorme Zivilcourage zeigten und sich auch von der MP (Militärpolizei) nicht einschüchtern ließen. So kam es auch immer wieder vor, daß Frauen wegen Verächtlichmachen der MP verhaftet wurden.

## Durch Fundmunition gab es viele Unglücksfälle

Viele Unglücke gab es durch Fundmunition. Ein tragischer Unglücksfall ereignete sich schon kurz nach dem Umsturz, der drei Kindern das Leben kostete.

Karl Sandner aus Landsberg berichtet darüber am 22.3.1985 folgendes:
Als die Amerikaner in Landsberg einrückten, wurden wir aus unserer Wohnung getrieben und mit mehreren Familien zusammen nebenan in eine kleine Wohnung gepfercht. Da ich seit Herbst 1944 vom Krieg zuhause war, war ich unter den Frauen der einzige Mann. Da wir uns in der Wohnung kaum rühren konnten, sagten die Frauen, die beim Kochen waren, ich solle mit den Kindern in den Hof gehen und sie dort beaufsichtigen.

Hinter unserem Hof an der Schongauer Straße hatte das Wasserwerk Baracken mit Werkstätten und Garagen. Dort richteten die Amerikaner 1945 sofort ein Gefangenenlager ein, in dem sie die deutschen Soldaten einsperrten, die sie gefangennahmen. Die gefangenen Soldaten säuberten dort ihr Gepäck. Vermutlich hatte einer der Soldaten noch eine Stielhandgranate, die er über den Zaun warf.

Eine solche Stielhandgranate fand mein Sohn mit 7 Jahren und zog sie ab, ohne daß ich es merkte. Als sie explodierte, glaubte ich erst, es hätte jemand hereingeschossen. Ein Splitter flog direkt an meinem Kopf vorbei in die Hauswand. Mein Sohn rief nur „Papa" und rannte zu mir her. Da sah ich, daß er drei Löcher im Bauch hatte. Der andere Sohn stand zwischen zwei Holzstößen und blieb unverletzt. Helmuth Behren war sofort tot. Einer hatte einen Splitter unter dem Herzen, den man nicht entfernen konnte. Franz Giggenbach, der Sohn meiner Schwägerin, war schwer verletzt (Kopfverletzung). Die Amerikaner fuhren Giggenbach und meinen Sohn ins Lazarett nach Holzhausen (Magnusheim), wo sie einen Tag später starben.

Viele Jahre schwemmte es vom Lech Patronen in den Mühlbach. Wenn er ausgelaufen war, dann war er für die Buben, trotz Verbot, eine Fundgrube. Ich erinnere mich, daß ein Schulkamerad zum Nachmittagsunterricht mit weit über 50 Patronen, die er vorher im Mühlbach gesammelt hatte, in die Schule kam. Er hatte sie in seinem Janker und in seiner Lederbundhose verstaut und viel sofort auf, weil er kaum laufen und sitzen konnte. Die Patronen wurden am Fensterbrett aufgereiht, bevor sie der Hausmeister holte.

Ein schweres Unglück ereignete sich ca. 1947 im Inselbad. Im Herbst war das geschlossene Inselbad ein beliebter Ort für solche Aktivitäten, weil man dort weitgehend unbeobachtet war. Um die Patronen zur Explosion zu bringen, sammelte man brennbares Material und machte ein Feuer. Gefährlich wurde es, wenn das Feuer nicht richtig brannte und zu wenig Hitze erzeugte. Dann ging immer einer hin und versuchte das Feuer anzufachen. Bei dem Unglück im Inselbad gab es einen Toten und zwei Verletzte. Müller war sofort tot. Huber hatte schwere Kopfverletzungen, an denen er zeitlebens litt. Fischer und Habersetzer hatten Splitterverletzungen. Einer blieb unverletzt. Sie waren alle ca. neun Jahre alt.

## Bericht von Frau Anna Storhas, Landsberg, geb. 1920

*Anna Storhas* Foto: privat

Meine Mutter, Sabina Storhas, war in den Nachkriegsjahren 1945/46 als Damenschneiderin tätig. Als Stammkundschaft hatte sie u.a. auch zwei hübsche Jüdinnen aus dem DP-Lager in der Saarburgkaserne. Am Arm hatten sie eine KZ-Nummer. Als meine Mutter sie nach ihren Erlebnissen im KZ fragte, sagten sie, wir haben kein KZ von innen gesehen, wir waren mit SS-Offizieren befreundet.

Bei uns im Haus wohnte ca. 1946 ein Jude namens Boris mit Frau und Baby. Plötzlich verschwand die Frau und ließ das Baby zurück. Das Kind war von Kopf bis Fuß voll Schorf, da es nie gebadet wurde. Ich versorgte das Kind und verlangte nur, daß Boris Nahrung, Puder und Windeln besorgte, da ich dazu keine Möglichkeit hatte. Nach einem viertel Jahr tauchte die Mutter wieder auf.

Boris legte sich ohne unsere Erlaubnis Hennen zu und baute hinter unserer Hütte einen Verschlag. Da er seine Hennen ständig mit unseren Hennen auf unsere Kosten füttern ließ, kam es zum Streit. Daraufhin zeigte mich Boris an und behauptete, ich sei bei der SS gewesen, was aber nicht stimmte. Ich wurde darauf unzählige Male verhört. Ein Constabulary-Offizier (Constabulary war ähnlich wie MP, hatten aber gelbe Helme) befragte mich, ob ich SS war. Ich mußte die Bluse ausziehen und es wurde nach dem Blutgruppenstempel gesucht. Ich konnte glaubhaft nachweisen, daß die Anschuldigungen von Boris nicht stimmten.

Es kam dann zum Prozeß im Amtsgericht Landsberg. Im Prozeß behauptete Boris, ich hätte dem Kind das Nasenbein eingeschlagen. Daraufhin verlangte ich, daß eine Schwester vom Krankenhaus herüberkommt (das Krankenhaus befand sich damals an der Lechstraße) und das Kind untersucht wird, was auch geschah. Es stellte sich heraus, daß auch diese Beschuldigung gelogen war. Ich wurde freigesprochen und der Jude Boris mußte innerhalb von drei Tagen bei uns ausziehen. Die Constabulary kontrollierten das. Boris wohnte dann im Schafbräu und wanderte später nach Amerika aus.

Von Amerika stellte Boris offensichtlich einen Wiedergutmachungsantrag, denn einige Jahre später kam ein Mann aus München zu meiner Mutter. Sie sollte bestätigen, daß Boris abgemagert aus dem KZ gekommen sei. Meine Mutter konnte das aber nicht bestätigen, da ihr nicht bekannt war, daß Boris im KZ gewesen war.

Landsberg, den 10.7.1992 Anna Storhas

## Bericht von Frau Beta Fuchs, Landsberg, geb.1910

Aufgeschrieben am 2.1.1992

1945 wohnte ich in Landsberg, Alte Bergstraße. Nach dem Umsturz wurden in unserer Wohnung zwei Zimmer beschlagnahmt. Darin zog bis 1948 der ca. 20jährige Jude Jakob B. ein. Kurz darauf folgte sein jüngerer Bruder und seine spätere Frau Rachel. Wie alt Jakob B. genau war, wußten wir nicht. Denn z.B. wenn es Zigaretten gab, war er 21, wenn es Marmelade o.ä. gab, war er 17 Jahre alt.

Eines Tages hörten wir im Radio, daß Jakob B. vor dem Tribunal in Nürnberg aussagte, die Nazis hätten sein Kind bei den Händen und Füßen gepackt und in zwei Teile zerrissen. Jakob B. hatte aber gar kein Kind.

In einem Erdbunker im Erpftinger Wald schrieb er seinen Namen, er war aber während des Krieges gar nicht hier.

Einmal sagte er vor dem Spiegel stehend „Bin ich nicht ein schöner Mann?" Da sagte meine Mutter zu ihm: „Du bist schon ein schöner Mann, aber Du solltest nicht soviel lügen." Mit der Wahrheit nahm er es nicht so genau, aber sonst mochten wir ihn sehr gerne.

## Bericht von Herrn Albert Neubrand sen. Landsberg, geb. 1900

Aufgeschrieben am 11.11.1987

Während des Krieges war ich ab ca. 1942 im Fliegerhorst Fürstenfeldbruck als verantwortlicher Ingenieur tätig, Bei Kriegsende ging in FFB das Gerücht um, Landsberg liegt in Schutt und Asche. Ich bin mit dem Fahrrad ca. am 5. Mai 1945 nach Landsberg gefahren. Dort war Ausgangssperre.

Durch die Sprengung der Karolinenbrücke war auch die Wasserleitung zur Vorstadt und Kaserne unterbrochen. Mit Scharold Hans und anderen legte ich eine Wasserleitung aus Feuerwehrschläuchen bis zur Saarburgkaserne. Am Kasernenberg unterhalb der Treppe zum Zederbräukeller stationierten wir eine Benzinpumpe.

In dem Gebäude der Ersatzabt. 1 Battr. neben dem alten Küchenbau war das Lazarett für die typhuskranken Juden. Die deutschen Offiziersfrauen mußten die Juden pflegen. Das ganze Haus und Treppenhaus war voll Kot. Die Frauen waren sehr dankbar, daß sie mit dem Wasser wenigstens das Haus reinigen konnten. Mit einem Seil wurde die Leitung vom Fenster in den 3. Stock gezogen und dann von oben her der Kot vom Treppenhaus heruntergespritzt.

Dann wurde ich wieder nach FFB geholt, um eine Wasserleitung vom Fliegerhorst zu dem angrenzenden Kriegsgefangenenlager zu legen.

Die deutschen Kriegsgefangenen lagen auf einem Acker unter freiem Himmel und hatten nichts. Tagelang kein Wasser, keine Verpflegung, keine Zeltplanen, nichts. Wir legten eine Wasserleitung mit Feuerwehrschläuchen vom Fliegerhorst zum Lager. Das Lager war mit amerikanischen Soldaten und MG umstellt, später wurde es eingezäunt. Ich sah, wie Bauern mit Leiterwagen Lebensmittel zum Lager brachten. Ein Mann sagte mir, er wisse genau, bei welchen Posten dies möglich sei und bei welchen nicht. Nach meiner Ansicht waren damals dort Tausende deutscher Gefangener. Sehr viele kamen um.

*Gedenkstein an das Kriegsgefangenenlager in Fürstenfeldbruck*

Foto: Archiv Pflanz

### Aussage von Frau Maria Böhler, Landsberg, geb. 1908

Aufgeschrieben am 4.11.1987

Mein Mann Hermann Böhler ist am 27.4.1945 in Landsberg gefallen. Oberlehrer Breuer hat dies von seiner Wohnung aus genau gesehen und mir ausführlich berichtet. Er sah auch, daß mein toter Mann von einer Frau ausgeraubt wurde. Lohngeld und Uhr fehlten.

Mein Mann war in München bei der KPD. Als er nach Landsberg kam, wurde er in der Pflugfabrik beschäftigt. Dort bekam er eine Augenkrankheit. Um seinen Arbeitsplatz nicht zu verlieren, trat er der SA bei. Später wurde er einfaches Mitglied der NSDAP. Dann bekam er eine Anstellung bei der Kreisleitung. Ca. 1941 wurde er zur Wehrmacht eingezogen. Er kam nach Rußland und wurde achtmal verwundet. (Goldenes Verwundetenabzeichen). Nach seiner letzten schweren Verwundung (zuletzt kurzer Lazarettaufenthalt im Magnusheim Holzhausen), kam er 1943 nach Landsberg zurück. Er wurde im Flugplatz Penzing eingestellt. Dort kam er auch zum Volkssturm.

Ich erfuhr erst Wochen später, daß mein Mann gefallen ist, eine offizielle Mitteilung erhielt ich nie. Zwei Jahre erhielt ich keine Witwenrente, weil mein Mann bei der Partei war. Mein Mann wurde an der Lechstraße, in der Nähe des Kindergartens begraben. Ich war dort und suchte das Grab meines Mannes. Es waren auf diesem Platz ca. fünf Gräber, ohne jegliche Kennzeichnung. Zufällig befand sich dort ein Mann, der mir sagen konnte, in welchem Grab mein Mann liegt. Die Umbettung in den Landsberger Friedhof erfolgte ohne jede Benachrichtigung.

Nach dem Einmarsch der Amerikaner mußte ich unser Haus verlassen und fand Zuflucht bei meiner Mutter in der Friedensstraße. Ich wohnte dort im Luftschutzbunker. In unserem Haus waren sechs Juden einquartiert. Zwei litauische Juden waren gut. Der Jude K. und sein Freund waren ebenfalls gut. Der Freund von K. bekam Typhus. Die Amerikaner sorgten dafür, daß er wegkam, vermutlich ins Lazarett St. Ottilien. Zwei tschechische Juden H. und F. waren so gemein, daß ich es mein Leben lang nicht vergessen werde. In dem Luftschutzbunker lebte ich einige Monate.

Die Juden haben unsere ganze Wohnung demoliert. Vorhänge heruntergerissen und zerfetzt, Schränke aufgebrochen und alles ausgeraubt. Unsere acht Wellensittiche wurden umgebracht. Die Fische im Aquarium waren alle tot. Die Kinderbettstatt und die Schränke waren mit Nägeln bespickt. Die Bilder zerstrümmert. Alle Uhren wurden gestohlen. Im Speicher wurden die Bodenbretter aufgerissen und nach Wertsachen gesucht. Das Klo war total verstopft und nicht mehr benutzbar. Als ich in meine Wohnung zurückkonnte, war sie unbewohnbar. Bevor sie renoviert wurde, mußte sie desinfiziert werden wegen Typhus-Gefahr.

Als ich einmal in unser Haus ging, weil ich im Keller Kartoffeln holen wollte, lagen auf dem Tisch verschiedene Waffen (Gewehre, Seitengewehre, Pistolen und Messer). Vermutlich waren dies Waffen, die die Bevölkerung bei Kriegsende in den Lech und Mühlbach geworfen hatte. Ich kam gar nicht bis zur Kellertür, da sagte der Jude zu mir: „Madame, wenn Sie hier nicht mehr herauskommen, haben wir Sie ..." und dabei fuhr er mit der Hand über den Hals. Ich ließ mir meine Angst nicht anmerken. Da nahm er ein Messer vom Tisch und stach mir in den Hals, daß das Blut herunterlief. Im Haus von Täumer wohnten amerikanische Offiziere und Dolmetscher. Ich ging dort hin und beklagte mich und zeigte die Wunde. Der amerikanische Offizier beruhigte mich und sagte, er würde dafür sorgen, daß das abgestellt wird. Daraufhin wurde es besser.

Unseren sieben Jahre alten Schäferhund wollten die Juden vergiften. Da dies mißlang, ließen mir die Amerikaner den Hund wegnehmen. Der Hund war so treu, als meine Tochter 1942 starb, scharrte der Hund am Grab ein Loch, Nachbarn beobachteten dies und sagten mir Bescheid. Ich sah unseren Schäferhund noch einmal einige Wochen später angekettet in einem amerikanischen Jeep, der im Vorderanger an mir vorbeifuhr ohne anzuhalten. Der Hund erkannte mich und jaulte laut. Dann habe ich von unserem Hund nie wieder etwas gehört und gesehen.

# Beschlagnahmungen von Häusern und Wohnungen

### Bericht von Frau Gabriele Berger, 1945 wohnhaft in Landsberg, Arnoldstraße

Durch die Sprengung der Karolinenbrücke waren auch die Versorgungsleitungen unterbrochen. Wir hatten keinen Strom, das Wasser mußten wir eimerweise aus einem Bach holen. Ich hatte zwei kleine Kinder von vier und fünf Jahren. Außerdem war bei uns noch meine Tante. Mein Mann war in Italien und kam dort in Kriegsgefangenschaft.

Als die amerikanischen Truppen Ende April 1945 in Landsberg einrückten, mußten wir sofort das ganze Haus räumen. Als ich einen Amerikaner fragte, wohin ich mit den Kindern solle, gab er mir zur Antwort: Go to Hitler. Wir zogen dann in den Luftschutzbunker beim Zederbräukeller am Kasernenberg. Außer uns vier Personen waren dort noch viele Leute aus unserem Wohnviertel, die ebenfalls aus den Häusern geworfen wurden, darunter Herr und Frau Fünfer und Frau v. Heinz mit ihrem elf Monate alten Baby. Ich konnte in der Eile eine Schüssel Reis mitnehmen, das war unsere einzige Nahrung. Wir hatten sonst nichts zu essen und zu trinken. Nach einigen Tagen sagte die Wirtin vom Zederbräukeller, wir sollen doch in die Wirtsstube raufkommen und gab uns etwas zu trinken.

Als wir dort saßen, wurde Herr Schreiber und zwei andere Männer vom Roten Kreuz von zwei amerikanischen Soldaten (ein Weißer und ein Schwarzer) in die Wirtsstube gestoßen. Sie mußten sich zu uns setzen und wir wurden bewacht. Schreiber sagte, er werde wegen seiner grauen Rot-Kreuz-Uniform immer wieder verhaftet. Er wollte deshalb auf Anraten eines amerikanischen Offiziers beim Zederbräuwirt, der Militärschneider war, versuchen, Zivilkleider zu erhalten. Die zwei amerikanischen Bewacher haben Herrn und Frau Fünfer alles weggenommen, Uhren, Schmuck usw. Nach einigen Stunden durften wir wieder in den Bunker gehen.

Daraufhin versuchte ich mit den Kindern in die Erpftinger Straße zu Familie Fischer zu gehen. Die Sanitätsposten sagten mir, daß Zivilisten bis 5 Uhr auf der Straße bleiben dürften. Am Schongauer Dreieck waren zwei amerikanische Posten, die die Innenstadt absperrten, mich aber nicht beachteten. Eine Frau sagte mir, ich solle besser umkehren, ich dürfe sicher nicht mehr in die Stadt zurück, sie sei soeben abgewiesen worden. Als ich umkehren wollte, verweigerten mir die Posten den Rückweg. Ich erklärte, daß ich aus der Stadt käme. Da setzte mir der amerikanische Soldat vor den Kindern die Pistole an die Brust und sagte, wenn ich nicht umkehre, werde er mich erschießen. Ich ging dann mit den Kindern in die Erpftinger Straße, mußte aber feststellen, daß dort die Häuser ebenfalls geräumt waren. Ein amerikanischer Offizier, der gut deutsch sprach, sagte, er werde mich mit einem Posten zurückbringen. Wenn ich aber nicht die Wahrheit gesagt habe, werde ich verhaftet. So kamen wir dann wieder in den Bunker.

*Der Bunker beim Zederbräukeller am Kasernenberg in Landsberg a.L.*

*Aufnahme 1992 von H. Pflanz*

Als die amerikanischen Kampftruppen abzogen, konnten wir wieder in unsere Wohnung. Die Fenster waren durchschossen. Die Betten unglaublich verschmutzt, die Wäsche aus den Schränken gerissen und vor allem die Unterwäsche in einem Zustand, den ich nicht beschreiben möchte. Es grauste uns, in den Betten zu liegen. Bei unseren Nachbarn war die ganze Marmelade über die Bettwäsche geschüttet.

Am nächsten Tag kamen die Plünderer. Es waren größtenteils Ausländer, vermutlich aus den Lagern. „Du mir alles geben" sagte einer und drohte mit einem Knotenstock. Er war von kräftiger Statur und ordentlich genährt. Sie stahlen alle Anzüge und Kleidungsstücke meines Mannes, Milchkanne usw.

Zwei Amerikaner durchsuchten die Wohnung und beschlagnahmten unseren Fotoapparat.

Dann kam erneut eine Einquartierung von amerikanischen Soldaten. Wir mußten aber nur aus der Wohnung, konnten wenigstens im Haus bleiben und wohnten bei Familie Weishaupt. Durch die beengten Wohnverhältnisse gab es nicht wenige Probleme. Nach einigen Tagen zogen auch diese Truppen ab und wir konnten wieder in unsere Wohnung.

Aber nach kurzer Zeit wurden wir erneut aus dem Haus geworfen. Diesmal kamen wir bei Frau Gerstner in der Arnoldstraße unter. Dort waren wir ca. zwei Wochen. Hinter dem Haus war auch ein amerikanisches Militärlager mit Zelten. Anschließend konnten wir wieder in unsere Wohnung.

Ich sah, wie die Ausländer aus dem langgestreckten Gebäude zwischen Zederbräukeller und Kaserneneingang die Möbel aus dem ersten Stock warfen und

164

anzündeten. Es war dann eine Besichtigung wegen Beschlagnahme unserer Wohnung. Da kam eines Tages Frau Broeren und fragte, ob ich ihre drei Mädchen aufnehmen könne. Sie sagte, sie sei verhaftet und habe nur eine Stunde Zeit, ihre vier Kinder unterzubringen. Den Knaben habe sie schon bei Familie Schindler untergebracht. Ich fragte, warum sie verhaftet werde und sie gab mir zur Antwort, das wisse sie nicht. Vermutlich, weil sie eine Offiziersfrau ist oder weil sie im Winter das Stricken von Socken für Soldaten organisiert habe. Ihr Mann war Oberst in der Artilleriekaserne, war aber damals schon ein Jahr vermißt. Ich nahm dann die Kinder zu mir. Frau Broeren war fünf bis sechs Wochen im Gefängnis ohne Verhör und kam dann wieder zu uns, ehe sie mit ihren Kindern ins Lager Hamburg zog.

Wir wurden dann von meinen Schwiegereltern in der Innenstadt aufgenommen.

Landsberg am Lech, den 8.7.1992, Gabriele Berger

## Aussage von Josef Engl, Landsberg, Sudetenstraße
## Wohnungsräumung beim Einmarsch der Amerikaner 1945

Beim Einmarsch der Amerikaner in Landsberg Ende April 1945 mußten wir unsere Wohnung Katharinenstraße 64 für die amerikanischen Truppen räumen.

Mein Vater hoffte, daß wir im Keller bleiben könnten, aber auch dort mußten wir raus. Wir konnten bei unserem Nachbarn Spindler übernachten.

Eine weitere Nacht kamen wir bei Familie Schallermeier unter. Dann zogen wir zu Birkl. Aber auch dort mußten wir sofort wieder heraus, da auch Birkls das Haus räumen mußten.

Wir konnten von zuhause einen kleinen Leiterwagen mitnehmen. Darauf hatten wir ein Oberbett und etwas zu essen (Konserven). Wir gingen nach Erpfting zu Weibl, wo wir zehn Tage bleiben konnten. Die Frauen schliefen im Haus, die Männer im Heustadel.

Nach zehn Tagen erfuhren wir, daß die Amerikaner abgezogen sind und wir konnten wieder in unsere Wohnung zurückkehren. Diese war total ausgeräumt, sogar das Sofa fehlte.

Landsberg, den 29.2.2008 Josef Engl

## Beschlagnahme der Wohnung Katharinenstraße 56 durch die amerikanische Besatzungsmacht

Nach Angabe von Frau Raithel mußte sie 1945 mehrmals ihre Wohnung räumen.

*Re.i. Bild Frau Anna Raithel beim Verlassen ihrer beschlagnahmten Wohnung 1945*

## Eidesstattliche Erklärung
## von Maria Degenhardt, Landsberg a.L.

Seit 1.9.1939 wohnte ich mit meinen Eltern als junges Mädchen in der Köglerstraße 9 in Landsberg am Lech. Es war dies eine schöne Wohngegend. Damals befanden sich in der Köglerstraße acht schöne Häuser mit Gärten sowie zwei Häuserblöcke mit zehn Wohnungen für Offiziere der Artilleriekaserne.

Mit der deutschen Kapitulation im April 1945 begann für unsere Familie und für viele Landsberger Bürger ein Leidensweg. Durch die Sprengung der Lechbrücke waren auch die Versorgungsleitungen zur Weststadt unterbrochen. Wir hatten kein Wasser, keinen Strom und nichts zu essen. In dieser Zeit war mein 62jähriger Vater schwer krank, ebenso meine Mutter. Medikamente hatten wir keine. Ich selbst war typhusverdächtig, unterernährt und mußte ins Landsberger Krankenhaus. Dort gab es ebenfalls keine Medikamente und so ging ich wieder nach Hause, denn meine Eltern brauchten mich ja.

*Maria Degenhardt*

*Foto: privat*

Die einrückenden amerikanischen Truppen zeigten sich im großen und ganzen einigermaßen korrekt. Wir mußten nur aus unserer Wohnung in den Keller oder in benachbarte Wohnungen. Es herrschte eine Zeit lang ein stetiges Umziehen bzw. ein Herauswerfen aus den Häusern in unserer Straße. Ab 17 Uhr war Ausgangsverbot. Manchmal wurden Bekanntmachungen verlesen.

In der Folgezeit erschienen über Nacht in unserem Wohnviertel ganze Gruppen von DPs (displaced persons), die überall plünderten und raubten. An sich waren diese Menschen gut genährt und gekleidet, so war der Grund dieser Plünderungen offensichtlich nicht momentane Not. Darüber hinaus schlugen und bespuckten uns diese Leute, so daß man sich nicht mehr auf die Straße trauen konnte. Z.B. führte ich einmal meinen kranken Vater vor das Haus, damit er etwas frische Luft bekommen sollte. Als ich ihn nach kurzer Zeit wieder holen sollte, war er kreidebleich und verstört. DPs hatten ihm grundlos seine Firmungsuhr aus der Tasche gerissen und gestohlen. Er konnte sich ja nicht wehren.

Meinen Hund „Struppi", den wir den ganzen Krieg mit unseren Rationen durchgefüttert hatten, haben mir die Juden aus der Wohnung heraus gestohlen und geschlachtet. Dies wurde mir von der Militärpolizei bestätigt.

Eines Tages wurden die beiden Offiziersblöcke in unserer Straße von den Amerikanern beschlagnahmt. Dabei handelte es sich um die 36 Engineers Company (Seahorse Div.). Danach hatten wir etwas Ruhe vor den DPs.

Dann kam ein schicksalhafter Tag, an dem auch unsere Wohnung von der Militärregierung beschlagnahmt wurde. Wie mir später bekannt wurde, war Mr. Heymont dafür verantwortlich. Innerhalb weniger Stunden mußten wir das Haus verlassen und konnten kaum das Nötigste mitnehmen. Unsere Straße wurde an beiden Seiten von Rabbinern abgesperrt und kontrolliert. Wer ein Handwägelchen hatte und kleine Möbelstücke mitnehmen wollte, mußte diese oft wieder zurückbringen. Da meine kranken Eltern nicht viel helfen konnten, versuchte ich, mit meinem Fahrrad einige lebensnotwendige Habseligkeiten zu retten. Als ich mit dem Fahrrad zurückkam, wurde ich von zwei DPs angehalten, die mir das Fahrrad entwendeten. Eine Familie in der Alten Bergstraße nahm uns dankenswerterweise auf und überließ uns ein Zimmer, wo wir unter sehr beschränkten Verhältnissen notdürftig wohnen konnten.

Als die Wohnungen nach vier Jahren wieder geräumt wurden, war auch unsere Wohnung unbewohnbar, ausgeplündert, zerstört und grauenhaft verdreckt (s. beil. Zeitungsartikel). So manches Haus mußte desinfiziert werden. Mit Kot und Urin verschmutzte Böden mußten herausgerissen werden – unser Eigentum war vernichtet. Die Zustände, die von den Auswanderern hinterlassen wurden, gingen weit über das hinaus, was beschreibbar oder menschlich begreifbar ist. Mein Vater hat diese Erlebnisse nie verwunden. Er zog nach der Pensionierung aus Landsberg fort. Der in Landsberg allseits beliebte und geachtete Mann starb kurze Zeit später krank und verbittert.

Landsberg am Lech, den 25.7.1991, Maria Lidwina Degenhart
Beglaubigt durch URNr. A 2124/1991-G / Dr. Rapp, Notar v. 27.8.1991


## Bericht von Frau Maria Bauer, geb.1911, damals wohnhaft Landsberg, Augsburger Straße
## Beschlagnahmung unserer Wohnung durch amerikanische Besatzungstruppen

Bei Kriegsende wohnte ich mit meinen zwei Kindern in Landsberg, Augsburger Straße 14. Mein Mann ist 1943 gefallen. Bei Luftalarm mußten wir mit den anderen Hausbewohnern im Eiskeller der Brauerei auf der gegenüberliegenden Straßenseite Zuflucht suchen. Dort saßen wir unmittelbar neben den Brauereipferden.

Einige Tage nach dem Einmarsch der Amerikaner kam morgens Anfang Mai 1945 ein schwarzer amerikanischer Soldat und stieß mit dem Gewehr gegen die Tür. Er durchsuchte die ganze Wohnung. Um ca. 9 Uhr wurde uns mitgeteilt, daß wir um halb elf die Wohnung geräumt haben müssen. Wir konnten nur das Nötigste mitnehmen, was wir tragen konnten. Dann stand ich mit meinen sieben und acht Jahre alten Kindern auf der Straße. In der Ludwigstraße fanden wir eine Schlafstelle. Es war ein fensterloses Zimmer mit einem Sofa. Auf diesem Sofa haben wir zu Dritt ein Jahr geschlafen. Unter Tags hielten wir uns meistens bei meinem Schwiegervater auf. Aber auch seine Wohnung war total überbelegt von anderen Familien, die aus ihrer Wohnung geworfen wurden.

Als wir nach einem Jahr wieder in unsere Wohnung zurückkonnten, war alles kaputt. Die Möbel waren zerschlagen, teilweise aus dem Fenster geworfen. Der Fußboden war zerhackt. Die Türschlösser waren alle kaputt, sogar die Türgriffe waren abgerissen. Alle Fenster waren zerbrochen. Für Ofenrohre waren teilweise Löcher durch die Mauer gebrochen usw. Die Baugenossenschaft, der die Wohnung gehörte, sagte, wenn sie die Wohnung richten läßt, muß man damit rechnen, daß sie erneut beschlagnahmt wird. Ich habe dann die Wohnung auf eigene Rechnung wieder herrichten lassen und wohnbar gemacht. Entschädigung habe ich nie erhalten.

Landsberg, den 18. Juli 1994, Maria Bauer

## Beschlagnahmung der Häuser in der Frühlingstraße Landsberg
## Bericht von Helmut Schmitt, Landsberg, geb. 1938

Aufgeschrieben am 12.9.2014

Ende April 1945 kamen die amerikanischen Kampftruppen nach Landsberg und konnten zwei Tage nicht über den Lech. Wir mußten in dieser Zeit in den Keller und die amerikanischen Soldaten wohnten in unserer Wohnung. Sie erschossen alle unsere Hasen und Hühner und vernichteten die vorhandenen Lebensmittel. Als die Kampftruppen abzogen, kamen die Besatzungssoldaten. Wir mußten unser Haus räumen und konnten nur mitnehmen, was wir mit den Händen tragen konnten. Dr. Müller, Ecke v. Kühlmann-Straße/Frühlingstraße (seine Frau war Französin) nahm uns, wie viele andere Nachbarn, notdürftig auf. Ich schlief auf einer Holzbank im Glasvorbau, weil im Haus kein Platz mehr war.

Am 29. April 1945 gegen 22 Uhr kamen zwei amerikanische Soldaten zum Haus von Dr. Müller und fragten nach meinem Vater, Eugen Schmitt. Sie nahmen ihn sofort mit, wie er war mit den Hauspantoffeln, und luden ihn auf einen amerikanischen Militärlastwagen. Seitdem wurde mein Vater nie wieder gesehen.

In unserem Haus wohnten amerikanische Offiziere mit ihren Frauen. Wir (meine Mutter, meine Schwester und ich) bekamen dann ein Zimmer in der Ledergasse. Ich schlief in einem Kinderbett, indem ich die Füße nicht ausstrecken konnte. Meine Schwester schlief auf einer Matratze, die tagsüber auf den Schrank gelegt wurde. Meine Mutter konnte gut nähen und verdiente damit unseren Lebensunterhalt. Da mein Vater als vermißt galt, bekam sie keine Witwenrente. Meine Mutter hat immer gehofft, daß mein Vater noch einmal auftaucht. 1967 wurde mein Vater für tot erklärt. Dann bekam meine Mutter eine Witwenrente. Der Todestag meines Vaters wurde auf den 31.12.1945 festgelegt. Man vermutet, daß mein Vater erschlagen wurde.

Mein Bruder war bei der Luftwaffe. Bei Kriegsende haben sie sich den Engländern ergeben und er kam dann in amerikanische Kriegsgefangenschaft. Als er aus der Gefangenschaft krank zurückkam, war er längere Zeit in einem Sanatorium. Er ist früh gestorben.

Im Oktober 1946 erhielten wir einen offiziellen Bescheid über die Beschlagnahmung unseres Hauses. Am 12.10.1948 wurden unsere Möbel freigegeben und wir konnten einen Teil der Einrichtung einlagern. In dem Zimmer in der Ledergasse lebten wir bis August 1953. Dann bekamen wir eine Wohnung in dem Wohnblock der Baugenossenschaft in der Ben-Hagg-Straße. Am 1.7.1955 wurde unser Haus wieder freigegeben. Beziehen konnten wir es aber erst im Oktober 1955, da es renovierungsbedürftig war. Eine tragende Wand war herausgerissen und die Decke hing durch. Die Wände und die Böden waren von den Amerikanern zum Teil dreifach mit kitschiger Ölfarbe gestrichen. Wir haben unser Haus mühsam wieder hergerichtet.

Alle Häuser in der Frühlingstraße und Sonnenstraße mit einer Ausnahme wurden damals beschlagnahmt.

### Kommerzienrat Johann Winklhofer (Wandererwerke), Ehrenbürger der Stadt Landsberg a. Lech starb 1949 in der Notwohnug in seiner Garage

*Johann Winklhofer*

Johann Winklhofer besaß die Villa Massenbach in der Spöttinger Straße in Landsberg a. Lech. Im April 1945 beschlagnahmte die amerikanische Militärregierung das Haus von Joh. Winklhofer in der Spöttinger Straße, das dann von der UNRRA später IRO belegt wurde. Joh. Winklhofer verbrachte die vier letzten Jahre seines Lebens in einer Notwohnung in der Garage neben seinem Haus, wo er am 28.3.1949 starb. Alle Versuche der Stadt Landsberg um eine Teilfreigabe, damit der Ehrenbürger der Stadt wenigstens in seinem Haus in menschenwürdigen Zuständen leben könne, scheiterten. Joh. Winklhofer war ja auch in keiner Weise durch den Nationalsozialismus belastet. So verbrachte Joh. Winklhofer die letzten vier Jahre seines Lebens in der Garage. (siehe Nachruf in den Landsberger Nachrichten von Mittwoch, dem 30. März 1949.

Mittwoch, 23. Februar 1949

### Verdreckt und zerschlagen

Landsberg. Starke Erregung in der Bevölkerung riefen neuerdings unverständliche Racheakte der auswandernden DP's hervor, die nunmehr die seit vier Jahren beschlagnahmten Häuser in der Arnold-Köglerstraße räumen. Dabei bieten sich den hausverwiesenen Eigentümern und ehemaligen Mietern grauenhafte Bilder. Die Innenräume der Wohnungen sind fast durchwegs nicht mehr bezugsfähig da sie durch die jahrelange Verwahrlosung unwahrscheinlich verdreckt sind, so daß mehrere Häuser erst desinfiziert werden müssen, bevor sie überhaupt betreten rden können. Der Dreck in den Wohnun muß teilweise sogar mit Lastwagen abge ren werden. Die Möbel der ehemaligen Wohnungsinhaber liegen zerschlagen und verstreut am Boden. sofern sie nicht schon anderweitig verschleißt wurden oh.

# Das Lager Hamburg

Woher das Lager Hamburg seinen Namen hat, ist nicht bekannt. 1944 wurden im Erpftinger Wald Erdbunker in einer seltenen Bauweise aus zusammengesteckten Tonröhren gebaut. Sie waren gut getarnt, so daß sie einen hervorragenden Schutz gegen Luftangriffe boten und die Insassen nachts schlafen konnten. Ich nehme an, daß dort bei Kriegsende 1944 die jüdischen Häftlingsfrauen inhaftiert waren, die für das Rüstungsprojekt Ringeltaube in den Nähstuben arbeiteten.

Ab Mai 1945 wurde das Lager Hamburg von den Amerikanern als Internierungslager für deutsche Kriegsgefangene verwendet, die für die amerikanischen Besatzungstruppen die Fahrzeuge instandsetzten.

Von 1946 bis ca. 1960 wohnten im Lager Hamburg deutsche Familien. Es waren vor allem Heimatvertriebene und Menschen aus allen Gegenden des Deutschen Reiches. Auch mehrere Schulkameraden von mir wohnten im Lager Hamburg. Sie wohnten dort in einer Armut, wie man es sich heute nur noch schwer vorstellen kann.

**Herr Karl Sandner, Landsberg, geb. 1912, wohnte damals an der Schongauer Straße und gab mir am 22.3.1985 folgenden Bericht:**

„Ende 1944, wenn die Häftlinge des Lagers Erpfting vom Arbeitseinsatz zurück ins Lager marschierten, kamen öfters einige Jüdinnen mit Häftlingskleidung in die Häuser, läuteten an den Wohnungen und bettelten um Essen. Sie redeten nichts, aber wir wußten schon, was sie wollten. Unsere Frauen gaben ihnen Brot oder Kartoffeln, was man halt gerade so hatte. Die anderen Häftlinge marschierten inzwischen weiter die Erpftinger Straße hinaus und die Jüdinnen liefen dann ihrer Gruppe nach. Ich habe das auch selbst erlebt, da ich ja schon im Herbst 1944 vom Krieg nach Hause kam."

**Bericht von Alfred Wuthe, Landsberg, geb. 1921 vom 27.11.2011**

Ich stamme aus Berlin und hatte dort eine schöne Arbeitsstelle als Dreher. Im Februar 1940 wurde ich eingezogen zum Panzer Ausbildungs Regiment nach Niendorf bei Berlin. Teilweise machte ich den Polenfeldzug mit. Dann war ich im Rußlandfeldzug eingesetzt im Mittelabschnitt. Ich war bei der 5. Panzerdivision, 19. Armee. Zuerst bei einer Kampfeinheit, dann bei einem Instandsetzungszug. 1944 wurde ich an die Westfront versetzt, von Ostpreußen ins Elsaß. Dann nach Neustadt im Schwarzwald. Am 20.4.1945 wurde ich zum Obergefreiten befördert. Wir kamen dann nach Vorarlberg. Der Paßtunnel war bereits versperrt, so daß wir nicht weiterkonnten. Am 4.5.1945 mußten wir uns den Amerikanern ergeben.

Meine Auszeichnungen, Kriegsverdienstkreuz, Ostmedaille,. wurden mir von den Amerikanern sofort abgenommen. Unsere Instandsetzungskompanie wurde nach Landsberg am Lech gebracht und im sogenannten „Lager Hamburg" an der

Erpftinger Straße interniert. Wir mußten dort die amerikanischen Fahrzeuge instandsetzen. Im Lager Hamburg waren viele deutsche Soldaten interniert. Ich denke, es waren weit über hundert Mann. Wir waren in den dort stehenden Barracken untergebracht. Die Erdhütten standen nach meiner Erinnerung anfangs leer. Später war eine bewohnt. Im Lager befand sich ein abgedeckter Brunnen. Die Wasserleitung kam von Erpfting. Die Verpflegung war den Verhältnissen entsprechend. Die Bewachung war locker, an einem Wochenende konnten wir sogar im Wald Pilze sammeln.

Im Spätsommer oder Herbst 1945 wurde ich von den Amerikanern im Lager Stoffersberg aus der Internierung bzw. Wehrmacht entlassen. Das genaue Datum habe ich nicht mehr in Erinnerung. Den Entlassungsschein habe ich zur Beantragung der Rente eingereicht und habe ihn deshalb nicht mehr. Ich wurde von der Stadt Landsberg übernommen und bekam ein Zimmer im Kübelturm bei der Schule, später am Schloßberg. In der DAG habe ich für die Amerikaner zwischen 1945 und 1948 die Autos repariert.

Mein Vater ist zwei Tage vor Kriegsende mit 59 Jahren beim Volkssturm in Berlin gefallen. Mein Bruder fiel auf der Krim. In die russisch besetzte Zone konnte und wollte ich nicht zurück. So bin ich in Landsberg geblieben und habe hier geheiratet.

*Das Lager Hamburg*

*Aufnahme 1977 von H. Pflanz*

### Bericht von Heinz Reinhold, Landsberg, geb. 1920 vom 4.3.1983

Ich war bei einer Instandsetzungseinheit der Deutschen Wehrmacht und kam am 3.5.1945 bei St. Anton in Tirol in amerikanische Gefangenschaft. Wir kamen nach Wolfratshausen und im Juni 1945 nach Landsberg am Lech ins Lager Hamburg, dort waren wir in den Baracken links und rechts der Straße untergebracht. Im Lager Hamburg waren wir etwa 150 Mann. Wir setzten die Fahrzeuge der amerikanischen Truppen instand und montierten im Bunker der DAG Maschinen ab. Die richtige Bezeichnung für das Lager dürfte Internierungslager sein. Unterhalb des Stoffersberg, links von der Straße war das Entlassungslager. Ich wurde im August/September 1945 aus der Kriegsgefangenschaft entlassen. Da in meiner Heimat die Russen waren, bin ich hier geblieben.

### Aussage von Elfriede Wagner, Landsberg, geb. 1927, am 6.3.2013

Mein Vater arbeitete als Werkmeister in Landsberg und wir wohnten am Hindenburgring. Nach dem Einmarsch der Amerikaner mußten wir wiederholt unsere Wohnung räumen. Wir wohnten dann im Lager Hamburg, gleich in der ersten Baracke. Die Baracke wurde aufgeteilt für vier Familien. Wir hatten drei kleine Zimmer und einen kleinen Abstellraum. Weiter hinten gab es einen Brunnen, der jedoch ständig verstopft war. Das Wasser holten wir mit einem Handwägelchen in Kanistern bei Limonaden Bauer in der Erpftinger Straße. Es war nur eine Latrine vorhanden. Mein Vater baute eine Versitzgrube, so daß dann unsere Familie ein eigenes Klo hatte. Wir wohnten dort bis ca. 1947. Dann bekamen wir bei Zink in Landsberg eine Wohnung.

### Bericht von Karl Ehlatzky, Landsberg, geb. 1953, vom 29.12.2016

Meine Eltern wohnten seit 1946 oder 1947 im Lager Hamburg in Landsberg. Meine Mutter war aus Oberschlesien, mein Vater aus Siebenbürgen. 1953 kam ich im Lager Hamburg zur Welt. In der Baracke hatten wir vier kleine Zimmer. Das Wasser mußten wir mit dem Leiterwagen von einem Brunnen an der Erpftinger Straße holen. Später hatten wir im Lager einen Brunnen mit Pumpe, der näher war. Als Klo hatten wir im Freien eine Sitzgrube hinter der Baracke. Unsere Baracke stand, wenn man von der Erpftinger Straße kommt, auf der rechten Seite. Von den Erdbunkern war zu meiner Zeit nur noch der hintere bewohnt. Das Zusammenleben vieler Menschen aus verschiedenen Gegenden auf engstem Raum war schwierig und es gab viele Streitereien. 1960 sind wir nach Erpfting gezogen.

*Das Lager Hamburg ca. 1948*

*Foto: Privatarchiv*

Auch die Baracken an der Iglinger Straße, im Volksmund Klein Chicago genannt, waren in der Nachkriegszeit überwiegend von Heimatvertriebenen bewohnt.

*Die Baracken an der Iglinger Straße*

*Fotos: Privat*

# Der Fährbetrieb

Die gesprengte Sandauer Brücke wurde 1945 notdürftig instandgesetzt. Bedingt durch die Schneeschmelze in den Bergen hatte der Lech im Juli 1946 Hochwasser und riß die Holzkonstruktion der Sandauer Brücke teilweise mit sich. Ein stabiler Neubau der Brücke brauchte Zeit. So beschloß die Stadtverwaltung einen Fußgängersteg beim alten Krankenhaus zu bauen.

Während der Bauzeit wurde unterhalb der Sandauer Brücke ein Fährbetrieb eingerichtet. Das Flußbauamt Weilheim stellte gegen Gebühr ein Fährschiff zur Verfügung. Der Einstieg war rechts vom E-Werk. Für die Bürger kostete eine Überfahrt 10 Pfennig. Von den amerikanischen Besatzungssoldaten durfte keine Gebühr erhoben werden. Fährbetrieb war von 6.00 Uhr bis 22.00 Uhr. 25 Personen hatten auf der Fähre Platz.

*Die vollbesetzte Lechfähre*                Foto: Franz Dengler/Archiv Pflanz

Von der Stadtverwaltung wurden vier Fährmänner eingestellt. Erinnern aber kann ich mich nur noch an den Pschorr Peps. Mit seinem urwüchsigen Humor war er ein Landsberger Original. Bei meiner ersten Überfahrt hatte ich furchtbare Angst und wollte mich verstecken. Meinen Vater hat das aber wenig beeindruckt. Auch meiner Großtante Pepi war das nicht ganz geheuer. Da kam kurzerhand der Pschorr Peps die Holztreppe herauf, hat die Tante Pepi auf den Armen heruntergetragen und ins Boot gesetzt. Da kam schon Stimmung auf.

Die Fährmänner hatten eine verantwortungsvolle Aufgabe und übten diese auch gewissenhaft aus. Es ist mir nicht bekannt, daß etwas passiert wäre.

Anfang November 1946 war der Lechsteg nach nur dreimonatiger Bauzeit fertiggestellt. Diese Zeit würde heute nicht einmal annähernd für eine Planung ausreichen. Nach Freigabe des Lechsteges wurde der Fährbetrieb wieder eingestellt.

*Der neuerbaute Steg*                                    *Foto: Franz Dengler/Archiv Pflanz*

**Mitteilungsblatt einer Seifenfabrik an die Händler v. Februar 1946:**

## *An unsere sehr geehrte Kundschaft!*

Betr.: **Rückgabe der leeren Kartons für Seifenpulver und „Fego"**

Die Verhältnisse zwingen uns, unsere werte Kundschaft mit **verstärktem Nachdruck** um restlose Rückgabe der entleerten Seifenpulver- und Fegokartons zu bitten.

Es ist beinahe ausgeschlossen, in den nächsten Monaten Wellpappekartons zu beschaffen, weshalb wir Sie bitten, **die Kartons zu entleeren, zusammenzuklappen, zu bündeln und verschnürt sofort per Post oder Bahn an uns zurückzuschicken**.

**Weitere Lieferungen** in Waschpulver und Fego **sind uns nur bei entsprechender Rückgabe** von Kartonagen möglich.

Wir bitten um Ihr Verständnis der heutigen Situation und Ihre Unterstützung, wofür wir Ihnen im Voraus bestens danken.

*Allgäuer Seifenfabrik*
*G. m. b. H., Kempten*

Februar 1946 (20000). Jos. Kösel, Graph. Anstalt, Kempten

## Es gab viele Alltagsprobleme

An einen generellen Haß zwischen Deutschen und Juden in der unmittelbaren Nachkriegszeit, wie das heute oft propagiert wird, kann ich mich nicht erinnern. Natürlich hat man sich über den einen oder anderen geärgert, zu manchen Juden hatte man aber auch ein gutes Verhältnis. Es war eben ganz normal. Es sind mir zwei Juden aus dem KZ bekannt, die ein ehemaliges BDM-Mädchen geheiratet haben. Man durfte auch an den Juden Kritik üben, und wenn man einen Judenwitz erzählte, wurde man nicht bestraft. Von einigen Ausschreitungen abgesehen, waren es meistens Alltagsprobleme. Wenn so viele Menschen auf engstem Raum zusammenleben müssen, sind die Probleme schon vorprogrammiert.

Herr N. war ein gebildeter Jude und kam nach dem Krieg öfters zu meinen Eltern auf Besuch. Auch zu uns Kindern war er sehr nett, obwohl er nach Aussage meiner Mutter von seinem Sohn keine Nachricht hatte.
Ich glaube, man hat damals die Menschen doch mehr nach ihrer Persönlichkeit und weniger nach ihrer Nationalität beurteilt. Man hat ja mit den eigenen Landsleuten auch nicht immer gute Erfahrungen gemacht.

Durch verschiedene Vorkommnisse sowie der Zustand der beschlagnahmten Wohnungen, aber auch durch die Rechtlosigkeit der deutschen Bevölkerung wurde die Meinung im Laufe der Jahre kritischer.

## Judenpogrome in Polen

Es ist wenig bekannt, daß es nach dem 2. Weltkrieg in Polen große Judenverfolgungen gab. Nach dem Krieg lebten in Polen noch ca. 300.000 Juden.

Zwischen 1946 und 1949 gab es dort große antijüdische Ausschreitungen z.B. in Kielce. Diese sollen noch etwa 1500 Juden das Leben gekostet haben. Das war der Grund, warum nach dem 2. Weltkrieg etwa 200.000 Juden aus Polen geflüchtet sind und viele davon suchten auch in Deutschland Schutz, vor allem in der amerikanischen Zone. Um ungerechtfertigterweise von Deutschland Wiedergutmachung beantragen zu können, versuchten nicht wenige Personen falsche Aufenthaltsbescheinigungen zu erhalten. Dies führte 1951 zur sogenannten Auerbach-Affäre. Philipp Auerbach war Präsident des Landesentschädigungsamtes in München. Er ist damals wegen großangelegtem Wiedergutmachungsschwindel aufgeflogen. Auerbach wurde zu zweieinhalb Jahren Gefängnis verurteilt und soll sich nach offiziellen Angaben das Leben genommen haben.

# Landsberger Zeitungsbericht vom 9.5.1951

## Nur so ein Scheinchen „zur Auswanderung"

### Acht Monate Gefängnis für zurückdatierte Einwohnermeldungen

Augsburg. Er ist nicht der einzige, der daran glauben mußte. Und doch kann man bei ihm behaupten, daß er alles aus Sorglosigkeit, aus Dummheit, und wenn man will, auch aus purer Gefälligkeit gemacht hat. Karl war Gemeindeschreiber in Stoffen bei Landsberg. Als Flüchtling hatte er 1948 eine Stellung gefunden, die ihm zwar nicht allzuviel einbrachte, ihn aber doch „über Wasser" hielt. Da kamen sie eines Tages an, die DP's aus Landsberg und sagten: „Weißde was, Karl, na gib uns doch so a Bestätigung, daß wir gewesen sind schon in Stoffen im Johr 1945. Weisde, wir kennen dann schneller nach Amerika auswandern und de Ueberfahrt wird uns auch noch, ohne Kösten, genehmigt." Und Karl stellte aus: Für den Fisclinski Berek, für den Aaron Monschik, für den Samuel Goldstein... für alle eben, die da ankamen und so ein Scheinchen „zur Auswanderung" haben wollten.

Karl fiel vor der Großen Strafkammer des Augsburger Landgerichts aus allen Wolken: „Mit der Ausstellung dieser Aufenthaltsbescheinigungen haben Sie den Staat um 15 636 DM geschädigt! Wissen Sie das?" Karl heulte: „Ich bin nur das Opfer dieser gewissenlosen Kreaturen durch meine Gutmütigkeit geworden!" „Was haben Sie denn dafür bekommen", wollte der Richter noch wissen; „Ach wissen Sie, vielleicht 30 bis 40 Mark in allem. Manchmal ein paar Zigaretten, sehr oft auch nichts." Es stellte sich heraus, daß im Landesentschädigungsamt, im „Auerbachkeller" in München, 29 gefälschte DP-Anträge auf Wiedergutmachung durch Karls Hilfe ausbezahlt wurden. Wieviele Fälschungen aus der Gemeinde Stoffen noch kommen, kann nicht genau festgestellt werden; nur die 29 hat man bis jetzt herausfischen können aus dem Drunter- und Drüberwust.

Die Sache wurde für Karl bitter. Man stellte fest, daß er Eintragungen ins Einwohnerregister gemacht und sie so zurückdatiert hatte, daß die Zuzüge vor seine Amtstätigkeit zu liegen kamen. Er ließ das alte Register vernichten und schrieb ein neues. Aber 1945 waren noch keine DP's in Stoffen aufgetaucht: „Nur 1946 kam ein jüngeres Ehepaar", sagte der Bürgermeister als Zeuge. „Denen hab' ich schnell eine Wohnung freimachen müssen, gab ihnen Möbel und Wäsche, die ich aus dem ganzen Dorf zusammenpumpte — und dann waren die beiden nach wenigen Tagen damit über alle Berge." — Karl bekam wegen fortgesetzter Falschbeurkundung acht Monate Gefängnis. Weil er aber alles so ehrlich hersagte, wie es gewesen war, rechnete man ihm vier Monate Untersuchungshaft an. Siola

# Der Weiße Sonntag 1946 in Landsberg a. L.

Am Sonntag, 28.4.1946 ging ich mit meinen Eltern am Landsberger Hauptplatz, als uns eine aufgeregte Frau entgegenkam und sagte, wir sollten sofort nach Hause gehen, in der Katharinenstraße stechen die Juden die Leute nieder. Als wir zu Hause waren, ging mein Vater zum Schloßberg, um sich selbst ein Bild zu machen. Er sah, wie die Juden aus der Kaserne hinten über den Zaun stiegen und scharenweise am Englischen Garten Richtung Innenstadt liefen.

## Was geschah damals

Im DP-Lager Landsberg wurde das Gerücht verbreitet, in Dießen seien zwei Juden verschwunden (entführt und ermordet), was sich aber später als Falschmeldung herausstellte. Es ist sicher kein Zufall, daß der 28. April 1946 genau der Jahrestag war, an dem die Amerikaner in Landsberg einrückten.

Die Juden forderten 1945 nochmals einen Plünderungstag, was aber von der amerikanischen Besatzungsmacht abgelehnt wurde. Ich könnte mir vorstellen, daß das Gerücht bewußt verbreitet wurde, denn wie sonst soll man die Massen mobilisieren.

Der weiße Sonntag ist in katholischen Gegenden der Tag, an dem die Kinder zur ersten heiligen Kommunion gehen. Es soll der schönste Tag im Leben eines Kindes sein und wurde damals groß gefeiert. Auch die ganze Nachbarschaft brachte Glückwünsche und Geschenke. Daß es ausgerechnet der weiße Sonntag war, an dem die DPs diesen Aufstand inszenierten, hat die Bevölkerung besonders übel genommen.

Laut Polizeibericht und nach Aussage von Zeugen gingen tausende von DPs aus der Kaserne auf die Straße und überfielen wahllos die Leute.

Der Busunternehmer Adolf Gampel aus Landsberg fuhr die auswärtigen Kommunionkinder zur Kommunionfeier in die Katharinenkirche. Als er sie mit seinem neuen, mit weißen Blumen geschmückten Bus wieder abholen wollte, wurde er am Kasernenberg von den Juden aufgehalten und die Scheiben des Busses mit Steinen zertrümmert. Dann wurde er aus dem Bus gezogen und niedergeschlagen. Blutüberströmt mit fünf Stichen fuhren ihn die Amerikaner mit einem Jeep ins Landsberger Krankenhaus. Der Bus wurde von den Juden angezündet und brannte total aus. Gampel, der bei dem Überfall Todesangst litt, hat sich nach Aussage seiner Töchter von diesem Ereignis nie ganz erholt. Sein einziger Bus war zerstört und die Existenz vernichtet.

Die Kommunionkinder wurden momentan in der Katharinenkirche festgehalten. Diejenigen, die versuchten, zu Fuß in ihre Wohnungen in die Weststadt zu gelangen, wurden mit Steinen angegriffen und teilweise verletzt.

**Bericht von Herrn Johann Stenzer, Landsberg**

Aufgeschrieben am 7.10.1983

Unsere Tochter kam am Weißen Sonntag 1946 zur Kommunion. Auf dem Heimweg von der Katharinenkirche, vormittags etwa gegen halb elf Uhr, sahen wir am Kasernenberg zwischen Kratzerkeller und sogenanntem Fuchsbau (ist Wohnblock) ein völlig demoliertes Milchauto. Die Milch befand sich auf der Straße. An der Kegelbahn (heute „Tenne") standen Juden und warfen mit Steinen auf uns gegenüber der Straße. Der ca. 20jährige Niebauer aus der Schmalholzstraße bekam einen Stich in die Lunge. Wir wurden nicht verletzt, weil wir über Umwege nach Hause gingen, aber die Kommunionfeier war verpatzt.

Nachmittags kamen amerikanische Panzer von Augsburg und stellten die Ruhe wieder her.

*Karlheinz Strasser*

Foto: privat

**Bericht von Karlheinz Strasser, Landsberg, geb. 1930**

Am Sonntag, dem 28.4.1946 nach Beendigung des Schülergottesdienstes in der Malteserkirche gegen 9.30 Uhr begleitete ich mit zwei Mitschülern den Schulkameraden Josef Engl nach Hause. Dieser wohnte in der Katharinenstraße beim Buchloer Dreieck.

Als wir uns ungefähr in halber Höhe des Kasernenberges befanden, begegnete uns eine große Anzahl von Juden. Sie riefen uns Schimpfnamen zu und stürzten sich auf uns. Wir wollten das Weite suchen, aber sie holten uns ein, warfen uns zu Boden und verprügelten uns. Sie bildeten einen Kreis um uns und stießen mit den Fäusten und den Stiefeln auf uns ein. Ich erlitt durch einen harten Gegenstand eine große Platzwunde am Kopf. Die Narbe ist heute noch zu sehen. Außerdem trug ich Hautabschürfungen an Armen und Beinen davon. Mein Schulkamerad Engl erhielt einen Stich mit dem Messer in die Nierengegend.

## Polizeiprotokolle vom 28. April 1946

Die Landsberger Stadtpolizei fertigte für die amerikanische Militärregierung von den Überfallenen und Verletzten, soweit sie bekannt wurden, Protokolle an, um eine Übersicht über die Vorkommnisse zu erhalten. Diese Protokolle sind glücklicherweise erhalten geblieben und geben ein realistisches Bild über die Ereignisse des 28.4.1946 wieder.

An den
Sicherheitsoffizier
der Militärregierung

Anzeige Nr. 1039
Betreff: Aufstand der Juden in der Kaserne Landsberg

Am 28. April 1946 gegen 9.30 Uhr brach unter den Juden in der Kaserne Landsberg ein Aufstand aus. Die Juden zogen in Gruppen zu hundert, fünfzig, fünfzig und zehn Mann auf die Straße, überfielen zahlreiche Passanten, beraubten diese zum Teil und schlugen sie mit Stecken und stachen mit Messern zu. Es wurde sofort die MP verständigt, sowie Captain Mott, der in Diessen erreicht werden konnte. Auch wurde versucht, Ltn. Engel zu verständigen. Dieser konnte aber nicht erreicht werden. Von verletzten Juden wurde nichts bekannt.

## Protokoll

B. Lieselotte, verheiratet, Gutsbesitzerehefrau, geb. 1903, wohnt Landsberg/Lech, Zehnerhof, sowie deren Ehemann
B. Helmut, Gutsbesitzer, geb. 1903, wohnt Landsberg/Lech, Zehnerhof
Herr B. ist nicht vernehmungsfähig. Seine Ehefrau Lieselotte macht folgende Angaben:
Ich wollte mit meinem Mann gegen 12.30 Uhr per Rad zum Wählen nach Landsberg fahren. Kurz vor dem Sägewerk Kink wurden wir von Juden angefallen und nach unseren Ausweisen gefragt. Anschließend schleppten die Juden uns in die Kaserne. Dort stürzten sich Hunderte von Juden auf uns, schlugen uns ins Gesicht, zerrissen unsere Kleider und stachen uns mit Messern. Ich wurde dreimal in die Rippen gestochen und erlitt Prellungen, blutunterlaufene Stellen und Hautabschürfungen am ganzen Körper. Mein Mann wurde siebenmal gestochen, drei Stiche in den Rücken, drei in den Kopf und einen Stich in die Wade.
In der Kaserne wurden wir vor das UNRRA-Gebäude geschleppt. Mir gelang es in das UNRRA-Gebäude zu kommen. Die im UNRRA-Gebäude anwesenden Personen flehte ich um Hilfe an für meinen Mann, bekam aber zur Antwort erneute Schläge. Später traf ich meinen Mann blutüberströmt in einem Zimmer an.

184

Kurze Zeit später kam ein jüdischer Arzt und verband meinen Mann notdürftig. Hierauf wurden wir von einem Rot-Kreuz-Auto in das Städt. Krankenhaus verbracht. Unsere beiden Fahrräder wurden uns geraubt.

Landsberg, den 28.4.1946, Lieselotte B.

## Protokoll

H. Ludwig, lediger Metzger, geb. 1919, wohnhaft in München, gab an:

Gegen 11 Uhr wurde ich in der Schongauer Straße von einem Rudel Juden überfallen, mit Steinen beworfen und mit Steinen geschlagen, sowie mit einem Bajonett in den Rücken gestochen, ferner meines Fahrrades und Koffers beraubt. Durch diese Mißhandlung erlitt ich am ganzen Körper Hautabschürfungen, blutunterlaufene Stellen und einen Schädelbruch. H. Konnte nur schlecht vernommen werden, da er noch in leicht bewußtlosem Zustande war.

## Protokoll

A. Werner, lediger Elektromonteur, geb. 1920, wohnt in Denklingen bei Landsberg.

Ich ging gegen 12 Uhr mit meinem Kameraden G. Max, der ebenfalls auf der Stufe 15 in Denklingen wohnt, in Richtung Landsberg und wurde in der Nähe der Kaserne von sechs Juden überfallen. Die Juden schlugen uns mit Knüppeln, so daß ich an sämtlichen Körperstellen, insbesondere am Kopf Prellungen, Hautabschürfungen und blutunterlaufene Stellen davontrug. Meinem Kameraden G. wurden die Zähne eingeschlagen. Dieser konnte jedoch nach Hause gehen.

Landsberg, den 28. April 1946, Werner A.

## Protokoll

H. Lucia, geb. 1895 in Chrisau/Westpreußen, Ingenieursehefrau, wohnhaft in Landsberg, am Zehnerweg, Siemensbaracken, gab folgendes an:

Etwa gegen 12 Uhr am 28.4.1946 kam Herr T. in unsere Wohnbaracke gelaufen und teilte uns mit, daß er auf dem Wege nach Landsberg von Juden überfallen und geschlagen worden sei. Mittlerweile kam auch schon ein ganzes Rudel von Juden auf unsere Baracke zu; wie viele es waren, kann ich nicht mehr angeben, da immer noch weitere Scharen hinten nachfluteten – und nahmen eine drohende Haltung ein. Ich holte sofort meinen Ehemann Kurt H. aus der Bürobaracke herüber. Wir blieben vor der Wohnbaracke stehen und mein Mann versuchte auf die Leute gut einzureden und sie zu besänftigen. Die Juden schimpften und sagten, daß heute Nacht sechs Juden getötet worden seien und das müsse gerächt werden. Sie ließen sich jedoch nicht beschwichtigen und ein jüdischer Polizist, welchen ich an seiner Uniform als solchen zu erkennen glaubte, packte meinen Mann an den beiden Armen, während die herumstehenden Personen auf ihn einschlugen. Sodann gesellte sich ein großer, stattlicherJude mit einem weißblaugestreiften Hemd ohne Joppe hinzu und stach mit einer Art von Dolch, den er in der Hand hielt, auf meinen Mann ein. Bei dieser meiner Wahrnehmung forderte ich meinen Mann auf, sich in die Baracke zu bewegen, um dort Schutz zu suchen, welcher Aufforderung mein Mann auch nachkam. Ich ging meinem Manne sofort nach. Bei dieser Gelegenheit wurde ich von dem Angreifer mit dem weißblauen Hemd verfolgt und er versetzte mir mit seinem Dolch einen Stich in die rechte Schulter. Die anderen herumstehenden Juden warfen uns dabei Ziegelsteine nach. Als ich in die Baracke hineinkam, konnte ich die Beobachtung machen, daß mein Mann infolge des Blutverlustes zusammengebrochen war. Hierauf wurde die ganze Baracke von der umstehenden Menschenmenge demoliert. Inzwischen kam dann die Militärpolizei an und fuhr meinen Mann und mich sowie einen gewissen Herrn K., der ebenfalls verletzt worden ist, mit einem Auto zum Gebäude der ehemaligen Kreisleitung. Von dort aus wurden wir in das Krankenhaus Landsberg eingeliefert.

Nach Diktat genehmigt. Aufgenommen: Lang

## Protokoll

O. Josefa, verh. Straßenbahnschaffnersehefrau, geb. 1908 im Landkreis Mindelheim, wohnt in München-13, gibt folgendes an:

Ich kam mit dem Zug aus Richtung Schongau in Landsberg gegen 12.30 Uhr an. Vom Bahnhof aus begab ich mich zur Katharinenstraße und wollte meine in der Schongauer Straße wohnhafte Schwester besuchen. In der Mitte des Kasernenberges wurde ich von der Militärpolizei in eine Seitenstraße verwiesen und glaubte nun auf diesem Wege zur Schongauer Straße zu kommen. Als ich dann in eine zweite Seitenstraße einbog, wurde ich von einem Juden angehalten, der von mir den Ausweis forderte. Ich zeigte ihm ohne weiteres meine Ausweispapiere, die er vor mir zerriß und zu Boden warf. Während er die Papiere vernichtete, versetzte er mir mit der Faust einen kräftigen Schlag ins Gesicht, wobei ich aus Mund und Nase stark blutete. Der Mann gab dann ein Zeichen, worauf sofort aus dem Hinterhalt ein ganzes Rudel, bestehend aus etwa acht bis zehn Mann und eine Frau auf mich losstürzten. Sie schlugen auf mich heftig ein, während sie mich weitertrieben, wodurch ich vor einer Holzhütte blutend zusammenbrach. Ich erhielt in Gesicht, Kopf, Gesäß, Rücken, linken Arm und an beiden Füßen heftige Fußtritte und Faustschläge. Die beteiligte Frau schnitt mir mit einer Schere einen Teil meiner Kopfhaare ab, wobei mir einige Angreifer mit Erschlagen und Erstechen drohten. Einer von ihnen hob einen Prügel auf und ging in drohender Haltung auf mich zu. Der Vorgang bzw. die Mißhandlungen dauerten ungefähr eine Viertelstunde. Ferner entwendeten sie mir einen Ehering, einen Perlenring und eine goldene Halskette im Gesamtwert von RM 700. Als sie den Schmuck hatten, zogen sie mich auf eine Wiese und ließen mich stehen. Ich konnte noch allein über die Wiese gehen, kam dann auf die Hauptstraße bzw. Hindenburgring, wobei mich vier junge Burschen im Alter von 14 bis 16 Jahren zur Militärpolizei brachten. Die Militärpolizei nahm sich meiner sofort an und lieferte mich ins Krankenhaus Landsberg

ein. Die Verletzungen bestehen hauptsächlich aus Blutergüssen, Hautabschürfungen und Prellungen. Durch diese Mißhandlungen werde ich voraussichtlich
drei bis vier Wochen arbeitsunfähig sein.

Nach Diktat genehmigt. Aufgenommen: Leitenstorfer. PolOb.Komm.

## Protokoll

L. Mario, ledig, Handelsschüler, geb. 1926 in Wuppertal, wohnt in Landsberg/
Lech, Zehnerhof

macht zur Sache folgende Angaben:

Am 28.4.1946 gegen 11.30 Uhr gingen meine Eltern per Fahrrad in die Stadt
vom Zehnerhof aus zum Wählen. Nachdem beide etwa 10 Minuten weg waren,
machte mich der Sohn unseres Schweizers darauf aufmerksam, daß unterhalb
von der Kaserne eine große Menge Juden schreiend umherlief. Ich sah, daß die
Juden das Eisenlager, das durch Herrn Killer verwaltet wird, angegriffen hatten,
die Fensterscheiben eingeschlagen hatten und sich eine große Anzahl Juden in
der Baracke aufhielt. Die Nebenbaracke, in der die Werkstatt von Siemens sich
befindet, war schon aufgebrochen und die Wohnbaracke des Werkstattleiters
ebenfalls erbrochen. Etwa 100 Juden zogen schreiend zu einer neben dieser Baracke liegenden größeren Baracke, in der die Arbeiter des Werks untergebracht
sind. Ich ging sofort herunter und ordnete die Verbarrikadierung des Hofes an
und als dies geschehen war, telefonierte ich sofort die Polizei an. Anschließend
ging ich wieder in die 2. Etage und beobachtete weiter. In diesem Augenblick
kam die MP an und ich sah, wie die Juden mit erhobenen Händen zur Kaserne
zurück flüchteten. Einige Juden versteckten sich in den Baracken, konnten aber
durch die MP-Streifen entdeckt werden. Nach kurzer Zeit trat dann anschließend
Ruhe ein. Mir wurde von der Polizei bekanntgegeben, daß ich am 6.5.46 um 9
Uhr vor dem Militärgericht im Alten Rathaus, 2.Stock, zu erscheinen habe.

Landsberg/L. den 3.5.46 v.g.u.u. Mario L.

Aufgenommen: Kom.d.Stadt.Pol.

Landsberg, den 4.5.46, J.V., Chef der Polizei

## Protokoll

B. Heinrich, verh. Bauingenieur, geb. 1904, wohnt in München – macht zur Sache folgende Angaben:

Ich kam gegen 9.15 Uhr am 28.4.1946 mit dem Zug von München in Landsberg an. Nun begab ich mich durch die Katharinenstraße und wollte in das Bau-
geschäft Lutz. Auf dem Wege kamen mir drei schwerverletzte Personen entgegen.
Ich setzte meinen Weg weiter fort und sah auch eine große Menge Juden auf der
Straße. Plötzlich trat einer auf mich zu und fragte mich, ob ich Deutscher oder
Jude sei. Nachdem ich geantwortet habe, ich sei Deutscher, wurde ich von mehreren überfallen und geschlagen. Womit die Juden zugeschlagen haben, weiß ich
nicht, da ich sofort schwindlig wurde. Nun lief ich den Berg herunter und kam

vor die Landpolizei, wo ich hineinflüchtete. Von einem Jeep wurde ich in das Krankenhaus gebracht und dort stellte sich heraus, daß ich drei Messerstiche im Rücken habe, sowie am rechten Auge eine blaue, dickgeschwollene, blutunterlaufene Stelle, ferner Verletzungen im Gesicht, an den Knien und an den Händen. Ich bin bettlägerig und arbeitsunfähig.

Landsberg/Lech, den 29.4.46, v.g.u.u. B. Heinrich

## Protokoll

Es erscheint der led. Maurer Georg K., geb. 1905 in Altenstadt, wohnhaft in Schwabbruck und erstattet folgende Meldung:

Ich wollte heute vormittag von Schwabbruck mit dem Fahrrad nach Dettenschwang fahren. Als ich etwa um 9.15 Uhr den Kasernenberg in Landsberg herunterfuhr, wurde ich von etwa 10 bis 15 Juden überfallen und vom Rade heruntergerissen. Sie warfen mich auf den Boden hin und stießen mit den beschuhten Füßen und Fäusten auf mich ein. Ich habe ein Loch im Hinterkopf, das linke Auge ist verletzt und habe Prellungen an der linken Schulter. Den linken Arm kann ich nicht mehr hochheben. Ferner habe ich am rechten Knie Hautabschürfungen. Das Rad wurde mir gewaltsam weggenommen, auch mein Hut und mein Mantel. Bei dem Rad handelt es sich um ein Damenrad Marke „Sieler", Fabr. Nr. 41013.

V.g.u.u.: gez. K. Georg

Aufgenommen: Lang, Obw.d.St.P.

Der unterzeichnete Polizeibeamte begab sich auf Anordnung der Mil.Reg. am 28.4.46 abends in das Städt. Krankenhaus, um die im Laufe des Tages dort eingelieferten verletzten Personen über den Hergang der Sache zu vernehmen.

## Protokoll

An den Sicherheitsoffizier der Militärregierung
Ann. Nr. 1105/1039

Betreff: Aufstand der Juden in der Kaserne – Nachanzeige zur Anzeige vom 28.4.1946

Im Auftrag der Militärregierung wurden noch folgende Personen zur Sache einvernommen:

T. Josef, verh. Zimmermann, geb. 1907, wohnt in Landsberg/Lech, Zehnerweg, Baracke Hoch-Tief – macht folgende Angaben:

Ich wohne hinter der Kaserne in einer der dort befindlichen Baracken der Fa. Hoch-Tief. Am 28.4.46 gegen 12 Uhr kamen von der Kaserne über die Wiese ca. 40 bis 50 Juden. Diese überfielen gleich die erste Baracke, in der sich ein alter Mann namens K. befand. (K. wurde bereits einvernommen). Dem K. versetzten

188

die Juden zwei Stiche in den linken Oberarm und überfielen dann die Baracke des Ingenieurs H. (H. wurde bereits einvernommen). Ich befand mich in meinem Garten und beobachtete denVorgang. Nun ging ich in meine Wohnung zu meiner Frau und zu meinem Kinde. Kaum war ich in meinem Zimmer, als der alte K. mich rief. Ich ging zu ihm hin und sah, daß er stark blutete am linken Oberarm. Nun legte ich ihm einen Notverband an. Meine Frau und mein Kind gingen auch mit mir und während dieser Zeit überfielen die Juden meine Baracke und schlugen die Fenster ein. Anschließend kamen sie in die Baracke des K. und schleppten uns, meine Frau und mein Kind, den K. und mich in Richtung Kaserne. Als wir nun auf der Wiese waren, kam die MP und befreite uns. Nicht nur meine Baracke wurde beschädigt, sondern fast sämtliche Baracken wurden durch die Juden beschädigt, in der Hauptsache die Fenster eingeschlagen und auch in verschiedene Baracken die Einrichtungsgegenstände beschädigt, wie ich nachträglich durch die Geschädigten selbst hörte. Meine Frau, mein Kind und ich selbst wurden nicht verletzt. Mir wurde von der Polizei bekanntgegeben, daß ich am Montag, den 6.5.46 vormittags 9 Uhr im Alten Rathaus, 2. Stock, zu erscheinen habe.

*Der von den DPs am 28.4.1946 zerstörte und ausgebrannte Bus, der die Kommunionkinder zur Kirche brachte.*

Foto: NAW

Landsberg/L., den 3.5.46 v.g.u.u. T. Josef

Von der Polizei Buchloe wurde folgendes fernmündlich mitgeteilt:
Folgende Personen wurden von Juden mißhandelt:
R. Vitus, geb. 1901 im Landkreis Kaufbeuren, verh. Kraftfahrer, wohnt Biessenhofen.

R. fuhr einen Milchwagen, an dem sämtliche Scheiben eingeschlagen wurden. Die auf dem Wagen befindlichen 200 Liter Milch wurden vernichtet.

S. Alois, geb. 1906 im Landkreis Kaufbeuren, verh. Schlosser, wohnt Biessenhofen. Verletzung: Glassplitter im Kopf, am rechten Arm eine Sehnenprellung.

## Die Stadtpolizei Landsberg sandte 1953 einen Kurzbericht über die Ereignisse vom 28.4.1946 an die Regierung in München

I.

Das DP-Lager Landsberg am Lech wies am 28.4.1946 eine Belegstärke von ca. 8-10.000 Ausländern auf.

Die am 28.4.46 vorgefallenen Unruhen wurden von ca. 2-3.000 DPs hervorgerufen. Die Stadtpolizei stand den rebellierenden Lagerinsassen aufgrund des Stärkeverhältnisses machtlos gegenüber und mußte, um die öffentliche Ordnung und Sicherheit im Stadtgebiet Landsberg alsbald wiederherzustellen, die seinerzeit in Augsburg stationierte „Constabulary" anfordern, die die DPs mit Panzern in das Lager zurückdrängte. Von seiten der DPs wurden Gewalttätigkeiten verübt und die Stadtpolizei mit Steinen beworfen. Aus den Kreisen der Lagerinsassen fielen auch Schüsse auf die Polizei und Constabulary.

*Amerikanische Polizeikräfte aus Augsburg vor dem DP-Lager in der Saarburg-Kaserne, Landsberg a.L., am 28.4.1946*

*Foto: StAL*

190

An den Sicherheitsoffizier der Militärregierung
Anz. Nr. 1908
Betreff:
K. Rubin, ledig,Gamaschenmacher, geb. 1926 in Skaua, jüd. Rel., Pole, wohnt in
Landsberg/Lech, Kaserne
Wegen: Verdacht des Fahrradraubes

Am 28.8.46 erscheint der ledige Metzger H. Ludwig, geb. 1919 in Plattling, kath.,
wohnt in München – gibt folgendes zu Protokoll:
Ich wurde am 28.4.46 anläßlich der Ausschreitung von Juden in Landsberg
überfallen. Dabei erlitt ich einen Messerstich im Rücken, der die Lunge verletzte,
sechs Platzwunden am Schädel, hauptsächlich am Hinterkopf. Anläßlich dieses
Überfalles und der Verletzungen war ich bis zum 7.5.46 in Landsberg in stationä-
rer Behandlung. Ich kam an diesem Tage von München und fuhr mit meinem
Fahrrad nichts ahnend durch die Katharinenstraße. Am Kasernenberg wurde ich
dann von mehreren MP-Leuten aufgehalten. Ich kehrte deshalb um und wollte
durch den Englischen Garten auf die Schongauer Straße gelangen. Außerhalb des
Englischen Gartens auf der Wiese wurde ich von mehreren Juden überfallen.
Dabei raubte man mir meinen Koffer und mein Fahrrad. Das Fahrrad sah ich am
20.8.46 am Bahnhof in Landsberg stehen. Dabei stand ein Jude. Ich verständigte
sofort die Polizei, die den Juden festnahm und das Fahrrad sicherstellte. Ich er-
kenne das Fahrrad einwandfrei als mein Eigentum wieder.
Landsberg/L., den 20.8.46 v.g.u.u.
K., vorgeführt, macht zur Sache folgende Angaben:
Das Fahrrad, das mir heute von der Polizei abgenommen wurde, gehört meinem Kameraden Kohn G., wohnt in Landsberg, Kaserne. Von Kohn habe ich heute Mittag das Fahrrad entlehnt. Ich habe dazu auch die Fahrradkarte, die am 29.
März 46 auf das Fahrrad ausgestellt wurde. Mehr kann ich zur Sache nicht ange-
ben.
Landsberg/L., den 20.8.46 v.g.u.u.

## Verurteilung wegen Widerstand gegen die MP
Die in Augsburg stationierten Constabulary (militärisch organisierte Polizei der
Amerikaner) kamen mit Panzern und drängten die DPs wieder in die Kaserne. 20
jüdische DPs, die Widerstand leisteten, wurden verhaftet. Gegen 2.00 Uhr nachmittags hatte die amerikanische Militärpolizei die Lage wieder im Griff. Die DPs
forderten auf Spruchbändern die Freilassung der Verhafteten. Die Inhaftierten
wurden der Störung der öffentlichen Ordnung, der Widersetzung bei ihrer Verhaftung und des tätlichen Angriffs auf Mitglieder der alliierten Streitkräfte beschuldigt.
Ende Mai 1946 fand vor einem amerikanischen Militärgericht in Kaufbeuren
eine Verhandlung statt. Karlheinz Strasser, der beim Prozeß anwesend war, sagte

mir folgendes:; „Ich konnte damals schon etwas Englisch und habe festgestellt, daß die jüdischen Dolmetscher nicht korrekt übersetzten. Wir hielten uns mit unseren Aussagen zurück, weil wir Angst hatten, erneut überfallen zu werden."

Einige DPs wurden zu Gefängnisstrafen verurteilt. Eine Anklage oder Verurteilung wegen Körperverletzung, versuchten Totschlags oder Raub, kann ich in den Unterlagen nicht feststellen. Es wäre sicher auch sehr schwierig gewesen, Eigentumsdelikte nachzuweisen.

## Ungesühnte Verbrechen amerikanischer Besatzungssoldaten

*Josefa Dellinger*
*Foto: Privat*

### Josefa Dellinger wurde am Küchentisch erschossen

Am 30.4.1945 kam in Grafrath ein angetrunkener amerikanischer Offizier in ein Haus und verlangte Schnaps, den er nicht erhielt. Daraufhin beschimpfte er die Bewohner, dann schoß er die in der Küche sitzende 70jährige Josefa Dellinger in den Bauch (Lebersteckschuß). Daraufhin verließ der Amerikaner das Haus. 15 Minuten später ist Frau Josefa Dellinger gestorben.

### Das tragische Schicksal von Fanny Welz aus Unterdießen

Frau Fanny Welz, geb. 1906 aus Unterdießen heiratete in ein Friseurgeschäft nach Günzburg. Beim Luftangriff 1945 auf Günzburg wurde das Haus total zerstört und ihr Ehemann Donatus Welz kam dabei ums Leben. Mit ihrem ca. achtjährigen Sohn und den wenigen Habseligkeiten auf einem Leiterwagen ging sie zu Fuß zu ihren Eltern nach Unterdießen.

Am 3.5.1945 kamen zwei weiße amerikanische Soldaten durch den Stall in das Haus. In der Küche befanden sich die Eltern Herr und Frau Ried, Frau Welz mit ihren zwei Schwestern und zwei Buben. Eine Schwester und die Buben konnten durch die Hintertüre bzw. das Fenster fliehen. Frau

*Fanny Welz*
*Foto: Privat*

Ried versteckte sich im Schupfen. Die jüngere Schwester wurde mit einem Gewehr bedroht und im Nebenzimmer vergewaltigt. Frau Welz ließ sich von dem auf sie gerichteten Gewehr des anderen Soldaten nicht beeindrucken. Da schoß er sie in den Kopf und vergewaltigte sie am Fußboden.

## Drei Männer mußten sterben, weil sie helfen wollten

*Karl Gingerich*        *Mathäus Ellenrieder*        *Johann Ellenrieder*

Am 13.5.1945 abends ca. 10.15 Uhr drang ein farbiger amerikanischer Soldat in Unterdießen in ein Haus ein. Herr Sch. rief laut um Hilfe.

Die Nachbarn Johann Ellenrieder, geb. 1896, sein Sohn Mathäus Ellenrieder, geb. 1921 und Karl Gingerich, geb. 1908 kamen beherzt zu Hilfe. Johann Ellenrieder stand an der Haustüre, Mathäus Ellenrieder und Karl Gingerich standen an der Stalltüre, als der amerikanische Soldat die Treppe herunter kam. Mit zwei Schüssen erschoß er Johann Ellenrieder, drei Schüsse durchbohrten Mathäus Ellenrieder und den hinter ihm stehenden Karl Gingerich. Mathäus Ellenrieder kam erst kurz zuvor vom Krieg nach Hause.

Die Amerikaner untersuchten den Fall und nahmen auch den Täter fest. Von einer Bestrafung ist allerdings nichts bekannt.

## Die Erlebnisse von Therese Herzog veröffentlichte die Münchener Kirchenzeitung nicht

Zum 50jährigen Kriegsende forderte die Münchner Kirchenzeitung 1995 die Leser auf, ihre Erlebnisse an das Kriegsende aufzuschreiben und an die Redaktion einzureichen. Frau Therese Stumböck geb. Herzog aus Warngau hat daraufhin ein für sie sehr einschneidendes Erlebnis bei Kriegsende mit viel Mühe niedergeschrieben und am 15.4.1995 eingesandt.

Es war für Frau Stumböck eine herbe Enttäuschung, daß dieser Bericht der Kirchenzeitung nicht wert war, abgedruckt zu werden. Ich gebe den Bericht so wieder, wie ihn Frau Therese Stumböck niedergeschrieben hat:

# Der 11jährige Hermann Hermannsdorfer wurde grundlos von hinten erschossen

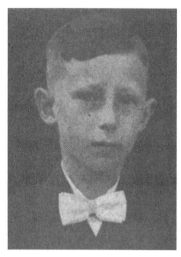

*Hermann Hermannsdorfer*
*Foto: Privat*

Am 17. Juli 1945 befand sich am Ortsrand von Kirchheim bei München an der Staatsstraße München-Erding ein amerikanischer Soldat, der zu einem Kommando der dortigen Straßenkontrolle gehörte. In der Nähe befand sich der elfjährige Schüler Herbert Hermannsdorfer aus Kirchheim mit seinem zwölfjährigen Kameraden Franz Leipfinger. Als Hermansdorfer in Richtung Dorf lief, erschoß ihn der amerikanische Soldat von hinten. Die Obduktion ergab, daß der Schuß von rückwärts abgegeben war. Das Geschoß durchschlug den Körper und trat an der Halsgegend wieder aus. Der Schüler Leipfinger stand zu diesem Zeitpunkt zehn bis zwölf Meter von dem amerikanischen Kontrollposten entfernt und hat den Vorfall gesehen.

Der amerikanische Soldat soll von einem Offizier vernommen worden sein. Weitere Konsequenzen sind nicht bekannt.

Sämtliche Eingaben der Eltern blieben erfolglos. In einem Schreiben des Hauptquartiers München der US-Armee vom 27.4.1953 heißt es wörtlich: „Die gegenwärtigen Bestimmungen lassen eine Behandlung von Fällen, die vor dem 1. August 1945 geschehen sind, nicht zu."

(Alle Verbrechen der Siegermächte an Deutschen, die vor dem 1.8.1945 geschehen sind, wurden amnestiert, so daß eine Strafverfolgung nicht möglich ist.)

## Margot Zwick aus Landsberg wurde mit sieben Jahren erschossen

*Margot Zwick*

Foto: Privat

Die Schwester von Margot Zwick, Frau Käte Goldbach, gab mir am 1.10.2011 folgende Schilderung des Vorfalles:

Im Frühjahr 1945 ging ein Mann durch unsere Siedlung und sagte zu uns, daß das Haus in einer Stunde für amerikanische Besatzungssoldaten geräumt werden muß.

Wir rafften das Nötigste zusammen und kamen in einem Schuppen in der Nachbarschaft notdürftig unter. In unserem Haus zogen 13 amerikanische Besatzungssoldaten, die Kompanie „K" 409. US-Infanterie ein. Die Kinder gingen manchmal hinüber ins Haus, was von den US-Soldaten geduldet wurde.

Am 19.7.1945 hatten die US-Soldaten im Hof einen Gewehrappell. Als danach ein farbiger US-Soldat das Haus betrat, befand sich Margot Zwick mit einem anderen Mädchen im Haus. Der US-Soldat legte das Gewehr an und schoß Margot Zwick in den Kopf. Sie wurde dann in den Hof getragen. Ich war damals 24 Jahre alt, befand mich zu diesem Zeitpunkt in einem nahegelegenen Garten und eilte hinzu. Amerikanische Soldaten fuhren meine Schwester mit einem Jeep ins Krankenhaus. Ich fuhr mit und hielt ihren Kopf. Obwohl sie nicht mehr ansprechbar war, weinte sie dauernd. Auf der Fahrt ist sie gestorben.

Die US-Soldaten wollten den Vorfall vertuschen und machten offenbar keine Meldung. Als Ende Juli 1945 ein US-Kapitän in der Trautweinstraße war, suchten wir ein Gespräch mit ihm. Offenbar wußte er von alledem nichts. Die Sache wurde als fahrlässige Tötung behandelt.

Nachdem Vorfall durften wir unsere Wohnung wieder beziehen. Es muß sich um ein sehr explosives Geschoß gehandelt haben, weil sich in der ganzen Wohnung Splitter befanden. Von einer Bestrafung des US-Soldaten ist nichts bekannt.

## Franz Baldermann mußte sterben, weil er seine Töchter schützen wollte

*Franz Baldermann*

*Foto: privat*

Die Familie Baldermann hatte in Doberseik Kreis Römerstadt/Sudetenland einen großen Bauernhof. Sie hatten zwei Söhne und zwei Töchter. Ein Sohn ist im Krieg gefallen, der andere Sohn befand sich 1946 noch in französischer Kriegsgefangenschaft. Ende März 1946 wurden Herr und Frau Baldermann mit ihren beiden Töchtern (Jahrgang 1925 und 1927) aus ihrer sudetendeutschen Heimat vertrieben und kamen mit einem Vertriebenentransport nach Landsberg am Lech. Vom Gasthof Süßbräu aus wurden sie auf verschiedene Ortschaften verteilt. Von Seiten der Militärregierung war nicht gewollt, daß die Ortsgemeinschaften zusammenblieben.

Die Familie Baldermann wurde nach Sandau beim Ettmayrhof (damals Gerberei) eingewiesen.

Am Karsamstag, 20.4.1946 gegen 17.30 Uhr kam ein farbiger amerikanischer Soldat zum Ettmayrhof, fuchtelte mit der Pistole herum und verlangte deutsche Frauen und Alkohol. Herr Baldermann schickte seine Frau und die beiden Töchter sofort weg, damit sie sich oben in einem Zimmer in Sicherheit bringen konnten. Alkohol war nicht vorhanden. Vermutlich wollte Herr Baldermann Hilfe holen, als er im Hof von dem amerikanischen Soldaten mit einem Bauchschuß niedergeschossen wurde. Anschließend verschwand der amerikanische Soldat. Es wurde die Ambulanz alarmiert. Gegen 1.30 Uhr ist Franz Baldermann gestorben. Er wurde auf dem alten Friedhof in Landsberg begraben und später nach Walleshausen überführt.

Damals hieß es, der amerikanische Soldat sei gefaßt worden. Von einer Bestrafung ist nichts bekannt.

## Mit betrunkenen amerikanischen Soldaten gab es viele Probleme

### Auszug aus den Berichten der Stadtpolizei Landsberg von Mai – August 1947

12.5.1947

Weiner H., Schlossergasse 375 wurde von einem amerikanischen Soldaten das im Hausgang abgestellte Fahrrad abgenommen.

16.5.1947, ca. 16 Uhr

Ein betrunkener amerikanischer Soldat versuchte die Fotografin L. geb.1922, wohnhaft Schlossergasse zu vergewaltigen.

31.5.1947

In Nähe des abgebrannten Kinos wurden deutsche Zivilisten von einem betrunkenen amerikanischen Soldaten belästigt und tätlich angegriffen.

2.6.1947

Apotheker Jos. K., Landsberg, Hinteranger, geb. 1879 in München, wurde von der Spruchkammer zu zwei Jahren Arbeitslager verurteilt und ins Internierungslager Regensburg eingeliefert.

30.6.1947

Siegfried W., Landsberg, Kobrichstraße, wurde am Papierfleck von fünf betrunkenen amerikanischen Soldaten überfallen und verletzt.

25.7.1947

Drei betrunkene amerikanische Soldaten demolierten bei Hecht, Vorderanger, die Schaufensterverkleidung. MP kontrollierte die Täter, dann konnten sie ihren Weg Richtung Hindenburgring fortsetzen.

Frau Katharina A. aus Waal, wurde von einem amerikanischen Soldaten ihr Damenfahrrad und ihre Handtasche abgenommen. Die Handtasche wurde an der alten Bergstraße gefunden, was darauf schließen ließ, daß der Täter sich Richtung Penzing absetzte. Fahndung durch MP blieb erfolglos.

1.8.1947

Drei amerikanische Soldaten drangen in die Wohnung von U. und G., Landsberg, Frieseneggerstraße ein und versuchten Vergewaltigung. Maria K. wurde in einen Jeep gezerrt, konnte aber am Schongauer Dreieck fliehen. Aus der Wohnung wurden eine Wanduhr, Hausgeräte und Ausweispapiere entwendet.

2.8.1947

Ein betrunkener amerikanischer Soldat belästigte Passanten am Hauptplatz.

7.8.1947

Zwei betrunkene amerikanische Soldaten drangen in den Wohnwagen eines gastierenden Schauspielers am Kleinen Exerzierplatz ein und belästigten ein Mädchen.

Auch als in den 1970er Jahren amerikanische Soldaten zur Bewachung des Bunkers in Landsberg stationiert waren, gab es viele Übergriffe und Schlägereien in den Lokalen mit amerikanischen Soldaten. Dies führte dazu, daß Wirte für amerikanische Soldaten Lokalverbot verhängten. Die deutsche Polizei hatte sehr eingeschränkte Befugnisse gegenüber amerikanischen Soldaten, da diese Besatzungsrecht haben. Dies hat mir auch 1971 der in Landsberg zuständige amerikanische Capitain bestätigt.

# Die französische Besatzung im Landkreis Landsberg a.L.

1982 erzählte mir ein Mann aus Utting, daß dort im Tal des Lebens zwei oder drei Personen von den Franzosen 1945 erschossen worden seien. Ich bat den Mann, nachzufragen, was daran wahr sei und wer die erschossenen Personen sind. Als ich aber nach einem Jahr auch nicht mehr wußte, war mir klar, daß ich es selber erforschen mußte, wenn ich es genau wissen wollte. So habe ich nachgeforscht, was sehr schwierig war, und festgestellt, daß es nicht zwei sondern insgesamt sechs Personen waren, die in Utting erschossen wurden. Meine Forschungsergebnisse habe ich 1986 im Lechkurier veröffentlicht. Frau H., eine in Landsberg verheiratete Französin, lief dagegen Sturm. Ein Mann aus Utting verbot sogar seinen Kindern in dieser Zeit den Lechkurier zu verteilen. Andere wieder hatten Sorge, daß die deutsch-französische Freundschaft darunter leiden könnte, wenn diese Tatsachen bekanntwerden. Wenn aber eine Freundschaft an der Wahrheit zerbricht, ist diese Freundschaft nichts wert. Ich bin sogar der Meinung, daß das Wissen um diese Geschehnisse eine Freundschaft nur vertiefen kann, wenn man feststellt, daß auf beiden Seiten Fehler gemacht wurden. Einseitige Schuldzuweisungen waren noch nie eine gute Grundlage für eine dauerhafte Freundschaft.

Nachdem Frau H. solche Vorkommnisse bezweifelte, wurde mir klar, daß diese Ereignisse noch besser dokumentiert werden sollten. So haben diejenigen, die nicht wollten, daß dieses Stück Zeitgeschichte bekannt wird, genau das Gegenteil erreicht. Es entstand eine eindrucksvolle Dokumentation über diese Zeit und vieles wäre sonst unwiderbringlich für unsere Heimatgeschichte verlorengegangen.


## Die Erschießungen in Utting

Da bei einem Sieg der Alliierten über Deutschland auch die Franzosen ein Besatzungsgebiet beanspruchen wollten, stellte Ende 1944 der französische General Charles de Gaulle Einheiten auf, die mit den Amerikanern in Deutschland einmarschieren sollten. Darunter befanden sich auch Soldaten aus den Französischen Kolonien, wie z.B. aus Algerien und Marokko. Die 2. französische Panzerdivision unter General Lattre de Tassigny unterstand der 7. US-Armee und zog mit den Amerikanern über Württemberg nach Süddeutschland. Das Ziel war Berchtesgaden. Am 27. April 1945 wurde Landsberg von den amerikanischen Truppen eingenommen. Einige Tage später erreichte die 2. französische Panzerdivision unsere Gegend und wurde zwischen Landsberg und dem Ammersee als Besatzung eingesetzt. Das Hauptquartier befand sich in Dießen. Dort richteten die Franzosen auch ein Gefängnis ein.

Über die Verhaftung von Walter Teichmann aus Raisting, geb. 1897, berichtete seine Ehefrau am 25.4.1975 folgendes: Mein Mann war Major der Deutschen Wehrmacht. 1945 war er als Patient im Militär-Lazarett in Dießen und war zur fraglichen Zeit beurlaubt in Raisting. Dort meldete er sich ordnungsgemäß beim

Bürgermeister. Am 3. Mai 1945 erschien bei uns ein französischer Offizier, um meinen Mann aufzufordern, unverzüglich mitzukommen. Da mein Mann zu Hause natürlich nicht in Uniform, sondern in Hose und Hemd auf dem Sofa lag, bat er den Offizier, erst einmal sein Soldbuch anzusehen, worauf der Offizier die Einsichtnahme verweigerte und dann, bevor er mitgehe, die Uniform anziehen zu dürfen. Dies lehnte der Offizier ab mit den Worten: „Nein, das ist nicht nötig, Sie haben sofort mitzukommen."

Wie mir ein französischer Offizier nach einiger Zeit selbst sagte, wurde mein Mann aufgrund einer Denunzierung verhaftet.

Der Maurer und Feldwebel Josef Zimmermann, geb. 1898 in Pflugdorf bei Landsberg war verlobt mit der Bergmannswitwe Anna Walter, die von ihm einen Sohn hatte. 1940 zogen sie von Peißenberg nach Raisting/Obb. Als Zugezogener hatte man es damals in einem kleinen Ort sehr schwer. Josef Zimmermann war nicht Mitglied der NSDAP oder einer ihrer Gliederungen.

Der Sohn von Josef Zimmermann berichtete mir über die Verhaftung seines Vaters folgendes: Mein Vater wurde 1940 zur Deutschen Wehrmacht eingezogen und kam an den Westwall. Am 28.4.1945 kam er vom Krieg nach Hause. Am 3.5.1945 kamen französische Soldaten in unser Haus und verhafteten meinen Vater, der sich in der Küche befand. Sie sagten, es handele sich um ein kurzes Verhör. Mein Vater warf mir noch vom Auto aus seine Taschenuhr zu, die ich heute noch besitze. Als das die Franzosen sahen, wurde er geschlagen. Er wurde nach Dießen ins Gefängnis gebracht. Es gibt Zeugen, die im Gefängnis gesehen haben, daß er dort wiederholt geschlagen wurde.

Eine Mitbewohnerin schrieb in einer eidesstattlichen Versicherung am 18.3.1946 über die Verhaftung von Josef Zimmermann folgendes nieder: „Ich bin von München, Landwehrstraße nach Raisting evakuiert und wohne seit Dezember 1944 bei Frau Anna Walter (Verlobte von Jos. Zimmermann).

Am 3.5.1945 kamen ins Haus der Frau Walter vier oder fünf französische Soldaten. Sie kamen zuerst zu mir ins Zimmer. Die Franzosen hatten Gewehre bei sich. Einer, der deutsch sprach, fragte nach Feldwebel Zimmermann. Ich verwies die Soldaten in die Küche nebenan, in der sich Herr Zimmermann befand.

Die Soldaten gingen in die Küche, ich blieb in meinem Zimmer und hörte laute Stimmen aus der Küche dringen. In dem Augenblick, als ich meine Zimmertüre aufmachte, kamen die Soldaten mit Zimmermann aus der Küche und führten ihn ab. Herr Zimmermann zog sich eben seine Ziviljacke an, da er ohne Jacke war. Frau Walter war während des Vorfalls nicht im Hause. Die französischen Soldaten hatten, als sie außer Haus waren, geschossen. Der Grund hierfür ist mir aber nicht bekannt.

Die Verhaftung war Nachmittag gegen 5 Uhr. Herr Zimmermann war stets zu Hause, hauptsächlich aber in der Küche und war nur mit Hose und Pullover bekleidet. Die Ziviljacke zog er erst an, als er abgeführt wurde. Diese Angaben sind wahr, ich nehme sie auf meinen Eid!"

Josef Merkl, der Sohn von Jos. Zimmermann berichtete mir am 15.9.1986 noch folgendes: Ich war damals elf Jahre alt. Abends um ca. halb 7 kamen drei französische Soldaten in unser Haus. Während zwei Soldaten die beiden Frauen im Haus bedrängten, ließ mich ein Franzose im Hausgang niederknien und hielt mir fast eine halbe Stunde den Pistolenlauf mit gespanntem Hahn an die Schläfe. Es war mir klar, daß ich sterben mußte, wenn der angetrunkene französische Soldat abdrückte. Ich werde das nie vergessen und spüre heute noch manchmal den kalten Pistolenlauf an der Schläfe. Als der kräftige Mann dies erzählte, liefen ihm die Tränen über das Gesicht und ich bemerkte, daß er diese Erlebnisse nie verarbeitet hat.

Der Gastwirt Josef Bauer, geb. 1899 in Karlsbad war Feldwebel bei einem Bautrupp der Deutschen Wehrmacht und blieb mit seinem Troß bei Kriegsende in Raisting hängen. Er arbeitete bei einem Bauern in Raisting, als er von französischen Soldaten am 3.5.1945 ohne Begründung verhaftet wurde. Auch er wurde ins französische Gefängnis nach Dießen gebracht. Josef Bauer wird von der Familie in Raisting als ruhiger und sehr anständiger Mann beschrieben.

Auch der Bankvorstand Karl Huber, geb. 1912 in Deutsch-Arricourt/Lothringen war bereits vom Krieg zu Hause, als er von den französischen Besatzungstruppen in Dießen verhaftet und ins Gefängnis gebracht wurde.

Herr Sauer war Anfang Mai 1945 kommissarisch eingesetzter Bürgermeister von Dießen a.A. Jeden Morgen hatte er bei der französischen Kommandantur in Dießen vorzusprechen. Am 4.5.1945 erklärte ihm Captaine Belvalette, daß er an diesem Vormittag noch vier Deutsche erschießen lassen werde. Auf die Frage nach dem Grund, erklärte Belvalette, daß sie sich der Spionage verdächtig gemacht hätten, da sie in Zivil angetroffen worden seien.

Als Sauer sagte, daß ihm selbst als Bürgermeister eine solche Bestimmung nicht bekannt sei und daß dies auch in Dießen nicht bekanntgemacht wurde, erklärte Captaine Belvalette, die Personen seien bereits in Haft und die Erschießung stehe fest. Ein Verhör oder eine Verhandlung gab es nicht.

Sauer konnte nur erreichen, daß den Gefangenen seelsorgerlicher Beistand gewährt wurde, worauf der kath. Pfarrer Gebhart hinzugezogen wurde. Da Walter Teichmann evangelisch war, der evangelische Pfarrer sich aber in Utting befand, fuhr man mit den Gefangenen und dem Erschießungskommando nach Utting. Erst dort wurde den Gefangenen ihr Schicksal bekanntgegeben.

Pfarrer Hubel, der Augenzeuge der Erschießung war, erklärte mir am 4.3.1985 folgendes:

Am 4. Mai 1945 war ich unterwegs zu einem Krankenbesuch und wurde von meiner Frau benachrichtigt, ich solle sofort zum „Tal des Lebens" kommen. Mit dem Gemeindeschreiber aus Dießen und einem Franzosen eilte ich zur befohlenen Stelle.

Als wir dort ankamen, war bereits das Erschießungskommando (nach meiner Erinnerung drei Gruppen mit je ca. zehn Mann) sowie die vier Gefangenen mit

*Der französische Captaine Belvalette war verantwortlich für die Erschießungen in Utting.*
Foto: Archiv Pf.lanz

*Der ev. Pfarrer Hans Hubel war Augenzeuge der Erschießungen*
Foto: Archiv Pf.lanz

dem kath. Pfarrer Gebhart anwesend. Am Ort befanden sich zwei Militärlastwagen. Pfarrer Gebhart und drei Mann saßen auf dem Lastwagen. Der evangelische Walter Teichmann sollte als erster erschossen werden. Ich bekam von dem franzöz. Captiane noch zehn Minuten Zeit, um mit Walter Teichmann seelsorgerisch zu reden. Persönliche Gegenstände durften nicht ausgetauscht werden.

Dann wurde er zur Erschießung geführt. Teichmann ließ sich die Augen nicht verbinden und wurde als erster erschossen. Ich stand Teichmann dabei in ca. zehn Meter Entfernung gegenüber. Als Teichmann zusammenbrach, bekam er, wie auch die anderen Hingerichteten, den üblichen Fangschuß (wahrscheinlich Genickschuß).

Die weiteren Hinrichtungen konnte ich von der Anhöhe aus beobachten. Als nächste wurden Zimmermann und Bauer einzeln erschossen (wer von den beiden als zweiter oder dritter erschossen wurde, ist mir nicht mehr genau in Erinnerung). Sie wurden von Pfarrer Gebhart betreut. Als letzter wurde Huber erschossen. Auch Huber ging sehr aufrecht zur Hinrichtung und ließ sich die Augen nicht verbinden. Vor der Erschießung rief er noch laut: „Es lebe Deutschland."

Zum Bruder von Karl Huber sagte Pfarrer Hubel, der französische Offizier habe Huber mit der Pistole mehrmals ins Gesicht geschossen. Huber zog vor der Hinrichtung seine Jacke aus, damit sie nicht durchlöchert wird und hat gebeten, sie dem Apotheker von Dießen zurückzugeben, von dem er sie ausgeliehen hatte.

# Die vier Erschossenen im „Tal des Lebens" in Utting a.A.

Josef Zimmermann

*Foto: privat*

Walter Teichmann

*Foto: privat*

Josef Bauer

*Foto: privat*

Karl Huber

*Foto: privat*

# Erschießung vom 4. Mai 1945 in Utting im „Tal des Lebens"

Skizze angefertigt am 1.7.1987 nach Angaben von Pfarrer Hubel

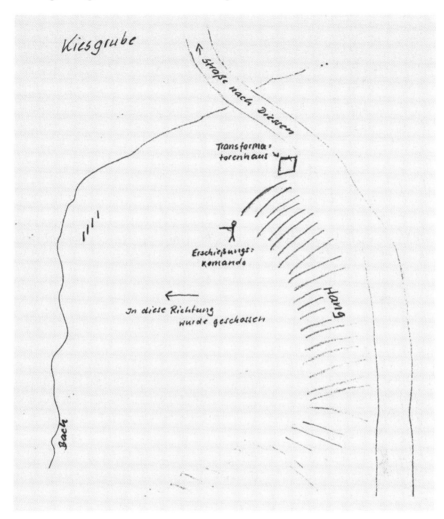

Vier Männer aus Utting bekamen von der Behörde nachmittags den Auftrag, die Toten zu bergen und zu begraben. Herr Schluifelder aus Utting schilderte mir dies am 26.7.1986 folgendermaßen: Mit Schubkarren fuhren wir zur Erschießungsstelle im Tal des Lebens. Die Erschossenen lagen alle zusammen auf einem Platz. Bei allen Toten war deutlich ein Genickschuß zu erkennen.

Ein kräftiger Mann trug eine Uniformhose ohne Uniformrock. Er hatte noch eine Taschenuhr mit Kette bei sich.

Zwei Männer trugen einen Zivilanzug (Jacke und Hose). Einer davon hatte die Augen verbunden.

Ein Mann war in Hemdärmeln.

Unsere Magd und eine weitere Frau wurden von einem französischen Besatzungssoldeten mit vorgehaltener Pistole vergewaltigt. Dies meldeten die zwei Frauen der Behörde. Der Franzose kam dann von Utting weg. Daraufhin warfen die Franzosen eine Brandgranate in unseren Stall. In Utting wurden mehrere Gebäude von den Franzosen angezündet.

## Die Erschießungen in der Uttinger Kiesgrube

Der Major der Deutschen Luftwaffe Hans-Günter Großholz, geb. 1914 in Darmstadt und der Bäckergeselle und Oberfeldwebel der Deutschen Luftwaffe Karl Wimmer, geb. 1917 in Gleink/Oberösterreich befanden sich in Erling am Ammersee, als der Ort Anfang Mai kampflos von amerikanischen Truppen überrollt wurde. Am 5.5.1945 nachmittags 5 Uhr tauchten plötzlich Soldaten der 2. französischen Panzerdivision auf und durchsuchten das Haus, in dem sich Großholz und Wimmer befanden. Sie nahmen die beiden deutschen Soldaten gefangen und fuhren sie mit einem Militärauto Richtung Dießen a.A. weg. Seitdem fehlte von den beiden Soldaten jede Spur.

*Oberfeldw. Karl Wimmer*
Foto: Archiv Pflanz

*Günter Großholz*
Foto: Privatarchiv Pflanz

In Utting a.A. wurde darüber gesprochen, daß die Franzosen in der Kiesgrube am Uttinger Ortsrand am 6.5.1945, einem Sonntagmorgen, zwei Personen erschossen haben sollen. Zwei Tage später kamen französische Soldaten zum Bürgermeisteramt in Utting und ordneten an, daß zwei Leichen in der Kiesgrube dort sofort beerdigt werden müssen. Zwei Waldarbeiter mußten diese Arbeit verrichten. Die Personalien der Toten wurden nicht festgestellt.

*Die Kiesgrube am Ortsausgang von Utting*          Foto: 1987 von H. Pflanz

Herr Sorg forschte nach seinem Kriegskameraden aus Erling. Im Frühjahr 1946 bekam er die Genehmigung, die Toten in der Uttinger Kiesgrube auszugraben und zu identifizieren. Tatsächlich befanden sich dort die Leichen von zwei deutschen Soldaten, die erschossen worden waren. Bei einem Toten befand sich ein Lichtbildausweis, der ihn als Oberfeldwebel Karl Wimmer auswies. Bei dem anderen Toten fehlten alle persönlichen Gegenstände, auch der Ehering fehlte.

Herr Sorg konnte ihn jedoch als den Major Hans-Günter Großholz identifizieren, den er persönlich gut kannte. Herr Sorg soll daraufhin über Nacht graue Haare bekommen haben. Die Toten wurden eingesargt und in Utting wieder begraben. Am 5.5.1946 bekam Frau Großholz von Herrn Sorg die Nachricht vom Tode ihres Mannes. Frau Großholz fuhr nach Utting und fertigte nebenstehende Zeichnung vom Grab ihres Mannes an. Hans-Günter Großholz wurde später nach Darmstadt überführt und im Familiengrab beigesetzt.

Die sterblichen Überreste von Karl Wimmer wurden ca. 1950 zum Soldatenfriedhof nach Schwabstadtl überführt.

Für diese Erschießungen gibt es keinerlei Begründungen. Die französischen Behörden verweigern jegliche Auskunft.

Auch Josef Bauer und Karl Huber wurden später zum Soldatenfriedhof nach Schwabstadl überführt.

*Das Grab von Karl Wimmer in Utting*
*aufgenommen im Herbst 1946 von Auracher / Archiv Pflanz*

Walter Teichmann und Josef Zimmermann wurden im Familiengrab in Raistin beerdigt.

Als Denunziant wurde ein Raistiner Bürger verdächtigt, der schon bei Kriegsende mit dem zweifelhaften amerikanischen Agenten Lämmerhirt, alias Appenzeller, Kontakt hatte. Seine Ehefrau kämpfte zeitlebens dagegen an.

Auf dem Grabstein von Teichmann und Zimmermann befinden sich drei Bibelsprüche.

*Weh dem Menschen, durch welchen des Menschen Sohn verraten wird. Es wäre demselben besser, dass er nie geboren wäre.*
*Markus 14/21*

*Und er nahm die 30 Silberlinge...*
*Matth. 26/14-16*
*27/3-5*

*Gott der Herr aber wird richten*

*Das Grab von Walter Teichmann*

*Foto: H. Pflanz*

*Das Grab von Josef Zimmermann*                    Foto: H. Pflanz

1975 wurde der Grabstein von Teichmann umgestoßen. Den Grabstein von Zimmermann konnten die Täter nicht aus der Verankerung bringen. Frau Teichmann sagte zu mir: „Die Bibelsprüche bleiben auf dem Grabstein, solange ich lebe, als Mahnung an das schlechte Gewissen des Denunzianten."

Frau Teichmann wurde bei guter Gesundheit über hundert Jahre alt. So waren die Fronten verhärtet und die Angehörigen der Betroffenen sehr verbittert. Es war schwierig, in Raisting darüber zu reden.

Frau Anna Walter lebte nach 1945 in sehr schwierigen finanziellen Verhältnissen. Ihr erster Mann ist 1918 gefallen. Ihr zweiter Mann starb 1930 an den Kriegsfolgen. Ihr Verlobter Josef Zimmermann wurde von der französischen Besatzung erschossen. Nach 1945 bekam sie keine Witwenrente. Frau Walter richtete Schadensersatzforderung an die französischen Behörden. Sie machte geltend, dass sie vom Wehrsold ihres Verlobten monatlich 35 Reichsmark für den Unterhalt des gemeinsamen Sohnes bekam. Die französische Behörde forderte sie auf, brauchbare Beweise vorzulegen, dass Josef Zimmermann von französischen Soldaten erschossen worden sei. Als diese schwierige Forderung erfüllt war, bekam Frau Walter 1951 folgende Mitteilung:

Amtliche Übersetzung

Ihr Schadensersatzanspruch ist gemaess der Bestimmungen, Par. V, Part IV, HICOM/P(49)64(Final), 25 April 1950, von franzoesischen Behoerden bearbeitet worden. Haftpflicht wurde aus folgenden Gruenden abgelehnt:

Da der Schadensersatzanspruch aus einem Vorfall entstand, der sich vor dem 1. August 1945 ereignete.

Ihr Schadensersatzanspruch ist dieser Dienststelle zur offiziellen Ablehnung zugeschickt worden.

Er ist deshalb von dieser Kommission nicht erlaubt worden, weil die franzoesischen Behoerden Haftbarkeit abgelehnt haben. Diese Entscheidung ist die endgueltige Regelung Ihres Schadensersatzanspruches.

Im Gegensatz zu deutschen Kriegsverbrechen wurden Kriegsverbrechen der Siegermächte nicht verfolgt. Das Recht kent aber weder Sieger noch Besiegte!

1988 stellte ich zusammen mit dem Sohn des ermordeten Josef Zimmermann, nach Genehmigung, am Erschießungsort in Utting ein Gedenkkreuz für die Erschossenen auf. Am 12.11.1988 weihte dies Pfarrer Stemmer unter großer Anteilnahme der Bevölkerung ein.

*Pfarrer Stemmer bei der Einweihung des Gedenkkreuzes 1988*

*Fotos: H. Pflanz*

## In Fischen am Ammersee wurden vier deutsche Soldaten nach der Gefangennahme erschossen

Bei Kriegsende befanden sich fünf versprengte deutsche Soldaten auf dem Rückzug in Fischen und wollten weiter nach Starnberg. Da sie ihre Einheit nicht mehr erreichen konnten, kamen sie wieder zurück und sprachen mit einer 76-jährigen Frau. Ein Leutnant fuhr mit dem Fahrrad zu seinen Schwiegereltern nach Utting. Den vier anderen Männern zeigte die Frau einen Stadel drei Kilometer außerhalb von Aidenried/Fischen, in dem sie übernachten konnten. Sie sagte ihnen, dass in Herrsching eine amerikanische Kommandantur sei, und dort sollten sie sich melden. Sie waren ohne Waffen und hatten einen Stock mit einem weißen Tuch bereitgelegt, damit sie sich gegebenenfalls ergeben konnten. Die Frau und Herr M. brachten ihnen Essen zum Stadel. Vermutlich hat dies ein polnischer Arbeiter beobachtet und die Franzosen benachrichtigt. Herr M. sah, wie an seinem Haus vier bis sechs französische Soldaten mit einem Militärauto vorbeifuhren in Richtung des Stadels. Eine halbe Stunde danach hörte er Schüsse aus dieser Richtung. Als er später nachsah, lagen die vier Soldaten erschossen in der Nähe des Stadels.

*Der Stadel mit dem Platz, an dem die vier deutschen Soldaten erschossen wurden.*

Foto: H. Pflanz

Sie hatten mehrere Einschüsse in Brust und Kopf. Zwei von ihnen hatten schwere Gesichtsverletzungen, die offensichtlich von Schlägen mit einem Gewehrkolben oder einem harten Gegenstand herrührten. Alle persönlichen Gegenstände waren abgenommen, so dass eine Identifizierung kaum möglich war.

Herr M. und sein Bruder beerdigten die Toten ungeachtet der Gefahren in der Nacht vom 7. auf den 8. Mai an der Erschießungsstelle.

Es ist der älteren Frau zu verdanken, dass von drei Personen die Namen ermittelt und die Angehörigen benachrichtigt werden konnten.

Es handelt sich um:

Walter Endruscheid
geb. 13.9.1925 in Insterburg/Ostpr.
Uffz. Pion. Ers.Btl. 27

Heinz Krämer
geb. 25.9.1925 in Berlin
Fähnr. Pion.Ers.Btl. Ingolstadt

Robert Vogel
geb. 7.10.1926 in Nürnberg/Fürth
Pion.Ers.Btl. Ingolstadt

Unbekannter Soldat
30-35 Jahre alt Saarlautern
Luftwaffe Siegelring m. HB

*Der Gedenkstein für die Erschossenen deutschen Soldaten ist heute entfernt.*
*Foto: H. Pflanz*

## Die Ermordung von Otto Hanemann in Riederau

Oberstleutnant i. Ruhe Otto Hanemann, geb. 1872 war im Ersten Weltkrieg beim bayer. 6. Cheraulegers Regiment. Im Mai 1945 wohnte er mit seiner Frau Helene in Riederau.

*Otto Hanemann*

Foto: privat

*Helene Hanemann*

Foto: privat

Was sich beim Einmarsch der französischen Truppen ereignete, hat Frau Hanemann handschriftlich aufgeschrieben und liegt im Original vor:

Am 4. Mai 1945 bekamen wir die Order von der Armee Leclcrce, innerhalb zwei Stunden unser Haus zu räumen. Bekannte meines Mannes, Frau Dr. K. in Riederau, nahm uns auf, und da es hieß, es sei nur für drei Tage, nahmen wir nur das Nötigste, was man für so kurze Zeit braucht, mit. Am 4. Mai wie auch am 5. Mai kamen dauernd drei bis fünf Franzosen, immer mit vorgehaltenem Gewehr und plünderten. Mein Mann war niemals bei der Partei. Er sprach sehr gut französisch und verhandelte mit den betreffenden Franzosen immer in Ruhe und sie zogen unter Mitnahme der verschiedensten Sachen verhältnismäßig ruhig ab.

Am Samstag Mittag um halb zwei Uhr kamen zwei junge Franzosen, darunter der spätere Mörder, der vorher auch schon einmal dagewesen war und stahlen einer jugnen Frau, die auch bei Dr. K. wohnte, ein großes Quantum Zigarren und verschiedenes andere Sachen. Um vier Uhr kamen zwei Franzosen und verlangten Schuhe. Mein Mann sprach in Ruhe mit ihnen, er habe keine, außer die an den Füßen, sie sollten sich doch von ihrer Armee welche geben lassen, oder sich aus unserem Haus, das besetzt sei, welche holen. Die beiden zogen ruhig wieder ab. Abends um halb zehn kamen sieben Mann, wieder mit vorgehaltenem Gewehr, wurden gleich zu Anfang grob. Der Mörder schoß die Tür ab und steckte den Schlüssel ein. Man fragte mich, wer nicht französisch spräche und verstehe und ich nannte die junge Frau B., die sie mittags bestohlen hatten. Sie nahmen meinen Mann und besagte junge Frau, verhandelten immer wegen Schuhen mit meinem Mann. Frau Dr. K. und ich konnten alles hören, der Franzose war grob, mein Mann blieb ruhig. Er wiederholte immer, er habe keine, nur die, die er anhabe. Frau B. bot ihnen ein Paar ganz neue Sandalen ihres Mannes an, aber alle wollten sie nicht. Die Franzosen nahmen meinen Mann und Frau B. eine Treppe hoch, wollten Frau B. in ein Zimmer zurückdrängen, sie schlupfte aber durch und stellte sich neben meinen Mann. Der Franzose fuchtelte mit seinem Gewehr und schoß. Der erste Schuß war ein Blindgänger, der Soldat mußte repetieren und schoß ein zweites Mal. Der Schuß ging in die Schlagader des rechten Schenkels, mein Mann fiel sofort um und sprach nicht mehr. Alle sieben Franzosen verließen im Sturmschritt das Haus. Vollkommen verstört kam Frau B. runter, wir hatten unten keinen Schuß gehört. Als ich raufkam war mein Mann im Sterben, erkannte auch nichts mehr und war nach einer viertel Stunde tot.

Am nächsten Tag wurde der Mord von den französischen und amerikanischen Behörden untersucht und der Mörder wurde von uns auch festgestellt. Für eine Bestrafung des Täters gibt es keine Hinweise.

*Das Haus in Riederau, Reithenweg, in dem der Mord geschah.*                Foto: privat

*Das Haus der Familie Hanemann in Riederau, das sie innerhalb von zwei Stunden für die französischen Besatzungstruppen räumen mußten.*

Foto: Archiv Pflanz

### Requirierungsschäden aus dem Hause Hanemann in Riederau durch französische Besatzungstruppen

aufgeschrieben von Frau Helene Hanemann

1 Motorrad Viktoria, 1 Damenfahrrad, 1 Herrenfahrrad, große Tischwärmplatte AEG, 2-flammiger Tischherd AEG, Kühlschrank 60 Liter Siemens, Staubsauger Elektro-Lux, Heizsonne, Heizofen AEG, Bügeleisen AEG, Tauchsieder, 2 sehr schöne Töpfe, Toaströster, kleine Kochplatte AEG, Nähmaschine neuwertig versenkbar Singer, 2 Photoapparate, 1 große Figur (Putte), 1 Biedermeier Petroleumlampe, 1 Nachttischuhr, 1 schwarze Schreibtischgarnitur, 1 Eichentruhe, 1 Nähkasten, 1 Silbermedaillon mit Türkiesen, 2 Puppen, 1 Kruse-Puppe, 1 Spankorb mit Leinenbatist, 1 Spankorb mit verschiedenen Baumwollstoffen, 2 Bademäntel, 1 kurzer neuer Herrenstutzer mit Pelz, 1 Herrenwintermantel, 1 Damensealmantel, 1 Ski-Anzug, 1 Herrenwintermantel, 2 Paar Wollhandschuhe, 1 Paar Skihandschuhe, Seehundfelle, 3,5 m Kostümstoff, 4 m blauer Wollstoff, 4,5 m schwarzer Wollstoff, 6 Nachthemden, 6 Hemden, 6 Unterleibchen, 1 Frisierjacke, 6 Paar seidene Strümpfe, 1 Unterrock, 4 Seiden-Schlupfhosen, 2 Wollschlupfhosen, 1 Seidenkleid, 2 Samtkleider, 1 Schlafrock, 1 Wintermantel mit großem Pelzkragen, 1 Paar neue Winterschuhe, 1 Dirndlkleid, 2 schwarzseidene Kleider, 1 Abendmantel, 1 rohseidenes Kleid, 1 blaues Taftkleid, 1 Trachtenmantel, 2 wollene Strandhosen, 8 Trikothemden, 6 Trikothosen, 5 seidene Hosen, 6 Unterjäckchen, 3 seidene Halstücher, 2 Paar neue Halbschuhe, 2 Paar ausgeschnittene Schuhe, 1 Paar warme Hausschuhe, 5 Dutzend Gerstenkornhandtücher, 1 Dutzend Damasthandtücher, 2 Dutzend Gläsertücher, 18 Bettücher Leinen, 15 Einschlagtücher, 12 Plümobezüge, 2 Dutzend Kopfkissen, 6 davon handgestickt, 4

große Badetücher, 18 weiße Tischdecken, 2 Dutzend Servietten, 4 Piquetbettdecken, 1 bunte Kretonbettdecke, 2 weiße Mullbettdecken, 1 große bunte handgestickte Bettdecke, 15 bunte Kaffeedecken, 4 große Kreuzstichdecken Handarbeit, 6 blaugestickte Läufer, 6 blaugestickte kleine Decken, 4 Matratzenschoner, Vorhänge, 2 Jenaer Glasschüsseln mit Deckel, 2 Bratpfannen, Kartoffelpresse, 16 weiße Schürzen, 8 baumwollene Schürzen, 6 blaue Kleiderschürzen, 18 Frottierhandtücher, 18 Leinen Bettlaken, 18 Kopfkissenbezüge, 8 Keilkissenbezüge, 6 Baumwollbezüge, 12 baumwollene Kopfkissenbezüge, 36 Tischtücher (Luxus-Tischtücher 12 und 14 Personen), 2 Teetischdecken, 12 Servietten mit Spitzen, 24 Klöpperdeckchen, 10 weiße Sofakissenbezüge handgestickt, 8 bunte Reisekissenbezüge.

Die Liste ist nicht vollständig, offensichtlich fehlt ein Blatt. Das gestohlene Eigentum der Hausangestellten und der Mitbewohner ist bei dieser Aufstellung nicht berücksichtigt.

Die noch vorhandenen Möbel wurden durch das Aufbrechen der Schlösser sehr beschädigt, teilweise auch mutwillig zerstört.

*Dieser Kochtopf von Frau Hanemann wurde von den französischen Besatzungstruppen beim Abzug aus Riederau im Mai 1945 gefüllt mit Kot und Urin hinterlassen. Da es in dieser Zeit nichts zu kaufen gab, mußte der Topf notgedrungen weiterverwendet werden. Die Familie Reichel aus Schlesien, die gar nichts hatte, erbat sich den Topf für Arbeiten und verwendete ihn erst zum Abkochen von Wasser, dann auch für Kartoffeln usw.*
                                                    *Foto: E. Reichel*

Auf ihre Schadensersatzforderung erhielt Frau Helene Hanemann von den französischen bzw. amerikanischen Behörden am 10.4.1951 folgende Ablehnung:

Übersetzung:

Ihr Schadensersatzanspruch ist gemaess der Bestimmungen, Par. V, Part IV, HICOM/P(49)64(Final), 25. April 1950, von franzoesischen Behoerden bearbeitet worden. Haftpflicht wurde aus folgenden Gruenden abgelehnt:

Der Schadensersatzanspruch fuer Sachschaden kann nicht verguetet werden, da sich der Vorfall vor dem 1. August 1945 ereignete.

Ihr Schadensersatzanspruch ist dieser Dienststelle zur offiziellen Ablehnung zugeschickt worden.

Er ist deshalb von dieser Kommission nicht erlaubt worden, weil die franzoesischen Behoerden Haftbarkeit abgelehnt haben. Diese Entscheidung ist die endgueltige Regelung Ihres Schadensersatzanspruches.

(gez. Unterschrift)
P.E. FRANGEDAKIS
US Attorney
US/CC/GA-19

*Das Grab von Otto Hanemann auf dem Friedhof in Dießen a.A., das eigentlich ein Kriegsgrab ist, wurde inzwischen entfernt.*

*Foto: Aufnahme 1986 von H. Pflanz*

## Handschriftliche Aufzeichnungen des
## Kath. Pfarrers von Schondorf 1945

Am 4./5.5.1945 kommen die Franzosen, suchen zuerst nach Waffen und Flüchtlingen die Häuser ab. – Pfarrhof bekommt drei Franzosen ins Quartier. Die Franzosen jagen Tag und Nacht; alles wird abgeschossen, sogar ein Maschinengewehr gebrauchen sie. Man sieht im Walde kein Schwänzchen mehr. – Die Einquartierten waren zum Teil unverschämte Diebe: Uhren, Radio, Ringe, Wäsche sogar Nähmaschinen und Fahrräder. – Alles war ihnen recht.

## Seine Hilfsbereitschaft kostete Herrn Steinmetz in Grafrath das Leben

*Dr. Joh. A. Steinmetz*

*Foto: Privat*

Herr Dr. phil. Joh. A. Steinmetz, geb. 1902, stammte aus Franken und war Fotograf. Wegen Luftangriffen war er mit seiner Frau in Unteralting bei Grafrath evakuiert.

Herr Steinmetz wollte am 8. Mai 1945 mit dem Fahrrad nach München fahren. Er sah, daß eine Frau von französischen Besatzungstruppen bedrängt wurde und trat hinzu, damit sich die Frau befreien konnte. Er sprach französisch. Es kam zu einer lautstarken Auseinandersetzung und dann bestieg

Steinmetz das französische Militärfahrzeug. Das Auto fuhr Richtung Ammersee.

Drei Tage später fand man in einem Wald bei Arzla die Leiche von Herrn Steinmetz. Offensichtlich wurde er zusammengeschlagen und wies eine Schußwunde auf. Nach Ansicht des untersuchenden Arztes ist er verblutet.

Steinmetz wurde auf dem Friedhof Unteralting begraben.

*Grab von J.A. Steinmetz*

*Foto: Archiv Pflanz*

## Handschriftliche Aufzeichnungen über die Zeit der französischen Besatzung von Georg Sedlmayr, Landwirt in Unterfinning, geb. 1880

Am 28. April 1945 kamen Amerikaner mit schweren Panzern in unseren Ort. Dieser wurde kampflos übergeben. In Landsberg wurde die Lechbrücke gesprengt, das war aber für die vordringenden Amerikaner kein Hindernis. Während der sechs Jahre Krieg wurde Unterfinning oft von Feindmaschinen überflogen (München - Augsburg) und durch Bomben völlig zerstört, auch in unserer Flur sind Bomben gefallen.

*Georg Sedlmayr*    *Foto: privat*

Nach dem Einmarsch der Amerikaner war es in Unterfinning acht Tage ruhig.

Am 4. Mai 1945 kam das schrecklichste. An einem Freitag, abends 7 Uhr, rückten französische Truppen, motorisierte De-Gaulle-Truppen, ein. Sofort begann eine wilde Schießerei auf Federvieh, in den Wohnungen wurden Uhren, Geschirr runtergeschossen und zertrümmert. Für alle eine Schreckens- und Leidenszeit. In Entraching wurden die beiden Höfe Mini- und Fuchshof in Brand gesteckt. Vieh in Ställen und auf der Weide erschossen. – In Unterfinning wurden mehrere Feldscheunen in Brand gesteckt. Geraubt und geplündert wurde alles, wie Uhren, Wertgegenstände, Wäsche, Kleider, Anzüge; manche Einwohner hatten nur mehr das, was sie am Leibe trugen. Manche Häuser wurden so stark demoliert, daß man darin nicht mehr wohnen konnte. Manche Häuser, unter anderem das Schulhaus, waren kurz gesagt ein Greuel der Verwüstung.Das Vieh wurde aus den Ställen geholt und geschlachtet.Sie lebten wirklich wie ein Sprichwort sagt „wie Gott in Frankreich". Die ganze Einwohnerschaft war niedergedrückt und runtergekommen. Die allermeisten mußten auf Stroh schlafen, in den Betten lagen die Franzosen. Viele mußten die Häuser verlassen. Einige Bürger wurden verhaftet und auf's Scheußlichste mißhandelt, mußten ihr Grab schaufeln, wurden mit Erschießen bedroht. Vergewaltigt wurden Frauen und Mädchen, selbst vor Frauen über 60 Jahren schreckte man nicht zurück. Des öfteren kam es vor, daß 15 bis 17 Franzosen eine Frau überfielen. Viele Frauen und Mädchen sind in die Nachbarorte geflohen. Man prägte das Wort „Teufel in Menschengestalt". Die französische Flagge wurde gehißt und mußte durch Hutabnehmen gegrüßt werden, was zur Folge hatte, daß man ohne Hut ausging. Am 25. Mai 1945 zogen sie ab, es war eine dreiwöchige Leidenszeit. Alles atmete wieder auf, man konnte wieder auf's Feld, vorher nicht mehr, denn da war immer eine wilde Schießerei, denn sie gingen kompanieweise auf die Jagd.

## Bericht von Frau Therese Jakob aus Unterfinning

Ende April 1945 kamen beim Rückzug deutsche Soldaten durch unseren Ort. Finning wurde nicht mehr verteidigt.

Nach meiner Erinnerung kamen am 28.4.1945 gegen Mittag die ersten amerikanischen Panzer nach Unterfinning. Sie fuhren mit geschlossener Luke in den Ort. Die Ortschaft wurde nach deutschen Soldaten durchsucht. Deutsche Gefangene wurden an der Kirchenmauer aufgestellt. Nach meiner Erinnerung waren es ca. 40-50 Mann. Manche riefen „Durst". Ich konnte ihnen einige Male Wasser bringen. Die amerikanischen

*Therese Jakob*          Foto: privat

Posten schossen den Gefangenen vor die Füße, daß die Steine von der Straße hochflogen. Mehrere Gefangene bekamen dadurch Fußverletzungen. Gegen Abend wurden die Gefangenen mit Lastwagen abtransportiert. Besondere Übergriffe von den amerikanischen Truppen sind mir nicht bekannt.

Gefangene Franzosen, die in Unterfinning in der Landwirtschaft arbeiteten, sprachen gut für uns. Solange sie hier waren, ist nichts passiert. Nach einigen Tagen kamen diese jedoch weg.

Am 2. oder 3. Mai 1945 kamen französische Besatzungstruppen (sogenannte De-Gaulles-Truppen) nach Unterfinning. Es waren zwei Einheiten. Eine Kompanie war bei uns, eine zweite Kompanie war über dem Saubach. Diese sollen noch schlimmer gewesen sein.

Im Gasthof Jakob war die Kommandantur. Als die Franzosen ins Haus kamen, haben sie auf alles geschossen, auf Gläser, Krüge, Uhr, Kruzifix, in die Decke usw. Das ganze Haus wurde besetzt. Wir konnten nichts mitnehmen, nur das, was wir am Leibe trugen. Geschlafen haben wir irgendwo im Stadel.

Unsere Hühner wurden alle von den Franzosen erschossen. Ein Schwein wurde erschossen, angezündet und im Hof liegengelassen. Unsere Kleider und Wäsche wurden auf einen Haufen geworfen, mit Benzin übergossen und angezündet. Auch ein Viktoria Leichtmotorrad wurde dabei verbrannt. Die Betten wurden aufgeschnitten, die Federn zerstreut und Mehl hineingeschüttet. Die Möbel wurden mit der Axt zerschlagen.

In der Wirtsstube wurde auf dem Boden eine Hakenkreuzfahne angebracht. Die Ortsbewohner mußten niederknien, auf die deutsche Fahne spucken, dann wurden sie mit einem Fußtritt wieder hinausgeworfen.

Ab der Zeit, als die Franzosen in Westerschondorf die Pferde herausgeholt hatten, liefen sie mit Reitpeitschen herum und schlugen uns ständig damit, hauptsächlich um die Füße. Wir waren voller Striemen. Viele Leute wurden von den Franzosen geschlagen. Ich sah Josef Löbhard, Anton Dietrich und Leonhard Steber am Gartenzaun. Sie waren im Gesicht total verschwollen und so verschlagen, daß ich sie erst gar nicht erkannte. Als ich hinüberrief, schlug sofort wieder ein Franzose auf mich ein.

Vergewaltigungen waren an der Tagesordnung. Unsere 15jährige Magd Maria aus Niederbayern lieferte Milch in der Käsküche ab. Sie wurde von den Franzosen nackt ausgezogen und nackt wieder heraufgeführt. Nach ihrer Aussage kamen nachts einmal elf Franzosen über sie. Sie ging von Unterfinning wieder weg. Später habe ich erfahren, daß sie nach ca. drei Jahren gestorben ist.

Im Pfarrhof wohnte eine Flüchtlingsfamilie Ondrosch. Deren 14- bis 15jährige Tochter wurden von französischen Soldaten so vergewaltigt, daß sie ins Landsberger Krankenhaus gebracht werden mußte. Die damals ca.70jährige Frau Raab vom Einödhof wurde vergewaltigt und kam nachher ebenfalls ins Krankenhaus.

Auch der Pfarrer mußte aus dem Pfarrhof ausziehen.

Besonders schlimm war es am 9. Mai wegen der Feiern zur deutschen Kapitulation. Die französischen Soldaten waren betrunken, läuteten ständig mit den Kirchenglocken, spielten Orgel und sangen in der Kirche. Sie nahmen die Kerzen aus der Kirche und zündeten sie überall in der Ortschaft an den Fensterstöcken an.

Ich sah, wie Herr Georg Sedlmayr am Kastanienbaum vor unserem Haus stand und ein französischer Soldat mit dem Gewehr auf ihn zielte. Herr Sedlmayr sagte „erschieß mich doch, das ist ja hier kein Leben mehr". Plötzlich sagte der französische Soldat auf deutsch „Du zu alt" und senkte sein Gewehr.

Bei den De-Gaulles-Truppen war auch ein Mann, der in deutscher Kriegsgefangenschaft war, dort geflohen ist und wieder zum französischen Militär kam. Dieser Mann hat uns oft vor seinen Kameraden gewarnt und beschützt. Einmal versteckte er mich und Frau Koch sogar eine Nacht in einem Panzer.

Unterfinning, den 17.8.1985
Therese Jakob

## Bericht von Frau Kreszenz Fink, Unterfinning, geb. 1925

Als die französischen Besatzungstruppen Anfang Mai 1945 nach Unterfinning kamen, beschlagnahmten sie unser ganzes Haus. Wir mußten im Stall schlafen. Alle Hennen, die sie erwischen konnten, stachen sie mit dem Bajonett ab.

Es gab viele Vergewaltigungen durch die französischen Soldaten im Ort. Ich war damals 20 Jahre. Wir liefen absichtlich unansehnlich und ungepflegt herum, um uns dadurch die Franzosen vom Leibe zu halten. Wer die Situation rechtzeitig erkannte, brachte Mädchen und junge Frauen in andere Ortschaften zu Verwandten.

*Kreszenz Fink*        Foto: privat

Mein Onken Anton Dietrich sowie Josef Löbhard und Leonhard Steber mußten am Krautgarten hinter dem Haus von Dietrich jeder für sich ein Grab schaufeln. Ein französischer Posten mit Gewehr stand daneben. Zu der Erschießung kam es jedoch dann nicht.

Mein Vater, damals 65 Jahre alt, wurde ebenfalls an einen Baum gestellt und massiv mit Erschießen bedroht, weil man bei ihm eine Feuerwehr-Uniform gefunden hatte.

Ein junger französischer Soldat schrie mich an: „Du nix haben Ring?" Er kontrollierte meine Finger, fand aber bei mir keinen Ring. Daraufhin sagte er, „ich schon haben", faßte in seine Taschen und zeigte mir zwei Hände voll Eheringe, Schmuckringe, Siegelringe usw., die er schon zusammengestohlen hatte.

Sie gingen mit Maschinengewehren auf die Rehjagd, knallten hochträchtige Rehgeißen nieder und mit deren Fleischbrocken spielten sie Fußball – sie zogen gestohlene Frauenkleider an, mit Hut und Stöckelschuh liefen sie durchs Dorf. Von unseren zwölf Mann kam einer mit einer gestohlenen SA-Uniform angerannt, zog sie an und schrie: „Heil Hitler – Sieg Heil". In der Gemeindekanzlei haben sie alle Bücher und alten Schriften verbrannt, darunter eine wunderbare Gemeindechronik, die ein früherer Pfarrer geschrieben hatte. Das kann man nie wieder gut machen. An dem ganzen Dilemma waren die Offiziere schuld, weil sie die Mannschaft laufenließen wie die wilden Horden.

Nach einigen Wochen bestand die Gefahr, daß auch das ungepflegte Aussehen die Franzosen nicht mehr abhalten würde. Deshalb ging ich ca. zwei Tage bevor die Franzosen von Unterfinning abzogen, mit meiner damals 25jährigen Schwester nach Hofstetten zu Bekannten. Wir wußten, daß die Franzosen dort seit einigen Tagen abgezogen waren. Nach Hofstetten kamen damals mehrere junge Frauen aus Unterfinning.

Als wir wieder nach Hause zurückkehrten, hatten wir nichts mehr! Die Franzosen hatten vor ihrem Abzug alles zerschlagen. Die Bilder und Vorhänge hatten sie heruntergerissen, die Schränke umgeworfen. Fast alle Fenster waren eingeschlagen. Brauchbare Kleider und Bettwäschen hatten sie mitgenommen. Sogar die Starenhäuschen hatten sie heruntergerissen, um darin nach Wertsachen zu suchen.

Bevor sie abzogen, drohten sie, sie würden alle Häuser anzünden. Das soll ihnen jedoch verboten worden sein. Dafür legten sie aber raffiniert gelegte Brandsätze. In unserem Stadel fanden wir einen solchen Brandsatz. Der Zünder wäre betätigt worden, wenn jemand die Leiter weggenommen hätte. Dies wurde aber rechtzeitig bemerkt, und mein Vater brachte mit anderen Männern auf einer Wiese den Brandsatz zur Explosion.

Bei Kaspar Dietrich fand man ebenfalls einen Brandsatz. Dort war der Zünder an der Wasserpumpe befestigt.

Einen weiteren Brandsatz fand man bei Leonhard Steber, wo der Zünder an einem Wagenrad befestigt war.

Unterfinning, den 17.8.1985
Kreszenz Fink


## Die Fahnen des Burschenvereins und des Veteranenvereins Unterfinning
Aufgeschrieben von Frau Kreszenz Fink am 10.12.1985

Kurz bevor die Amerikaner Unterfinning erreichten, versteckte mein Vater die beiden Fahnen (Burschen- und Veteranenfahne) im Dachboden des Hauses.

Am 28. April 1945 nahmen amerikanische Panzer Unterfinning ein, ohne Schaden anzurichten. In der guten Hoffnung, es sei schon alles vorbei und aus Angst vor Feuchtigkeit nahm er die beiden Fahnen wieder aus dem Versteck und hing sie wieder in den Schrank.

Aber das dicke Ende kam erst. Am 2. oder 3. Mai fielen ca. 300 französische Soldaten in Unterfinning ein. Zu uns kamen auch zwölf Mann. Sie besetzten alle Zimmer und man hatte im eigenen Haus nichts mehr zu reden. Eines Tages sagte ein deutschsprechender Soldat zu meinem Vater, Monsieur komm mit und er mußte mit ihm nach oben gehen. Dort standen alle zwölf Franzosen um den offenen Fahnenschrank und er mußte erklären, das sind Vereinsfahnen, sie haben die kirchliche Weihe erhalten und haben mit dem Hitlerregime überhaupt nichts zu tun, und wenn ihr die kaputt macht, dann soll euch der Herrgott strafen und die Hände sollen euch wegfallen. Der Soldat übersetzte ins Französische, zuerst ein betretenes Schweigen und dann ein unverständliches Gerede, dann ließen sie ihn wieder gehen. Ein Wiederverstecken der Fahnen wäre sinnlos gewesen, denn sie haben das Versteck gefunden, es war aber leer.

Bevor sie abzogen, schlugen sie fast alle Fenster ein, Bilder wurden von den Wänden gerissen, Schränke umgeworfen. Die brauchbare Kleidung und Bettwäsche haben sie mitgenommen, doch die beiden Vereinsfahnen hingen, wie durch ein Wunder, unbeschädigt im Schrank und so sind sie erhalten geblieben.
Das ist die Wahrheit.
Unterfinning, den 10.12.1985
Kreszenz Fink

Frau Kreszenz Fink aus Unterfinning hat sich von den Vorwürfen von Frau Jaqueline H. aus Landsberg nicht beeindrucken lassen und mir nochmals eine schriftliche Bestätigung geschickt, daß sie jederzeit bereit ist, ihre Angaben zu beeiden. Aufrechte  Menschen mit so viel Rückgrat findet man nicht alle Tage.

## Bericht von Frau Irma Gall, geb. 1928, Unterfinning

*Irma Gall*          Foto: privat

Als die Franzosen im Mai 1945 nach Unterfinning kamen, mußten wir unsere Wohnung verlassen. Wir haben im Streuwinkel geschlafen, mußten aber für die Franzosen kochen. Von den französischen Soldaten wurden uns sämtlicher Schmuck, Wäsche und Uhren gestohlen.

Wir Mädchen liefen damals mit rußgeschwärztem Gesicht und besonders schlampig herum, denn es gab viele Vergewaltigungen im Ort durch die Franzosen. Die drei Töchter von Pfeiffer gingen nach Greifenberg, solange die Franzosen hier waren.

Mein Großonkel Alfons Metzger (Hausname Pfeiffer) wurde an einen Baum gestellt und von den Franzosen mit Erschießen bedroht. Mit seiner Kutsche fuhren die Franzosen tagelang im Dorf umher, dann warfen sie die Kutsche von der Hochfahrt, daß sie zerbrach. Im Haus von Pfeiffer haben die Franzosen furchtbar gewütet. Wir waren in dieser Zeit sehr isoliert und wußten oft nicht einmal über das Schicksal unserer Nachbarn Bescheid.

Mitte Mai 1945 wurde vor unserem Haus ein französischer Soldat rasiert. Den Karabiner hatten die Franzosen ständig bei sich und so hielt ihn der Soldat auch während der Rasur neben sich. Dabei löste sich ein Schuß und traf den Franzosen tödlich an der Halsschlagader. Ich sah ihn vor unserem Hause liegen. Er wurde mit einem Jeep abtransportiert und war dann einige Jahre am Unterfinninger Friedhof beerdigt. Der Name ist mir nicht bekannt.

Unterfinning, den 19.4.1986
Irma Gall

Der in Finning verunglückte französische Soldat wurde im Friedhof von Unterfinning begraben. Der Seinmetz wurde gezwungen, einen Grabstein zu errichten. Auf Drängen ihrer Mutter pflegte Frau Kreszenz Fink das Grab, bis der französische Soldat einige Jahre später ausgegraben und nach Frankreich überführt wurde.

Der in Endraching stationierte französische Soldat Cateau Ofrard ist am 6.5.1945 im Ammersee beim Baden ertrunken. Am 8.5.1945 wurde er im Friedhof von Endraching beerdigt. Ausgegraben und überführt am 28.6.1949 nach Frankreich.

Auskunft von Frl. Springer, Pfarrköchin in Endraching am 10.8.1985

*Das Grab des verunglückten Soldaten in Unterfinning*
Zeichnung von Kreszenz Fink

*Josef Löbhard*      Foto: privat

## Meine Erinnerungen an die französische Besatzung in Unterfinning 1945
Bericht von Josef Löbhard, Finning, geb. 1933

Am 3. Mai 1945 kamen französische Besatzungstruppen nach Unterfinning. Die Franzosen erschossen alles, was im Hof herumlief, es waren die De-Gaulle-Truppen. Sie quartierten sich in den Häusern ein. Sie plünderten und vergewaltigten junge Mädchen und so kam es, daß einige Frauen das Dorf verließen. Manche Häuser blieben von den Randalierern verschont, weil die dort lebenden französischen Kriegsgefangenen ihre Bauern massiv verteidigten. Von der Schule warfen sie Akten und Bücher aus dem Fenster und verbrannten alles, samt Motorrad des Lehrers.

Als einige der De-Gaulle-Truppen abzogen, um sich in Garmisch einzuquartieren, wurden sie von den Amerikanern nicht reingelassen und sie kamen mit Wut wieder nach Unterfinning zurück.

Westlich von Unterfinning (Krautgarten) war ein großer Fuhrpark von Militär-
fahrzeugen. Die Franzosen nahmen drei Männer fest (Leonhard Steber, Anton
Dietrich und meinen Vater Josef Löbhard) und sperrten sie in einen sehr kleinen
Hühnerstall ein. Sie wurden kübelweise mit Wasser übergossen. Leonhard Steber
kam bald frei. Einige Tage später mußten mein Vater Josef Löbhard und Anton
Dietrich ein Kreuz für ihr Grab machen, das sie sich selbst ausheben mußten. Ich
habe das aus einiger Entfernung selbst gesehen. In einem unbeobachteten Moment konnten sie fliehen und sich verstecken, bis die Franzosen abgezogen waren.

Unsere Zimmer waren alle mit den Franzosen belegt. Wir waren neun Personen und mußten in der Küche (12 qm) und in einem kleinen Zimmer (16 qm) am
Boden schlafen. Betten wurden aufgeschnitten, die Federn verstreut und Einge-
machtes über die Betten geschüttet, Möbel zerschlagen.

Als die Franzosen abzogen, lagerten auf dem Platz des Fuhrparks noch viele
Granaten. Die Franzosen hatten bei verschiedenen Anwesen an Leitern Zünder
angebracht, die aber rechtzeitig entdeckt wurden. Die Granaten wurden zusam-
mengetragen und auf einen Haufen gelegt, dort lagerten sie längere Zeit. So geschah es am Sonntag, den 3. Juni 1945, als wir Buben zum Fußballspielen gingen
und einer eine Granate in der Hand hatte, die er wieder in den Haufen der Granaten warf, daß einige Granaten explodierten. Drei Jugendliche wurden schwer
verletzt und mußten sterben. Löbhard Tasso, 13 Jahre, Dietrich Josef, 15 Jahre
und Hartl Josef, 14 Jahre aus München. Zwei Jugendliche kamen mit schweren
Verletzungen durch. Sie wurden alle von amerikanischen Soldaten in das
Landsberger Krankenhaus gefahren.

Das habe ich alles selbst erlebt.

Finning, den 8.12.2015, Löbhard Josef

## Bericht von Rosina Eichner, Landsberg a.L., geb. 1923, damals wohnhaft in Entraching, Hofname Bartlbauer

Anfang Mai 1945 kamen französische Besatzungstruppen in unser Heimatdorf nach Entraching. Ich war damals 21 Jahre. In unser Haus wurden sechs bis sieben französische Soldaten einquartiert. Sie gehörten zur 6. Kompanie. Ab Haus Nr. 12 war die 7. Kompanie einquartiert. Das war an der Haustüre angeschrieben. Die bei uns einquartierten Soldaten benahmen sich ordentlich.

*Rosina Eichner*    Foto: *privat*

In der Nacht vom 7./8. Mai 1945 zogen angetrunkene französische Besatzungssoldaten grölend durchs Dorf und schossen auf unser Haus. Ein bei uns einquartierter Marokkaner ging vor die Tür und sagte zu seinen Landsleuten, sie sollten Ruhe geben. Er mußte jedoch von der Tür weggehen, um nicht selbst erschossen zu werden. Wir gingen daraufhin in die obere Kammer, wo auch die übrigen bei uns einquartierten Franzosen schliefen. Dort blieben wir unbehelligt. In der Nacht drangen französische Soldaten in unser Haus ein. Die in der unteren Kammer wohnende 16- bis 17jährige Polin wurde von den Franzosen vergewaltigt.

In unserem Kuhstall wurden alle Tiere erschossen: acht trächtige Kühe und zwei Jungrinder. Eine Kuh lebte noch schwer verletzt. Sie stand schwankend im Stall, die Augen quollen heraus. Sie mußte erschossen werden. Eine Kuh war ausgebrochen. Wir fanden sie am nächsten Tag auf der Wiese. Sie fraß aber nicht und gab auch keine Milch mehr. Sie mußte notgeschlachtet werden.

Unsere Gänse fanden wir in der Nähe des Hofbauern. Sie waren offenbar ebenfalls schwer mißhandelt und gingen am nächsten Tag ein.

Unser einjähriges Fohlen befand sich im Roßstall. Es magerte von diesem Zeitpunkt an immer mehr ab, so daß wir es vom Pferdemetzger Feichtmeier schlachten lassen mußten. Dabei stellte sicher heraus, daß es am Hinterteil einen großen Eiterherd hatte. Offenbar war auch es angeschossen oder schwer mißhandelt worden.

Im Pfarrhof waren französische Offiziere einquartiert. Der Pfarrer wurde im Speicher eingesperrt. Gebetbücher und Schriften warfen die Franzosen in den Garten. Die Pfarrhaushälterin Frl. Springer kam am 8. Mai zu uns zum Wasserholen und weinte. Sie war überall grün und blau geschlagen. Der Pfarrgarten wurde eingezäunt. Dort hielten die Franzosen ca. fünf deutsche Soldaten und drei oder vier sogenannte Blitzmädels sowie den Bürgermeister Sanktjohanser gefangen. Die Gefangenen waren dort vier bis fünf Tage. Die Männer und Sanktjohanser wurden dann nach Dießen gebracht. Sanktjohanser ist aber unterwegs geflohen. Die Mädchen kamen zu den französischen Offizieren in den Pfarrhof.

Bei Drexl wurde in der Küche das Geschirr am Boden verstreut. Dann wurde eine Kuh durchgeführt, bis nur noch Scherben übrig waren.

Beim Bleicher ließen die Franzosen Pfannkuchen backen,um sie dann an die Wand zu werfen. An die Wand malten sie ordinäre Bilder. Ich habe die Bilder selbst gesehen.

Drexl mußte eine Rüstung anziehen und dann zur Belustigung der Franzosen singen.

Drexl und Koch sollten einer Sau lebend die Borsten abbrennen, was natürlich mißlang.Daraufhin wurde Drexl hinten die Jacke angezündet. Als die Tochter von Koch ihn darauf aufmerksam machte, wurde sie deshalb von den Franzosen geschlagen.

Zum Strobl (Bauernhof bei der Kirche) brachten die Franzosen einen ca. 18jährigen gefangenen deutschen Soldaten der Waffen-SS, wo sie ihn schwer mißhandelten. Dort konnte er flüchten und versteckte sich im Stadl von Drexl, wo er aufgrund seiner schweren Verletzungen starb. Sepp Wegele aus Landsberg, Schlossergasse, half Ende Mai seiner Mutter bei Feldarbeiten und fand dabei, durch den Verwesungsgeruch aufmerksam geworden, den toten deutschen Soldaten. Der Name konnte nicht mehr festgestellt werden. Er soll ostpeußischen Dialekt gesprochen haben.

In unserem Stadl am Haus legten die Franzosen Feuer. Mein Vater konnte jedoch die Flammen noch rechtzeitig ersticken. Der Fuchshof und der Minihof wurden niedergebrannt. Ebenso wurden die Feldstädl von Müller, von Koch und von Riedmüller in Brand gesteckt. Auch die Stadl von Müller (Maxenbauer) und Echtler wurden von den Franzosen niedergebrannt. Ein Löschen durch die Feuerwehr war nicht möglich. Die Feuerwehrpumpe stand außerhalb der Ortschaft im Kehrgraben. Nur dem Umstand, daß es damals sehr windstill war, ist es zu verdanken, daß das Feuer nicht weiter um sich griff.

Als der Minihof niedergebrannt wurde, trieben sie dessen Vieh in unseren Stall und sagten: „Kapitalist braucht kein Vieh."

Ein französischer Soldat (Marokkaner), der beim Rippel einquartiert war, wollte nicht mehr mit seiner Truppe gehen, als die Franzosen abzogen. Deshalb sollten Joh. Ertl, Lorenz Drexl und Stefan Koch erschossen werden. Es kam aber dann nicht mehr dazu.

Diese Angaben entsprechen der reinen Wahrheit.

Landsberg, den 22.8.1990, Rosina Eichner

## Junger deutscher Soldat wurde in Endraching zu Tode mißhandelt
Aussage von Fräulein Springer, Pfarrköchin in Endraching am 10.8.1985

Ein junger ca.18jähriger Soldat der Waffen-SS wurde in Endraching von französischen Besatzungssoldaten gefangengenommen und zu Tode gequält. Am 27.5.1945 wurde er im Stadel von Drexel tot aufgefunden. Die Papiere wurden nach der Gefangennahme von den Franzosen vernichtet, so daß der Soldat nicht mehr identifiziert werden konnte. Am 28.5.1945 wurde er auf dem Friedhof in Endraching beerdigt, 1951 exhumiert und zum Soldatenfriedhof Schwabstadl überführt.

*Das Grab des ermordeten jungen deutschen Soldaten im Soldatenfriedhof Schwabstadl*

Foto: H. Pflanz

## Bericht von Frau Rosa Braun und Herrn Josef Braun, Gasthof und Landwirtschaft in Entraching
aufgeschrieben am 31.5.1989

Als die De-Gaulle-Truppen (französische Besatzungstruppen) Anfang Mai 1945 nach Entraching kamen, verbreiteten sie Angst und Schrecken und hinterließen unglaubliche Verwüstungen. Nachdem die französischen Truppen Ende Mai 1945 wieder abzogen, hatten wir nur noch das zum Anziehen, was wir am Leib trugen. Das ganze Mobiliar und die Türen waren zerschlagen, alle Lichtschalter (damals auf Putz installiert) waren abgeschlagen, 156 Fensterscheiben zersplittert, das Ölfaß durchschossen, die Jauchepumpe kaputt. Wir hatten keinen Spiegel, keine Fotos, auch kein Hochzeitsbild mehr. Wir aßen aus dem letzten Kochtopf und mußten den noch vorhandenen Löffel weiterreichen. Im ganzen Haus befand sich nur noch eine Tas-

*Rosa Braun*

*Foto: privat*

se für vier Personen, so daß wir abwechselnd Kaffee trinken mußten.Es gab ja nichts zu kaufen. Wir bekamen später einen Bezugsschein für eine Tasse, konnten dafür aber nur eine Schüssel erhalten. Wenn Hochzeitsgäste in die Gastwirtschaft kamen, mußten sie das Geschirr selbst mitbringen.

Die Standesamtunterlagen warfen die französischen Soldaten aus dem Fenster vom Bürgermeisteramt und haben sie im Hof verbrannt. Es gab im Ort kein Geburten- und Sterberegister mehr. Das mußte in mühsamen Recherchen wieder aufgebaut werden, soweit dies möglich war. Die Vereinsfahnen blieben erhalten.

Auch in anderen Häusern schlitzten sie die Betten mit dem Bajonett auf und schüttelten die Federn aus den Fenstern, so daß es aussah, als ob es schneit.

Am 8. Mai 1945 (Kriegsende) schossen sie so wild herum, daß das noch vorhandene Vieh in den Ställen vor Panik die Ketten abriß. Beim Bartl-Bauer erschossen sie das gesamte Vieh. Als ein französischer Kriegsgefangener den Truppen schwere Vorwürfe machte, drohten sie ihm mit Erschießen.

Es gab viele Vergewaltigungen. Die Männer, darunter auch mein Onkel, wurden häufig geschlagen. Es waren damals vorwiegend ältere Männer im Ort. Mein Vater wurde im Pfarrhof (im Freien) eingesperrt und jeder, der vorbeikam, mußte ihn anspucken.

Im Pfarrgarten war ein Lager eingerichtet und mit Drahtverhau gesichert. Dort hielten sie die deutschen Soldaten gefangen, die sie erwischen konnten.

Unser Pfarrer wurde mit zwei hochschwangeren Frauen in den Speicher gesperrt. Wenn sie die Notdurft verrichten mußten, begleitete sie ein französischer Soldat mit Gewehr und aufgepflanztem Bajonett.

In unserem Haus hängt ein großes Bild, das zeigt vier Kartenspieler und ein Mädchen. Allen fünf abgebildeten Personen gab ein französischer Soldat mit der Pistole einen Kopfschuß.

*Das Bild im Hause Braun, auf dem alle abgebildeten Personen einen Kopfschuß bekamen.*

*Foto: H. Pflanz*

Als die De-Gaulle-Truppen abzogen und bereits im Auto saßen, bemerkte ein französischer Soldat, daß bei uns oben noch ein kleines Fenster unbeschädigt war. Das hat er dann auch noch zerschossen.

## Erlebnisbericht von Kreszenz Deuringer, Schwifting, geb. 1919, damals wohnhaft in Oberfinning

Außerhalb der Gemeinde Oberfinning befand sich eine Einöde mit dem Hausnamen „Glückmann". Auch hier kam es im Mai 1945 zu brutalen Ausschreitungen durch französische Besatzungstruppen.

Auf dem Hof befanden sich außer mir meine 63jährige Ziehmutter und der ledige Bruder meines Ziehvaters. Mein Ziehvater war bereits tot, mein Bruder ist im Krieg gefallen.

Die französischen Soldaten zerschlugen alle Fensterscheiben, erschossen die Hühner, Kleidung, Wäsche und Stoffe sowie alle Fahrräder wurden geplündert. Unseren treuen Hofhund haben sie erschossen.

Kreszenz Adler/Deuringer

Foto: privat

Ich kaufte mir vor dem Krieg in Landsberg einen Fotoapparat für RM 4.50. Den hatte ich bei Bekannten in Schwifting. Das Futteral aber fanden die Franzosen in unserem Haus und verlangten den Fotoapparat. Sie drohten, das Haus anzuzünden. Ein Franzose sah auf die Uhr und sagte „Fünf Minuten, dann brennen". Sie rafften im Stadel Heu zusammen und zündeten es an, löschten es aber wieder. Dann drückten sie mich an das Scheunentor, die Hände mußte ich hochnehmen und sie drohten mir mit Erschießen. Als das alles nichts nützte, zogen sie wieder ab, aber der Schock saß tief.

Einige Gegenstände haben wir vergraben, zum Glück wurde das Versteck nicht entdeckt.

Im Haus befand sich eine Mehltruhe mit Roggen- und Weizenmehl. Darin verrichteten die französischen Soldaten ihre Notdurft, so daß auch dies nicht mehr verwendbar war.

Meine Ziehmutter, Frau Katharina Raab, damals 63 Jahre alt, wurde so brutal vergewaltigt, daß sich im Hausgang eine Blutlache befand. Als mehrere Franzosen in unser Haus eindrangen, sie zerschlugen mit dem Gewehrkolben die Türen, versteckte ich mich unter dem Bett. Sie haben die Schränke und das ganze Zimmer durchsucht, bis sie mich fanden. Ich konnte aber entkommen und versteckte

*Der Bauernhof in Oberfinning*
*An der Türe: Kreszenz Adler mit Schwester. Rechts mit Fahrrad: Katharina Raab.*
*Am Haus die Hundehütte, in der sich Kreszenz Adler eine Nacht versteckte. Rechts*
*der treue Hund, den die französischen Soldaten erschossen haben.*

mich in der Hundehütte, wo ich die ganze Nacht ausharrte. Ein anderes Mal zerrten mich vier Franzosen in den Stadel, wo sie mich vergewaltigten. Ich bin dann
abends immer zu Fuß durch den Wald nach Schwifting gelaufen und habe bei
Bekannten übernachtet. Auch das war gefährlich, weil die französischen Soldaten ständig auf der Jagd waren. Morgens bin ich zurückgegangen, um meiner
Ziehmutter bei der Arbeit zu helfen.

Ich möchte lieber tot sein, als diese Zeit noch einmal erleben zu müssen.
Schwifting, 26.2.2008, Kreszenz Deuringer

## Erlebnisbericht von Frau Elisabeth Gregg, geb. 1923, damals wohnhaft in Westerschondorf, Krs. Landsberg

niedergeschrieben am 30.6.1989

*Elisabeth Gregg*

Foto: privat

Es war in den Tagen um oder nach Kriegsende 1945; ich weiß die Zeit nicht mehr genau. Ich war damals 21 Jahre alt und lebte mit meinen Eltern und anderen Verwandten in Westerschondorf, einem Gutshof in der Nähe von Landsberg/Lech, der zum bayerischen Gestüt Achselschwang gehört.

An einem Samstag gegen Mittag sahen wir, daß sich französische Soldaten dem Hof näherten. Wir flüchteten in alle Himmelsrichtungen. Ich rannte mit Frau Lechner, einer Nachbarin, durch den Stall in ein angrenzendes Wäldchen. Dort versteckten wir uns im Dickicht. Da es an diesem Tag in Strömen regnete, waren wir nach kurzer Zeit bis auf die Haut durchnäßt. Wir kauerten im Unterholz und zitterten vor Angst und Kälte. Ich weiß nicht, wie lange wir so saßen, denn ich hatte jegliches Zeitgefühl verloren. Schließlich trieben uns Hunger und Kälte aus unserem Versteck. Wir schlichen uns vorsichtig auf den Hof, der völlig verwüstet war. Wir konnten im ersten Moment keine feindlichen Soldaten entdecken und glaubten uns schon in Sicherheit. Doch auf einmal war der Hof voll von Franzosen, die aus allen Richtungen auf uns zuliefen. Im Nu hatten uns 15 bis 20 von ihnen umringt, die mich ergriffen und unter Grölen und Johlen in unser Haus schleppten. Da sah ich plötzlich meine Mutter herbeilaufen, die mir helfen und mich vor den Soldaten schützen wollte. Ich konnte ihr noch zurufen: „Mama, geh weg, sonst schlagen sie dich tot", bevor mich die Franzosen in unsere Schlafkammer schleppten, mir die Kleider vom Leib rissen und mich nackt auf dem Bett festbanden. Dann vergewaltigten sie mich der Reihe nach. Es waren so viele, daß unsere kleine Kammer nicht alle fassen konnte und sie bis in den Flur Schlange standen. Nach unendlich langer Zeit war das Martyrium vorüber. Irgendwann band mich ein Franzose los und befahl mir, aufzustehen und mitzukommen. Da meine Kleider völlig unbrauchbar waren, schlüpfte ich in die Hose und Jacke meines Vaters, die in der Nähe an einem Haken an der Wand hingen, und folgte dem Soldaten. Ich konnte mich nur mühsam auf den Beinen halten, da ich große Schmerzen im Unterleib hatte. Der Franzose führte mich nach Unterfinning auf einen Bauernhof, der sich gleich links am Ortseingang gegenüber der Käserei befand. Dort hatten sich seine plündernden Landsleute niedergelassen, die mir schon grinsend und johlend zu verstehen gaben, daß sie sich morgen wieder mit mir „vergnügen" wollten.

Am nächsten Tag gingen die Vergewaltigungen auch tatsächlich weiter. Dabei war ich nicht die einzige, die dies erdulden mußte, denn ich konnte vom Fenster aus sehen, wie ein junges Mädchen von den Franzosen nackt in den Brunnen geworfen wurde, der vor der Käserei stand.Sie hatte, wie ich später erfuhr, das gleiche Schicksal wie ich erlitten. Die Franzosen wüteten so schlimm, daß sich Herr Mick, ein Mitbewohner in Westerschondorf aus Verzweiflung die Pulsadern aufschnitt. Ich sah, wie man die leblose Gestalt auf einem Leiterwagen nach Unterfinning brachte. Die  Franzosen waren nach den Amerikanern schon die zweite „Siegermacht", die unsere Gegend heimsuchte.

Doch zurück zu den Ereignissen des Sonntages in Unterfinning. Die Vergewaltigungen hatten den gesamten Tag über gedauert. Am nächsten Morgen waren die Franzosen bis auf einen Bewacher plötzlich verschwunden. Dieser schien Mitleid mit mir zu empfinden, denn er gab mir zu verstehen, ich solle schnell weglaufen, bevor seine Landsleute zurückkämen. So lief ich, so schnell dies mein gemarterter und geschwächter Körper zuließ, zurück nach Westerschondorf. Dort angekommen, traf ich nur noch zwei Bewohner an, die mir erzählten, daß meine Verwandten auf den Stillerhof geflohen seien. Also machte ich mich mühsam dorthin auf den Weg. Nachdem ich einige Zeit gegangen war, sah ich meine Mutter mit anderen Bewohnern Westerschondorfs mir entgegenkommen. Weinend fiel ich meiner Mutter in die Arme. Da ich mich nicht mehr auf den Beinen halten konnte, setzte sie mich in einen Leiterwagen, den sie mitführte, und wir zogen mit den anderen nach Schwifting. Dort angekommen, meldeten wir uns auf der Kommandantur, die uns einen Platz in einem Bauernhaus zuwies. Dort bekam ich erst einmal zu Essen und zu Trinken.

Als ich mich völlig erschöpft zum Schlafen hinlegen wolte, bemerkte ich, daß die Scheune mit marokkanischen Soldaten belegt war. Von panischer Angst vor erneuten Vergewaltigungen ergriffen, flehte ich meine Mutter an, doch weiterzufahren. So machten wir uns auf den Weg nach Landsberg, wo Verwandte von uns schon Unterkunft gefunden hatten.

In Landsberg kam ich dann endlich auch in ärztliche Behandlung. Als der Arzt meine Unterleibsverletzungen sah, schlug er die Hände über dem Kopf zusammen und rief aus: „Es ist ein Wunder, daß Sie noch leben." Danach mußte ich schmerzhafte Untersuchungen und Behandlungen über mich ergehen lassen. Ich war noch etwa zwei Jahre unterleibskrank, bis die Verletzungen der Vergewaltigungen endgültig ausgeheilt waren.

## Bericht von Michael Wagner, Schwifting, Dorfstraße, geb. 1936

*Sophie Manhart*

Foto: privat

Sophie Manhart aus Landsberg, geb. 1924 war bei Kriegsende in Schwifting dienstverpflichtet. Ich sah, wie französische Besatzungssoldaten Sophie Manhart über die Straße zerrten und in den Schuppen von Ulrich S. in der Dorfstraße Schwifting sperrten. Dort war sie lange Zeit eingesperrt, bis zum Abzug der französischen Besatzungstruppen. Der Schuppen wurde von französischen Soldaten bewacht. Die Franzosen standen oft vor dem Schuppen Schlange, das habe ich selbst gesehen.

Als die Franzosen Ende Mai 1945 aus Schwifting abzogen, haben sie einen Stadel in der Dorfstraße um ca.24 Uhr mit Leuchtspur in Brand geschossen. Die Schwiftinger Feuerwehr durfte nicht löschen und wurde von den Franzosen in ca. 20 Meter Abstand gehalten. Erst als der benachbarte Hof von Martin H. zu brennen begann, durfte die Feuerwehr den Hof von H. löschen.

Schwifting, 14.8.1987, Michael Wagner

Sophie Manhart arbeitete nach dem Krieg in unserer Nachbarschaft im Haushalt und ich erinnere mich noch gut an ihre freundliche Art. Mit 24 Jahren ist sie gestorben und wurde im Landsberger Friedhof begraben. Das Grab ist längst aufgelöst.

## Margareta Frigl, Schwifting, geb. 1923, starb an Vergiftung

*Margareta Frigl*

Foto: privat

Im Haus von Frigl in Schwifting bei Landsberg waren im Mai 1945 vier französische Besatzungssoldaten einquartiert, ein Offizier, ein Dolmetscher und zwei Marokkaner. Die Bewohner mußten das Haus verlassen und haben bei Nachbarn geschlafen. Die Tiere der Landwirtschaft konnten mit Hilfe der Nachbarn versorgt werden. Die französischen Soldaten verschafften sich Zugang zum Kellerraum, in dem u.a. die Aussteuerwäsche von Margareta Frigl in drei großen Kartons gelagert war. Diese war nach dem Abzug der Besatzungstruppen verschwunden. In diesem Kellerraum ließen die französischen Soldaten eine offene Konservendose mit Gemüse zurück. Margareta Frigl, 22 Jahre, hat von dieser Konservendose probiert. Daraufhin wurde ihr sofort schlecht und sie legte sich hin. Drei Tage später, am 28.5.1945, war sie tot. Alles deutete darauf hin, daß sie an Vergiftung gestorben ist.

## Thomas Prummer aus Schwifting wurde mit Bauchschuß niedergeschossen und liegengelassen

Der Landwirt Thomas Prummer aus Schwifting wurde von den Dorfbewohnern als zähe und sportliche Natur beschrieben. Im Mai 1945 wollte der damals 76jährige Thomas Prummer zu Fuß von Schwifting nach Geltendorf laufen, um seine Tochter zu besuchen. Etwa 500 Meter vom Ortsrand entfernt, wurde er von französischen Soldaten, die ständig auf der Jagd waren, mit Bauchschuß niedergeschossen und liegengelassen. Prummer lag dort die ganze Nacht. Er winkte ab und zu mit seinem Hut, um auf sich aufmerksam zu machen. Als ihn Dorfbewohner entdeckten, fuhren sie Thomas Prummer mit einem Pferdewagen ins Landsberger Krankenhaus, wo er von Dr. Müller operiert wurde und dadurch überlebte.

## Aus den Aufzeichnungen von Frau Baldauf aus Stadl

4. Mai 1945: Am Morgen kam ein französischer Soldat in die Schule. Er besah sich die Dienstwohnung und das Schulzimmer, dann sprach er: „Alles heraus". Nun packten wir kopflos unsere Sachen zusammen, soweit dies in der Aufregung möglich war, und trugen sie zu den Nachbarn. Das ganze Dorf war in Aufregung, weil auch in anderen Häusern Räume beschlagnahmt worden war. Gegen Mittag kamen von Pflugdorf her Kolonnen von Wagen, Panzerspähwagen und Lastwagen. Bald waren die ersten im Dorfe, es waren Franzosen und Schwarze. Auch im Hause von Frl. D. mußten drei Räume für die Besatzung gerichtet werden. Nach kurzer Zeit konnte man sehen, wie die Soldaten bei den Bauern die Hühner wegfingen und rupften. Beim Herrn Pfarrer wurde befohlen, in kurzer Zeit eine Mahlzeit mit Suppe, Braten und Dessert für vier Offiziere aufzutischen. In der Nacht zum Samstag wurden wieder Frauen bedroht.

Beim Settele, Stork und Arnold waren viele Soldaten und Offiziere einquartiert und aßen auch dort. Sie schafften einfach an und verlangten das beste.

Am Freitag sahen wir einmal ins Schulhaus, dort sah esfürchterlich aus. Die Besatzung hat da fürchterlich gewütet. Alle Schränke und Kästen waren aufgebrochen und ausgeräumt. Wir mußten sogar noch vier Betten mit Wäsche bereitstellen. Im Gemeindezimmer war die Tür aufgebrochen und aus den Federsäcken lagen die Federn herum, die Kleider, die der Bürgermeister dort aufbewahrt hatte, waren gestohlen.

Von abends 9 bis 7 Uhr früh ist Ausgangssperre. Wir durften nicht einmal nach Pflugdorf und diese durften nicht nach Stadl. Nach zehn Tagen gab es endlich wieder elektrischen Strom. Das Wasser war noch nicht gerichtet, wir mußten es noch bei der Reserve holen. Fahrräder durften nicht benützt werden, weil sie sofort abgenommen wurden. Noch war kein Anzeichen zu merken, daß die Besatzung abrückt.

Der arge Sturm ließ etwas nach, aber man konnte vom Mai gar nichts Schönes verspüren, so war alles in Aufregung.

Bei Frl. D. waren im ersten Stock 16 Mann einquartiert, mittags und abends waren fünf bis sechs davon bei ihr zum Essen. Frau F. mußte eine französische Fahne nähen. Den Stoff, rot, weiß hatte man bei ihr gestohlen. Den blauen Stoff stellte die Pfarrermutter zur Verfügung, dafür bekam sie als Ersatz eine blaue Schürze, die man ebenfalls bei Frau F. entwendet hatte.

Frau S. war schon verzweifelt über die Anforderungen, welche die Soldaten stellten. Jeden Tag wurde schmackhaftes Essen gefordert und Dessert mit Schlagsahne.

In der Nacht wurde beim K. in Vilgertshofen, wo sich ein Ausweichlager der Sattlerinnung München befand, geplündert und die Magd notgezüchtet.

Nun hieß es, der Krieg sei aus, Deutschland habe kapituliert. Die Soldaten waren fröhlicher Stimmung. Die Herren bestellten bei S. ein Mahl für die Sieger.

Am Montag, 7. Mai am Abend war ein großer Appell mit viel Schüssen und Feuerwerk. Dienstag, den 8. Mai, sind verschiedene Truppenfahrzeuge nach Berchtesgaden gefahren, spät in der Nacht kamen sie zurück.

Es mußten nun auch noch französische Wimpel genäht werden. Als der A. Alfons an der Fahne beim Milchtragen vorbeigehen mußte, hat er sie nicht gegrüßt. Der Junge wußte dies ja nicht, daß die Fahne zu grüßen sei. Dafür hat man ihn geschlagen.

Die Eier mußten abgeliefert werden. Es wurde eine Liste aufgestellt, was an Vorräten vorhanden war. Alle Fotoapparate mußten bei der Kommandantur abgegeben werden.

Die Lehrerin von Pflugdorf, Fräulein K., wurde auf dem Wege nach Thaining von drei Soldaten belästigt. Es gelang ihr noch, aus dem Auto zu springen und zu entkommen. In Vilgertshofen hätte man beinahe Frau F. erschossen, sie wurde beschuldigt, SS-Soldaten beherbergt zu haben. Dies entsprach jedoch nicht der Wahrheit, trotzdem mußte sie 1000 Mark Strafe bezahlen. Ein ähnlicher Fall war auch beim K.

Am Montag, den 15. Mai, mußten bis 12 Uhr mittags die Radios abgegeben werden, die einfachen Geräte wurden am Nachmittag wieder zurückgegeben.

Die Truppen, die im Orte lagen, waren mit Verpflegung und Ausrüstung hervorragend ausgestattet. Sie hatten alles in bester Güte. Es gab Kaffee, Kakao und unglaublich weißes Brot. Aber anderes Brot mußten die Bauern liefern. Der Herr Mohremweiser, Gemeindediener, läutete fast täglich durch das Dorf und gab neue Forderungen der Besatzung bekannt. Schweine, Kälber, Butter, Eier, Kartoffeln, Fett und andere Dinge mußten abgeliefert werden. Am 21. Mai kam der Befehl durch, daß bis morgen jedes Haus zwei Hühner gerupft und sauber hergerichtet abgeben mußte.

Am 18. Mai waren große Paraden auf dem Lechfeld und in München, an dem auch die hiesigen Truppen teilnahmen.

Endlich, am 24. Mai, morgens 7 Uhr zogen die französischen Truppen von Stadl und der Umgebung nach Frankreich.

Das Reinigen des Schulhauses bzw. der Wohnung dauerte mehrere Tage. Besonders arg sah es auch im Schulzimmer aus, alle Landkarten, Hefte, Lehrmittel waren zerfetzt und mit Tinte begossen. Die Schultafeln unbrauchbar gemacht, Schubladen im Tisch zertrümmert, Fenster eingeschlagen und die Vorhänge verschwunden. Es war so, als ob die Barbaren hier gehaust hätten. Auf dem Speicher haben sie verschiedene Inschriften angebracht wie: Deutschland unter alles usw. Auf den Kamin wurde nach der Scheibe geschossen.

In den folgenden Nächten wurde die Bevölkerung durch Polen und Russen beunruhigt, sie drohten, die Häuser anzünden zu wollen. Die Bauern stellten Brandwachen auf.

## Erlebnisbericht von Karl Waldegger, Landsberg a.L., geb. 1938

Ichwohnte 1945 mit meinen Eltern und Geschwistern in Frauenwies bei Stoffen, Landkreis Landsberg am Lech.

Im Mai 1945 durchsuchten französische Besatzungssoldaten unser Haus. Dabei fanden sie Griffschalen von Pistolen. Mein Vater reparierte nebenberuflich solche Sachen. Spätabends kam ein Lastwagen mit französischen Soldaten, nach meiner Erinnerung waren es ca. sechs bis acht Mann. Die ganze Familie mußte sich vor dem Stadl aufstellen zum Erschießen. Auch wir Kinder wurden aus dem Bett geholt. Ich denke, *Karl Waldegger*                    Foto: privat
es wird so gegen 23 Uhr gewesen sein. Bei unserem Nachbarn arbeitete ein französischer Kriegsgefangener, der mit den Besatzungstruppen sprach und für uns eintrat. Der Nachbar holte auch den Bürgermeister, der ebenfalls vermittelte. Daraufhin ließen sie von ihrem Vorhaben ab.

Was nicht geplündert wurde, schlugen sie kaputt.Die Fahrräder wurden unbrauchbar gemacht, die Eier an die Wand geworfen, über das Brot wurde Petroleum geschüttet, das Eingeweckte wurde geöffnet und in den Bach geschüttet, die Bettwäsche zerschnitten usw. Später ist meine Mutter zu meiner Großmutter gefahren, die uns mit Wäsche ausgeholfen hat.

Meine Mutter hatte in der Nachkriegszeit auf dem Feld immer große Angst, da sie des öfteren von ausländischen Soldaten bedrängt wurde.Sie betete immer zur Hl. Maria und war der Ansicht, daß ihr das geholfen hat.

Landsberg am Lech, 21.6.2014, Karl Waldegger


## Tatbestandsaufnahme über die von Angehörigen der französischen Wehrmacht im Riedhof Kaufering vorgenommenen Ausschreitungen
Aufgeschrieben von Rudolf Neuhaus, Kaufering 1947

I. Vergewaltigung
Nachdem bereits seit Beginn der Besatzung durch französische Truppen dauernd Hausdurchsuchungen mit Wegnahmen aller Art von Schmuck, Uhren, Kleidung und Wäschestücken, Koffer, Rucksäcke usw. durch französische Wehrmachts-Angehörige vorgenommen wurden, erschien am Freitag, 4. vormittags wiederum ein Trupp, zusammengesetzt aus Angehörigen derfranzösischen Wehrmacht und

befreite russische Kriegsgefangene. Der Anführer der Truppe, ein Franzose Crenelli hatte es vor allem auf Schnaps und Wein, sowie auf weibliche Bewohner des Hauses abgesehen. Zunächst bedeutete er mir, es hätten sich am Abend alle Frauen unten in der Halle einzufinden, bis er wiederkomme. – Dann versuchte er, das Küchenmädchen in die Enge zu treiben, was ihm durch mein Dazwischentreten mißlang, so daß das Mädchen entkommen konnte. Darauf suchte er sich in unserem Schlafzimmer ein Bett aus und sperrte mich und meine Frau unter Waffenbedrohung ins Kinderzimmer. Auf seinem weiteren Gang durchs Haus fand er die evakuierte Frau des Ing. T., die er ebenfalls in ihr Zimmer einsperrte. Für den Fall, daß sie sich widersätzlich zeigte, drohte er, den vor der Tür wartenden französischen Soldaten (anscheinend einer Kolonial-Truppe angehörig) einzulassen, um von der Waffe Gebrauch zu machen. Er kündigte sein Kommen für denselben Abend an, worauf sämtliche Frauen am Abend das Haus verließen. Er kam aber erst am Samstag, 5. abends und suchte diesmal nur nach Schnaps und nach Frau T. Diese war bereits geflohen. Nachdem er Frau T. nirgends gefunden hatte, zog er wieder ab, kam aber am Sonntagmittag 1 Uhr wieder. Diesmal gelang es ihm, Frau T. anzutreffen und wieder zu vergewaltigen. Er erklärte darauf, er habe diese Angelegenheit mit Frau T. nunmehr erledigt und werde nicht mehr kommen. Er fuhr auch bis jetzt nur einmal um 7 Uhr abends durch den Hof ohne abzusteigen.

II. Schwere Zerstörungen im Wohnhaus, Sonntag, 6. vormittags 9-11 Uhr, wesentlich durch Offz.-Mannschaften der französischen Marinetruppe. – Sie verlangten vor allem Schmuck, Edelsteine. Solche konnten sie aber nicht mehr finden, da bei den vorhergegangenen Plünderungen bereits alles mitgenommen worden war. Nur bei meiner 74jährigen evakuierten Tante fanden sich noch wertvollen Familienschmuck, den sie von ihr erpreßten mit der Androhung, im Weigerungsfall das ganze Wohnhaus anzuzünden. – Darauf begannen die Soldaten mit der planmäßigen Zerstörung aller zerbrechlichen Einrichtungsgegenstände im ganzen Haus während sie mich im Speicher festhielten.
Im Parterre: Zerstörung des zerbrechlichen Küchengeschirrs, Umstürzung von Küchenschränken, Zerstörung des Wasserhahns und des Wasserschiffs im Herd, Beschädigung der Haustür-Schlösser, Zerstörung eines Heizkörpers der Warmwasserheizung, so daß das Wasser in die Halle ausströmte. Mein Versuch, das Wasser anderweitig abzulassen, wurde verhindert, indem ich mit Kolbenschlägen weggetrieben wurde. Zerschlagen und Umstürzen aller Spiegel und der meisten Fenster. Demolierung von Schränken, restlose Entleerung einer Silbertruhe, Zerschlagen der meisten Beleuchtungskörper und Glühbirnen, Beschädigung von Schaltern. Durchschneiden der Fernsprechleitung, Durchwühlung des Schreibzimmers, Zerstörung und Vermischung von Gemüsesämereien, Zertrümmerung eines Klosetts, eines Waschbeckens, Zerschlagung von Eßgeschirr und wertvollen alten Vasen.

Im I. Stock: In sämtlichen Räumen oben wie unten, Zerstörung von Wasserhähnen, von zwei Waschbecken, ein Badeofen, ein Klosett, Zerschlagung von Wasch- und Kaffeegeschirr, von Fenstern. Umwerfen und Demolierung von Schränken und Uhren. Wegnehmen von Koffern mit Inhalt, Zerstörung von Bildern und Bücherschränken und den zwei Nähmaschinen.

II. Stock: Auch hier Zerstörung von Fenstern, Einrichtungsgegenständen der Familie N., eines Badeofens und eines Klosetts, von eingemachten Früchten, Demolierung eines Schrankes mit Porzellan, aller Beleuchtungskörper, eines Volksempfängers. – Ein ersichtlicher Grund, durch den die Zerstörungen als persönlicher Racheakt erklärt werden könnten, liegt nicht vor. Kein Familienangehöriger war Offizier oder Angehöriger der SS oder Inhaber einer höheren Parteistelle. Die ausländischen Arbeiter waren dauernd gut verpflegt und behandelt worden. Aneignung von Waren französischer Herkunft war überhaupt nicht erfolgt oder vorgekommen. Die Lebenshaltung des Besitzers und seiner Familie durchaus einfach, ohne jeden Luxus.

### Jakob Ott und ein unbekannter Soldat wurden in Kaufering ermordet

*Jakob Ott*

Foto: privat

Herr Jakob Ott aus Kaufering, Reichsbahnbeamter, war als Rangierer beim Bahnhof Kaufering beschäftigt. In der Nacht zum 22.5.1945 hatte er Nachtdienst. Als er morgens nach Dienstschluß von der Arbeit nach Hause gehen wollte, wurde er kurz nach der Eisenbahnbrücke am Bahndam von französischen Besatzungstruppen gefangengenommen und in einem Stadel an der Leonhardistraße festgehalten. Von Ortsbewohnern aufmerksam gemacht, sah Frau Ott durch das offene Stadeltor, daß ihr Mann Militärfahrzeuge der Besatzungstruppen instandsetzen mußte. Als Herr Ott seiner Frau zuwinken wollte, wurde er blutig geschlagen.

Am 23.5.1945 zogen die französischen Truppen aus Kaufering ab. Am Abend zuvor brachten sie die Gefangenen auf einem Kraftwagen weg. Von da ab fehlte von Herrn Ott jede Spur. Für Frau Ott, die zu dieser Zeit schwanger war und ein Kleinkind zu versorgen hatte, begann eine schwere Zeit zwischen Hoffen und Bangen.

Am 21. November 1945 sahen Waldarbeiter im Westerholz bei Kaufering Stoffreste aus dem Boden ragen. Es kamen zwei Leichen zutage. Eine davon trug eine Bahnuniform, in der sich noch die Rangierpfeife und Schlüssel befanden.

Sie konnte als der Bahnbeamte Jakob Ott identifiziert werden. Herr Ott wurde erschlagen. Die zweite Leiche wies einen Einschuß an Rücken und Brust auf. Eine Identifizierung war nicht mehr möglich, da Ausweispapiere und Erkennungsmarke fehlten. Es ist anzunehmen, daß der unbekannte Soldat die Leiche von Ott eingraben mußte, ehe er erschossen wurde.

Am 24.11.1945 wurde Herr Ott im Familiengrab in Kaufering beigesetzt. Auch der unbekannte deutsche Soldat wurde in Kaufering beerdigt.

Auch für diese zwei Morde gibt es keinerlei Begründung. Herr Ott war nicht Mitglied der NSDAP und wird von Ortsbewohnern als völlig unpolitisch dargestellt.

*Josef Heider*
Foto: privat

## Josef Heider wurde am Burgberg in Kaufering erschossen

Am 4.5.1945, also eine Woche nach Beendigung der Kampfhandlungen, kam es in Kaufering zu einer Erschießung.

Der aus München stammende 39jährige Josef Heider wurde am 4.5.1945 nachmittags ca. 16 Uhr am Burgberg in Kaufering von französischen Besatzungssoldaten erschossen.

Er wurde zunächst in Kaufering beerdigt und 1951 zum Soldatenfriedhof Schwabstadl überführt, wo er heute noch begraben liegt.

## Konrad Strobel wurde am 22. Mai 1945 in der Schwabau bei Hurrlach erschossen

Konrad Strobel stammte aus München. Der Straßenzug, in dem er wohnte, bestand nach den Luftangriffen auf München nicht mehr. Strobel arbeitete während des Krieges bei der Firma Moll. Bei Kriegsende wohnte er bei Frau S. im Bahnwärterhäuschen in Kaufering.

Am 22. Mai 1945 mußten Kauferinger Bürger unter französischer Bewachung in die Schwabau bei Hurrlach marschieren und um geöffnete Massengräber herumlaufen. Dabei wurde Konrad Strobel aus der Menge gezogen und vor den

Augen der anderen zusammengeschlagen und mit Stiefeln getreten. Dann wurde er von den französischen Soldaten in Richtung der Lechauen weggebracht und erschossen.

Konrad Strobel wurde in der Schwabau begraben, ca.1950 exhumiert und zum Soldatenfriedhof Schwabstadl überführt. Ein Grund auch für diese Erschießung ist nicht bekannt.

*Das Grab von Konrad Strobel auf dem Soldatenfriedhof Schwabstadl*

*Foto: H. Pflanz*

## Bericht eines französischen Soldaten der 2. Panzerdivision, der damals in unserer Gegend stationiert war
aufgeschrieben am 26.2.2005

Die französischen Truppen im Sold der Amerikaner setzten sich im wesentlichen aus zwei ganz verschiedenen Einheiten zusammen: 1. die erste Armee ungefähr 100.000 Mann unter dem Befehl von General Delattre de Tassigny. Sie wurde hauptsächlich in Nordafrika zusammengestellt und bestand daher aus vielen Arabern. Unterschiedliche Truppen, sehr schlecht ausgerüstet. Sonderbarerweise schätzte der berühmte De Gaulle selber diese Armee anscheinend nicht sehr, obwohl sie zu den Gaullisten der ersten Stunde gehörten. Er zog ganz deutlich eine viel kleinere Einheit vor: Die 2. Pz.Div. des Gen. Leclerc. Ungefähr 10.000 Mann, prächtig ausgestattet mit amerikanischer Kleidung und Waffen, mit im Prinzip straffer Disziplin. Die Angehörigen dieser Division hatten einen Überwertigkeits-

komplex und verachteten alle, die nicht zur ihr gehörten. Sie grüßten die Offiziere anderer Divisionen nicht und konnten sich in totaler Straflosigkeit alles erlau-
ben. So hat z.B. einer meiner engen Kameraden (gleiche Sherman-Besatzung)
zwei französische Zivilisten ermordet, zum Spaß, ohne Grund oder Entschuldigung, ohne im geringsten verfolgt oder bestraft zu werden. Dieser Mann ist
glücklicherweise erkrankt und nicht nach Deutschland gekommen. Sonst wagt
man nicht sich vorzustellen, wessen er fähig gewesen wäre.

Was die 1. Armee unter Delattre de Tassigny in Deutschland angerichtet hat,
ist ungefähr bekannt und war schrecklich. Die Schändungen in Freudenstadt u.a.
zu meiner Schande und zu meinem Bedauern trat ich freiwillig im Herbst 1944 in
die 2. Panzerdivision ein und wurde im Dezember zu einer Panzerbesatzung versetzt. Ich bin nie zu einem Dienstgrad befördert worden. Ich habe persönlich
keinen Grausamkeiten beigewohnt.

Mein Regiment erreichte  Deutschland am 30.4.1945 und mehrere Tage sind
wir kampflos vorwärts gerollt, man konnte auf den Panzern sitzen. Karlsruhe,
Heilbronn, Schwäbisch Hall, Dillingen, Landsberg, Dießen und schließlich Buch
am Ammersee. Was meine  Kompanie anbetrifft, während der ganzen Fahrt wurde ich Zeuge von Diebstählen und Raubüberfällen in Hülle und Fülle, aber nie
von Ermordungen und schon gar nicht von Vergewaltigungen, da uns solche als
einziges ausdrücklich verboten wurden. Überall waren die Einwohner freundlich
und sehr würdig. Die französischen Kriegsgefangenen, die wir überall trafen,
waren einheitlich auf Seiten der Zivilbevölkerung und baten uns ständig, die Zivilisten zu achten.

Die 2.Pz.Div. integriert in der amerikanischen Armee wurden in Regimentern
von Landsberg bis Berchtesgaden verteilt. Meine Einheit lag am Ostufer des
Ammersees die 501. RCC in Starnberg. Ich weiß nicht, wo die anderen waren.
Mit meinem Dienstgrad als Schütze war ich kaum über das Geschehen informiert. Ich kenne folglich nur das, was in meiner Einheit geschah, insbesondere in
meiner Kompanie. Nach unserer Ankunft in Buch ließ unser Hauptmann ein Pla-
kat anbringen: Alle Waffen, Uniformen, Fahnen, Motorräder, Fahrräder, Radios,
neue Stoffe mußten im Rathaus abgegeben werden. Auf dem Platz wurde alles
auf einen Haufen gelegt, wo sich die Besatzer zur Verteilung anschickten. Zuerst
die Offiziere, dann nach Dienstrang und Dienstalter abwärts, bis alles in unseren
Lastwagen und Panzern verschwunden war. Der Hauptmann forderte von uns
tadelloses Auftreten und brüllte uns an: „Ich will euch nicht hinter Hühnern und
Enten herlaufen sehen. Ihr müßt den Besitzern sagen: Ich will dies oder jenes
essen, kochen sie es mir." Tatsächlich ließ sich die  Kompanie von den Einwohnern ernähren, bis nichts mehr übrig blieb. Von dieser systematischen Plünderung abgesehen, sind mir keine Brutalitäten, wie Morde und Vergewaltigungen in
unserer Einheit bekanntgeworden. Im Gefechtsbereich der Nachbarregimenter
war es oft schlimmer. Kameraden der 501. RCC Starnberg erzählten ganz glücklich, daß sie das gesamte Mobiliar der Häuser aus den Fenstern geworfen und daß

sie vor der Abfahrt Brandgranaten unter die Matratzen legten. Die Leute des 1. Pz. Rgt.der Marine-Infanterie, zusammengesetzt aus den schlimmsten Elementen der Marine, die als Disziplinarmaßnahme an Land gesetzt wurden, hatten eine wirksame Plünderungstechnik: Bei Ankunft in einem Dorf sagten sie dem Bürgermeister, daß es abgebrannt werde. Die Einwohner hätten 30 Minuten um sich am Dorfeingang mit einem Koffer zu versammeln, der ihre Sachen enthielt. Nach Ablauf dieser Frist sagten sie dem Bürgermeister, daß sie ihre Absicht geändert hätten und das Dorf verschonen würden, aber die Koffer mitnähmen. Ich habe von Scheinhinrichtungen zur Einschüchterung gehört, aber nicht von wirklichen Hinrichtungen in unserer Nachbarschaft.

Ende Mai 1945 hatte das amerikanische Oberkommando die Nase voll von unserer Anwesenheit in seiner Besatzungszone. Unsere Division mußte sofort und so schnell wie möglich abhauen, bis nach Frankreich zurück. Alle Panzer und andere Fahrzeuge waren gestrichen voll mit geklauten Waren. Selbst der General Leclerc hatte die Gemälde von seinem Wirt „beschlagnahmt".

Eine Sache ist bemerkenswert: Überall hatten wir zahlreiche französische Kriegsgefangene getroffen. Unter diesen und uns als Befreier entstand sofort eine Art Feindseligkeit. Sie sagten: „Hier wurden wir vier Jahre lang gut und freundlich behandelt. Ihr sollt jetzt die Deutschen mit Achtung behandeln." Diese Einstellung wollten wir aber nicht verstehen. Diese Männer hatten doch so recht! Oftmals danach habe ich in Frankreich alte damalige Kriegsgefangene seufzen hören: „Ich hätte dort noch bleiben müssen!"

Am 19.5.1945 nahm der General Charles de Gaulle in Lechfeld eine Parade der 2. Französischen Panzerdivision ab.Ein französischer Soldat schrieb mir hierzu: „Drei Stunden Strammstehen, das macht müde."

Besonders in Erinnerung geblieben ist mir der Schlögelhof im Kreis Landsberg am Lech

Bei der Invasion von Süddeutschland kam am 3. Mai 1945 unsere Sherman Panzer Kompanie in Schlögelhof an. Ein großes einzelstehendes Gehöft trafen wir da an. Vor dem schönen Hause stiegen die Panzerbesatzungen ab, ziemlich müde und mürrisch, voll Staub und Schmiere. Eine Sherman Kompanie unterwegs, das macht von weit entfernt ein vernehmbares Geräusch, und wir wurden erwartet.

Sofort von der Freitreppe kam ein Mann herunter. Erstaunlicherweise war er ein französischer Kriegsgefangener, ein Unteroffizier. Er benahm sich mehr wie ein Chef als wie ein Gefangener. „Sind Sie Franzosen?" fragte er. Freilich hatte er gedacht, wir könnten bloß Amerikaner sein. Er sah überrascht aus. – „Bestimmt sind wir Kameraden" antworteten wir „und gekommen, um dich zu befreien! Du kannst jetzt nach daheim abhauen." – „Ich habe keine Eile dafür", erwiderte er. „Seit über vier Jahren bin ich hier und kann noch warten. Vielleicht in zwei Monaten, wenn der Krieg aus ist und wenn die Züge wieder fahren. Sowieso seien sie hier willkommen. Nur eine Empfehlung: belästigen Sie die Bauern nicht: die sind gute Leute und immer zu mir sehr nett gewesen." Dann trat die Eigentümerin hervor, eine alte Frau, und danach ein noch älterer Mann, ihr Vater vielleicht. Und ganz unerwartet, eine Gruppe von 15 bis 20 Fräulein, ganz schön und freundlich, Kuchen und Ersatzkaffee den erstaunten Panzermenschen anbietend. „Das ist ja die richtige Stelle!" lachten die Franzosen, „so viel schöne Mädel, und verständnisvoll!"

Die Soldaten von niedrigem Range hatten allerdings nicht viel davon zu erwarten, was Hof machen betraf. Offiziere und Unteroffiziere zwangen sofort Ausschließlichkeit auf. Zugang zum schönen Hause und hübschen Mädeln war uns nicht erlaubt. Als Einquartierung wurde uns der große Kuhstall angewiesen. Gern hätten wir mindestens die 50 Kühe losgelassen, um auf reinem Stroh schlafen zu können, aber kein Befehl kam dazu. Ein böser Haufen waren wir, aber sehr diszipliniert; folglich konnten die Kühe die ganze Nacht lang die Soldaten bescheißen, weil wir unter ihren Füßen lagen.

Am Morgen hatten wir nichts zu tun außer umherbummeln. Wohl bewaffnet spazierten wir zu dritt über den nächsten Hügel und trafen dort auf ein evakuiertes Luftwaffenlager. Kein Mensch lebte mehr da.

Der Schlögelhof, 100 Mann, langweilten sich, kochten den Fraß oder betrachteten die Arbeit der Bauern: Den alten Opa, den französischen Kriegsgefangenen und einen über fünfzigjährigen Knecht, bei dem offensichtlich Gabel und Schubkarre nicht sein gewöhnlicher Beruf waren.

Ein paar Soldaten hatten einen Holzhaufen ausgebaut. Ganz froh fanden sie, daß ein beachtlicher Schnapsvorrat da lag. Das gab den 100 untätigen Mann die Idee, ein bißchen weiterzusuchen. Bald kamen ans Tageslicht alle Arten von Waren, vor allem Militärausrüstung, Rundfunkgeräte, zahllose Gewehre, Luftwaffen-Uniformen. Im Sägemehl des Sägewerkes 500 Kilo Zigaretten, Arznei, Ausrüstung. Aus den Fenstern des Hauses beobachteten die Offiziere wortlos die Durchsuchung durch die furchtbar aufgeregten Soldaten. In jenen Tagen war sehr viel von dem „Wehrwolf" die Rede, eine angebliche Widerstandsbewegung von verzweifelten deutschen Soldaten. Für die Eindringlinge war bestimmt dieses Gehöft eine Wehrwolfhöhle. So etwas verdiente den sofortigen Tod. Es herrschte eine höchst angespannte Stimmung. Am wichtigsten war es, zuerst den französischen KG festzunehmen. Nur er, der einzige junge Mann, konnte so viel versteckt haben. Wo war er denn, der Unteroffizier, der noch zwei Monate hier bleiben wollte? Er war verschwunden. Seine Flucht war sein Geständnis.

Wir waren alle einsatzbereit. Bisher waren die Offiziere ständig mit den Frauen im Hause geblieben. Wenn sie endlich herauskamen, erwarteten wir nur einen einzigen Befehl, Schlögelhof zu vernichten. Wir hatten dagegen nichts. Aber unser böser Haufen war ein disziplinierter Haufen. Ohne Befehl nichts! Die Chargierten traten forsch hervor. Die Kompanie erhielt nur einen Befehl: Jeder Mann zu seinem Posten, Panzermotoren in Gang, in 15 Minuten Abfahrt Richtung Dießen.

Wahrscheinlich hatten die 20 schönen Luftwaffenhelferinnen Schlögelhof gerettet. Um welchen Preis ...? Wahrscheinlich auch war der alte Knecht ihr Oberst. Seinen Koffer hatten wir unter einem Fußboden entdeckt. Vom französischen Kriegsgefangenen haben wir freilich nie mehr gehört.

## Bericht von Ludwig Beck, Landsberg a.Lech

Im Mai 1945 fuhr mein Vater mit mir mit dem Fahrrad (ich saß vorne in einem Kindersitz) am Bahndamm entlang von Landsberg nach Kaufering.

Beim Texet kamen uns aus Richtung Kaufering französische Lastwagen entgegen. Darauf standen französische Soldaten mit großen Fichtenstangen. Beim Vorbeifahren schlugen sie mit den Stangen auf uns herab und trafen meinen Vater am Kopf, so daß er stark blutete.

Hinterher kam ein Wagen mit einem französischen Offizier. Er hielt an, winkte meinen Vater zu sich her und stach überraschend aus dem Auto heraus auf meinen Vater mit einem Messer ein. Mein Vater, der gut französisch sprach, wich aus und sagte sinngemäß zu dem Offizier: „Wenn wir Deutsche uns in Frankreich so verhalten hätten wie ihr, dann wärd ihr jetzt nicht hier." Überrascht, daß mein Vater französisch sprach, fuhr der Offizier weiter.

Wir fuhren ins Landsberger Krankenhaus, wo die Kopfverletzungen meines Vaters behandelt wurden. Auch ich war blutverschmiert. Als mich eine Krankenschwester abwusch, stellte sich zum Glück heraus, daß es sich bei mir nur um Blutspritzer von den Verletzungen meines Vaters handelte. Nach Aussage meines

Vaters befanden sich zu dieser Zeit mehrere Leute im Krankenhaus mit ähnlichen Verletzungen.

An dieses Ereignis habe ich selbst noch gute Erinnerungen. Die genauen Details weiß ich von meinem Vater.

Landsberg, 4.12.2012, Ludwig Beck

## Vereinsfahne aus Dettenschwang kehrte zurück

Die Vereinsfahne des Veteranenvereins in Dettenschwang wurde 1945 von einem französischen Besatzungssoldaten als Beutegut gestohlen.

Die Erben des französischen Soldaten gaben 1999 die gut erhaltene Fahne nach Dettenschwang zurück.

Auch eine Geste der Versöhnung!

*Landsberger Tagblatt vom 29. August 2002*

**Die französischen Truppen hinterließen 1945 ihre Spur von Freudenstadt bis Berchtesgaden**

# Anordnung!

Die französische Besatzungsmacht trifft nachstehende Anordnungen:

1. Zwischen 19 Uhr abends und 7 Uhr früh darf sich niemand außerhalb des Hauses aufhalten.

2. Bis Freitag, den 27. April 1945, mittags 12 Uhr, müssen sämtliche Schuß-, Hieb- und Stichwaffen — einschließlich Jagdgewehren — nebst Munition bei den Polizeirevieren abgeliefert werden, ebenso die Radio- und Photo-Apparate.

   Die abgegebenen Sachen sind durch die Angaben des Eigentümers und seiner Wohnung zu kennzeichnen.

   Jeder Haushaltsvorstand ist für die in seinem Haushalt gefundenen Waffen und Munition verantwortlich.

3. Radfahren ist verboten, ebenso privater Kraftwagen- und Motorrad-Verkehr.

4. Telefongespräche sind nur im Ortsnetz Konstanz zugelassen. Ferngespräche sind verboten. Jeder Telefonverkehr wird auf den Inhalt der Gespräche überwacht.

5. Jede feindselige Handlung gegen die Besatzungsmacht zieht schwerste Folgen nach sich, z. B.:

   Verhängung der Todesstrafe,

   Erschießung von Geiseln,

   Niederbrennen von Gebäuden, aus denen geschossen worden ist,

   oder auch Niederbrennen der Umgebung von Häusern, aus denen geschossen worden ist.

Konstanz, den 26. April 1945.

**Der Oberst und Stadtkommandant.**

# Bekanntmachung!

Die Militärregierung in Deutschland hat für den Stadtkreis Stuttgart folgende Anordnung getroffen:

Stuttgart ist ab 21. 4. 1945 in allierter Hand. Die Befehle des Kommandanten sind sofort auszuführen und werden hiermit bekanntgegeben.

1. Sollte auf einen Soldaten der Besatzung geschossen werden, werden 25 Deutsche erschossen, ohne Rücksicht darauf, von wem (Wehrmacht, HJ, Zivil) geschossen wird.

2. Auf jeden Zivilisten, der nach der Bekanntmachung von 20 Uhr abends bis 6½ Uhr morgens angetroffen wird, wird geschossen.

3. Waffen, Munition, Rundfunksendegeräte, Fotoapparate und Feldstecher sind gegen Ablieferungsschein bei den Polizeirevieren abzugeben.

4. Wirtschaften, Gasthäuser und andere öffentliche Gebäude müssen geschlossen werden.

5. Alle Angehörige deutscher Truppenteile (Wehrmacht, ⚡⚡, Volkssturm usw.), die sich in dem Stadtkreis Stuttgart befinden, müssen dem Ortskommandanten Stuttgart, Feuerseeplatz 6, ausgeliefert werden.

6. Es ist verboten
   a) die Grenzen des Stadtkreises zu überschreiten,
   b) Fahrräder zu benützen.

7. Jeder Einwohner muß im Besitz einer Kennkarte oder eines Arbeitsbuches sein.

8. Alle arbeitsfähigen männlichen Einwohner der Geburtsjahrgänge 1890 bis 1929 haben sich zur Beseitigung der Panzersperren umgehend, spätestens am 22. 4. 1945, 10 Uhr, auf den Pol.-Revieren mit geeigneten Arbeitsgeräten einzufinden.

Stuttgart, den 21. 4. 1945.

Der Polizeipräsident.

Gouvernement Militaire Français

———

Tuttlingen, le 1. mai 1945.

# Avis à la Population!

La Population de Tuttlingen est avisée que chaque acte de sabotage contre les troupes d'occupation entrainera les plus graves sanctions. Pour chaque soldat Français qui sera tué, 50 otages seront fusillés.

Les noms des otages sont fixés.

Gouvernement Militaire Français:

Der Bürgermeister          Tuttlingen, den 1. Mai 1945.

# Bekanntmachung.

Die Einwohnerschaft wird mit Nachdruck darauf hingewiesen, daß jeder Akt einer feindseligen Handlung gegen die Besatzungstruppen die schwersten Folgen nach sich ziehen wird. Für jeden französischen Soldaten der getötet wird, sind 50 Geiseln zu stellen, die erschossen werden.

Die Namen der Geiseln sind festgelegt.

Der Bürgermeister:
gez. Zimmermann.

252

# Bekanntmachung

Im Auftrage der Militärregierung gebe ich folgendes bekannt:

**„Alle deutschen Männer sind verpflichtet, die französischen Offiziere durch Abnehmen des Hutes oder (bei nicht vorhandener Kopfbedeckung) durch Verneigen zu grüßen. Männer, die beim Vorbeigehen eines Offiziers auf einer Bank sitzen, haben sich zu erheben und in gleicher Weise zu grüßen."**

Personen, die gegen diese Anordnung verstoßen, laufen Gefahr, außer einer persönlichen strengen Strafe eine Kollektivstrafe für die ganze Bevölkerung ihrer Stadt herbeizuziehen.

**Emmendingen, den 11. August 1945**

**Der Bürgermeister:**
Faller

*Bekanntmachung des Bürgermeisters von Emmendingen im Auftrag der Militärregierung vom 11. August 1945.*
Die Bekanntmachungen waren durchaus ernst zu nehmen.

## Die 17jährige Eleonore Hauser aus Bräunlingen wurde erschossen, weil sie aus dem Fenster schaute

Am 26.8.1945 schaute die 17 Jahre alte Eleonore Hauser um ca. 21.30 Uhr aus dem Wohnungsfenster im ersten Stock des elterlichen Wohnhauses in Bräunlingen. Ein französischer Besatzungssoldat erschoß das Mädchen von der Straße aus mit Halsschuß. Um diese Zeit war Ausgangssperre. Sie wurde in Bräunlingen beerdigt. Ihr Name ist am Kriegerdenkmal vermerkt. Ansonsten erinnert heute nichts mehr an das Mädchen.

## Emil Gfrörer wurde erschossen, weil er die französische Fahne nicht grüßte

Die französische Kommandantur in Sigmaringendorf befand sich in der Bahnhofstraße. Dort war die französische Fahne gehißt. Jeder, der vorbeiging, mußte die Fahne grüßen. Am 27.1.1946 ging der 40jährige verheiratete Emil Gfrörer in den frühen Morgenstunden zur Arbeit nach Sigmaringen. Sein Weg führte durch die Bahnhofstraße, wo er von dem französischen Posten erschossen wurde. Man geht davon aus, daß er die französische Fahne nicht grüßte.

## Auch in Deutschland gab es Geiselerschießungen während der Besatzungszeit

Beim schnellen Rückzug der deutschen Wehrmacht im Frühjahr 1945 konnten viele deutsche Soldaten ihre Einheiten nicht mehr erreichen und wurden vom Feind überrollt.Kriegsgefangenschaft hieß in den meisten Fällen, wiederum mehrere Jahre Trennung von der Familie.So entledigten sich viele Soldaten ihrer Waffen und versuchten in Zivil ihre Familien zu erreichen, soweit dies zu Fuß möglich war.

## Geiselerschießungen in Markdorf

In Markdorf Kreis Überlingen hielt am 2.Mai 1945 eine französische Patrouille einen deutschen Zivilisten mit einem Fahrrad an und wollte ihn vermutlich ausplündern. Der Mann zog plötzlich eine Pistole und verletzte zwei Franzosen nicht lebensgefährlich. Er konnte flüchten.

Daraufhin befahl der französische Ortskommandant dem Bürgermeister Eugen Grieshaber und seinem Amtsvorgänger Wilhelm Kahles, sofort zehn Markdorfer Bürger namhaft zu machen, die zur Abschreckung standrechtlich erschossen werden sollten. Beide Bürgermeister wehrten sich standhaft, dem Befehl nachzukommen. Grieshaber sagte: „Ich gebe niemanden an, erschießen Sie lieber mich." Aufgrund des Auftretens der Bürgermeister wurde der französische Offizier unsicher.

Ungefähr um diese Zeit wurden von den französischen Soldaten vier deutsche Zivilisten gefangengenommen, die sich auf dem Weg zu ihren Familien befanden. Der französische Ortskommandant befahl, daß die vier Männer als abschreckendes Beispiel erschossen werden sollten.

Am gleichen Tag wurde Kurt Bischofs von dem französischen Soldaten gefangengenommen, der ebenfalls in Zivil auf dem Weg zu seiner Familie in Mettmann bei Düsseldorf war. Bischofs wurde furchtbar mißhandelt und der Schädel eingeschlagen.

Gegen 18 Uhr ist das französische Exekutionskommando in Markdorf angetreten. Die vier zur Exekution bestimmten deutschen Männer mußten sich an der Kirchenmauer aufstellen. Sie wurden später als Oberschütze Daniel Lichtenfels aus Spielberg bei Karlsruhe, Obergefreiter Wilhelm Zimmer aus Nonnenweiher bei Lahr/Baden, Sanitätsgefreiter Walter Frey aus Freiburg und Obergefreiter Franz Bodenmüller aus Ratzeried bei Wangen/Allgäu identifiziert. Der erschlagene und übel zugerichtete Kurt Bischofs wurde an eine ausgehängte Kellertüre gebunden und über den zur Erschießung bestimmten Männern aufgestellt. Pfarrer Boch berichtet, daß die Verurteilten sehr gefaßt waren. Franz Bodenmüller rief vor der ersten Salve: „Mein Heiland, ich bin unschuldig!" Das Exekutionskommando schoß so schlecht, daß Bodenmüller nach der ersten Salve noch stand. Wieder rief er: „Mein Heiland, ich bin unschuldig!" Auch nach der zweiten Salve stand er wieder auf und rief erneut: „Mein Heiland, ich bin unschuldig!" Dann streckte ihn der französische Offizier nieder.

Daniel Lichtenfels hinterließ eine Frau und neun Kinder, Wilhelm Zimmer hinterließ eine Frau und fünf Kinder, Walter Frey hinterließ eine Frau und drei Kinder, Franz Bodenmüller war ledig. Auch Kurt Bischofs war wahrscheinlich ledig. Die fünf Toten wurden am 4. Mai nachmittags von Pfarrer Boch auf dem Friedhof von Markdorf beerdigt.

*Hier wurden die vier Geiseln erschossen. Darüber hängte man den erschlagenen Kurt Bischofs.*

# Die erschossenen Geiseln von Marktdorf

Daniel Lichtenfels

Wilhelm Zimmer

Walter Frey

Franz Bodenmüller

*Das Grab von Kurt Bischofs in Markdorf*

Auf Befehl des französischen Kommandanten wurde noch am gleichen Abend im Ort ausgeschellt,daß bei einem ähnlichen Falle mindestens zwanzig Geiseln erschossen würden.

Als die „Revue" diesen Vorfall am 3.3.1951 publizierte, wurde sie in der französischen Zone und im damals französisch besetzten Saarland verboten und beschlagnahmt, weil sie nach Ansicht des französischen Oberkommissariats geeignet war, „das Ansehen der französischen Besatzungsmacht zu gefährden".

Noch ein trauriges Kapitel der damaligen Zeit. Der Marburger E.D. gab einige Tage nach der Erschießung eine Liste mit zwanzig Namen ab, falls noch einmal Geiseln benötigt werden. Auch das gab es.

*Die Gedenktafel am Erschießungsort in Markdorf*

## Die Erschießungen in Affstätt

Am Sonntag, dem 22. April 1945 nachmittags gegen 5 Uhr, kam, nach dem Affstätt schon von französischen Truppen besetzt worden war und diese teilweise weitergezogen waren, ein französischer Kraftwagen mit sechs Mann Besatzung, wovon vier Mann mit Karabiner und aufgepflanzten Seitengewehren in Anschlag gingen. Dieser Wagen fuhr in den Ort herein, fragte nach dem Bürgermeister und fuhr dann in die Ortsmitte. Dort stiegen sie aus, gingen in das Haus von Gemeindepfleger Widmayer, schossen dessen gesamten Viehbestand (ein Pferd und acht Stück Rindvieh) ab, demolierten die Wohnungen und brannten die Betten an. In dieser Weise wüteten sie in noch verschiedenen Häusern. Auf die Frage einzelner beherzter und entsetzter Einwohner, weshalb das geschehe, antwortete ihnen der führende Korporal, er handle auf Befehl, weil in Affstätt vier Gefangene erschossen worden seien, müßten auch vier Einwohner erschossen werden. Daraufhin flüchteten diejenigen, welche den Ernst der Lage erkannt hatten, worauf die Soldaten gegen Kuppingen weiterfahrend beim Hause des Landwirts Richard Bäuerle anhielten. In diesem Hause waren zu Besuch des Bäuerle, der krank war, einige Männer beisammen, und zwar: Binder, Eugen, Lagerhausarbeiter; Dengler, Walter, Kriegsinvalide; Tschochner, Günther, evakuierter Schüler aus Pforzheim und Böckle, Friedrich, Landwirt.

Diesen vier befahlen die französischen Soldaten mitzugehen, trieben sie mit vorgehaltenen Gewehren vor sich her bis zum alten Schulhaus. Dort versuchte Böckle zu entkommen, worauf sie diesen niederschossen. Die anderen drei stellten sie dann zwischen dem Anwesen der Marie Holzapfel und dem der Witwe Rose Mößner, dem letzten Haus links an der Straße nach Kuppingen, auf und erschossen diese drei nacheinander: Zuerst den Schüler Tschochner aus Pforzheim, dann Eugen Binder und zuletzt Walter Dengler. Nach dieser schrecklichen Tat fuhren sie in Richtung Kuppingen wieder fort.
*Affstätt, 700 Jahre Geschichte*

# Die Erschießung von vier unschuldigen Männern in Reutlingen

Am 20. April 1945 besetzte die erste französische Armee Reutlingen.

Am 24.4.1945 gegen 6 Uhr wurden am schönen Weg in Reutlingen vier deutsche Männer auf Veranlassung des französischen Capitaine Rouche von einem französischen Erschießungskommando erschossen.

Oberfeldarzt Wilhelm Egloff, 60 Jahre, Vater von fünf Kindern. Egloff war seit August 1941 Chefarzt im Reutlinger Reservelazarett.

Schreinermeister Jakob Schmid, 64 Jahre, Vater von sieben Kindern.

Bautechniker Wilhelm Schmid, 38 Jahre, während des Krieges Scharführer der Waffen-SS.

Polizeibeamter und Journalist Ludwig Ostertag, 54 Jahre, Vater von sieben Kindern.

Vorgeschichte:

In der Nacht vom 22. zum 23. April 945 verunglückte in Reutlingen ein französischer Soldat mit dem Motorrad tödlich. Capitaine Rouche behauptete, der französische Soldat sei erschossen worden. Ermittlungen ergaben jedoch, daß der französische Soldat ohne Fremdeinwirkung, vermutlich wegen überhöhter Geschwindigkeit, mit dem Motorrad verunglückte.

Die französische Besatzungsmacht forderte als Buße 200.000 RM innerhalb einer Stunde. Das Geld wurde aus der Kasse des städt. Kriegsschadenamtes entnommen und fristgemäß der französischen Besatzungsmacht übergeben.

Dann forderte die französische Militärregierung die Lieferung von Kühlschränken, Steppdecken und Bettwäsche innerhalb von drei Stunden. Die Gegenstände mußten von den deutschen Behörden beschlagnahmt werden und wurden den Franzosen übergeben.

Am 24. April verhaftete die französische Militärregierung insgesamt elf deutsche Männer. Offensichtlich waren bereits kurz nach dem Einmarsch der Franzosen Namenslisten von NSDAP-Mitgliedern vorhanden. Sieben Verhaftete wurden bis zum nächsten Tag wieder freigelassen. Die anderen vier Reutlinger Männer wurden von einem französischen Exekutionskommando gegen 6 Uhr erschossen. Der kath. Pfarrer von Reutlingen wurde hinzugezogen. Die Männer konnten noch ein paar Abschiedsworte an ihre Angehörigen auf einen Zettel schreiben. Die sonst üblichen Augenbinden wurden den Erschossenen nicht angelegt. Zwei Männer gaben nach der Erschießung noch Lebenszeichen. Als der Pfarrer hinzutrat, gab ein französischer Offizier den zwei Männern den Gnadenschuß.

Zwei der Erschossenen beschuldigten in ihrem „Abschiedsbrief" den von den Franzosen kommissarisch als Oberbürgermeister eingesetzten Oskar Kalbfell an der Auswahl der Männer beteiligt gewesen zu sein. Kalbfell hat dies bestritten. Das Gerücht verstummte aber nie und sorgte jahrzehntelang in Reutlingen für Unruhe.

# Die erschossenen Geiseln von Reutlingen:

*Architekt Wilhelm Schmid*

*Oberfeldarzt Dr. Wilhelm Egloff*

*Schreinermeister Jakob Schmid*

*Redakteur Ludwig Ostertag*

*Einer der Hinterbliebenen errichtete im April 95 dieses Denkmal zur Erinnerung an die vier Geiseln auf einem Grundstück am Schönen Weg.*

## Frau Kerber durfte nach der Ermordung ihres Mannes keine Trauerkleidung tragen

*Dr. Kerber*

*Foto: privat*

Dr. Franz Kerber war bis 1945 Bürgermeister von Freiburg i.B. Er hat sich stets für ein freundschaftliches Verhältnis zwischen Deutschen und Franzosen eingesetzt. So hat er sich z.B. 1937 maßgeblich für ein deutsch-französisches Frontkämpfer-Treffen aus dem Ersten Weltkrieg eingesetzt und führte auch die Delegation beim Gegenbesuch in Frankreich an. Dr. Kerber war als untadelige Persönlichkeit in Freiburg bekannt und geachtet.

Im Mai 1945 wurde Dr. Kerber von den französischen Besatzungssoldaten verhaftet und gefesselt in das Freiburger Landesgefängnis eingeliefert. Nach mehreren Verhören wurde er von den Franzosen dort abgeholt. Seitdem fehlte von ihm jede Spur.

261

Im Herbst 1945 erschien der Generalstaatsanwalt des Landes Baden, Dr. Bader, bei Frau Kerber und legte ihr Sandalen und Stoffreste vor, die sie als Eigentum ihres Mannes identifizieren konnte. Daraufhin teilte Generalstaatsanwalt Bader Frau Kerber mit, man habe im Freiburger Schauinsland die schrecklich verstümmelte Leiche ihres Mannes gefunden, die namenlos in einer Ecke des Freiburger Friedhofes beigesetzt. wurde. Dr. Bader sagte, daß es ihr verboten sei, darüber zu sprechen, das Grab zu bekränzen, mit einem Kreuz zu versehen und Trauerkleider zu tragen.

Auf die Anfrage eines großen Blattes, das sich um die Aufklärung des Falles bemühte, wurde, wie „Der Fortschritt", Düsseldorf, am 15.6.1951 berichtete, vom Oberstaatsanwalt von Freiburg, mit Datum vom 14.3.1951 mitgeteilt: „Auf Ihr Schreiben, das an uns zur unmittelbaren Erledigung übersandt worden ist, beehren wir uns mitzuteilen, daß die Staatsanwaltschaft Freiburg i.B. am 21.11.1945 auf Weisung der französischen Besatzungsbehörden das Ermittlungsverfahren eingestellt und an diese zur Weiterverfolgung abgegeben hat. Da Dr. Kerber sich in französischer Haft befunden hat, unterliegen die mutmaßlichen Täter nicht der deutschen Gerichtsbarkeit. Zur Beantwortung ihrer weiteren Fragen besitzen wir keine Unterlagen."

Ebenso wie Dr. Kerber wurde der Kriminalkommissar Traub aus Freiburg von den Franzosen aus dem Gefängnis weggebracht. Auch seine Leiche fand man mit Genickschüssen, nur notdürftig verscharrt, wieder auf. Traub hatte sich bei Kriegsende freiwillig den Franzosen gestellt.

Zwei Tage nach dem Einmarsch der Franzosen in der Gemeinde Hallwangen verschwanden der stellvertretende Bürgermeister Gottlob Dieterle und der Kleinbauer Karl Hofer. Sie waren vorher von den Franzosen festgenommen und in einem etwas abgelegenen Haus eingesperrt worden.

Am 27. April 1945 meldete ein Bürger der Nachbargemeinde Lützenhardt aufgeregt auf dem Rathaus Hellwangen, daß im Wald, ungefähr zehn Minuten vom Dorf entfernt, zwei Leichen liegen. Sie wurden als die Verschwundenen Gottlob Dieterle und Karl Hofer identifiziert. Die Leichen zeigten deutliche Spuren schwerer Mißhandlungen auf. Getötet wurden sie durch Genickschüsse.

# Die Morde im Forsthaus Rombach/Baden

Am 14.4.1945 rückten die französischen Truppen nach tagelangen Kämpfen in der Gemeinde Reichental ein. Das Forsthaus Rombach in Baden bei Enzklösterle gehört zu der 15 km entfernten Gemeinde Reichental. Während der Kämpfe befand sich die gesamte Försterfamilie Schultheiß im Keller des Forsthauses.

*Das Forsthaus Rombach, in dem sich der furchtbare Mord ereignete*

Der Förster Max Schultheiß, sein Sohn Erich, der wegen schwerer Verwundung als kriegsunfähig aus der Wehrmacht entlassen worden war sowie der Bruder des Försters wurden von den französischen Besatzungstruppen gefangengenommen und kamen in französische Gefangenschaft.

Elf Tage später in den Abendstunden des 25. April 1945 waren Verwandte und Bekannte der Försterfamilie aus der einige 100 Meter entfernten Hirschbrunnenhütte zum Kartoffelsetzen verabredet. Als sie zum Forsthaus kamen, waren die Fensterläden noch geschlossen und es bot sich ihnen ein furchtbares Bild.

Folgende Personen fanden sie ermordet vor: Eugen Schultheiß, 64 Jahre, aus Luxemburg, seine Tochter Franziska Schreuers, 25 Jahre, die Försterfrau Mina Schultheiß, 44 Jahre, die beiden Töchter Margarete, 4 Jahre und Marie-Luise 8 Jahre und Eberhard 2 Jahre sowie die Hausgehilfin Marta Trautz aus Wildbad, 16 Jahre. Das vier Monate alte Baby von Frau Schreuers gab noch ein Lebenszeichen und wurde zu Dr. Merkle nach Simmersfeld gebracht, wo es jedoch drei Tage später starb. Wie durch ein Wunder hat der sechsjährige Fritz Schultheiß, der Jüngste der Försterfamilie, überlebt. Er hatte sich in seinem Bett im oberen Stock des Hauses wie ein Gummiball eingerollt. Im gleichen Zimmer schlief auch seine zwei Jahre ältere Schwester Marie-Luise, die leider tot war. Fritz Schultheiß sprang völlig verstört heraus, war aber aufgrund des großen Schockes nicht in der Lage, Einzelheiten zu berichten oder die uniformierten Soldaten zu identifizieren. Man geht davon aus, daß es sich um farbige französische Soldaten gehandelt hat. Möglichweise haben polnische Fremdarbeiter die Franzosen zum Forsthaus geführt.

Der Förster Max Schultheiß erfuhr ausgerechnet am Heiligen Abend 1945 in französischer Gefangenschaft vom Schicksal seiner Familie. Im Februar 1946 kehrte er aus der Gefangenschaft zurück und fand das Forsthaus völlig ausgeplündert vor. Der Sohn, Fritz Schultheiß, ging später ins Ausland und lebte in Brasilien.

*Nina Schultheiß mit ihren Kindern im Herbst 1944*

# Eine ganze Familie wurde ausgelöscht

*Martha Müller*
*geb. 8.2.1915*
*gest. 4.6.1945*

*Helga Müller*
*geb. 8.7.1939*
*gest. 4.6.1945*

*Hermann Müller*
*geb. 10.7.1910*
*gest. 4.6.1945*

Am 4.6.1945 wollte der beinamputierte Kriegsinvalide Hermann Müller aus Engelsbrand, Kreis Calw mit seiner Ehefrau Martha und der 6jährigen Tochter Helga Heidelbeeren im Bühlwald pflücken. Die Nachbarn warnten davor, weil im Wald ständig französische Besatzungssoldaten herumstreunten. Müller meinte, es sieht doch jeder, daß ich Invalide bin.

Die Eltern, die beim Vespern saßen, hörten von Südwesten her gegen 7 Uhr zwei Schüsse, kurze Zeit später fiel noch ein dritter Schuß. Als die Familie Müller im Bühlwald am Weg nach Waldenach, unweit des Waldrandes gefunden wurde, lagen die Toten vor und hinter einem Holzstoß. Die Rekonstuktion ergab, daß zuerst Hermann Müller und dann die kleine Helga erschossen wurde. Martha Müller wurde vergewaltigt und mit einem Kopfschuß getötet. Der Mörder setzte ihr noch einen Hut auf, um die gräßliche Kopfwunde zu bedecken.

Der Bürgermeister erstattete bei der französischen Kommandantur in Neuenbürg eine Anzeige, so daß eine Untersuchung des Falles zustande kam.

In Waldenach wurde am selben Abend ein blutverschmierter Marokkaner gesehen, der zur in Neuenbürg stationierten französischen Einheit gehörte. Ein in der Nähe des Tatortes befindlicher Mann, der mit der Sense Gras mähte, beobachtete einen dunkelhäutigen französischen Soldaten. Er wurde zur Gegenüberstellung in die französische Kaserne geholt. Bei den angetretenen Personen befand sich jedoch der verdächtige Soldat nicht. Der Zeuge war sich aber sicher, daß der an der Wache eingeteilte Soldat, die Person ist, die er beobachtet hatte. Beweisen konnte er es nicht. Sicher war es damals auch nicht ungefährlich, einen französischen Soldaten zu belasten.

Auch diese Bluttat blieb ungesühnt.

## Die Ermordung von Fritz Erdbeer

Fornsbach (Kreis Backnang/Württ.) wurde am 27. April 1945 von französischen Truppen besetzt. Bei der Plünderung des Hauses Erdbeer wurde die Ehefrau von einem Offizier belästigt. Er forderte sie auf, ihm in den Keller zu folgen. Sie weigerte sich. Der 56jährige Ehemann, Fritz Erdbeer, wurde daraufhin als Geisel fortgeführt. Er sollte gegen Schmuck im Werte von zehntausend Mark als Lösegeld am anderen Morgen wieder freigelassen werden. Als Frau Erdbeer die Juwelen brachte, fand sie ihren Gatten tot. Man hatte den Leichnam auf einen Misthaufen geworfen. Nach den Verwundungen zu schließen, war Erdbeer von hinten erschossen worden.
(Urkunden des Bürgermeisteramtes Fornsbach)
*Quelle: E. Kern „Verbrechen am deutschen Volk" 964*

## Die Ermodung von Dr. Dipper

In Stuttgart-Bad Cannstatt wurden am 22. April 1945 bei einem kurzen Kampf mit regulärer Deutscher Wehrmacht zwei Franzosen getötet und einer verwundet. Der dort in der Nähe wohnhafte 53jährige Arzt, Dr. Dipper, nahm sich des verwundeten Franzosen an. Am Tage darauf wurde der Arzt von einem französischen Offizier mit der Pistole aus seiner Wohnung geholt und nach kurzem Verhör erschossen. Seine Frau, die zu ihm eilen wollte, weil er noch atmete, wurde von den Soldaten zurückgetrieben. Am anderen Tag brachte man ihr als letzten Gruß einen Fünfmarkschein, auf den Dr. Dipper vor seinem Tode geschrieben hatte: „Ich bin unschuldig."
(Aussage Frau Dipper und Drogist Renz vor dem Amtsgericht Stuttgart-Bad Cannstatt)
*Quelle: E. Kern „Verbrechen am deutschen Volk 964*

## Freispruch für die Täter

Am 30. April 1945 wurden der am 28.3.1896 geborene August Vornfett und der am 30.4.1900 geborene Ernst Kramer aus ihren Wohnungen in Schiltach (Baden) von dem französischen Offizier Alland, der in Begleitung des Ungarn Etienne Szakall und des deutschen Antifaschisten Franz Albert Agethen erschien, verhaftet. Die Ehefrau Vornfett schilderte später vor deutschen Behörden die Ereignisse wie folgt:

„In meine Wohnung kamen ein französischer Offizier und ein Ungar namens Szakall, wohnhaft in Schiltach, die meinen Mann verlangten. Ich ging in die Küche und wollte ihn rufen, da stießen sie bereits die Küchentüre auf und hoben die Gewehre gegen meinen Mann. Dann wurde er abgeführt und in das Gasthaus 'Zum Bären' gebracht. Von dort ist er nachmittags im Lieferwagen des Agethen aus Schiltach zusammen mit Ernst Kramer in Richtung nach Wolfach weggefahren worden. Das Auto hielt dann nach Aussagen der Bewohner des Rappensteiner Hofes beim Rappenfelsen. Kurz darauf fielen in dem naheliegenden Wald mehrere Schüsse. Beim Nachsuchen wurden die Leichen meines Mannes und des Ernst Kramer gefunden."

Erst am 2. Mai erhielt Frau Vornfett die Nachricht von der Ermordung ihres Mannes. Im Krankenhaus wurde ihr mitgeteilt, daß der Tod ihres Mannes durch Bauch- und Genickschüsse eingetreten war.

Aber nicht genug mit der Ermordung: Das Begräbnis der beiden von dem französischen Offizier Alland ermordeten Deutschen mußte auf Befehl der französischen Kommandantur ohne Geleit, ohne Glockengeläute und ohne Zuschauer erfolgen. Nur die allernächsten Angehörigen durften dem stillen Begräbnis beiwohnen.

Als sich zwei Jahre danach die deutschen Behörden mit den Helfershelfern Szakall und Agethen befaßten, wurden ihnen mit Hinweis auf die Entscheidung der „Direction Régionale du Contrôle de la Justice Allemande" vom 6.12.1946 die Ermittlungen entzogen. Darüber hinaus sprach ein französisches Militärgericht, das den Fall an sich gerissen hatte, am 19.12.1947 die beiden Komplizen Szakall und Agethen in Freiburg/Br. frei.

## Der Mord an dem Juden Goldmann fiel unter Amnestie

Es gab kaum einen Ort, in dem die Franzosen nicht wehrlose Deutsche erschossen. Die Zahl der Opfer ist endlos und wird nie auch nur annähernd festgestellt werden können. Es wurden erschossen, allein am 30. Juli 1945: Weertz, Heinrich, Friseur, Willem (Ostfr.); Drikur, Nikolaus, Bergmann, Kutzdorf, Saar;Horetz, Heinrich, Maler, Saarbrücken; Kunkel, Karl, Bergmann, Dudweiler (Saar); Regulski, Eduard, Chrestzochiwa (Polen); Omike, Jakob, Steuersekr., Lindscheid (Saar); Arnold, Heinrich, Polsterer, Saarbrücken; Fries, Heinrich, Hüttenarbeiter, Saarbrücken, Schmoll, Friedrich, Polizeianwärter, Wilhelmshaven; Groß, Fritz, Bergmann, Waldprechtshofen; Weiland, Matthias, Bergmann, Waldprechtshofen; Baron, Heinrich, Scheidt (Saar); Weiß, Peter, Polizeiassistent, Kuhbach (Saar); Beeckes, Friedrich, Kaufmann, Ottweiler (Saar).

Mit den Morden wurde nicht viel Aufhebens gemacht. Die hilflosen Opfer wurden schnell verscharrt. Nur in einem Fall griffen die Franzosen daneben. Das war in Appelweier. Der französische Leutnant Maurice Colette ließ in Begleitung des Feldwebels Ernest Cousin, des Unteroffiziers Louis Devigens in Appenweiler den Lehrer Fritz Walter, den Apotheker Walter Zimmermann und Robert Goldmann festnehmen und dann mit Genickschüssen ermorden. Für diese Morde bestand keinerlei Anlaß, und es wäre sowenig wie in den anderen Orten ein Aufhebens davon gemacht worden, wenn nicht das eine Mordopfer, Robert Goldmann, Jude gewesen wäre. Seine Frau und die Verwandten setzten Himmel und Hölle in Bewegung, und so kam es in Paris 1956 zu einer Verhandlung gegen Leutnant Colette und seine Spießgesellen. Leutnant Maurice Colette erklärte vor seinen Richtern mit nicht zu überbietendem Zynismus: „Ein Nazi, das zählte bei uns wenig, 48 Stunden später dachte niemand mehr daran."

Da aber zumindest einer der Ermordeten, nämlich der Jude Goldmann, kein „Nazi" gewesen und darüber hinaus der Tatbestand durch zahlreiche Zeugenaussagen erhärtet worden war, verurteilte das Pariser Gericht Leutnant Colette zu einem Jahr Gefängnis, die fünf Untergebenen wurden freigesprochen, „weil sie auf Befehl gehandelt haben". Das Pariser Gericht tat aber ein weiteres: Es verkündete am Ende des Urteils, daß die Strafe des Leutnants Colette gleichzeitig unter Amnestie falle ...

## Der Mord an dem Gastwirt Ernst Beck

Ernst Beck hatte die Gastwirtschaft und Pension „Eisenbrecher" in Blasiwald Kreis Breisgau/Schwarzwald. Am 8.5.1945 kamen zwischen 20 und 2 Uhr drei französische Soldaten in angetrunkenem Zustand in die Gastwirtschaft. Für Deutsche war um diese Zeit Ausgangssperre. Ernst Beck wurde die Kehle durchgeschnitten. Einem Bericht zu Folge soll Ernst Beck versucht haben, seine Tochter vor Vergewaltigung zu schützen.

Der Verdacht fiel sofort auf einen Kolonialsoldaten. Die Ermittlungen ergaben aber, daß der Täter ein weißer französischer Soldat gewesen ist. Von einer Bestrafung ist nichts bekannt.

## Anton Böhner und Herr Rendle aus Kießlegg wurden ohne Angabe von Gründen erschossen

Anton Böhner war Apotheker in Kießlegg. Im Ersten Weltkrieg war er Kavallerie-offizier. Im Zweiten Weltkrieg diente er bei der Flak (Flug-Abwehr). Bei einem schweren Luftangriff wurde er so schwer an der Wirbelsäule verletzt, daß er aus dem Wehrdienst entlassen wurde. Obwohl man ihm geraten hatte, noch einige Zeit im Lazarett zu bleiben, wollte Böhner unbedingt nach Hause. Bei Kriegsende wurde er beauftragt, beim Volkssturm Vorträge zu halten. Anton Böhner und der Leiter des Lagerhauses Herr Rendle wurden nach dem Einmarsch der Franzosen verhaftet und schwer mißhandelt. Als Frau Böhner beim französischen Ortskommandanten vorsprach, deutete er auf einen Papierkorb und sagte. „Täglich bekomme ich anonyme Briefe von Denunzianten. Die bearbeite ich gar nicht."

*Anton Böhner*     Foto: privat

Böhner und Rendle wurden mit einem größeren Gefangenenzug abgeführt. Da Böhners Fuß durch seine Rückgradverletzung fast steif war, wurde er auf einen Panzer gesetzt. Bei Ingenried, ca. 10 Kilometer von Kießlegg entfernt, konnten Dorfbewohner den Gefangenen Wasser geben. Da sagte Böhner: „Hoffentlich kommt bald die erlösende Kugel" Böhner und Rendle wurden kurz nach Ingenried von den Franzosen in den Wald geführt und dort erschossen aufgefunden. Sie wurden im Heimatfriedhof beerdigt. Der Pfarrer riet den Angehörigen, den Sarg nicht mehr zu öffnen. Die Familie Rendle öffnete trotzdem den Sarg und stellte fest, daß das Gesicht von Rendle von den Mißhandlungen vollkommen aufgeschwollen und entstellt war.

# Zeitungsbericht aus der Günzburger Zeitung vom 26. April 1965

## Zum Abschied zündeten sie acht Häuser an
## De-Gaulle-Truppen rückten in Kemnat und Burgenbach ein –
## Amerikaner töteten Verwundete

### Das Kriegsende in Kemnat

In Kemnat bekamen die Einwohner erst nach der Besetzung noch etwas vom Schrecken des Krieges zu spüren. Am 27. April 1945 waren die Amerikaner einmarschiert. Am 1. Mai wurden sie von De-Gaulle-Truppen abgelöst, die vier Tage in der Gemeinde blieben. Das erste, was die Franzosen verlangten, war Wein. Diesen Wunsch konnten die Kemnater trotz der vorgehaltenen Pistolen verständlicherweise nicht erfüllen. Sichtlich verbittert über den Mangel an Wein hielten sich die französischen Soldaten auf andere Weise „schadlos". Kein weibliches Wesen war vor ihnen sicher. Etwa zwei Drittel aller Kemnater Familien verließen angesichts dieser Tatsachen fluchtartig das Dorf und kampierten in den nahen Wäldern, um die Frauen und Mädchen dem Zugriff der Soldaten zu entziehen.

Am ärgsten trieben es der Chef der Einheit und sein Adjutant. Der Capitain durchsuchte alle Häuser nach Opfern. Ein 14jähriges Mädchen, das ihm gefiel, nahm er mit in sein Quartier, nachdem die Eltern und übrigen Hausbewohner, die ihn daran hindern wollten, mit der Waffe in Schach gehalten worden waren. In anderen Fällen wurden Frauen in Anwesenheit von Kindern vergewaltigt.

Zum Abschluß ihres „Gastspiels" hatten sich die französischen Soldaten noch ein „Feuerwerk" ausgedacht: Acht Anwesen streckten sie in der Nacht vor ihrem Abrücken in Brand, vier Bauernhöfe, die Ziegelei, die Mühle, das Privathaus Vogg und das Anwesen des Schreinermeisters und damaligen Bürgermeisters Mahler. Wachen verhinderten, daß die Brände gelöscht wurden. Den Müller warfen die Soldaten in die Mindel. Als das Anwesen brannte und die Frauen das Vieh aus dem Stall herausholten, fanden sie den Müller erschossen auf. Im Hause Mahler hatten zwei französische Ärzte geschlafen. Am Morgen, bevor sie das Dorf verließen, brachten sie im Schlafzimer eine Phosphorbombe zur Explosion und zündeten in der Werkstatt einen Benzinkanister an. Da die Franzosen unmittelbar danach abrückten, konnte das Feuer noch bekämpft werden, so daß das Haus nicht ganz vernichtet wurde.

Kurz nach dem Einmarsch der Amerikaner im April 1945 kamen in den Eßsaal des Kameradschaftshauses, wo ein Behelfslazarett eingerichtet worden war, zwei Neger und erkundigten sich, ob SS-Leute unter den Soldaten seien. Sie gingen dann von Bett zu Bett und gaben auf sechs Verwundete je zwei Schüsse ab. Fünf Soldaten töteten sie, beim sechsten gingen die Schüsse fehl.

*Josef Müller.*     Foto: privat

Josef Müller, 36 Jahre, war der Besitzer der Mühle in Kemnat. Er wurde von den französischen Soldaten mehrmals in den Mühlbach geworfen. Da er ein guter Schwimmer war, konnte er sich immer wieder retten. Daraufhin wurde er mit Kopfschuß getötet.

Der Hof der Familie Müller wurde von den Franzosen angezündet. Die Feuerwehr durfte nicht löschen. Frau Müller konnte noch die Großtiere (Pferde und Kühe) losbinden.

*Gedenkkreuz für Josef Müller in Kemnat.*
Foto: privat

Schweine, Hühner und der Hund verbrannten bei lebendigem Leib. Das Wohnhaus wurde ebenfalls angezündet, konnte aber von Frau Müller gelöscht werden. In der Küchentüre war noch lange ein Einschuß zu sehen.

## Karl Gutjahr aus Maleck wurde am 20.7.1945 von französischen Besatzungssoldaten die Kehle durchgeschnitten

Aufgrund der ständigen Übergriffe, wurde in Maleck/Baden wie auch in anderen Orten 1945 eine Bürgerwehr gegründet, der auch der Landwirt Karl Gutjahr angehörte.

Als am 20. Juli 1945 wieder mehrere französische Soldaten plünderten, schritten Karl Gutjahr und ein anderer Mann ein. Da sich zwei marokkanische Soldaten nicht vertreiben ließen, wollten die zwei Männer die beiden Soldaten in ihre Unterkunft begleiten. In einem Waldstück fielen die Marokaner über die beiden Männer her. Ein Mann konnte entkommen. Karl Gutjahr, geb. am 22.8.1900 wurde am nächsten Tag mit durchschnittener Kehle an einem Baum lehnend gefunden. Die Täter wurden nie zur Rechenschaft gezogen. Karl Gutjahr ist in Emmendingen beerdigt. Er war im Ort ein geachteter und angesehener Mann.

*Karl Gutjahr*

Foto: privat

Karl Gutjahr riet während des Dritten Reiches einer jüdischen Familie, sich in die Schweiz abzusetzen, was diese auch tat, um einer Verhaftung zu entgehen. Als die jüdische Familie viele Jahre später von der Gemeinde eingeladen wurde, fragte sie sofort nach Karl Gutjahr und war überrascht, daß man von solchen Schicksalen nie etwas erfahren hat.

### Bericht von Konrad Klein, Peiting, geb. 1937

Wir wohnten 1945 auf einer Einöde außerhalb von Jettingen. An einem Sonntag Ende April oder Anfang Mai 1945 kamen französische Besatzungssoldaten und durchsuchten unser ganzes Haus. Meine Mutter, meine Schwester und ich (mein älterer Bruder war im Krieg gefallen) wurden im Zimmer an die Wand gestellt und mit der Waffe bedroht. Mein Vater wurde im Nebenzimmer bewacht. Nach meiner Erinnerung waren es sechs französische Soldaten. Einer bewachte uns, ein weiterer meinen Vater, vier durchsuchten das Haus. Im Heuboden hatten wir für eine Bekannte Lebensmittel versteckt, die sie fanden. Wir wurden dadurch beschuldigt, deutsche Soldaten unterstützt zu haben. Ein ehemaliger Kriegsgefangener Franzose, der in der Käserei mit meinem Vater zusammen arbeitete, und dem mein Vater öfter Lebensmittel zuschob, kam vorbei und bemerkte, was da vor sich ging. Er kam herein und erklärte seinen Landsleuten, daß das eine gute Familie sei. Daraufhin ließen die französischen Besatzungssoldaten von uns ab, nahmen aber einige der wenigen Wertsachen, die wir hatten, mit, z.B. die Eheringe meiner Eltern und die Ziehharmonika meines Bruders.

Peiting, 12.8.2014, Konrad Klein

## Die 14jährige Gertrud Kohler aus Malek wurde am 20.10.1946 von einem französischen Besatzungssoldaten erschossen

Gertrud Kohler aus Malek bei Emmendingen/Baden, geb. am 14.4.1932 wurde am 20.10.1946 von einem französischen Besatzungssoldaten erschossen, als sie mit dem Fahrrad unterwegs war.

Artikel in der Weilheimer Zeitung vom 4.5.1975:

### Vor dreißig Jahren

### Das eigene Grab geschaufelt
### Bei Kriegsende erlitt ein Uffinger einen grausamen Tod

Uffing – Von einem grausamen Erlebnis bei Kriegsende berichtet Pauli Drexl, Schmiedemeister und Inhaber des Café-Restaurants „Hubertusschmiede" in Uffing, der seinerzeit 6 Jahre alt war: Sein Bruder wurde hingerichtet.

Am nördlichen Ortsrand von Uffing mußte sich mein Bruder Xaver (23 Jahre alt, Ingenieur) sein Grab schaufeln. Er erhielt von einem französischen Leutnant noch eine Zigarette und wurde anschließend in die Grube gestoßen, weil er mit mir in einem alten Eimer die Pistole, die er vom Krieg mit heimbrachte, eine Uhr unseres Bruders Clement, der sich noch in Gefangenschaft befand, und sein Sparbuch, in dem sein Name stand, hinter unserem Anwesen im Gebüsch vergraben hatte.

Diesen Eimer mit Inhalt hatte ein De-Gaulle-Soldat, der zu einer Spezialtruppe gehörte, die in den ersten Tagen Uffing besetzte, angeblich durch Zufall gefunden, was ich heute, nach reiflicher Überlegung für unmöglich halte. Ich komme immer mehr zu der Überzeugung, daß es sich um einen Verrat handelte, durch Personen, die uns schlecht gesinnt waren, und uns vermutlich beim Vergraben beobachteten."

## In Bischofswiesen wurden mindestens 11 Personen von den französischen Besatzungstruppen ermordet

Am 6.5.1945 wurden in Eglergraben bei Bischofswiesen oberhalb des Bahnhofs nachmittags 4 Uhr fünf deutsche Wehrmachts-Offiziere von französischen Soldaten erschossen.

Friedhelm Feit, Oberleutnant, geb. 9.9.1897 in Bünde/Westfalen, wohnhaft in Wiesbaden

Christoph Schütte, Leutnant, geb. 13.5.1895 in Leverkusen-Wiesdorf, Gärtner, 1945 exhumiert und nach Leverkusen überführt.

Arno Müller, Leutnant, geb. 26.5.1920 in Rüstringen/Oldenburg, wohnhaft Wilhelmshaven

Horst Forstmann, Uffz. Fahnenjunker, Soldbuch fehlte, keine weiteren Angaben bekannt.

Josef Tintrop, geb. 5.2.1914 in Oberhausen/Rhein, Buchbinder, wurde 1946 im Friedhof Berchtesgaden beigesetzt. Das Grab ist aufgelassen.

Am 7.5.1945 wurden auf dem Holzlagerplatz in Oberaschau die Leichen von zwei Panzersoldaten gefunden.

SS-Panzerfeldwebel Hermann Krause, kath., geb. 25.3.1915 in Dahme Mark, gestorben 7.5.1945 in Bischofswiesen

SS-Panzerunteroffizier Hans Schier, kath. ca. 29 Jahre, ledig, gestorben 7.5.1945 in Bischofswiesen, keine weiteren Angaben vorhanden

Sie wurden von Franzosen mit dem Messer ermordet, verstümmelt und angezündet. Die Leichenreste wurden an Ort und Stelle begraben. Am 28.1.1948 wurden sie exhumiert und im alten Friedhof beigesetzt. Im Oktober 1952 erfolgte die Umbettung zur Kriegsgräberstätte Berchtesgaden/Schönau, sie liegen R11 Nr. 32 und Nr. 33.

## Ermordung von deutschen Gefangenen durch französische Besatzungstruppen in Bischofswiesen

Am 8.5.1945 wurden in einer Kiesgrube in Winkl (Grainswieser Kiesgrube Bischofswiesen) drei SS-Männer erschossen aufgefunden.

SS-Hauptsturmführer Richard Mende, geb. 29.3.1908 in Kaiserslautern, gestorben 8.5.1945 in Bischofswiesen

SS-Sturmmann Werner Giesbers, geb. 5.12.1925 in Musson bei Bocholt, gestorben 8.5.1945 in Bischofswiesen

SS-Kanonier Oskar Göhner, geb. 12.1.1921 in Ebenfeld, Bessarabien, gestorben 8.5.1945 in Bischofswiesen

Sie wurden ca. 1952 umgebettet zur Kriegsgräberstätte Berchtesgaden/Schönau und liegen R11, Nr. 29, 30 und 31.

Vom 7. auf den 8.5.1945 wurden im Pfaffenlehen in Winkl die völlig unbekleidete Leiche von Studienassessorin Irmgard Anni Trop (Englischlehrerin am Gymnasium), 32 Jahre, gefunden. Sie wurde am 8.1.1948 exhumiert und im alten Friedhof beigesetzt. 1973 wurde das Grab aufgelassen.

## In Bad Reichenhall ließ der französische General Leclerc 12 französische SS-Freiwillige erschießen

Wie in allen europäischen Nationen gab es auch im Zweiten Weltkrieg in Frankreich Freiwillige, die in der Waffen-SS kämpften, die SS-Division Charlemagne. Sie kämpften als Freiwillige mit Deutschland gegen den Kommunismus.

Bei den Rückzugskämpfen Ende April/Anfang Mai 1945 wurden zwölf Angehörige eines Sturmbataillons der Französischen SS-Division Charlemagne versprengt und ergaben sich den Amerikanern. Sie wurden in der Kaserne von Bad Reichenhall mit anderen Gefangenen festgehalten. Als einige Tage später die

*Die französischen SS-Soldaten vor ihrer Erschießung in Bad Reichenhall. Der Jüngste war 17 Jahre.*

Amerikaner in Bad Reichenhall von den Franzosen abgelöst wurden, führten sie die zwölf französischen Freiwilligen General Leclerc vor. Dieser fragte die Gefangenen, warum sie als Fanzosen deutsche Uniformen tragen. Ein junger französischer Gefangener wies Leclerc darauf hin, daß auch er keine französische Uniform trage (die französischen Truppen trugen damals amerikanische Uniformen).

Der französische General Leclerc ließ alle zwölf Gefangenen am Nachmittag des 8. Mai 1945 erschießen, zu einer Zeit, als die Kapitulationsurkunden bereits unterschrieben waren. Als sie von hinten erschossen werden sollten, protestierten sie nach Aussage des Militärpfarrers heftig. Daraufhin wurden sie in drei Gruppen zu je vier Mann von vorne erschossen. Der Jüngste war 17 Jahre alt. Ihre letzten Worte waren: „Es lebe Frankreich." Vier Soldaten hinterließen keine Nachricht an ihre Angehörigen, wohl um ihnen Repressalien zu ersparen. Deutschfreundliche Franzosen waren in Frankreich nach der deutschen Kapitulation sehr großen Repressalien und Demütigungen ausgesetzt, wenn sie nicht ermordet wurden. Darüber gibt es Filmaufnahmen.

Nach drei Tagen wurden die Erschossenen beerdigt. Das Grab ist mit einem Birkenkreuz gekennzeichnet. 1951 wurde vom Veteranenverein an der Erschießungsstelle ein kunstvoll verziertes schmiedeeisernes Gedenkkreuz aufgestellt.

Das Grab der französischen SS-Soldaten auf dem Friedhof in Bad Reichenhall.

Das Gedenkkreuz an der Erschießungsstelle

*Fotos: H. Pflanz*

Zeitungsberichten zufolge wurden 2006 die Gedenkfeiern am Friedhof in Bad Reichenhall und an der Erschießungsstelle von behördlicher Seite verboten. Es durften keine Ansprachen gehalten und kein Trompetensolo vom „Guten Kameraden" gespielt werden. Das Gedenkkreuz soll inzwischen trotz Protesten entfernt worden sein.

Für viele Menschen ist es nicht nachvollziehbar, daß einerseits ständig aufgefordert wird, sich zu erinnern (gegen das Vergessen), andererseits Erinnerungsstätten beseitigt werden. Ich kann mir nicht vorstellen, daß man Geschichte bewältigen kann, indem man die Erinnerungsstätten beseitigt.

Gleich rechts neben den Gräbern der erschossenen Franzosen befindet sich ebenfalls ein kaum bekanntes Grab mit einem Nachkriegs-Schicksal.

*Hans Pfister*

*Foto: Privatarchiv*

Hans Pfister, geb. 1919, war im 2. Weltkrieg Offizier beim Hoch- und Deutschmeister-Regiment.

Kurz nach Kriegsende kam er nach Hause und half seinem Onkel in Pirmasens tatkräftig beim Wiederaufbau der Schuhfabrik. Ein ehemaliger KZ-Häftling hatte ein Transportunternehmen.

Am 30. Oktober 1945 fuhr er mit diesem Schuhe von München nach Bad Reichenhall. Bei Bergen am Chiemsee wurden sie von einem schwarzen amerikanischen Soldaten angehalten, der Schnaps verlangte. Da kein Schnaps vorhanden war, bot ihm Pfister Schuhe an. Als Pfister ausstieg, setzte sich der KZ-Häftling ans Steuer und fuhr los. Pfister hängte sich an den Wagen und wurde von dem amerikanischen Soldaten erschossen.

*Das Grab von Hans Pfister in Bad Reichenhall*

*Foto: H. Pflanz*

# Ausländische Räuberbanden in der amerikanischen Zone

Wenig bekannt sind die Raubüberfälle und Raubmorde ausländischer Räuberbanden in der Nachkriegszeit, bei denen auch viele Menschen ihr Leben lassen mußten. Besonders die Landbevölkerung hatte sehr darunter zu leiden. Häufig kamen die Täter aus den DP-Lagern und oft waren dabei ehemalige polnische Fremdarbeiter beteiligt. Immer wieder höre ich die Entschuldigungsversuche, daß die Täter bei den Bauern schlecht behandelt worden seien. Abgesehen davon, daß Rache keine Entschuldigung für Mord ist, fehlen für diese Behauptungen jegliche Belege und gründen sich nur auf Vermutungen. Belegbar ist aber, daß viele Ermordete während des Krieges gar nicht vor Ort waren, oder die betroffenen Familien keine Fremdarbeiter beschäftigt hatten.Ich könnte mir aber vorstellen, daß die großangelegte Hetze gegen Deutsche nicht unwesentlich zur Brutalisierung beigetragen hat.

## Michael Moser aus Unterschleißheim wurde von betrunkenen Russen erschossen

Am Abend des 7. Mai 1945 gegen 20.45 Uhr befand sich Michael Moser, der Vater des Pfarrers Max Moser im Garten vor dem Haus in Unterschleißheim bei München.

Nach Aussage von Nachbarn kamen zwei betrunkene Russen und verlangten Wein. Danach fielen Schüsse. Als die Ehefrau und der Sohn hinzueilten, fanden sie Michael Moser mit Kopfschuß getötet vor dem Haus. Die Täter flüchteten.

## Peter Schmid aus Walleshausen wollte Nachbarn zu Hilfe kommen

Bericht von Frau Theresia Klotz-Nebel
aufgeschrieben am 5.5.2015

*Peter Schmid*   Foto: privat

Ich stamme aus dem Weiler Unfriedshausen bei Walleshausen, Kreis Landsberg am Lech. Am 2.8.1945 wurde bei uns von polnischen DPs eingebrochen. Die Einbrecher stiegen kurz vor Mitternacht durch ein zerschlagenes Fenster ein und trieben uns in den Keller. Ich kam aus dem Bett und war barfuß.

Peter Schmid vom Karlbauer nebenan bemerkte, daß bei uns etwas nicht in Ordnung war und kam mit seinem Bruder herüber, um zu helfen. Die Einbrecher kamen die Treppe herunter und haben sofort geschossen. Peter Schmid wurde im Hausgang durch einen Herzschuß getötet. Er sagte nur noch: „Mich hat's erwischt." Peter Schmid war sechs Jahre im Krieg und kam erst drei Wochen vorher vom Krieg nach Hause.

Einige Tage später, nach der Beerdigung von Schmid, kamen die Einbrecher ein zweites Mal und räumten alles aus, was noch vorhanden war. Vor allem Schmuck, Wäsche, Fahrräder usw.

Die Tochter eines Nachbarn wurde nach dem Krieg von ausländischen DPs vergewaltigt. Aus lauter Scham hat man darüber kaum gesprochen.

## Bericht von Bernhard Klotz-Nebel, Walleshausen, geb. 1932

Wir wohnten damals in der Einöde Remigi zwischen Geltendorf und Schwabhausen, Kreis Landsberg.

Im Sommer 1945 waren eines nachts die Kühe unruhig. Als mein Vater nachsah, konnte er nichts besonderes feststellen. Vermutlich wurde da schon der Einbruch vorbereitet. In der nächsten Nacht haben ausländische Einbrecher die Türe eingeschlagen und bedrohten uns mit der Pistole.

*Die Einöde Remigi im Kreis Landsberg am Lech*

Foto: Privat

Ich war damals 13 Jahre und lag bereits im Bett. Als ich Geräusche hörte, richtete ich mich im Bett auf. Ein Einbrecher schoß auf mich mit der Pistole. Der Schuß ging knapp neben meinem Kopf in die Wand. Daraufhin habe ich mich unter die Bettdecke verkrochen. Dann wurde das ganze Haus ausgeräumt und das Diebesgut mit einem Fuhrwerk abgefahren. Ich hatte ein kleines Kinderfahrrad, das mein ganzer Stolz war. Auch dieses Fahrrad sah ich nie wieder.

Die Einbrecher sprachen polnischen Akzent, so daß wir sicher waren, daß es polnische DPs waren. Es waren etwa drei bis vier Mann. Sie sagten: „Wenn Polizei holen, dann wir erschießen." Im Hof legten sie Handgranaten ab, wohl um ihrer Drohung Nachdruck zu verleihen.

Wir hatten während dem Krieg keine polnischen Arbeiter beschäftigt.
Walleshausen, 5.5.2015, Bernhard Klotz-Nebel


## Bericht von Georg Heuchele, Bronnen, Ziegelstadel

Aufgeschrieben am 22.3.2015

An einem Sonntagmittag im Sommer 1945 kamen zwei Ausländer, vermutlich Polen, ins Haus und bedrohten meine Eltern mit der Pistole. Mein Vater Franz

Heuchele saß in der Stube am Schreibtisch. Sie nahmen ihm den Ehering und die Taschenuhr ab. Meine Mutter Maria Heuchele saß am Sofa und warf geistesgegenwärtig ihren Ehering hinter das Sofa.

Unsere Magd Anna Händchen kam bei Kriegsende zu uns über den Arbeitsdienst und wir hatten noch lange Kontakt zu ihr. Als sie merkte, was los ist, versteckte sie ihre Armbanduhr in einer großen Kiste mit Hühnerfutter. Die Einbrecher hatten aber die Uhr schnell gefunden und mitgenommen.

Einige Zeit später kamen ausländische Einbrecher nachts auf unseren Hof. Meine Eltern hatten im Schlafzimmer eine Sirene mit Handkurbel stehen. Als mein Vater die Sirene betätigte, schossen die Einbrecher durch die Türe. Ein Querschläger ging knapp am Kopf meines Vaters vorbei. Dann rammten sie die Türe ein. Bei uns war auch eine bombengeschädigte Familie aus Augsburg einquartiert. Meine Eltern und diese Familie wurden in eine Kammer oberhalb des Roßstalles eingesperrt. Dann wurde das ganze Haus von den Einbrechern ausgeräumt und die Kleidung, Bettwäsche usw. gestohlen. Da die Ausländer bewaffnet waren, hatte man keine Chance, sich zu wehren.

Später, ca. 1946 oder 1947, kamen sie noch einmal nachts auf unseren Hof, stachen ein Schwein ab und zogen es in den Wald, wo sie es metzgerten. Das konnte man an den Spuren erkennen.

## Bericht von Mathäus Lang, Finkelmühle (Singold-Mühle) Honsolgen

Aufgeschrieben am 5.3.2015

Im Sommer 1945 trieben ausländische Einbrecherbanden in unserer Gegend ihr Unwesen. Angefangen haben die Einbrüche in der Unteren Mühle in Waal. Dann bei Heuchele in Bronnen Ziegelstadel.

Dann beim Koppelhof in Honsolgen (Bauernhof), Besitzer Krämer. Krämer wurde mit der Pistole bedroht und das ganze Haus ausgeräumt. Er kam morgens zu uns und bat um Gewand, da er nichts mehr zum Anziehen hatte.

Aufgrund dieser Beobachtungen hat mein Vater mit dem Fahrrad vieles außer Haus geschafft. Als Organist hatte er einen Schlüssel zur Kirche und versteckte z.B. unser Sonntagsgewand hinter der Orgel. Wir Kinder gingen mit dem Werktagsgewand in die Kirche und zogen uns dort um. Es wurde uns immer wieder eingeschärft, daß wir nicht sagen dürfen, wo sich die Sachen befinden. Dadurch konnte vieles gerettet werden. Wir hatten ein Telefon und mit den Nachbarn ver-

*Mathäus Lang*

Foto: Privat

einbart, dreimal läuten heißt Überfall. Da die Telefonleitung nach Honsolgen vor jedem Überfall durchschnitten wurde, machte mein Vater das Telefon betriebssicher, indem er eine zweite kaum sichtbare Freileitung legte.

Unser Hof wurde im Sommer 1945 mehrmals überfallen. Beim ersten mal fehlte unser gesamtes Geflügel. Beim zweiten mal wurden die schweren Riemen des Sägewerkes gestohlen, die für uns sehr wichtig waren. Beim dritten Überfall spannten sie nachts den Gaul ein und fuhren die Mastschweine weg. Da genau der richtige Gaul eingespannt wurde, gingen wir davon aus, daß mindestens ein Einbrecher ortskundig war. Mein Vater Johann Lang ging morgens den Spuren nach und stellte fest, daß die Spuren zum Lager Stoffersberg führten, wo sich noch Ausländer befanden. Auf dem Rückweg sah mein Vater unseren Gaul, der alleine heimwärts gelaufen war. Er hatte den Rückweg selber gefunden.

Beim nächsten Überfall stiegen die Banditen in das Zimmer der Magd ein. Die Magd flüchtete im Hemd in unser Schlafzimmer und mein Vater gab sofort Trompetensignal zum Fenster hinaus. Da wurde zum Fenster hereingeschossen. Der Schuß verfehlte meinen Vater nur knapp. Ausgeraubt wurde das Zimmer der Magd. Kleider und Wäsche wurden gestohlen.

Mitte August 1945 nachts ca. zwei Uhr war der nächste Einbruch. Die Täter haben das Abortfenster eingeschlagen und die Türe aufgesprengt. Drei Mann kamen die Treppe hoch. Mein Vater hat sofort mit Telefon Honsolgen verständigt und blies wieder Trompetensignal. Da brach die Zimmertüre in der Mitte durch und es fiel ein Pistolenschuß, der wiederum meinen Vaater nur knapp verfehlte. Er bekam von den Einbrechern Schläge auf die Schultergelenke, so daß er die Arme nicht mehr bewegen konnte. Einer der Einbrecher bewachte ihn mit entsicherter Pistole. Meine Mutter mußte die Türen und Schränke öffnen, in denen sich nichts mehr befand. Meine Mutter sagte, daß die Polen vor einigen Tagen schon alles mitgenommen hätten.

Inzwischen kam mein Onkel Paul und sein Freund Martin Dröber zu Hilfe. Einer ging durch den vorderen Eingang, der andere durch den hinteren Eingang. Dröber am vorderen Eingang wurde von den Einbrechern mit einem Schuß in den Oberschenkel angeschossen. Als er schrie, lärmte mein Onkel, trampelte, rief z.B. „ausschwärmen" und täuschte mehrere Personen vor. Das verunsicherte die Einbrecher und sie flüchteten.

Wir Kinder schliefen aus Sicherheitsgründen lange Zeit außerhalb in der Roßkammer.

*Der Bericht stützt sich auf eigene Erinnerungen sowie schriftliche Notizen meines Vaters.*

## Mord an Remigius Erhardt in Eurishofen bei Waal am 2.8.1945

*Remigius Erhardt*　　　Foto: privat

Remigius Erhardt, geb. 15.3.1911, gest. 2.8.1945, lebte in Eurishof. Er hatte Kinderlähmung und wurde deshalb im 2. Weltkrieg nicht als Soldat eingezogen. Da er als politisch unbelastet galt, wurde er nach dem Umsturz von der amerikanischen Militärregierung als kommissarischer Bürgermeister eingesetzt.

In der Nacht vom 2.8.1945 hörte Remigius Erhardt Geräusche im Hof. Als er das Fenster öffnete, um nachzusehen, schoß ein Pole hinauf. Der tödliche Schuß traf Remigius Erhardt in den Kopf, worauf der oder die Täter flüchteten.

Der Pole konnte ermittelt werden. Der Familie wurde gesagt, er hätte eine Strafe von zwei Jahren erhalten. Einen Nachweis dafür gibt es nicht. Es ist auch unwahrscheinlich, daß der Pole eine Strafe erhielt, da Morde an Deutschen aus dieser Zeit grundsätzlich amnestiert wurden.

## Matthäus Haseitl aus Kinsau wurde im September 1945 bei einem Einbruchsversuch erschossen

Matthäus Haseitl, geb. am 24.9.1907, wohnte mit seiner Ehefrau in einem abseits am Waldrand stehenden Haus, westlich der Straße in Kinsau, Landkreis Landsberg.

In der Nacht zum 27.9.1945 wurde bei Haseitl ein Einbruchsversuch verübt. Als Matthäus Haseitl verdächtige Geräusche hörte und vom Balkon herunterrief, wurde er von den Einbrechern erschossen. Matthäus Haseitl war sofort tot.

Als Täter wurde eine ausländische Einbrecherbande aus den naheliegenden DP-Lagern vermutet. Deutsche hatten zu dieser Zeit keine Waffen und waren auch nicht motorisiert.

*Das Grab von Matthäus Haseitl*　　　Foto: privat

# Auszug aus dem Anzeigenbuch der Stadtpolizei Landsberg a.L. vom Juli/August 1945

14.7.1945 Festnahmen:
Aushebung einer 7köpfigen polnischen Einbrecherbande im Benehmen mit der amerikanischen Militärregierung

26.7.1945 Festnahme wegen Plünderung
Friedemann Natan, geb. 1922, Pole, wohnhaft in Landsberg
Rosenzwajg Benjamin, geb. 1922, Pole, wohnhaft in Landsberg
Küpferberg Abraham, geb. 1926, Pole, wohnhaft in Landsberg
Wassermann Heinrich, geb. 1925, Pole, wohnhaft in Landsberg
Abelski Ignaz, geb. 1927, Pole, wohnhaft in Landsberg

26.7.1945 Festnahme wegen Bandendiebstahl
Zuecherberg Martin, geb. 1896, Ungar, wohnhaft La. DP-Lager Kaserne
Klein Samuel, geb. 1894, Ungar, wohnhaft La. DP-Lager Kaserne
Mezö Jenö, geb. 1905, Ungar, wohnhaft La. DP-Lager Kaserne

2.8.1945 Anzeige wegen versuchter Bandenplünderung
Kleinmann Wolf, geb. 1908, staatenlos, wohnhaft La. DP-Lager Kaserne
Schotten Salomon, geb. 1919, Pole, wohnhaft La. DP-Lager Kaserne
Szernfeld Boleslaw, geb. 1924, Pole, wohnhaft La. DP-Lager Kaserne
Batmanos Eugen, geb. 1914, Pole, wohnhaft La. DP-Lager Kaserne
Daum Rosa, geb. 1924, Polin, wohnhaft La. DP-Lager Kaserne

7.8.1945 Anzeige wegen Bandendiebstahl
Brescher Iszak, geb. 1928, Rumäne, wohnhaft La. DP-Lager Kaserne

## Stadtpfarrer Jakob Sturm aus München/Feldmoching, geb. 1889 schrieb zum Thema Plünderungen in der Nachkriegszeit folgendes nieder

*Pfarrer Jakob Sturm*
*Foto: Privatarchiv*

Feldmoching, Harthof, Karlsfeld und Ludwigsfeld sind in großem Umfang den Plünderungen anheimgefallen, hauptsächlich durch entlassene KZ-Angehörige aus dem benachbarten Dachau. Die Klage der Bevölkerung darüber war eine allgemeine. Mir begegneten viele Leute mit verweinten Augen. Die Kirche, der Pfarrhof und das Kinderheim blieben verschont, im allgemeinen auch die Kolonie Lerchenau. Meßwein wurde nicht entwendet, schon deshaalb, weil keiner vorhanden war. Nächtliche Überfälle und Einbrüche durch plündernde Banden auf Bauernanwesen und noch mehr auf die Häuser kleiner Leute sind bis auf den heutigen Tag häufig. Unter diesen Plünderungen und Überfällen leidet die Bevölkerung sehr.

## Aus den Aufzeichnungen des Lehrers Joseph Schmidhuber aauas Feldmoching
Hinterlegt im Stadtarchiv München

Bericht über Raub und Überfälle:
Amerikaner hatten es besonders auf Herren- und Damenuhren, Schmuck und Photoapparate abgesehen und ließen bei Hausdurchsuchungen manches mitgehen. Einem Bekannten wurden auf der Straße alle drei Uhren, die er zur Sicherheit bei sich trug, von Amerikanern abgenommen.

Herrn Breyer nahm ein Amerikaner alles erreichbare Metall, darunter einen Kerzenleuchter sowie Anzüge und Wäsche ab. Herr Breyer hatte nur mehr einen Anzug, der im Kamin versteckt war.

Herrn Braun wurden drei Wäschekörbe voll neuer Damastwäsche, die man während der Bombenzeit ständig in den Unterstand geschleppt hatte, weggenommen. Mit Wäschestücken sah man Amerikaner putzen.

Im allgemeinen muß aber festgestellt werden, daß die Amerikaner menschlich waren.

Die Plünderungen und die Überfälle wollten nicht abnehmen. Der Bauer auf dem Felde und der Passant auf der Straße mußten auf einen Überfall gefaßt sein und froh sein, wenn es nur mit der Abgabe des Fahrrades abging. Mehr als hundert Räder sind hier den Besitzern verloren gegangen.

Dem Ortsarzt wurde nachmittags trotz Rot-Kreuz-Binde und Ausweises das zum Dienst unentbehrliche Rad weggenommen. Gegen fünf Angreifer konnte er sich unmöglich zur Wehr setzen.

Herr Pfarrer Sturm wurde auf dem Wege nach Ludwigsfeld von Russen des Rades beraubt, mit Gummiknüppeln geschlagen und es wurden auch drei Schüsse abgegeben. Eine des Weges kommende amerikanische Polizei glaubte, gegen die Täter nicht einschreiten zu können, weil sie Russen waren.

Bei einem Überfall in Harthof wurde der Schäfer schwer verwundet.

In Ludwigsfeld drangen mehrere Polen in die Wohnung des Gärtnermeisters Ölbrunner ein und schossen in der Wohnstube den Besitzer nieder. Der Täter hat während des Krieges in der Gärtnerei gearbeitet.

Auf dem Weg nach Schleißheim wurde die 48jährige Margarethe Fichtl von Ausländern verwundet, weil sie nicht mitging. An den Folgen der Verwundung starb sie nach sieben Tagen.

Einem unterwegs befindlichen Schreiner wurden mit Waffendrohung Rad und Holzgeld, 2100 Mark genommen. Gegen den vorgehaltenen Revolver war er machtlos.

Auf der Münchner Straße zwischen Feldmoching und Lerchenau wurde ein alter Mann vom Rade geschlagen, daß er blutend liegenblieb und des Rades beraubt.

Auf der Straße nach Schleißheim beschossen Wegelagerer zwei Radfahrer, zwangen sie durch Treffer in die Bereifung zum Halten und raubten ihnen die Rucksäcke, ließen ihnen die Räder und schwangen sich auf zwei Motorräder und brausten ab. Die Radler, heimkehrende Soldaten, verloren ihr ganzes Gepäck.

Banditen drangen in das Schrankenwärterhaus zwischen Feldmoching und Schleißheim und beraubten die Familie Kraft.

Dasselbe Unglück traf die Gärtnersfamilie Kronthaler in den Mooswiesen.

Die Liste der Überfälle ist damit noch lange nicht vollständig. Meldungen über Diebstähle von Schweinen, Ziegen, Hasen, Federvieh gehören zu den Alltäglichkeiten, es vergeht kein Tag, keine Nacht, daß nicht irgendwo ein Einbruch verübt worden wäre.

Die Anwesenheit nur der Bäuerin nützten die Plünderer in der Weise aus, daß sie dieselbe mit vorgehaltener Waffe zur Herausgabe von Lebensmitteln zwangen oder sie drohten mit Erscheinen nachts in Banden oder mit Niederbrennen des Hofes oder sie traten in einer Kleidung auf, die einer amerikanischen Uniform gleich sah, um Eindruck zu erwecken. Ein so gekleideter Räuber nahm dem Bauern Angermeier an der Würmbrücke das Rad ab mit dem Bemerken, er müsse heimgehen und sich den Paß holen zum Überschreiten der Brücke, dann bekäme er sein Rad wieder. Als er wiederkam, war selbstverständlich der angebliche Posten verschwunden.

Solche Zustände herrschten aber nicht nur hier in der Nähe der Stadt, sondern im ganzen Lande und dauerten nicht nur die ersten Monate nach dem Zusammenbruch an, sondern hielten jahrelang an und waren 1949 trotz guter Polizei-organisation noch nicht beseitigt.

Auf dem Lande traten Banden mit Autos auf, umstellten den Hof, sperrten die unbewaffneten Hofbewohner in einen Raum zusammen und hielten sie mit der Waffe in Schach, raubten unterdessen den Hof aus und fuhren dann mit dem geraubten Gute per Auto ab. Wer sich zur Wehr setzte, wurde erschossen. Viele haben dadurch ihr Leben verloren.

Die Täter waren in der Hauptsache Ausländer, sogenannte DP, d.h. Verschlepp-te, denen es in Bayern so gut gefallen hat, daß sie nicht mehr in ihre Heimat zurückkehren wollten und in den Lagern auf Kosten der Deutschen gut lebten.

Die Polizei gibt sich alle Mühe, verfolgt die Täter bis zum Lager, aber am Tor des Lagers muß die Verfolgung ihr Ende finden. Die Polizei darf das Lager nicht betreten, der Gauner ist gerettet. Das Lager ist exterritorial, es steht unter dem Schutz und der Justiz der Besatzungsmacht.

Leider treiben auch Deutsche und Flüchtlinge ein solches Unwesen. Die Zahl der Überfälle und Einbrüche nahm zu, je schlechter die Versorgung mit Lebens-mitteln und Gütern wurde.

Wohl hat die amerikanische Truppe da und dort auf Ersuchen der Bezirks-inspektion anfangs eingegriffen und ist auch gegen Plünderer mit der Waffe auf-getreten. Im allgemeinen lehnte es der Amerikaner jedoch ab, mit dem Hinweis, sie seien nicht Polizei, sondern eine in Ruhe befindliche Kampftruppe. Sie wür-den erst dann ernstlich vorgehen, wenn es um ihr Eigentum oder um ihre Sicher-heit gehe.

Die Bezirksinspektion bat um Stationierung eines Überfallwagens zum Schutze der Bevölkerung, Hilfe wurde zwar versprochen, traf aber nicht ein. Erst als die Polizei organisiert und mit Feuerwaffen versehen war, und davon auch Gebrauch machte, hörten die Untaten auf.

Der Strom wurde drei Tage in der Woche von morgens sieben Uhr bis abends fünf und sechs Uhr gesperrt. Dazu fiel der Strom auch oft in den Abendstunden aus. Glücklich, wer eine Kerze oder ein Lämpchen besaß, um das Zimmer zu erhellen. Manche Industrien wurden gesperrt, die Zahl der Arbeitslosen stieg.

Daß Krankheit und Todesfälle stiegen, war unvermeidlich. In München star-ben in den Wintermonaten durchschnittlich 300 Personen.

Was die Städter in diesen Jahren alles zu ertragen hatten, grenzt ans Unmögli-che.

## Aus einem Bericht der Hilfspolizei Feldmoching an das Polizeipräsidium in München vom 11. Mai 1945

Feldmoching mit seinen Ortsteilen einschließlich Ludwigsfeld ist mit der Besetzung der Schauplatz wüster Plünderei und Vergewaltigungen von Frauen und Mädchen. Kein Tag vergeht ohne zahlreiche Meldungen derartiger Fälle. Schuld ist:

1. Die Nähe der Konzentrationslager Dachau und Karlsfeld, deren Insassen das Lager verlassen haben und das ganze Gebiet überschwemmen.
2. Der Umstand, daß in und am Rand des Gebietes große Ausländerlager - meist Ostarbeiterlager - sich befinden, deren Insassen in Ermangelung anderer Tätigkeit die Bevölkerung quälen.
3. Der Umstand, daß die Bevölkerung ohne Waffen den bewaffneten Horden und Einzelgängern gegenüber mangels jeglichen Verteidigungsinstrumentes wehrlos ausgeliefert ist.
4. Der Umstand, daß amerikanische Soldaten ostischer Nationalität gemeinsame Sache mit ihren Landsleuten machen und als bewaffnete Bandenführer auftreten.
5. Der Umstand, daß das 33 qkm große Gebiet viele außerhalb der geschlossenen Siedlung stehende Häuser aufweist, die natürlich in erhöhtem Maße den Willkürakten unsauberer Elemente schutzlos ausgeliefert sind.

Die Plünderungen gehen meist, jedoch nicht ausnahmslos, auf Konto der KZ-Leute und ehemaliger Ostarbeiter, die Vergewaltigungen teils schwerster Natur mit sadistischem Einschlag auf Konto amerikanischer Soldaten, auch Neger, meist unter schwerer Alkoholwirkung.

Die Bevölkerung Feldmochings und Ludwigsfelds kann weiterhin diesem Terror nicht mehr ausgesetzt bleiben. Wir ersuchen daher dringendst um Abstellung des untragbar gewordenen Übelstandes in zweckentsprechender Art.

Dazu schlagen wir vor:

Strenge Durchsuchung sämtlicher Ausländerlager nach Waffen, Abdrängung und Rückführung der KZ-Leute in ihre Lager, Verständigung des amerikanischen Kommandos zur Ermahnung der Besatzungstruppen von Vergewaltigungen im Ansehen der Truppe abzusehen. Meist sind es Angehörige einer führerlosen Einheit, durchsetzt mit Negern, vermutlich in dem Allacher B.M.W.

Empfohlen wird die Errichtung von einem oder zwei entlegenen Häusern, in welchen amerikanischen Soldaten Gelegenheit geboten ist, ihren Lüsten zu frönen.

Zu erstreben ist die Wiedererrichtung des Polizeipostens oder einer Polizeistation Feldmoching.

## Überfall auf die Einöde Pötting/Taufkirchen

Am 30. Juli 1945 gegen 22 Uhr drangen Plünderer in die Einöde Pötting bei Taufkirchen Obb. ein. Die Frauen mit den Kindern flüchteten in das obere Stockwerk. Am Balkon war eine große Glocke angebracht, die geläutet wurde. Daraufhin wurde in Taufkirchen Sirenenalarm gegeben, worauf eine große Anzahl Menschen kam, um zu helfen. Als die Einbrecher auf Herrn Bader stießen, schossen sie sofort auf ihn. Der Schuß ging knapp daneben. Die Einbrecher flüchteten, noch bevor die Helfer kamen. Einige der Helfer gingen noch um das Haus, darunter auch der 50jährige Ludwig Schweiberger, um zu sehen, ob alles in Ordnung sei. Im Gebüsch hatte sich ein Einbrecher versteckt, der Schweiberger in den Bauch schoß. Ludwig Schweiberger wurde ins Krankenhaus gebracht, wo er morgens um sechs Uhr verstarb.

## Mord in Taufkirchen bei München

Am 7. Juni 1945 gegen Mittag wurde Anton Huber der Riegerbauer von Winning erschossen. Mehrere Russen sind mit einem Lastwagen vorgefahren und besetzten die Türen und Fenster. Sie verlangten Schnaps. Als ihnen Huber dies verweigerte, erschossen sie ihn in seiner Wohnstube.

## Oberpframmern bei München
## Bericht von Martin Mehler vom 21.10.1945

Im Juni 1945 wurde das alleinstehende Haus des Schreiners in „Schlag" von einer, mit einem Lastauto angerückten, schwerbewaffneten Bande überfallen. Der Besitzer und seine Frau wurden verwundet. Alles bewegliche Eigentum, vor allem Kleider und Wäsche, wurden geraubt und mit dem Lastauto weggefahren. Der Schaden geht in die Tausende von Mark.
*Quelle: Das Ende des zweiten Weltkrieges im Erzbistum München u. Freising, Band 8*

## München Süd-West Pfarrei St. Canisius
## Berichterstatter Stadtpfarrer Dr. Franz Xaver Kendler

Bei Überfällen von Russen und Polen wurde ein Pfarrangehöriger erschossen. Drei Vergewaltigungen.
*Quelle: Das Ende des zweiten Weltkrieges im Erzbistum München u. Freising, Band 8*

## München Nord
### Bericht von Stadtpfarrer Franz Krieger vom 21.8.1945

Im Englischen Garten kam es noch nach Wochen zu gewaltsamen Fahrrad-Diebstählen, wobei drei Personen durch freigelassene Russen das Leben lassen mußten.

*Quelle: Das Ende des zweiten Weltkrieges im Erzbistum München u. Freising, Band 8*


## München Nord-Ost Pfarrei St. Emmeram
### Bericht von Stadtpfarrer Friedrich Jacob vom 29.7.1945

Bei einer Plünderung im Dagelfinger Moosgrund wurde eine dreiköpfige Familie erschossen.

*Quelle: Das Ende des zweiten Weltkrieges im Erzbistum München u. Freising, Band 8*


## München Forstenried
### Bericht von Stadtpfarrer Oskar Winsauer vom 25.7.1945

Im Städtischen Gut Fürstenried wurden Schweine erschossen und forttransportiert. Im Forstenrieder Park wurde fast der ganze Wildbestand vernichtet. In einem Bäckerladen wollte ein Russe mit Gewalt Brot wegnehmen, allein auf ein Zeichen mit einer Handsirene hin kam eine Dorfwache herbei und verprügelte den Burschen derart, daß er heulend und blutend davonrannte.

*Quelle: Das Ende des zweiten Weltkrieges im Erzbistum München u. Freising, Band 8*


## München Thalkirchen
### Bericht von Stadtpfarrer Bernhard Marx

In Thalkirchen ist Ende Juni beim hellichten Tag eine förmliche Hühnerjagd abgehalten worden. Hühnerbesitzerinnen, die sich bei der Militärregierung darüber beschwert haben, sind – wie man hörte – dort höhnisch abgefertigt worden: „Hoffentlich haben sie ihnen recht gut geschmeckt!"

Bei einem nächtlichen Einbruch wurde der mutig vorgehende Schweizer erschossen.

*Quelle: Das Ende des zweiten Weltkrieges im Erzbistum München u. Freising, Band 8*


## München Neubiberg
### Bericht von Stadtpfarrer Alois Leinfelder vom 27.7.1945

Ein Mann wurde von plündernden Russen erschossen, weil er dem Raub seines Fahrrades Widerstand entgegensetzte.

*Quelle: Das Ende des zweiten Weltkrieges im Erzbistum München u. Freising, Band 8*

# Rachemord im Porenitwerk Haar bei München

Beim Einmarsch der Amerikaner kam es im Porenitwerk Haar zu zwei Morden durch ehemalige Fremdarbeiter (Polen oder Russen). Der Werkführer, Herr Bittner, und der Betriebsleiter, Herr Beissl, vom Porenitwerk wurden erschossen und an Ort und Stelle verscharrt.

Eine Woche später wurden sie von Pfarrer Leyerer ohne Sarg zusammen in einem Grab beerdigt.

Nach mündlicher Überlieferung soll der Werkführer die Fremdarbeiter wegen Verfehlungen gemeldet haben, worauf sie ins Lager Dachau kamen.

Nach ihrer Befreiung 1945 kamen sie mit den Amerikanern zurück und ermordeten den Betriebsleiter und den Werksführer.

# Die Zeit nach dem Einmarsch der Amerikaner in der Umgebung von Röhrmoos bei Dachau

## Aus der Chronik von Röhrmoos

Die französischen Kriegsgefangenen sind schon wenige Tage nach der Befreiung in ihre Heimat aufgebrochen. Wie schon erwähnt, die Polen trieben noch länger ihr Unwesen.

Im sogenannten „Sommerhaus" bei Arzbach, das zum Besitz des Grafen von Weilbach gehört, wurde am 3. Januar 1946 **Rosina Breitsamer** von einer mehrköpfigen Bande überfallen und ermordet.

Das Bahngleis wurde erst einige Wochen nach Kriegsende soweit notdürftig repariert, daß der Zugverkehr nach Dachau und München eingleisig wieder aufgenommen werden konnte.

In dieser Zeit ohne Zugverbindung getraute man sich auch mit dem Fahrrad kaum nach Dachau zu fahren. Denn in den Wäldern trieb sich viel lichtscheues Gesindel herum, das auf das damals einzige Verkehrsmittel „Fahrrad" sehr fixiert war. Es kamen auch einzelne, ehemalige Konzentrationslager-Insassen aufs Land, um Gebrauchsartikel verschiedener Art aus dem KZ gegen Lebensmittel einzutauschen. Ihr Verhalten war unterschiedlich, manche waren sehr aggressiv. Zu ihren Tauschartikeln gehörten auch dicke Wolldecken, sowohl aus deutschen als auch aus amerikanischen Militärbeständen. In den nächsten Jahren haben dann die örtlichen Schneider daraus Wintermäntel angefertigt.
*Quelle: Röhrmooser Heimatblätter 2009*

## Die 16jährige Franziska Nagl wurde auf dem Weg nach Indersdorf von ehemaligen polnischen KZ-Häftlingen ermordet

*Franziska Nagl*

Foto: privat

Franziska Nagl aus Schernberg/Obb., geb. 1929 hatte drei Brüder. Zwei sind im Krieg gefallen. Sie war die einzige Tochter und wollte eine tüchtige Bäuerin werden. Am Freitag, den 24. August 1945 gegen Mittag fuhr Franziska Nagl mit dem Fahrrad nach Indersdorf zum Uhrmacher und um verschiedene Sachen zu erledigen.

Als sie um 18 Uhr nicht zurück war, fuhr ihr Bruder Lorenz mit dem Fahrrad nach Indersdorf, um sie zu suchen. In Ainhofen wurde Franziska zuletzt lebend gesehen. Trotz der vielen Arbeit halfen die Menschen spontan bei der Suche. Da die Ausländer im Gegensatz zu den Deutschen oftmals bewaffnet waren, war das nicht ungefährlich. Zwischen Ackersdorf und Indersdorf wurde Franziska ermordet aufgefunden. Sie hatte drei Schüsse in der Brust, der Schädel war dreimal eingeschlagen. Das Fahrrad, die Uhr und andere Gegenstände wurden geraubt.

Einige Zeit später fand man bei Röhrmoos in einem Stadel das Fahrrad und andere geraubte Gegenstände von Franziska Nagl, so daß die Täter ermittelt werden konnten. Sie wurden nach Straubing gebracht und der Fall in München verhandelt. Die geraubten Gegenstände wurden der Familie zurückgegeben, die Täter wurden nach Polen abgeschoben.

Franziska Nagl wurde im Friedhof von Volkersdorf beerdigt. An der Mordstelle steht noch ein Marterl mit folgender Inschrift:

*Hier Wanderer stehe still und bete für unsere Tochter und Schwester Jungfrau Franziska Nagl aus Schernberg, welche hier in diesem Wald am 24. August 1945 im Blütenalter von 15 Jahren ermordet wurde. Gott wird abwaschen alle Tränen aus ihren Augen, und Leid wird nicht mehr sein.*

Foto: H. Pflanz

292

## Der Überfall mit Doppelmord am Grainhof bei Markt Indersdorf

Der Grainhof ist eine Einöde bei Ainhofen im Kreis Indersdorf. Cilli Stegmaier heiratete am 28. Mai 1945 den Grainhofbauern Anton Gottschalk. Sie wuchs ebenfalls in einer Einöde auf und kam gut zurecht.

Am Abend des 6. Juli 1945 waren bereits alle schlafen gegangen, als die Banditen im Hof auftauchten. Sie rissen auf der Rückseite des Hauses einen Fensterstock aus der Mauer und drangen ein. Die Verbrecher leuchteten mit Kerzen das ganze Haus aus, in dem sie sich gut auskannten. Einige Wochen vorher war eine neue Magd eingestellt worden, die den Hof ausspionierte. Nach dem Einbruch ist sie verschwunden.

Die Banditen kamen in das Schlafzimmer des jungen Paares. Die beiden ergaben sich kampflos. Da zog einer die Pistole und schoß Anton Gottschalk in den Hals, so daß die Schlagader getroffen wurde. Nach kurzer Zeit ist er verblutet. Seine letzten Worte waren: „Oh Cilli, du erbarmst mich." Dann holten die Verbrecher Frau Gottschalk aus dem Bett und sie mußte darunter kriechen. Auch die Schwiegereltern mußten dort hinein. Die Schwiegermutter, die an Herzwassersucht litt, wurde ebenfalls unter das Bett geschoben und bekam kaum Luft. Ein Menschenleben zählte nichts. Dann wurde das ganze Haus ausgeräumt, die Kleider, die Bettbezüge und sogar die Vorhänge nahmen sie mit. Auch die Aussteuer, die die junge Frau vor sechs Wochen mit auf den Hof gebracht hatte, wurde gestohlen. Schon als Kind hatte sie angefangen, liebevoll an der Aussteuer zu arbeiten. In kurzer Zeit war alles dahin.

*Anton Gottschalk,*
*geb. 4. Juli 1907*
*ermordet 6. Juli 1945*

*Michael Gottschalk,*
*geb. 17. September 1910*
*ermordet 6. Juli 1945*

Michael Gottschalk, ein Bruder des Bauern, hatte ein lediges Kind. Am Abend ist er mit dem Fahrrad dorthin gefahren und wollte seinem kleinen Sohn ein Glas Honig bringen. Bei der Rückfahrt zum Grainhof kam er in den Überfall. Er wurde sofort niedergeschossen. Man fand ihn erst am nächsten Tag in der Nähe der Kammer. Er hatte einen Schuß im Kopf. Kurz vorher war er erst vom Krieg nach Hause gekommen.

Man vermutete, daß auch hier die Täter aus dem Ausländerlager Wagenried kamen.

Von den drei Söhnen lebte nur noch Josef Gottschalk. Cilli und Josef Gottschalk haben den Hof zusammen weiter betrieben.

## Der Raubmord in der Einöde beim Aberl

Die Bauerstochter Amalie Reichlmair aus Weichs heiratete 1929 Georg Geißler „zum Aberl", eine Einöde zwischen Langenpettenbach und Arnzell. Es sind angenehme und freundliche Menschen. Warum damals so ein schlimmer Mord geschehen konnte, ist heute noch ein Rätsel.

Der Krieg ging im Mai 1945 zu Ende. Somit hatte auch das Gesindel seinen freien Lauf. Anfang Juni

*Amalie und Georg Geißler*

Foto: privat

drangen unbekannte Täter in das Haus des „Aberlbauern" und holten das Rauchfleisch aus der oberen Kammer. Der Bauer konnte am Morgen die Spur aufnehmen und ein ganzes Stück verfolgen. Es war die Richtung zum Lager bei Wagenried, von dem schon so viel Unheil ausgegangen ist.

So kam der 21. Juni 1945. Um Mitternacht drangen drei fremde Gestalten in den Hof ein. Die Hunde meldeten die Eindringlinge, doch das war für sie kein Hindernis. Die fanden im Schuppen eine Hacke, schlugen das Fenster aus der Kellerluke und drangen in das Haus ein. Das Hämmern durchdrang das ganze Haus, und die Bewohner des Hauses sprangen vor Entsetzen aus den Betten. Die Bäuerin wollte den Bruder des Bauern wecken und eilte über den Hausflur. Da hob sich die Kellerfalle (liegende Türe zum Keller) wie von Geisterhand. Ein ohrenbetäubender Schuß durchdrang das Haus. Dieser Unmensch hatte der Bäuerin in den Bauch geschossen. Da kam der Bruder des Bauern verschreckt und aufgeregt aus dem Zimmer. Schon krachte der zweite Schuß! Er verfehlte sein Ziel nur um Zentimeter. Der Schuß ging in die Mauer, und der Staub wirbelte im Flur herum. Der dritte und letzte Schuß traf den Bauern in die Hand, ging der Länge nach durch den Unterarm und blieb im Ellenbogen stecken. Der Bauer rannte in seiner Verzweiflung nach „Kattalaich" hinüber, eine Einöde ca. einen Kilometer entfernt. Da verfolgten ihn diese Verbrecher. Er erreichte „Kattalaich" mit letzter Kraft. Dort brach er kraftlos zusammen. Er hatte hohen Blutverlust und eine Kugel im Arm. Die Bäuerin legte ihm einen Verband an und pflegte ihn. Der Bruder des „Aberlbauern" benachrichtigte den  Dr. Beermann, Arzt aus Indersdorf. Er hat die beiden schwerkranken Menschen mit dem eigenen Auto ins Krankenhaus nach Altomünser gebracht. Die „Aberlbäuerin" Amalie Geißler, eine Mutter von fünf Kindern, starb während der Operation. Sie kam nicht mehr zu sich. Sie hatte zu hohen Blutverlust infolge des Bauchschusses. Sie wurde im Familiengrab in Arnzell begraben. Ihr Mann konnte erst nach Monaten das Krankenhaus verlassen. Er wurde zum Krüppel geschossen und konnte die verletzte Hand nicht mehr brauchen. Er war unbeholfen und behindert für den Rest seines Lebens. Er starb am 18. Juli 1948 nach einem schweren landwirtschaftlichen Unfall infolge seiner unbrauchbaren Hand. Die Familie hinterließ fünf Kinder im Alter von sechs bis dreizehn Jahren, die sich allein mit dem Onkel durchschlagen mußten.

Da sagte mir der heutige Altbauer Georg Geißler: „Das glaubt kein Mensch, wie wir uns da durchschlagen und plagen mußten. Es mußte alles von Hand und mit dem Pferdegespann bearbeitet werden. Da war oft einfach die Kraft nicht mehr da."

Nach dem Überfall haben die Amerikaner eine Woche lang Tag und Nacht den Hof bewacht. Die älteren Geschwister wurden nach Wagenried zum Lager gebracht. Dort mußten etwa dreißig solcher Ganoven antreten. Die Mädchen mußten sie alle einzeln genau anschauen, ob sie jemanden erkennen. Aber so einfach war das nicht. Es kam wieder die Angst auf. „Die bringen uns alle zum!" Da ging jeden Abend der Rest der Familie zum „Kattalaich" hinüber zum Schlafen, und das wochenlang. Immer diese Todesangst und noch dazu die schwere Arbeit, das ging an die Substanz! Es waren doch noch Kinder. Was diese Menschen da durchgemacht haben, das kann kein Mensch erahnen.

*Quelle: Buch von Mathias Lang „Wohin geht dein Weg Kamerad" (gekürzt)*

## Einbruch mit Doppelmord bei der Familie Eberl in Zillhofen, Gemeinde Weichs bei Dachau am 12. Juni 1945

Am 12. Juni 1945 nachts stieg eine Bande, denen die Haare über das Gesicht hingen, über die Altane durch die Türe des Balkons in den vorderen Eingang des Hauses ein. Sie rammten alle Türen, die ihnen im Weg standen, mit Gewalt ein und brachen die Kammertüre auf, wo der Bauer und die Bäuerin schliefen. Mit ihren Pistolen schossen sie wild umher und trafen den Bauern Anton Eberl, der tot zwischen Küche und Kellertreppe auf dem Hausgang liegenblieb.

Dem Sohn Anton Eberl gelang es noch aus dem Hause zu fliehen. Sie verfolgten ihn. Man fand ihn später tot im Kartoffelfeld hinter dem Garten des Nachbarn.

Frau Therese Eberl konnte ebenfalls fliehen und wurde von den Nachbarn aufgenommen. Die übrigen Hausbewohner blieben in ihren verschlossenen Zimmern.

Die Einbrecher hielten sich offenbar noch längere Zeit in der Küche auf.

Die Mörder wurden nie gefaßt. Die Familie errichtete 1947 zum Andenken an die Geschehnisse eine Hofkapelle.

*Anton Eberl*
*Bauer in Zillhofen*
*geb. am 25. Juli 1889*
*ermordet am 12. Juni 1945*
*bei einem Raubüberfall*

*Anton Eberl*
*Bauerssohn in Zillhofen*
*geb. am 6. Februar 1921*
*ermordet am 12. Juni 1945*
*bei einem Raubüberfall*

## Raubmord beim Hirner Hof im Weiler Poigern/Egenhofen

Ferdinand Heinz (Heinz ist Familienname), geb. 1927, war Automechaniker und stammte aus Griesau im Kreis Troppau, Sudetenland. Durch den Reichsarbeitsdienst kam er nach Süddeutschland und arbeitete nach dem Krieg im Sommer 1945 als Erntehelfer auf dem Hirner Hof im Weiler Poigern, Kreis Fürstenfeldbruck.

In der Nacht vom 31. Juli zum 1. August 1945 überfiel eine zehnköpfige polnische Bande den Hirner Hof. Die Bewohner flüchteten in den Speicher und versteckten sich dort. Warum der 18jährige Ferdinand Heinz nicht nach oben ging, ist nicht bekannt. Möglicherweise wollte er die Familie beschützen, hatte jedoch keine Chance. Heinz wurde im Hausgang von den Einbrechern durch Kopfschuß getötet. Dann räumten die Einbrecher das ganze Haus aus und fuhren alles ab.

Ferdinand Heinz wird als sehr anständiger und fleißiger junger Mann beschrieben, der große Sehnsucht nach seiner Heimat und seiner Mutter hatte. Er wurde am 2. August 1945 im Friedhof von Egenhofen unter großer Anteilnahme der Bevölkerung beerdigt. Das Grab ist inzwischen aufgelöst und nichts erinnert heute mehr an ihn.

*Ferdinand Heinz*  *Das Elternhaus von Ferd. Heinz im Sudetenland*

Die Familie Heinz mußte 1946 ihre Heimat mit 60 kg Gepäck verlassen. Die Schlüssel mußten gebündelt und beschriftet übergeben werden. Das Verstecken von Wertsachen war verboten.

Der Pfarrer von Egenhofen, Franz Xaver Bonheim, schrieb über die Plünderungen von 1945 folgendes nieder: Gestohlen wurden in der Sakristei sieben sehr schöne Ministranten-Röckchen und eine Menge Altarkerzen, in der Schloß-Kapelle Weyhern wurden Reliquiarien und Monstranz des Schmuckes, insbesondere der Steine und Perlen beraubt, außerdem Fahrräder am laufenden Band, viel Fleisch und andere Lebensmittel (Fett und Eier), sehr viele Kleider und Wäsche. Besonders übel wurde im Schlosse gehaust.

## Mord in Luttenwang Kreis Fürstenfeldbruck

In der Nacht vom 13. zum 14. Juli 1945 klopften zwei Polen an das Fenster eines Bauern in Luttenwang mit dem Ruf „Mach auf!" Der Großvater drehte das Licht aus, weckte die Hausbewohner und verbot die Türe aufzumachen. Der 44jährige Bauer Ferdinand Neumeir öffnete trotzdem die Türe. Die beiden Fremden verlangten Suppe. Dann baten sie um Butter. Als der Bauer gehen wollte, um diese zu holen, schossen ihm die Fremden in den Kopf. Der Bauer wehrte sich noch. Dabei bekam der Bauer drei Stiche in die Lunge, zwei Schüsse in den Kopf und einen Schuß in die Lunge. Er hinterließ zwei Kinder. Der Mord geschah am Hochzeits-Gedächtnistag.

*Ferdinand Neumeir*

*Foto: privat*

## Heinrich Probst wurde bei einem Einbruch erschossen

Am 8. August 1945 brachen Polen in den Einödhof Rothschwaig bei Schöngeising Kreis Fürstenfeldbruck ein. Dabei wurde der 25jährige Heinrich Probst von den Einbrechern erschossen. Probst kam erst kurze Zeit vorher vom Krieg nach Hause. Er war fünfeinhalb Jahre Soldat und lief zu Fuß von Königsberg heim. Bei dem Einbruch wurden die ganze Wäsche und alle Wertsachen gestohlen. Die Bewohner hatten nichts mehr zum Anziehen. Nachbarn brachten Kleidung. Die Mutter von Heinrich Probst hatte ein Trauma. Sie zitterte seitdem und konnte nicht mehr richtig arbeiten. 1952 ist sie gestorben.

*Heinrich Probst*

*Foto: Privat*

*Die Einöde Rotschwaig bei Schöngeising*

*Foto: Privat*

# Doppelmord in Sulzberg bei Kempten

*Karolina Merkle*          *Josef Merkle*

Nach dem 2. Weltkrieg wurden ehemalige Fremdarbeiter, zumeist Polen, in Lagern zusammengefaßt. Von dort aus wurden häufig bandenmäßige Raubzüge unternommen.

Am 31. Juli 1945 gegen 23:30 Uhr drangen vier Polen in Sulzberg bei Kempten in das Anwesen von Josef Merkle ein. Als sich Josef Merkle im Hausgang den Einbrechern in den Weg stellte, wurde er sofort mit einem Herzschuß niederge-

*Das Anwesen von Josef Merkle in Sulzberg*

*Fotos: Privatarchiv*

schossen. Die Ehefrau Karolina Merkle öffnete das Fenster und wollte um Hilfe rufen. Stefan Pawlowski, der während des Krieges ein Jahr als Pferdeknecht auf dem Hof gearbeitet hatte, stand vor dem Haus Schmiere. Als Frau Merkle Stefan Pawlowski erkannte, schoß dieser zum Fenster hinauf und tötete Frau Merkle mit zwei Pistolenschüssen in Kopf und Schulter. Dann flüchteten die Einbrecher. Einige Zeit später wurden die Täter von der amerikanischen Militärregierung verhaftet.

Ende Oktober 1945 wurden die Polen Stefan Pawlowski, 34 Jahre, Josef Woch, 21 Jahre und Jan Padgorski, 27 Jahre von einem amerikanischen Militärgericht zu 25 Jahren Gefängnis verurteilt. Ein weiteres Bandenmitglied wurde als mitschuldig zu 3 Jahren Gefängnis verurteilt. So stand es 1945 in der von der Militärregierung genehmigten Schwäbischen Landeszeitung. Wahrscheinlich aber wurden sie wenig später nach Polen abgeschoben.

1990 schrieb der Mörder Stefan Pawlowski aus Polen einen Brief und bat um eine von der Gemeinde beglaubigte Arbeitsbescheinigung für die Zeit von 1940 bis 1945. Er hat sie auch bereitwillig erhalten.

## Plünderungen und Raubmord
## in der Gegend um Mering/Friedberg

In Hanshofen bei Günzlhofen (ein Weiler mit drei Anwesen im Landkreis Fürstenfeldbruck) erschienen im Sommer 1945 nächtens einige Männer, drangen in einen Bauernhof ein und bedrohten die Bauersfamilie Widmann mit Schußwaffen und zwangen sie zur Herausgabe des Geldes. Der Bauer hatte in seinem Geldschrank 6000 RM, die er für einen unmittelbar bevorstehenden Stadelbau verwenden wollte und herausgeben mußte. Offenbar haben das die Räuber von dort vorher beschäftigten DPs erfahren. Das Geld war verloren. Eine Anzeige war nicht möglich.

Im Bericht der Militärregierung Friedberg für April 1946 (OMGBy Co 475/8) heißt es: „Am 19. April 1946 beraubten zwei bewaffnete DPsein Bauernhaus in Anwalting (nördlich von Friedberg) und nahmen Fahrräder, Geld und Schmalz mit."

Am 10. April 1946 wurde in Wulfertshausen bei Friedberg ein Bauer von zwei Männern erstochen, welche er dabei überraschte, als sie in seinem Stall eines seiner Schweine schlachteten. Beide Fälle wurden nicht geklärt.
*Quelle: Das Kriegsende 1945 in Mering*

# Der Doppelmord in der Brunnenmühle bei Dasing

Maria Metzger
geb. 1910, gest. 1946

Fotos: Privatarchiv

Johann Metzger
geb. 1881, gest. 1946

Die Brunnenmühle liegt zwischen Dasing und Paar bei Augsburg. Zur Mühle gehörte auch ein Sägewerk. Während des Krieges waren dort Arbeiter aus verschiedenen Nationen beschäftigt. Von den Beschäftigten wurde übereinstimmend erklärt, daß die Behandlung korrekt und die Verpflegung gut war, Unterschiede wurden nicht gemacht.

Ein polnischer Fremdarbeiter war beauftragt, Langholz mit den Pferden zum Sägewerk zu bringen. Er war so grob zu den Pferden, daß sie erhebliche Verletzungen hatten. Als Ermahnungen nichts halfen, veranlaßte der Müller, daß der Pole ein Wochenende im Gefängnis eingesperrt wurde. Daraufhin äußerte der Pole gegenüber anderen Arbeitern, daß er den Chef nach dem Krieg umbringen werde.

Die französischen Kriegsgefangenen kehrten nach dem Krieg in ihre Heimat zurück. Die Ostarbeiter hörten zwar auf zu arbeiten, viele blieben aber noch lange Zeit in Deutschland und machten die Gegend unsicher.

Am 17. Juni 1946 tauchten nachts fremde Gestalten in der Mühle auf. Die älteste Tochter Maria arbeitete bis 23:30 Uhr in der Küche und ging dann in ihre Schlafkammer. Kurz vor 24 Uhr wollte der Müllerbursche die Ablösung wecken (die Mühle lief Tag und Nacht), da sah er am Wohnhaus zersplitterte Fensterscheiben und am Eingang einen fremden Mann stehen. Er löschte das Licht in der

Mühle und weckte den Knecht. Dann sahen sie, daß fünf bewaffnete Männer das Gelände verließen.

Der Hund lag erschlagen in der Küche. Offenbar hatte die ältere Tochter Maria Geräusche gehört und lief in das Schlafzimmer der Eltern. Dort wurde sie mit zwei Kopfschüssen getötet. Frau Metzger lag mit einem schweren Schock im Schlafzimmer. Herr Metzger hatte einen Bauchschuß, war aber noch ansprechbar. Er bat, nach seinem Sohn Josef zu schauen. Dieser war aber vom oberen Fenster in den Gemüsegarten gesprungen und alarmierte Sanitäter und Polizei. Die Telefonleitungen zur Mühle waren durchgeschnitten. Herr Metzger wurde ins Krankenhaus gebracht und starb noch am gleichen Tag.

Obwohl Zeugen glaubten, zwei Einbrecher erkannt zu haben, wurde keine Fahndung veranlaßt. So blieben auch diese Morde ungesühnt. In den Archiven findet man darüber keine Unterlagen.

*Die Brunnenmühle zwischen Dasing und Paar bei Augsburg*

## Doppelmord in Deubach bei Augsburg

Leopold Maier war Oberingenieur bei MAN. Er lebte nach seiner Pensionierung seit 1939 mit seiner Frau Theresia in Deubach bei Augsburg.

Am 5.6.1946 nachts um 23 Uhr kamen Einbrecher ins Haus. Als Frau Maier verdächtige Geräusche hörte, stand sie auf um nachzusehen. Sie wurde sofort niedergeschossen. Als Herr Maier seiner Frau zu Hilfe kommen wollte, wurde auch er mit mehreren Stichen überwältigt. Herr Maier gelang es noch, durch das Fenster zu fliehen. Die Einbrecher schossen ihm nach. Mit letzter Kraft schleppte sich Maier zu dem ca. 200 m ent-

*Theresia und Leopold Maier*

Foto: Privat

fernten Haus von J. Heuberger und bat, nach seiner Frau zu sehen.

*Das Haus der Familie Maier in Deubach*

Foto: Privat

Dringend tatverdächtig waren Polen aus dem DP-Lager in Augsburg. Diese hielten jedoch wie Pech und Schwefel zusammen und gaben sich gegenseitig Alibi, so daß sie nicht überführt werden konnten.

## Sechsfacher Raubmord in Markgröningen

Am 10. November 1945 nachts um 3 Uhr wurde die Spitalmühle in Markgröningen von Polen überfallen. Sie trieben die Bewohner in den Keller und töteten die ganze Familie durch Kopfschuß.

Die Opfer:

Der 51jährige Eugen Frick, seine 42jährige Ehefrau Matilde Frick, die 18jährige Tochter Margarete, die 12jährige Tochter Else und der 10jährige Sohn Herrmann sowie der 33 Jahre alte treue Müllersgehilfe Georg Ludwig aus Jagstheim.

Überlebt hat nur die 16 Jahre alte Christa Frick, da sie nicht zu Hause war.

Der Müllerbursche Karl Zibold konnte auf die Bühne über dem Roßstall entschlüpfen und sich verstecken. Dreimal haben die Einbrecher nach ihm gesucht, ihn aber nicht gefunden.

Als die Bande abgezogen war, konnte er den Überfall melden.

*Das Grab der ermordeten Familie Frick in Markgröningen*

*Quelle: Schwäbische Landeszeitung vom 7. Dezember 1945*

## Friedrich Reinhardt wollte helfen

Am 13. Juli 1945 wurde der aus Kornwestheim stammende Friedrich Reinhardt beim Rotenacker Wald in der Nähe des Naturfreunde Hauses Markgröningen von räubernden Polen erschossen, als er den dort wohnenden Familien Frank, Hecht und Volz zu Hilfe kommen wollte.

## Bei einem Überfall auf die Luhmühle wurde der Vater von acht Kindern erschossen

Von raubenden Polen wurde am 14. Oktober 1945 die Luhmühle zwischen Großen-Linden und Lützellinden/Hessen überfallen. Dabei wurde der Müller **Wilhelm Schnautz**, Vater von acht Kindern, erschossen.

Im Wald zwischen Gießen und Leihgestern wurde **Georg Jung** aus Großen-Linden, der an der Pflegeanstalt in Gießen beschäftigt war, am 4. April 1946 überfallen, ausgeraubt und erschossen.

*Quelle: Chronik von Großen-Linden*

## Der Raubmord in der Pirrmühle bei Allendorf/Hessen

Es wurden in der Nacht vom 5. September 1945 zwischen 0 und 1 Uhr die Fenster zur Wohnstube der Pirrmühle eingeschlagen. Als der 74jährige Müller Karl Nahrgang aufgeschreckt aus dem Bett sprang, um das Licht einzuschalten, traf ihn ein aus kurzer Entfernung abgefeuerter Pistolenschuß tödlich in den Kopf. Der Müller Nahrgang vermutete, daß sein Sohn Wilhelm, von dem er seit längerer Zeit keine Nachricht hatte, vom Krieg heimgekehrt sei. Er rief deshalb mehrmals seinen Namen und brach dann tot zusammen. Zwei Eindringlinge durchschnitten sofort die Telefonleitung und raubten den Schmuck, das Radio sowie alle Kleiderschränke aus. Die anderen Gewalttäter versetzten die Frauen und Kinder in Todesangst, indem sie ihnen ständig mit dem Revolver und einem langen Dolch drohten. Am darauffolgenden Tag wurden die leeren Kleiderbügel auf dem „Ziegenberg" gefunden. Zu dieser Zeit gab es keine Behörde, die den Fall hätte näher untersuchen können. So blieb der Mord an einem unschuldigen Menschen ungesühnt.

*Quelle: Chronik von Großen-Linden, 1976*

## Massenmord in der Fleckmühle Obereschbach bei Bad Homburg

Am Abend des 22. November 1945 wurde der Mühlenhof des Bauern Fleck in Obereschbach bei Bad Homburg/Hessen von einer etwa zehnköpfigen Einbrecherbande überfallen. Acht Personen, darunter auch welche, die zufällig anwesend waren, wurden dabei durch Kopfschuß getötet. Zwei Personen haben schwerverletzt mit Kopfschuß überlebt.

Der schwerverletzte Landwirt Heinrich Fleck konnte sich nach dem Überfall durch das Kellerfenster befreien und schleppte sich ins Dorf, um Alarm zu schlagen. Als die Helfer eintrafen, bot sich ihnen ein grauenhaftes Bild.

Auf der Kellertreppe lag der achtjährige Sohn **Heinz Fleck** aus Obereschbach. Unterhalb der Treppe lag die 68jährige Großmutter **Margaretha Fleck** aus Obereschbach. Im Keller befand sich während des Überfalls auch **Heinrich Fleck**, der einen Schuß seitlich durch den Mund erhielt. Er stellte sich tot und hat dadurch überlebt. In der Wohnung fand man die 37jährige Ehefrau **Maria Fleck** aus Obereschbach. Außerdem waren zu Besuch in der Mühle:

der 51jährige Gemeindediener **Johann Gutermuth** aus Obereschbach,
der 29jährige Sohn des ev. Pfarrers **Wilfried Weck** aus Obereschbach,
der 40jährige **Georg Heuschkel** aus Obereschbach,
der 31jährige Zollbeamte **August Walther** aus Oberursel,
der 32jährige **Heinrich Hartmann** aus Niedereschbach,
**Frau Veit**, Architektenfrau aus Gonzenheim. Frau Veit hat mit einem Kopfschuß überlebt. Die Kugel blieb im Kopf stecken und konnte nicht entfernt werden, auf einem Auge erblindete sie. Die Dorfbewohner rückten noch am Abend mit Mistgabeln aus, die Täter konnten aber nicht gefunden werden. In unmittelbarer Nähe der Ermordeten fand man eine polnische Zeitung.

# Maria Nunner wurde erschossen, als sie Hilfe holen wollte

In der Nähe dieser Ka- pelle wurde am 23. 6. 46
abends 8.30 Uhr bei einem Raubüberfall auf
das Anwesen unsere liebe Tochter

## Maria Nunner
von Stubenreuth, im 26. Lebensjahr

auf der Flucht um H... Waldrand von ausländischen Mördern
erschossen. Zum Andenken an diese schreckliche Tat wurde diese
Kapelle errichtet. Wir bitten jeden, der an dieser Stelle vorüber-
kommt, ihrer im Gebete zu gedenken.

Am 23. Juni 1946 um 20:30 Uhr kam es in der Einöde Stubenreuth, Gemeinde Bruckberg bei Landshut, zu einem Raubüberfall.

Als die 26jährige Maria Nunner beim Nachbarhof Hilfe holen wollte, wurde sie auf dem Weg dorthin erschossen.

Es soll sich um ehemalige Ostarbeiter aus einem Sammellager in Landshut gehandelt haben, die dort auf ihre Rückführung warteten. Gefaßt wurden die Täter nicht. So blieb auch dieser Mord ungesühnt.

*Zum Andenken an Maria Nunner errichteten die Angehörigen in der Nähe der Mordstelle eine Kapelle.*

Foto: Archiv Pflanz

306

## Die Morde von Kreut bei Peiting, Obb.

Am Sonntag, 17.11.1946 ermordete eine fünfköpfige polnische Bande aus dem DP-Lager Altenstadt auf der Straße von Peiting zum Weiler Kreut drei Männer und raubten sie aus.

Um ca. 17 Uhr fuhr der 60jährige Bauer **Paul Anderl** mit seinem Fahrrad nach Hause. Die Banditen versperrten ihm den Weg, trieben ihn mit vorgehaltenen Pistolen in den Wald und raubten ihn aus. Auch den neuen Filzhut und die Lederjacke nahmen sie ihm ab. Dann schossen sie Anderl ins Gesicht und ließen ihn im Wald liegen.

Kurz darauf begegnete ihnen der 50jährige Bauer **Xaver Schleich**. Auch er wurde vom Fahrrad gezerrt und mußte seine Wertsachen abgeben. Dann schoß

ihn einer der Banditen ins Gesicht. Als Schleich taumelte, schoß er ein zweites Mal. Aber Schleich stand immer noch. Erst beim dritten Kopfschuß fiel er zu Boden. Um sicher zu gehen, schoß ihn der Pole noch in den Rücken.

Der 34jährige **Emil Socher** war nachmittags bei seiner Verlobten und radelte heimwärts, als er gegen 17:30 Uhr den fünf Polen begegnete. Auch er wurde ausgeraubt und mit Kopfschuß niedergeschossen. Auf den am Boden liegenden Socher gaben sie noch einen Schuß in den Hinterkopf und einen in den Rücken ab. Sogar die braunen Halbschuhe nahmen sie mit.

*Emil Socher*

*Emil Socher*

Foto: St. AV Schargaer

307

Paul Anderl                                          *Foto: St. AV Schongad*

Xaver Schleich                                       *Foto: St. AV Schongad*

Dann fuhren die Banditen mit den Fahrrädern zum Bahnhof Peißenberg und brachen vorher noch in ein Wohnhaus ein. Sie wollten mit den geraubten Sachen auf dem Schwarzmarkt gutes Geld erzielen.

Diese Morde waren der Höhepunkt einer schon länger andauernden Bandenkriminalität. In der Bevölkerung stieg die Empörung. Da von der Militärregierung kaum Hilfe zu erwarten war, dachte man über Selbsthilfe nach. Man gründete Bürgerwehren und sogar Lynchjustiz an den polnischen DPs war im Gespräch. Da aber zu dieser Zeit Deutsche keine Waffen besitzen durften, auch nicht Polizei und Jäger, hatten die Bürgerwehren gegen die bewaffneten DPs wenig Chancen.

Der damalige Landrat von Schongau Franz Josef Strauß (später Bayer. Ministerpräsident) schrieb deutliche Briefe an die Regierung und verlangte Abhilfe. Er schrieb: Abgesehen von Einbruchdiebstählen usw. ereigneten sich im Landkreis innerhalb zwei Wochen fünf Morde und ein Mordversuch. Er forderte die Aufstockung und Bewaffnung der Polizei, Bewaffnung der Bürgerwehren und mehr Schutz für die Einödhöfe.

Im Dezember 1946 fielen am Bahnhof Murnau bei einer Schwarzmarktkontrolle drei Polen auf, die entsicherte Pistolen bei sich trugen, und wurden festgenommen. Auf der Wache versuchte einer seinen Filzhut hinter einem Schrank zu verstecken. Aber ein aufmerksamer Polizeibeamter bemerkte dies. Es stellte sich heraus, daß es sich um den Hut des ermordeten Paul Anderl handelte. So konnten die Mörder überführt und auch die zwei anderen Bandenmitglieder festgenommen werden.

Am 20.2.1947 wurden die fünf Polen vor einem amerikanischen Militärgericht in München wegen dreifachen Mordes verhandelt.

Marion Gordon, geb. 1923 in Warschau, Wladimir Dronski, geb. 1925 in Hrabowitz und Kasimir Lewanowski wurden zum Tode, Zbignier Molenda zu lebenslänglicher Haft verurteilt. Wacek Bazil, der ebenfalls an den Überfällen teilgenommen hatte, wurde freigesprochen, weil er nicht geschossen hatte.

Die Bekanntgabe des Urteils wurde in der Bevölkerung mit einer gewissen Beruhigung aufgenommen, weil man glaubte, die Amerikaner würden nun durchgreifen. Es gibt aber keinerlei Hinweise, daß die Urteile tatsächlich vollzogen wurden. Mit Sicherheit kann man aber sagen, daß die Todesurteile nicht vollstreckt wurden. Man muß davon ausgehen, daß die Mörder vermutlich entlassen und nach Polen abgeschoben wurden, wo zu dieser Zeit Mord an Deutschen nicht verfolgt wurde.

An der Straße von Peiting nach Kreut erinnern heute noch zwei Marterl an diese Morde.

*Marterl für Paul Anderl an der Straße von Peiting nach Kreut.*
Foto: 1987 H. Pflanz

*Marterl für Xaver Schleich und Emil Socher an der Straße von Peiting nach Kreut*
Foto: 1987 H. Pflanz

## Hinrichtungen krimineller Ausländer durch die US-Armee in Landsberg

Die Beschwerden über die DPs und über die unsicheren Verhältnisse wurden immer lauter, so daß die Amerikaner durchgreifen mußten. 1947 und 1948 wurden in Landsberg a.L. 27 Ausländer, zumeist ehemalige KZ-Häftlinge von der amerikanischen Besatzungsmacht durch Erschießen hingerichtet. Erschießen deshalb, weil dies als ehrenhafter Tod angesehen wurde. Die deutschen Kriegsverurteilten wurden grundsätzlich durch den Strang hingerichtet, weil Erhängen als schändlich galt und eine zusätzliche Strafe bedeuten sollte. Am 14.2.1947 wurden die ersten fünf Gewohnheitsverbrecher im Landsberger WCP-Gefängnis erschossen. Es handelte sich um zwei Griechen und drei Polen. Leutnant Joseph Williams war 1947 stellvertretender Kommandant im WCP Landsberg. Er hatte die Aufgabe, die Erschießungen vorzubereiten. An der hinteren westlichen Seite des Gefängnishofes wurden drei Holzpfähle gesetzt und die Rückseite mit Sandsäcken abgedeckt. Das Erschießungskommando bestand aus acht Freiwilligen vom US-Militärpolizei-Bataillon508, stationiert in München. Oberstleutnant Smith, der Kommandeur der Militärpolizei der 3. US Army in Heidelberg war, kam am 3. Februar 1947 nach Landsberg, um das Erschießungskommando zu befehligen.

## Leutnant Joseph Williams schrieb in seinen Erinnerungen an das WCP Landsberg folgendes nieder (Übersetzung aus dem Englischen):

Im Anschluß an ihre Befreiung wurden manche frühere Häftlinge zu Straftätern und Banditen und schlossen sich Banden an, die verschiedene Gebiete Deutschlands raubend, vergewaltigend und mordend unsicher machten.

Die erste Gruppe von Kriminellen, die im Februar 1947 zur Hinrichtung nach Landsberg geschickt wurde, bestand aus zwei Griechen und drei polnischen Männern. Ich hatte sämtliche Maßnahmen für Hinrichtungen unter mir und konnte alle Vorbereitungen treffen. Der Vorgang der Hinrichtung lief planmäßig ab.

Dimitri Kosturos und Petridy Demosthenes waren in den Bergen Albaniens im Kampf gegen die faschistischen Truppen Mussolinis 1940 gefangen worden, der versuchte, Griechenland und Albanien zu erobern. Die Griechen und Albaner erwiesen sich als weit bessere Streitmacht, als Mussolini gerechnet hatte, und bevor diese beiden Gebiete besiegt werden konnten, war es notwendig, daß Adolf Hitler Militär schickte, um seinem Partner zu helfen. Diese beiden griechischen Patrioten wurden gefangen und in ein deutsches Konzentrationslager geschickt, wo sie dann fünf Jahre bleiben mußten.

Im Mai 1945 schlossen sich Kosturos und Demosthenes einer Verbrecherbande an und machten ländliche Gegenden in Süddeutschend unsicher. Sie brachten in der Nähe von München mehrere Deutsche um. Es wurde beschlossen, daß eine junge deutsche Frau, die in einer Wohnung im zehnten Stock eines Münchner Wohnblocks lebte und zu viel über die Bande und die Morde wußte, zum Schwei-

310

gen gebracht werden müsse. An einem Abend erzwangen sich die beiden Griechen Eingang in ihre Wohnung, schnitten der Frau die Kehle durch und stießen ihre Leiche durch ein offenes Fenster zehn Stockwerke hinunter auf den Boden. Mittlerweile umstellte die deutsche Polizei mit der US Militärpolizei den Bezirk und ergriff die beiden Männer. Kosturos und Demosthenes wurden vor ein alliiertes Militärtribunal gestellt und zum Tod durch Erschießen verurteilt.

## Die Hinrichtung

Meine Aufgabe war es nun, die Verurteilten zum Hinrichtungsplatz zu bringen. Das Erschießungskommando setzte sich zusammen aus einem Geistlichen der US Army und einem zivilen Priester. Jeder Gefangene hatte einen Posten der US Army vor und hinter sich stehen. Jeder war in einer Einzelzelle im sogenannten „Kerker" des Festungsgefängnisses. Alle Kleidungsstücke, die zu Selbstmordzwecken verwendbar waren, so wie Schnürsenkel, Gürtel usw. waren den Verurteilten abgenommen worden.

In den letzten vierundzwanzig Stunden seines Lebens wurde jeder Gefangene rund um die Uhr von einer Sonderwache begleitet, die ihn ständig beobachtete. Die letzte Mahlzeit, die am Abend vor der Hinrichtung verabreicht wurde, war üblicherweise Roastbeef, Kartoffeln, Brot und Kaffee. Es war vereinbart worden, daß ich zur gleichen Zeit um 11 Uhr vormittags drei Gefangene, einen Griechen und zwei Polen, zum Hinrichtungsplatz bringen würde.

Um 10:45 Uhr betrat ich den Bereich außerhalb des Zellentors. Boris war der Dolmetscher für diese Hinrichtung, da er sowohl Griechisch als auch Polnisch sprach. Als ich vor Kosturos stand, wies ich Boris an, ihn zu fragen, ob er ihm einen letzten Wunsch erfüllen könne, ehe er hinausgeführt werde. „Ja", erwiderte der. „Frag den Leutnant, ob er noch etwas von den Schokoriegeln in seiner Manteltasche hat, und wenn ja, möchte ich einen haben." Als ich am Tag zuvor Kosturos Zelle kontrollierte, hatte dieser offenbar bemerkt, wie ich mehrere Knusperriegel aus meiner Manteltasche hingelegt hatte. Ich nahm den letzten Riegel heraus und gab ihn Kosturos. Er aß ihn langsam, wissend, daß es die letzte Nahrung sei, die sein Körper erhielt.

Als Kosturos die Schokolade fertiggegessen hatte, ließ er Boris eine weitere Bitte übersetzen. Gerade als ich in seinen Zellenbereich kam, war der Gefängnisphotograph hier gewesen, um ein Bild von Kosturos für den offiziellen Todesbericht für das Büro des Kriegsgerichtsrats zu machen. Er bat darum, einen Abzug des Bildes an seinen Vater zu schicken, der auf einer der griechischen Inseln bei Athen wohnte. Das Photo wurde mehrere Tage danach verschickt. Kosturos schien in den paar Minuten vor der Zeit, zu der er zur Hinrichtung geführt wurde, sprechen zu wollen. Er bat Boris, er solle dem Leutnant sagen, sich keine Gedanken um ihn zu machen, er sei vollständig bereit, vor seinen Schöpfer zu treten, und er werde bald zu seinem Bruder kommen, der im Krieg gestorben war, auch werde er bei seinem väterlichen Gott der Griechen sein.

Schließlich war es Zeit, Kosturos und den beiden polnischen Gefangenen die Schuhe zu geben, die weggenommen worden waren, die Zellen gleichzeitig aufzumachen, den Gefangenen die Hände hinter den Rücken zu binden und jeden der Verurteilten inmitten der Eskorte aufzustellen. Als Kosturos in der Gruppe stand, sagte er: „uno momento", trat so zurück, daß er Demosthenes sehen konnte, der mit der zweiten Gruppe hinausgeführt wurde und sagte auf Deutsch: „Auf Wiedersehen, Demosthenes." Demosthenes antwortete mit „Auf Wiedersehen, Kosturos." Kosturos, die beiden polnischen Gefangenen, waren alle auf ihren jeweiligen Plätzen zu dem Todesgang. Ich ging an die Spitze der Gruppe, gab Zeichen für den Beginn des Todesmarsches. Die westliche Hoftüre des Gefängnisses wurde von der Wache geöffnet und die Prozession setzte sich in Bewegung.

Gleich nach Erreichen des Hofes wurde der Wachkompanie der US Army durch ihren Kommandanten „Achtung" befohlen, und die Geistlichen, der griechisch-orthodoxe Priester und die Gefangenen rezitierten ausgewählte Psalmen und andere Gebete.

Die Wachkompanie würde in Hab-Acht-Stellung verharren, bis das Exekutionskommando seine Salve abgegeben hatte. Dieses Kommando bestand aus acht Unteroffizieren mit Armeegewehren M1. Oberst Smith hatte einige Minuten zuvor das Gewehr eines jeden Mannes geladen. Die Männer standen in Linie zu einem Glied, 15 Schritt von der Ziellinie. Als Oberst Smith vor jeden Mann trat, ließ er den Mann den Kopf abwenden, wenn er die Patrone in die Kammer legt, den Bolzen in Vorwärtsposition brachte und jedes Gewehr sicherte. Der Oberst hatte den Angehörigen des Exekutionskommandos gesagt, daß sechs von ihnen scharfe Munition und zwei Platzmunition haben würden, und sie würden nicht wissen, wer die scharfen und wer die Platzpatronen habe.

Ich ließ die Verurteilten zu den drei Pfählen gehen und wies die Posten an, die Riemen durch die Metallringe zu befestigen. Ich ließ Boris jeden Gefangenen fragen, ob er eine schwarze Haube über den Kopf haben wolle. Die beiden polnischen Gefangenen wollten die Haube, doch Kosturos lehnte ab, sie zu verwenden.

Der nächste Schritt war, sie ihre letzten Worte sprechen zu lassen. Die Worte von Kosturos waren sehr berührend, und er bat, daß sie allen hier Versammelten verlesen werden sollten. An jedem Valentinstag seither hab ich mich an jene letzten Worte erinnert, die auf Deutsch gesprochen und in Englisch allen an jenem lange zurückliegenden denkwürdigen Tag Anwesenden vorgelesen wurden:

„Ich bin ein griechischer Kriegsgefangener, der als Frontsoldat gegen den italienischen Faschismus und gegen Nazideutschland kämpfte. Die Engländer und Amerikaner sind gut über die Katastrophe im Bilde, die der Faschismus und Nazismus über Griechenland brachte. Es ist ein Jammer, daß die Amerikaner nun gehalten sind, an diesem St. Valentinstag einen solchen Kriegsgefangenen zu erschießen, der fünf Jahre lang in einem nationalsozialistischen Konzentrationslager gesessen hat. Aber ich fürchte die Kugeln nicht, die mich treffen werden, denn ich werde meinen Bruder „Engel" und meinen Vater Gott der Griechen sehen."

Dimitrios Kosturos

Die letzten Worte wurden den versammelten Zeugen und der Wachkompanie durch mich vorgelesen.

Nach Beendigen der Vorlesung gab Oberstlt. Smith den Befehl an das Erschießungskommando: „Entsichern". Er hob den Arm über den Kopf, kommandierte „Fertig", und die Schützen setzten ihre Gewehre an die Schulter. Sie gingen stehend in Anschlag, dann senkte Oberst Smith seinen rechten Arm in die Horizontale unmittelbar vor sich und kommandierte „Ziehen". Die Schützen visierten ihr Ziel an Kosturos an, der als erster von den drei Verurteilten hinzurichten war. Kosturos reckte sich hoch, räusperte sich und blickte direkt in die Mündungen. Der Oberst senkte seinen ausgestreckten Arm zur Seite und kommandierte „Feuer". Kosturos versteifte sich, richtete seinen Körper auf und fiel dann schnell nach vorn, da der Tod rasch zu dem tapferen Griechen kam. Der Doktor Shanklin ging schnell zu dem Leichnam hin, der von dem Pfahl gelöst worden war und legte ihn auf eine Tragbahre. Der Arzt setze sein Stethoskop über das Herz und erklärte um 11:06 Uhr Kosturos für tot.

Die anderen vier Männer, die einige Minuten später hingerichtet wurden, waren drei polnische Gefangene und ein weiterer Grieche.

Soweit die Aufzeichnungen von US Leutnant Joseph Williams.

Die beiden Griechen Dimitrios Kosturos, 23 Jahre und Demostenis Petridy, 28 Jahre wurden nach der Hinrichtung überführt.

## Marian Doczak
### Hingerichtet am 14.2.1947 in Landsberg a.L.

Der Pole Marian Doczak, Landarbeiter, 26 Jahre, war zuletzt wohnhaft im Lager München Allach. Er wurde von einem amerikanischen Militärgericht wegen Raubmord in der Nachkriegszeit zum Tode durch Erschießen verurteilt und am 14.2.1947 im Gefängnishof Landsberg hingerichtet.

## Josef Kaminski
### Hingerichtet am 14.2.1947 in Landsberg a.L.

Der ledige Pole Josef Kaminski, geboren 1922 in Krakau, war von Beruf Koch. Er war zuletzt wohnhaft im DP-Lager Coburg. Kaminski wurde von einem amerikanischen Militärgericht wegen Kriminalität in der Nachkriegszeit (damalige Bezeichnung für Gewohnheitsverbrecher) zum Tode durch Erschießen verurteilt und am 14.2.1947 im Landsberger Gefängnishof von der amerikanischen Besatzungsmacht hingerichtet.

Letzte Worte (gesprochen auf polnisch): „Ich sterbe mit Gott."

Er wurde noch am gleichen Tag im Spöttinger Friedhof begraben.

**Jan Drabik wurde wegen dem Mord in der Pitzmühle hingerichtet**

Der heimatkundliche Arbeitskreis Biskirchen hat in vorbildlicher Weise dieses Stück Heimatgeschichte aufgearbeitet und in seinem Heimatkalender veröffentlicht. Ich gebe den Bericht in gekürzter Form wieder:

**Raubmord auf der Pitzmühle durch eine polnische Verbrecherbande**
*von Gerhard Scharf*

*Der Ort des Geschehens: Die Pitzmühle im Ulmtal bei Biskirchen*

Am 27.12.1945 wurde der 41jährige Besitzer der bei Biskirchen abseits gelegenen Pitzmühle, Hermann Leidolf, bei einem Raubmord durch eine polnische Verbrecherbande in seiner Wohnung erschossen.

Anhand von Unterlagen aus dem Hessischen Hauptstaatsarchiv Wiesbaden, die jetzt vorliegen, erfahren wir durch Niederschriften von Verhören des Militärgerichtes in Wetzlar vom 16.4.1946 mehr über die schreckliche Tat.

**Polnische Verbrecherbanden**

Unmittelbar nach Kriegsende wurden in Wetzlar den freigelassenen Zwangsarbeitern, die bis dahin in Baracken untergebracht waren, sowie Ausländern, die auf dem Lande bei Bauern gearbeitet hatten, die beiden freigewordenen Kasernen als Unterkünfte zur Verfügung gestellt.

Dort schlossen sich, wie in dieser Zeit auch andernorts, Banden zusammen, die brutale Raubzüge und Morde begingen. Ein Bandenführer, der in verschiedenen DP-Camps in der ganzen amerikanischen Besatzungszone Räuberbanden organisierte hieß Joseph Sigorski. Zuerst zog er die Fäden von Frankfurt a.M. aus. Dort hatte er einen amerikanischen Freund, der ihn mit US-Waffen und Munition

314

versorgte. Danach verlegte er sein Hauptquartier nach Hanau und war dort an zahlreichen Raubüberfällen beteiligt. Später begab er sich in das DP-Camp nach Wetzlar und bildete eine Bande, die den Raubüberfall und Mord auf der Pitzmühle begangen hat. Sigorski war der „Spiritus rector" vieler Raubüberfälle und Morde in der amerikanisch besetzten Zone. Seine deutsche Freundin Lotte war Mitwisserin.

Sein örtlicher Bandenführer in Wetzlar hieß Stanislaw Waligurski. Zahlreiche Raubüberfälle auf deutsche Häuser und Geschäfte in der Nähe von Wetzlar hat er organisiert und daran teilgenommen. Er wurde auch als Mörder des polnischen Polizeisekretärs im DP-Camp Wetzlar Stanislaw Szulezyk bezeichnet, und soll auch in den Mord am Gefängnisaufseher in Wetzlar Heinrich Lund verwickelt gewesen sein.

Eine gewichtige Rolle in der Wetzlarer Szene spielte ein deutscher Staatsbürger mit dem Vornamen Willy. Er war Schwarzmarkthändler und arbeitete als Hehler für verschiedene Polenbanden. Als Auskundschafter inspizierte er die Häuser, die heimgesucht werden sollten.

Als weiteres Bandenmitglied war der 18jährige Jan Drabik, der den tödlichen Schuß auf Hermann Leidolf abgefeuert hat. Er teilte in der Kaserne mit dem Bandenführer Waligurski ein Zimmer. Er wurde Zeuge als ein Deutscher (Willy) ins Zimmer kam und sich mit Waligurski und Sigorski unterhielt. Über den Inhalt dieses Gespräches will er erst erfahren haben, als der Deutsche nach einigen Tagen zum zweiten Mal erschien und die drei einen Raubüberfall planten. Der Deutsche habe Lebensmittel mitgebracht und auch eine Pistole gezeigt. Sigorski und Waligurski hatten ebenfalls Pistolen besessen. Er habe darüber mit niemandem reden dürfen. Es sollten noch einige Leute für den Überfall gewonnen werden. Der Deutsche habe Tadeusz Bronieski und Joseph Bzdziuk damit gelockt, daß eine Menge Geld und Kleidungsstücke auf dem Spiel stehen würden. Beide waren unschlüssig gewesen. Das war am 23. Dezember. Am 27. Dezember erschien der Deutsche zum dritten Mal im Lager und traf sich mit Waligurski. Und diesmal gelang es, den Plan umzusetzen.

Jan Drabik schildert das Geschehen im Vernehmungsprotokoll wie folgt: Zitat: „Sofort riefen mich die beiden hinüber und begannen erneut, mich zu überreden. Sie sagten, daß wir heute bestimmt gehen müßten, und zu diesem Zeitpunkt gab ich ihnen keine Antwort. Dann riefen sie Theodore (Tadeusz Bronieski) herbei. Sie brachten Whisky und begannen zu trinken. In ihrer Trunkenheit fingen sie wieder an, alles zu erzählen. Ich war bereits betrunken und entschloß mich, mit ihnen zu gehen. Um 6.00 Uhr verließen wir das Lager zu sechst. Es handelte sich um Sigorski, Waligurski, den Deutschen, Bzdziuk, Theodore (Bronieski) und Drabik. Der Deutsche führte uns und wir kamen zu dem Haus, auf das wir es abgesehen hatten. Der Deutsche sagte, daß dort reiche Leute wohnten. Er beschmierte sich dann das Gesicht mit Schlamm und Waligurski und Sigorski taten dasselbe. Dann klopften sie an die Tür, traten ein und forderten die Deutschen in dem Haus auf, sich auf den Boden zu legen. Dann rief der Deutsche mich und Bzdziuk ins Haus. Theodore (Bronieski) war nicht da. Der Deutsche fragte, wo der sechste sei und Bzdziuk antwortete, daß er irgendwo in den Wäldern sei. Sigorski gab mir seine Pistole und er forderte mich auf, die Deutschen zu bewachen. Er entfernte sich, um nach Beute Ausschau zu halten. Das war das erste Mal,daß ich eine Pistole in der Hand hatte, und ich wußte nicht, wie sie zu handhaben war. Sobald ich sie erhalten hatte, ging sie mir in der Hand los und ein Deutscher wurde in den Rücken getroffen. Ich wollte das nicht." Soweit das Zitat und die Darstellung des Todesschützen, der mit diesen Aussagen versuchte, den Kopf aus der Schlinge zu ziehen.

Tadeusz Bronieski, der als ein nicht willensbereites Mitglied der Bande geschildert wurde, gab in einer schriftlichen Aussage u.a. an: Zitat: „Ich wollte mit der Sache nichts zu tun haben. Schließlich ließ ich mich von Waligurski dem Scheine nach überreden, fuhr bis Biskirchen mit, drehte dort um und fuhr in das Lager zurück, ohne daß es von den anderen bemerkt wurde. Ungefähr um 21.30 Uhr traf ich im Lager ein. ich habe mich an dem Überfall auf die Pitzmühle nicht beteiligt und hatte auch keine Pistole. Die anderen fünf erzählten mir, daß Drabik einen Bewohner der Mühle erschossen habe, obwohl dieser sagte, Drabik solle nicht schießen. Drabik antwortete diesem, er sei ein Jahr im KZ gewesen. Dort seien auch Polen erschossen worden. Dann drehte sich der Deutsche um und Drabik schoß ihn ins Gesäß. Ich fragte am folgenden Tage Drabik, warum er den Deutschen erschossen habe. Darauf lachte Drabik und sagte, das sei ihm egal. Auf dem Rückweg von der Pitzmühle wollten Einwohner von Leun die fünf Mann festnehmen. Darauf warfen Sigorski und Drabik ihr Rad weg und schossen auf diese Leute. Sigorski und Drabik kehrten zu Fuß ins Lager zurück (etwa 0.30 Uhr). Beim Betreten des Lagers habe ihn (Drabik) die polnische Polizei fangen wollen und da habe er auch auf den Polizisten geschossen. Der Polizist hatte ihn aber erkannt und veranlaßte am 28.12.1945 seine Verhaftung. Seine amerikanische Pistole wurde ihm bei der Verhaftung abgenommen. Sigorski und Waligurski erfuhren dies und flohen aus dem Lager. Am 30.12.1945 habe ich noch Willy im Lager gesprochen und fragte ihn, wo Waligurski sei. Er antwortete mir, Waligurski werde von der Polizei gesucht und sei mit Sigorski geflohen. Da mir der Aufenthalt von Sigorski, Waligurski und Willy sowie der Ursprung der Waffen nicht bekannt sind, bin ich nicht in der Lage, etwas darüber zu sagen." (Ende des Zitats) Willy wird sich wohl in sein anonymes Zuhause zurückgezogen haben. Sigorski, so eine weitere Aussage von Bronieski, hatte laut seiner Freundin Lotte geplant, am 20.1.1946 um 1.00 Uhr das Gefängnis zu sprengen und die Gefangenen zu befreien. Dazu ist es aber nicht gekommen.

In einem Tagesbericht des Headquarter, 15th. Infantry Wetzlar, vom 28. Januar 1946 wird der Tathergang wie folgt geschildert: (Zitat) „Am 27. Dezember 1945, gegen 21.00 Uhr, rief der Bürgermeister der Stadt Leun die MP der 15th. Infantry an und meldete, daß polnische DPs in der Stadt seien und bereits einen

Mann in dem nahegelegenen Dorf Biskirchen erschossen haben. Ein MP Offizier und eine Streife begaben sich
sofort nach Biskirchen und stellten
fest, daß polnische DPs in das Haus des
Hermann Leidolf eingedrungen waren,
dort Geld und Kleidungsstücke gestohlen und das Haus sowie das Eigentum
der Familie erheblich beschädigt hatten. Leidolf, seine Frau, seine Schwester, seine Mutter, ein Arbeiter, der bei
der Familie wohnte, und die beiden
Kinder des Hauses wurden gezwungen,
sich auf den Boden zu legen.

Gemäß der Aussage der Frau des
Leidolf, Gertrud Leidolf, sagte ihr
Mann den Polen, die die auf dem Bo-
den hingestreckten Leute bewachten,

*Hermann Leidolf, geb. 1904, mit seiner
Familie*

Foto: Archiv HAK

sie sollten mitnehmen, was sie wollten, aber den Bewohnern des Hauses
nichts zuleide tun. Einer der Polen er-
klärte dann, er sei in einem KZ gewesen und dreimal zur Erschießung abgeführt
worden und sei davongekommen. Wie Frau Leidolf sagte, schoß dieser Mann
dann Leidolf in den Rücken. Der Verletzte wurde in das Krankenhaus nach Wetzlar
gebracht, wo er eine halbe Stunde später verstarb. Die Polen verließen dann das
Haus und kehrten durch die Stadt Leun zurück. Einwohner dieser Stadt versuchten, sie aufzuhalten. Die Polen gaben mehrere Schüsse ab und es gelang ihnen, zu
entkommen. Zu dem Tatort entsandte MP war nicht in der Lage, die Verbrecher
festzunehmen.

Am 28. Dezember 1945 wurde Jan Drabik von der polnischen Lagerpolizei
festgenommen, die ihm eine US-Armee-Pistole abnahm und ihn ins DP-Gefäng-
nis brachte. Er wurde des Waffenbesitzes beschuldigt und auf eine Wache geschossen zu haben.

Am 7. Januar1946 besuchte eine Freundin des Jan Drabik ihn im Gefängnis
und gab ihm einen Laib Brot. Das Brot wurde von der polnischen Polizei untersucht, und man fand darin einen kurzen Brief. Dieser enthielt für Drabik bestimmte Mitteilungen eines anderen Polen, namens Joseph Sikorski, der der Anführer der Polenbande mit Hauptquartieren in Hanau und Frankfurt a.M. war.
Gemäß späterer Zeugenaussagen, wurde dieser Brief von einem Polen namens
Walifurski diktiert und von einem gewissen Myrinowski geschrieben. In dem
Brief wurde im einzelnen erklärt, wie die Befreiung von Drabik aus dem Gefängnis bewerkstelligt würde. Außerdem wurde Drabik in dem Brief angewiesen, nicht

zu reden und er enthielt die Mitteilung, daß er, Sikorski, aus Frankfurt mit einigen GI-Freunden mit Gewehren und Handgranaten zurückkommen werde, um ihn zu befreien. In der Woche vom 7. bis 8. Januar 1946 wurden die folgenden Mitglieder der Bande von dem Provost Marshall der 15th Infantry festgenommen und zwecks Durchführung eines Gerichtsverfahrens und weiterer Befragung inhaftiert. Jan Drabik, Tadeusz Bronieski und Joseph Bzdziuk wurden von Gertrud Leidolf und der Schwester des Verstorbenen wiedererkannt und Jan Drabik als Mörder des Toten identifiziert.

Die drei Köpfe der Bande wurden bis zu diesem Zeitpunkt nicht gefaßt: und zwar die beiden Bandenführer Sikorski und Waligurski sowie der deutsche Hehler mit dem Vornamen Willy. Ob sie später auch abgeurteilt wurden, konnten wir noch nicht ermitteln.

In der Verhandlung des DU-Militärgerichts am 16.4.1946 in Wetzlar wurde der Mörder Jan Drabik, geb. 1927 im Kreis Wilna/ Polen, zuletzt wohnhaft im DP-Lager Kassel, zum Tode verurteilt und am 14.2.1947 im Gefängnis Landsberg a.L. von der amerikanischen Besatzungsmacht durch Erschießen hingerichtet. Drabik wurde noch am gleichen Tag auf dem Spöttinger Friedhof in Landsberg begraben.

*Das Grab (Bildmitte) des Pitzmüller-Mörders Jan Drabik auf dem Spöttinger Friedhof in Landsberg a.L.*

Foto: H. Pflanz

Dem auf der Mühle bei dem Überfall anwesenden Müllerburschen Kleemann aus Bissenberg war es gelungen, durch einen Hinterausgang zu entkommen und in Biskirchen Hilfe zu holen. Durch die damaligen schlechten Kommunikationsmöglichkeiten war bis dahin schon viel kostbare Zeit verlorengegangen. Es war in der damaligen Zeit besonders in der Dunkelheit gefährlich, draußen unterwegs zu sein, und selbst in seinen vier Wänden war man alles andere als sicher. Die Angst in der Bevölkerung ging um. Die Vermutung, daß ein auf der Pitzmühle beschäftigter Zwangsarbeiter an dem Raubüberfall beteiligt war, kann man ausschließen.

Sehr besorgt, besonders um die Bewohner außerhalb des Dorfbereiches, zeigte sich Bürgermeister Hermann Blöcher. Wir zitieren nachstehend einen Brief, den er am 7.1.1946 an den Wetzlarer Landrat geschrieben hat:

„Bezugnehmend auf die Aussprache am Freitag, den 4.1.1946, teile ich Ihnen mit, daß wir hier in Biskirchen mehrere abseits gelegene Gehöfte haben. Ich bitte, alles zu unternehmen, daß mindestens diese Gehöfte bewaffnet werden. Auch wäre es zweckmäßig, wenn im Orte selbst noch einige Leute bewaffnet würden."

Ein Antwortschreiben des Landratsamtes konnte in den Biskirchener Aktenbeständen nicht ausfindig gemacht werden. Von einer Bewaffnung der außerhalb des Ortes gelegenen Wohnungen, ist auch nichts bekannt. Das Morden und die Gräueltaten hielten die Bevölkerung noch bis weit in das Jahr 1946 hinein in Angst und Schrecken. Der letzte registrierte Mord einer Polenbande geschah am 5. September 1946 in Albshausen. Erst als die Räumung der Kasernen und die Rückführung der ehemaligen Zwangsarbeiter in ihre Heimatländer durchgeführt worden war, konnten die Menschen aufatmen. Die Trauer und die brutalen Verbrechen dieser chaotischen Nachkriegszeit blieben aber nachhaltig haften.

## Doppelmord in der Rotmühle bei Ochsenfurt

Der Hilfsarbeiter Piotre Chemy, geboren 1918 in Tarnopol, arbeitete während des Krieges als Fremdarbeiter in der Rotmühle in Darstadt bei Ochsenfurt. Hauptsächlich hatte er die Aufgabe, das Mehl mit einem Pferdegespann zu den Bäckereien zu bringen. In Essfeld hatte er eine polnische Freundin, die ein Kind von ihm bekam. In der Mühle war auch ein Russe beschäftigt. Während eines Streites schlug Chemy dem Russen eine Hacke auf den Kopf, daß dieser schwerste Kopfverletzungen davontrug. Der Russe kam ins Krankenhaus und überlebte.

Nach dem Krieg war Chemy zuletzt wohnhaft im DP-Lager Wetzlar. In der Nacht vom 30. zum 31. Januar 1946 brach Chemy in der Rotmühle ein, um sie auszurauben. Als er vom Müllermeister Nikolaus Umminger überrascht wurde,

*Hinrichtung von Piotre Chemy durch ein Erschießungskommando im WcP. Landsberg am 21.3.1947*
Foto: NAW

319

erschlug er diesen mit einem Beil. Im Schlafzimmer wurde er vermutlich von Frau Umminger erkannt, so daß er auch diese erschlug. Dann räumte er die Wohnung aus und verschwand mit Geld, Schmuck und Kleidung.

In Gießen wurde er von der amerikanischen Militärpolizei verhaftet und am 6.8.1946 von einem amerikanischen Militärgericht in Ochsenfurt zum Tode durch Erschießen verurteilt.

Vom Gefängnis Straubing wurde Chemy am 15.3.1947 ins Landsberger Gefängnis zur Hinrichtung überstellt. Auf dem Gefangenenüberweisungsblatt steht der Vermerk „Äußerste Vorsicht, Doppelmörder".

Am 21.3.1947 wurde Piotre Chemy im Landsberger Gefängnishof von der amerikanischen Besatzungsmacht durch Erschießen hingerichtet. Seine letzten Worte waren: „Grüße an meine Frau und Kind". Anschließend gab er seine polnische Heimatadresse an. Piotre Chemy wurde im Spöttinger Friedhof in Landsberg a.L. begraben.

## Jaroslaw Werbinski und Richard Wilk wurden am 27.5.1947 in Landsberg hingerichtet

Der Ilmgau-Kurier schrieb darüber am 20. November 1952 folgendes:

### Für Raubmord und Einbruch: Tod und lebenslängliches Zuchthaus

Am 28./29. Januar 1953 sind es schon sieben Jahre her, daß das obere Ilmtal von einer Raubmörderbande heimgesucht wurde, deren Morde, brutale Überfälle und Einbrüche damals die Bevölkerung in Angst und Schrecken versetzten. Die Banditen wurden noch in der gleichen Nacht verhaftet und später von einem Militärgericht abgeurteilt. Leider war es unseren Polizeiorganen lange nicht möglich, eine Bestätigung und das Ausmaß der Urteile von der amerikanischen Seite zu erfahren. In diesen Tagen wurde nunmehr der Kriminalpolizei Pfaffenhofen mitgeteilt, daß zwei der damals an den Raubzügen beteiligten Täter hingerichtet wurden, zwei weitere ihre lebenslängliche Zuchthausstrafe in einer Süddeutschen Strafanstalt verbüßen und der letzte Beteiligte inzwischen verstorben ist.

Da es in der damaligen Nachkriegszeit noch keine Zeitungen im Landkreis gab, ist diese Schreckensnacht der Bevölkerung im einzelnen nicht mehr bekannt. Wir wollen deshalb noch einmal den Verlauf und die Reihenfolge des Raubzuges schildern und dann dieses unerfreuliche Kapitel aus den unsicheren Nachkriegsjahren endgültig abschließen.

Gegen 19 Uhr: Dem aus Richtung München kommenden Zug entstiegen am Bahnhof Paindorf fünf schwerbewaffnete Polen. Im Schutze der Dunkelheit schlichen sie sich bis zur Kohlmühle, die von den Brüdern Benedikt und Josef Wolf, beide 65 bis 70 Jahre alt, bewohnt war. Nachdem sie sich gewaltsam Einlaß verschafft hatten, schossen sie nach einem kurzen Wortwechsel die beiden nieder und plünderten die Wohnung. Sie raubten, was ihnen wertvoll erschien und verschwanden wieder.

20 Uhr: Nach dem Doppelmord in der Kohlmühle war die Räuberbande die Ilm aufwärts gegangen und hatte sich den Speckhof als nächstes Ziel ausgesucht. Während einer der Banditen die Hausbewohner mit der Maschinenpistole in Schach hielt, durchsuchten die anderen das Haus. Auch hier wurde mitgenommen, was nicht niet- und nagelfest war.

Kurz nach 23 Uhr: Als nächste Station hatten sich die Banditen das Kaufgeschäft Ziegeltrum in Lampertshausen ausgesucht, wo sie einen weiteren Mordversuch begingen. Mit Gewalt versuchten sie in das Schlafzimmer, dessen Tür der Hausbesitzer verriegelt hatte, einzudringen. Aus Wut über den Mißerfolg gab einer der Gangster einige Schüsse aus der Maschinenpistole ab, durch die der Besitzer zweimal an der linken Hand verletzt wurde. Da die im Schlafzimmer eingesperrten Personen zum Fenster heraus um Hilfe schrien, suchte die Räuberbande eiligst das Weite.

3.30 Uhr: Der nächste Raubüberfall wurde in Bärnhausen auf das Anwesen des Josef Wörl verübt. Hier waren die Polen durch das Kellerloch eingestiegen und in das Schlafzimmer eingedrungen. Den überraschten Eheleuten wurden unter Gewaltanwendung die Eheringe abgenommen.

1.00 Uhr: Im weiteren Verlauf des Raubzuges kamen die Verbrecher in das Anwesen des Anton Wörl, ebenfalls in Bärnhausen. Hier hatten sie es besonders auf ein 22jähriges Mädchen abgesehen, das von vier Tätern vergewaltigt wurde, während einer die Hausleute mit der Pistole bedrohte.

3.00 Uhr: Den Schlußpunkt des Raubzuges bildete der Hof der Maria Nischwitz in Gurnöbach. Die Bande stieg durch die Stallfenster ein und hielt ebenfalls im Schlafzimmer die Bewohner mit der Maschinenpistole in Schach. Neben Bargeld wurde alles wertvolle mitgenommen.

Nun war für die Banditen der Raubzug erfolgreich beendet und sie begaben sich schwer bepackt zum Frühzug nach Paindorf. Inzwischen hatten aber die ersten Überallenen die Polizei alarmiert, so daß unmittelbar darauf die Verfolgung begann. Am Bahnhof Paindorf konnte ermittelt werden, daß vor Abfahrt des Zuges an eine Person fünf Fahrkarten verkauft worden und daß mehrere Personen auf der verkehrten Seite des Zuges eingestiegen waren. Sofort wurde Land-, Stadt- und Militärpolizei in Dachau verständigt, und als der damals noch sehr lang fahrende Zug im Bahnhof einlief, war er auch schon umstellt. Bei der Durchsuchung wurden die fünf Verbrecher, alles 20- bis 25-jährige Polen, verhaftet und neben 10 Säcken Beute eine Maschinenpistole und vier andere Pistolen sichergestellt. Nach mehreren Vernehmungen durch die amerikanische und deutsche Polizei gaben die Täter alles zu.

Das amerikanische Gericht verurteilte am 29. April 1946 Jan Ikacz, Jaroslav Werbisky, Richard Wilk, Henryk Szymaczak und Stanislaus Wlodarczyk zum Tode. Zwei Todesurteile wurden am 25. Mai 1947 in Landsberg vollstreckt, zwei befinden sich lebenslänglich in einem Zuchthaus Südbayerns und einer ist inzwischen verstorben, wie von amerikanischer Seite mitgeteilt wird.

Für die damals Betroffenen ist dieser Raubzug landfremder Elemente, sicher eine böse Erinnerung. Heute soll es doch für alle eine Genugtuung sein, daß diese Banditen durch die gute Zusammenarbeit der Kriminal-Außenstelle Pfaffenhofen mit den zuständigen Landpolizei-Stationen sowie der Militärpolizei und dem Bahnpersonal verhaftet werden konnten und damals ihrer verdienten Strafe zugeführt wurden. (Ende des Artikels)

Der Pole **Jaroslaw Werbinski**, geboren 1924 in Polen, war von Beruf Mechaniker und lebte nach dem 2. Weltkrieg im DP-Lager München-Freimann. Er wurde am 27.5.1947 im Landsberger Gefängnishof von einem amerikanischen Erschießungskommando hingerichtet und im Spöttinger Friedhof begraben. Seine letzten Worte waren: (Übersetzung aus dem Englischen) „Es tut mir leid, daß ich solch einen falschen Schritt gemacht habe."

Der Pole **Richard Wilk**, geboren 1925 in Polen, war von Beruf Hilfsarbeiter und lebte nach dem 2. Weltkrieg im DP-Lager München-Freimann. Er wurde am 27.5.1947 im Landsberger Gefängnishof von einem amerikanischen Erschießungskommando hingerichtet und im Spöttinger Friedhof begraben. Seine letzten Worte waren: (Übersetzung aus dem Englischen) „Ich wünsche, daß sie einen Brief an mein Zuhause schicken."

*Erschießung von Richard Wilk am 27.5.1947.*
*Rechts: Gefängnispfarrer Karl Morgenschweis*
*Foto: NAW*

## Mieczyslaw Juszeyk
### Hingerichtet am 27.2.1948 wegen Raubmord in der Hendl-Mühle

Die Hendl-Mühle liegt bei Tirschenreuth in der Oberpfalz. Im Spätsommer 1945 bat der ehemalige KZ-Häftling von Buchenwald Spignieff Drecki bei der Hendl-Mühle um Unterkunft. Der Müller Josef Fritsch gab ihm bereitwillig Unterkunft und Arbeit. Drecki blieb aber nicht lange und lebte dann in verschiedenen Ausländerunterkünften. Er kam aber immer wieder zu Besuch in die Mühle und brachte einen polnischen Kameraden mit. Die Familie Fritsch zeigte sich gastfreundlich und bemerkte nicht, daß die Polen zum Ausspionieren der Örtlichkeit kamen und einen Einbruch vorbereiteten.

Am 1.11.1945 drangen Spignieff Drecki und Mieczyslaw Juszeyk mit drei weiteren Komplizen gegen 22.00 Uhr in die Hendl-Mühle ein, um sie auszurauben.

Dabei erschossen sie
den Müller **Josef Fritsch**, 38 Jahre,
seine Ehefrau **Margarethe Fritsch**, 39 Jahre und
den Prokuristen **Rudolf Sachada**.

Die Tante kümmerte sich um die vier Waisenkinder und sorgte dafür, daß die Mühle nicht unter den Hammer kam. Man kann davon ausgehen, daß die Kinder dieses traumatische Ereignis nie ganz überwunden haben. Ein Sohn sagte mir später, er habe sich immer mit Fußball-

*Der ermordete Prokurist Rudolf Sachada*

spielen abgelenkt. Er lag neben seiner Mutter im Bett und sah in den Pistolenlauf, als sie erschossen wurde. Das Blut spritzte bis zu ihm hinüber.

Der rothaarige Pole Mieczyslaw Juszeyk und der 23jährige Pole Spignieff Drecki wurden bald darauf in Regensburg verhaftet. Die drei anderen Bandenmitglieder konnten nicht gefaßt werden.

1946 wurden Juszeyk und Drecki von einem amerikanischen Militärgericht in Tirschenreuth zum Tode durch Erschießen verurteilt.

**Mieczyslaw Juszeyk** ist 1918 in Warschau geboren. Von Beruf war er Elektromonteur. Am 27.2.1948 wurde er im Landsberger Gefängnishof von einem US-Erschießungskommando hingerichtet. Seine letzten Worte waren: (Übersetzung) „Ich bin nicht schuldig. So ist die Gerechtigkeit auf dieser Welt." Mieczyslaw Juszeyk wurde noch am gleichen Tag im Spöttinger Friedhof in Landsberg am Lech begraben.

**Spignieff Drecki** wurde zu 15 Jahren Zuchthaus begnadigt. Er soll der Sohn eines höheren Beamten in Warschau gewesen sein und galt als der Rädelsführer der Bande.

1955 startete der Caritas Verband eine Begnadigungs-Aktion für Drecki. Er wird als braver und reumütiger Junge beschrieben. Daß er einen Aufsichtsbeamten im Gefängnis niedergeschlagen und einen Fluchtversuch unternommen hat, erfährt man darin nicht. Man liest dabei viel von Vergeben und Verzeihen. Eigenartigerweise hört man diese Worte nicht, wenn ehemalige deutsche Soldaten mit 94 Jahren zu langjährigen Freiheitsstrafen ohne Bewährung verurteilt werden.


## Stanislaw Abramik
## Hingerichtet am 27.2.1948 in Landsberg am Lech

Der Pole Stanislaw Abramik wurde 1923 im Kreis Lubartow/Polen geboren. Von Beruf war er Schneider. Er war drei Jahre Häftling in einem deutschen Konzentrationslager und lebte dann in München.

Von einem amerikanischen Militärgericht wurde Stanislaw Abramik wegen Mord an einem Polizisten, um ein weiteres Verbrechen zu vertuschen, und wegen unerlaubten Waffen- und Munitionsbesitz zum Tod durch Erschießen verurteilt.

Am 24.2.1948 wurde er vom Gefängnis Straubing nach Landsberg am Lech überstellt und am 27.2.1948 im Landsberger Gefängnishof von der amerikanischen Besatzungsmacht hingerichtet.

Die letzten Worte von Stanislaw Abramik waren: (Übersetzung) „Laßt unsere Brüder Polens sehen, warum wir sterben. Fünf Jahre Leiden, drei Jahre im Konzentrationslager, und heute sterben wir für das, wofür wir fünf Jahre lang mißhandelt wurden. Seit ich 17 bin war ich nicht mehr daheim. Ich bin kein Bandit, aber die sind es, welche über mich verhandelt haben und die hier anwesend sind. Brüder Polens, so ist die Demokratie und die Gerechtigkeit auf dieser Welt. Du weißt, warum du gekämpft hast und für wen du dein Leben gabst – heute töten sie uns. Es gibt Zeugen, daß ich nicht schuldig bin. Lang lebe Polen."

Stanislaw Abramik wurde im Spöttinger Friedhof begraben.


## Lech Gornicki
## Hingerichtet am 27.2.1948 in Landsberg am Lech

Lech Gornicki, geboren 1925 in Polen, war ohne Beruf. Bei Kriegsende war er KZ-Häftling in Dachau und lebte dann mit seiner Frau im DP-Lager der ehemaligen SS-Kaserne in München-Freimann.

Wegen krimineller Verbrechen in den Nachkriegsjahren wurde Gornicki von den amerikanischen Militärbehörden verhaftet. Von einem amerikanischen Militärgericht in München wurde Lech Gornicki wegen Mord, Raub, schwerem Raub und Raub mit Todesfolge zum Tod durch Erschießen verurteilt und am 27.2.1948 im Landsberger Gefängnis von einem amerikanischen Erschießungskommando hingerichtet.

Seine letzten Worte waren: (Übersetzung) „Ich sagte nicht die Wahrheit während des Verhörs. Ich wollte nichts über meine Kameraden erzählen, deshalb sterbe ich alleine. Bitte schießt nicht auf meinen Kopf. Lang lebe Polen. Ich möchte in die Augen des Todes schauen. Laßt sie schießen."

Er wurde am gleichen Tag auf dem Spöttinger Friedhof begraben.

Am 4. Juli 1949 stellte die Ehefrau von Lech Gornicki eine Anfrage an die Gefängnisverwaltung von Landsberg wegen Wiederverheiratung, ob und wann ihr Mann in Landsberg hingerichtet wurde.

## Jerzy Majek
### Hingerichtet am 27.2.1948 in Landsberg am Lech

Jerzy Majek wurde 1928 in Stonim geboren. Er wird in den Unterlagen als Pole geführt, war aber nach seinen eigenen Angaben russischer Staatsbürger. Majek war ohne Beruf. Nach dem 2. Weltkrieg lebte er in München.

Wegen Krimineller Straftaten in der Nachkriegszeit wurde Majek im November 1946 von einem amerikanischen Militärgericht in München zum Tod durch Erschießen verurteilt und zwar wegen Mitwirkung bei Fahnenflucht, Mord, Totschlag, besonders schwerem Fall von Diebstahl, Raub, schwerem Raub und Raub mit Todesfolge.

Jerzy Majek wurde am 27.2.1948 im Landsberger Gefängnishof von der amerikanischen Besatzungsmacht durch Erschießen hingerichtet.

Seine letzten Worte waren: (Übersetzung) „Ich bin russischer Staatsbürger. Ich erwähnte es vorher nicht. Bitte meldet es dem russischen Konsul. Polen haltet zusammen. Lang lebe Polen."

Jerzy Majek wurde im Spöttinger Friedhof begraben.

## Ivan Stefanyczyn
### Hingerichtet am 27.2.1948 in Landsberg am Lech

Der ledige Pole Ivan Stefanyczyn wurde 1920 im Kreis Doline geboren. Von Beruf war er Schneider.

Wegen Raubmord in der Nachkriegszeit wurde Stefanyczyn von einem amerikanischen Militärgericht zum Tode durch Erschießen verurteilt und am 27.2.1948 im Landsberger Gefängnis von einem amerikanischen Erschießungskommando hingerichtet.

Stefanyczyn wurde vermutlich nach der Hinrichtung überführt.

## Jan Nowak
### Hingerichtet am 27.2.1948 in Landsberg am Lech

Der ledige Pole Jan Nowak (Prusak) wurde 1916 in Budgoszcz geboren und war von Beruf Metzger.

Wegen Raubmord in der Nachkriegszeit wurde er von einem amerikanischen Militärgericht in Straubing nach § 249 (Raub) und 251 (Raub mit Todesfolge) zum Tod verurteilt und am 27.2.1948 im Landsberger Gefängnishof von einem amerikanischen Erschießungskommando hingerichtet.

Seine letzten Worte waren: (Übersetzung) „Bitte schicken Sie meinen persönlichen Besitz zu meiner Mutter in Polen. Bitte schicken Sie ihr meine letzten Grüße. Lang lebe Polen."

Jan Nowak (Prusak) wurde noch am gleichen Tag im Spöttinger Friedhof begraben.

### Zygmunt Hodt
### Hingerichtet am 18.3.1948 in Landsberg a.L.

Zygmunt Hodt wurde 1923 in Polen geboren. Er war ohne Beruf. Nach dem 2. Weltkrieg lebte er im DP-Lager Hasenecke bei Kassel

Wegen Mord in der Nachkriegszeit wurde er am 23. Juli 1946 von einem amerikanischen Militärgericht in Kassel nach StGB § 211 (Mord) zum Tod durch Erschießen verurteilt.

Vom Zuchthaus Kassel-Wehlheiden wurde Hodt nach Landsberg am Lech überstellt und am 18.3.1948 im Landsberger Gefängnishof von einem amerikanischen Erschießungskommando hingerichtet.

Seine letzten Worte waren: (Übersetzung) „Ich habe die deutsche Okkupation überlebt, aber die amerikanische Demokratie nahm mir mein junges Leben. Lang lebe Polen. Auf Wiedersehen, Kameraden. Laßt Collonell Bergstein sich an mich erinnern und möge er einen schweren Tod haben."

Zygmunt Hodt wurde noch am gleichen Tag im Spöttinger Friedhof begraben.

### Wladislaw Borowik
### Hingerichtet am 18.3.1948 in Landsberg a.L.

Der Pole Wladislaw Borowik wurde 1928 in Huta Drawina geboren. Seine Berufsbezeichnung war Arbeiter. Nach dem 2. Weltkrieg lebte er im DP-Lager Weinsberg.

Am 22.3.1947 brach Borowik zusammen mit seinem polnischen Komplizen Henryk Minc in das abseits stehende Haus des Altkommunisten Reinhold Hub in Oehringen/Württemberg ein und erschoß diesen in seinem Schlafzimmer. Hub war öffentlicher Ankläger der Spruchkammer in Oehringen.

Am 28.4.1947 wurden Wladislaw Borowik und Henryk Minc wegen Mordes von einem amerikanischen Militärgericht in Oehringen zum Tode durch Erschießen verurteilt.

*Wladislaw Borowik*
*Foto: NAW*

Henryk Minc wurde begnadigt. Wladislaw Borowik wurde am 18.3.1948 von der amerikanischen Besatzungsmacht in Landsberg a.Lech hingerichtet.

Seine letzten Worte waren: (Übersetzung) „Ich lebe seit 20 Jahren und sterbe jetzt – das war mein Schicksal."

Wladislaw Borowik wurde noch am gleichen Tag im Spöttinger Friedhof in Landsberg a. Lech begraben.


## Henryk Niewiadomski
## Hingerichtet am 18.3.1948 in Landsberg am Lech

Der Pole Henryk Niewiadomski wurde 1921 im Kreis Lausa geboren. Von Beruf war er Schneider. Nach dem 2. Weltkrieg lebte er im DP-Lager Kassel.

Wegen Mord in der Nachkriegszeit wurde Henryk Niewiadomski von einem amerikanischen Militärgericht in Kassel nach StGB § 211 (Mord) zum Tod durch Erschießen verurteilt.

Vom Zuchthaus Kassel-Wehlheiden wurde Niewiadomski nach Landsberg am Lech überstellt und am 18.3.1948 im Landsberger Gefängnishof von einem amerikanischen Erschießungskommando hingerichtet.

Seine letzten Worte waren: (Übersetzung) „Ich habe die deutsche Sklaverei überlebt, aber ich konnte nicht weiter leben, weil mir das die amerikanische Demokratie nicht erlaubte. Ich möchte, daß Oberst Bergstein und General Clay meinem Weg folgen."

Henry Niewiadomski wurde noch am gleichen Tag im Spöttinger Friedhof begraben.


## Nicola Ferratovic
## Hingerichtet am 18.3.1948 in Landsberg am Lech

*Nicola Ferratovic*

*Foto: NAW*

Nicola Ferratovic wurde 1925 in Trecez geboren und war jugoslawischer Staatsangehöriger. Von Beruf war er Schmied. Nach dem 2. Weltkrieg lebte er im DP-Lager Jena/Thüringen.

Wegen Mordes in der Nachkriegszeit wurde er verhaftet und von einem US-Militärgericht in Waiblingen wegen Mord nach StGB § 211 zum Tod durch Erschießen verurteilt.

Am 18.3.1948 wurde Nicola Ferratovic im Landsberger Gefängnishof von der amerikanischen Besatzungsmacht durch Erschießen hingerichtet und am gleichen Tag im Spöttinger Friedhof begraben.

*Ladislav Radovanovic*
*Foto: NAW*

## Ladislav Radovanovic
## Hingerichtet am 16.4.1948 in Landsberg

Ladislav Radovanovic wurde 1927 geboren und stammte aus Jugoslawien. Von Beruf war er Schmied. Nach dem 2. Weltkrieg lebte er im DP-Lager München-Schleißheim.

Wegen Mord in der Nachkriegszeit wurde Radovanovic von einem amerikanischen Militärgericht nach StGB § 211(Mord) und § 47 (Verschwörung zum Mord) zum Tod durch Erschießen verurteilt.

Ladislav Radovanovic wurde vom Gefängnis Straubing nach Landsberg am Lech überstellt und am 16.4.1948 im Landsberger Gefängnishof durch ein amerikanisches Erschießungskommando hingerichtet.

Er wurde noch am gleichen Tag im Spöttinger Friedhof begraben.

## Nikolaus Maljcuskin
## Hingerichtet am 16.4.1948 in Landsberg

Der Jugoslawe Nikolaus Maljcuskin wurde 1927 geboren und war von Beruf Schlosser. Nach dem 2. Weltkrieg lebte er im DP-Lager München-Feldmoching.

Wegen Mord in der Nachkriegszeit wurde Maljcuskin im Juli 1946 von einem amerikanischen Militärgericht in München nach StGB § 211(Mord) und § 47 (Verschwörung zum Mord) zum Tod durch Erschießen verurteilt.

Am 15.4.1948 wurde Nikolaus Maljcuskin vom Gefängnis Stadelheim nach Landsberg am Lech überstellt und am 16.4.1948 im Landsberger Gefängnishof durch ein amerikanisches Erschießungskommando hingerichtet.

Nikolaus Maljcuskin wurde noch am gleichen Tag im Spöttinger Friedhof begraben.

*Nikolaus Maljcuskin*
*Foto: NAW*

*Henryk Swiderski*
*Foto: NAW*

## Henryk Swiderski
## Hingerichtet am 16.4.1948 in Landsberg

Der Pole Henryk Swiderski wurde 1922 in West-posen geboren und war von Beruf Betonarbeiter. Nach dem 2. Weltkrieg lebte er im DP-Lager Böblingen.

Wegen Mord in der Nachkriegszeit wurde er von einem amerikanischen Militärgericht in Stuttgart zusammen mit Franziscek Piekarski nach StGB § 211 (Mord) zum Tod durch Erschießen verurteilt.

Am 16.4.1948 wurde Henryk Swiderski im Landsberger Gefängnishof durch ein amerikanisches Erschießungskommando hingerichtet.

Seine letzten Worte waren: (Übersetzung) „Ich würde gern all meinen Verwandten die Hände küssen."

Henryk Swiderski wurde noch am gleichen Tag der Hinrichtung im Spöttinger Friedhof begraben.

*Franziscek Piekarski*
*Foto: NAW*

## Franziscek Piekarski
## Hingerichtet am 16.4.1948 in Landsberg

Der Pole Franziscek Piekarski wurde 1924 in Plecka Dombrowna geboren und war von Beruf Bäcker. Nach dem 2. Weltkrieg lebte er im DP-Lager Böblingen.

Wegen Mord in der Nachkriegszeit wurde er von einem amerikanischen Militärgericht in Stuttgart zusammen mit Hendrik Swiderski nach StGB § 211 (Mord) zum Tod durch Erschießen verurteilt.

Franziscek Piekarski wurde vom Gefängnis Ludwigsburg nach Landsberg am Lech überstellt und am 16.4.1948 im Landsberger Gefängnishof durch ein amerikanisches Erschießungskommando hinge-richtet.

Seine letzten Worte waren: (Übersetzung) „Ver-dammt soll derjenige sein, der mich zum Tode ver-urteilte."

Franziscek Piekarski wurde noch am gleichen Tag im Spöttinger Friedhof begraben.

# Erste Hinrichtungen von Kriegsverurteilten in Landsberg

Am 19.11.1945 begannen die Hinrichtungen von Kriegsverurteilten durch die amerikanische Besatzungsmacht in Landsberg a.L.

### Albert Bury
### Hingerichtet am 19.11.1945

Nach einem Luftangriff im Dezember 1944 auf Hanau wurde ein mit dem Fallschirm abgesprungener amerikanischer Flieger von Zivilisten zur Polizeidienststelle nach Langenselbold gebracht. Albert Bury, geb. 1900, war zu dieser Zeit Polizeimeister in Langenselbold.

Nach den vorhandenen Unterlagen gab Bury dem Wachtmeister der Reserve Wilhelm Häfner den Befehl, den amerikanischen Terrorflieger zu erschießen. Bury berief sich dabei auf eine Anweisung von höherer Stelle, derzufolge Terrorflieger nicht als Kriegsgefangene zu behandeln seien. Im Juli 1945 wurde Albert Bury von einem amerikanischen Militärgericht in Freising zum Tode durch den Strang verurteilt. Am 19.11.1945 um 14 Uhr wurde Albert Bury im Landsberger Gefängnis zusammen mit Wilhelm Häfner und Ernst Waldmann von der amerikanischen Besatzungsmacht gehenkt und am gleichen Tag im Spöttinger Friedhof hinter der Kirche begraben.

### Wilhelm Häfner
### Hingerichtet am 19.11.1945

Wilhelm Häfner, geb. 1895, machte nach der Volksschule eine Lehre als Zimmermann und wurde 1943 zur Polizeireserve eingezogen, wo er ein Jahr und neun Monate Dienst versah. Häfner war kein Mitglied einer Partei und galt auch nicht als Nationalsozialist. Aufgrund der Prozessunterlagen hat Wilhelm Häfner auf Befehl von Polizeimeister Bury einen amerikanischen Terrorflieger erschossen. An eine Befehlsverweigerung war aufgrund der Kriegssituation und auch aus Sicht der damaligen Erziehung gar nicht zu denken.

Die Verteidigung führte an, daß die Tat als eine berechtigte Vergeltung gegen die Terrorflieger zu werten sei. Das Gericht hat dies als nicht sachdienlich zurückgewiesen.

Wilhelm Häfner wurde im Juli 1945 von einem amerikanischen Militärgericht in Freising zum Tode durch den Strang verurteilt. Am 19.11.1945 wurde er im Landsberger Gefängnis zusammen mit Albert Bury und Ernst Waldmann von der amerikanischen Besatzungsmacht gehenkt und am gleichen Tag im Spöttinger Friedhof begraben.

Eine Mitteilung erhielten die Angehörigen nicht. Daß Wilhelm Häfner hingerichtet wurde, erfuhr die Familie von Nachbarn, die es im Radio gehört hatten.

## Ernst Waldmann
## Hingerichtet am 19.11.1945

Ernst Waldmann, geb. 1903, war Landwirt und Schuhmacher und versah Mesnerdienste in seinem Heimatort in Mittelfranken. Er war Sozialdemokrat und nicht Mitglied der NSDAP.

Aufgrund gesundheitlicher Probleme war Waldmann nicht fronttauglich. Da er heimatverwendungsfähig war, wurde er 1941 nach Beginn des Rußlandfeldzuges zur Deutschen Wehrmacht eingezogen und tat dort Dienst als Gefreiter.

*Gefreiter Ernst Waldmann*
Foto: privat

Nach dem Einmarsch der Amerikaner wurde Ernst Waldmann 1945 von einem Nachbarn denunziert und von der US Armee verhaftet. Sein Sohn ging zu Fuß in die nächstgelegene Stadt und rief den Namen seines Vaters. Tatsächlich antwortete sein Vater aus einem Kellerloch beim Rathaus. Er sagte ihm, daß er sehr geschlagen worden sei. Dann trieb ihn ein US-Militärposten weg und von da ab blieb die Familie ohne Kontakt.

Waldmann wurde im Juli 1945 von einem US Militärgericht in München der Prozeß gemacht. Er wurde beschuldigt, im Dezember 1944 nahe Haimbuch als Angehöriger der Deutschen Wehrmacht einen mit dem Fallschirm abgesprungenen amerikanischen Flieger erschossen zu haben.

Aus den amerikanischen Akten geht folgender Sachverhalt hervor: Waldmann stellte den amerikanischen Flieger und forderte ihn aus ca. zehn Meter Entfernung mit dem Gewehr im Anschlag mehrmals auf: „Hände hoch!". Der US-Soldat hielt mit der rechten Hand vor seinem Bauch den Fallschirm und Schuhe und nahm diese Hand nicht hoch. Waldmann befürchtete, daß der US-Flieger unter dem Fallschirm eine Pistole hielt und erschoß den Flieger, nachdem er die Hand nicht hob.

Zwei aufgetretene Zeugen machten widersprüchliche Angaben, bestätigten aber letztendlich die Schilderung von Waldmann, daß der US-Flieger den Fallschirm in der Hand hielt und die Hand nicht hob.

Desweiteren geht aus den Akten hervor, daß Waldmann kurz nach diesem Vorfall einen weiteren US-Fallschirmspringer stellte. Dieser ergab sich sofort und Waldmann erschoß ihn nicht. Diese Tatsache spricht eher dafür, daß die von Waldmann geschilderte Situation der Wahrheit entspricht und daß Waldmann nicht die Absicht hatte, den Flieger zu töten.

Waldmann wurde dennoch zum Tode durch den Strang verurteilt und am 19.11.1945 in Landsberg am Lech als Kriegsverbrecher hingerichtet. An der Friedhofsmauer hinter der Kirche wurde er begraben.

Der Pfarrer schmuggelte einen Zettel aus dem Gefängnis, den die Familie erhielt. Darin bat Waldmann den Heimatpfarrer, er möchte für ihn ein Gnadengesuch einreichen. (Andere Möglichkeiten hatte Waldmann nicht.) Der Pfarrer gab nach Auskunft der Familie zur Antwort: „Was er sich selbst eingebrockt hat, soll er auch selbst auslöffeln.“

Eine offzielle Mitteilung erhielten die Familienangehörigen nicht. Daß Waldmann zum Tode verurteilt und hingerichtet wurde, erfuhr die Familie aus dem Radio. Als sie später das Grab in Landsberg besuchen wollten, konnten sie es nicht finden, da die Gräber nur mit Nummern gekennzeichnet waren und sie von dem amerikanischen Posten weggetrieben wurden. Als Familie eines Kriegsverbrechers wurden sie enteignet.

1950 strebten Familienangehörige in Nürnberg einen Revisionsprozeß an, in dem Ernst Waldmann mangels Beweisen freigesprochen wurde. Daraufhin erhielt die Familie wenigstens die beschlagnahmten Möbel zurück.

# Unbekannte Berichte von Zeitzeugen

## Adolf Schwalb aus Hofstetten Kreis Landsberg am Lech, geb. am 15.11.1928, starb mit 16 Jahren in amerikanischer Kriegsgefangenschaft

Frau Barthel, die Schwester von Adolf Schwalb, berichtete mir am 12.4.2016 folgendes:

Adolf Schwalb war beim Arbeitsdienst in Imst/ Tirol und kam Ende Februar oder Anfang März 1945 für kurze Zeit nach Hofstetten nach Hause. Er hatte im März einen Stellungsbefehl, der Erinnerung nach, zu den Gebirgsjägern. Adolf Schwalb wollte nicht gehen und es wurde in der Familie darüber diskutiert. Da wie überall üblich Fahnenflucht mit dem Tode bestraft wurde, entschloß sich Schwalb zu gehen und seine Schwester begleitete ihn bis zum Bahnhof in Dießen. Der Abschied fiel ihm sehr schwer. Bis Dezember 1945 war dann die Familie ohne Nachricht.

*Adolf Schwalb
geb. 15.11.1929
gest. 3.7.1945*

Nachforschungen ergaben, daß Adolf Schwalb in amerikanische Kriegsgefangenschaft und ins Lager Bad Kreuznach kam. Dort erkrankte er Ende Juni 1945 an Blinddarmentzündung. Die Amerikaner brachten ihn zu spät ins Reservelazarett nach Idstein, wo er am 3.7.1945 um 20:20 Uhr mit 16 Jahren verstarb. Er fragte immer, wann seine Mutter käme. Adolf Schwalb wurde in Idstein beerdigt.

Adolf Schwalb ist eingerückt mit einer grauen Knickerbockerhose und einem roten Pullover. Nach Auskunft der Krankenschwester in Idstein, wurde er mit dieser Kleidung beerdigt. Es ist anzunehmen, daß er nicht mehr zum Einsatz kam und mit seiner Zivilkleidung in amerikanische Gefangenschaft geriet.

Die Angehörigen wollten Adolf Schwalb nach Hofstetten überführen lassen. Die Amerikaner haben aber ihr Versprechen, das erforderliche Benzin zu geben, nicht eingehalten, so daß eine Überführung nicht möglich war.

A. Schwalb wird als ein sehr anständiger und hilfsbereiter Junge beschrieben.

## Rochus Humpf
## Gefallen am 9. August 1941 bei Pakatilowa/Ukraine

Während meiner Volksschulzeit kam ich manchmal zu meinem Schulkameraden Heribert Humpf in die Wohnung. Seine Mutter war eine ruhige, hilfsbereite und bescheidene Frau. Im Zimmer hing ein Soldatenbild, das mir seltsamerweise immer in Erinnerung blieb. Als Kind machte ich mir aber dazu keine Gedanken. Da mir dieses Bild auch nach Jahrzehnten immer noch im Gedächtnis war, fragte ich eines Tages Heribert nach dem Bild und Schicksal seines Vaters. Daraufhin erklärte er mir folgendes:

Mein Vater, Rochus Humpf, wurde am 27.10.1919 in München geboren. Von Beruf war er Maler. In Landsberg am Lech lernte er meine Mutter, Angelika Huber, geboren am 3.11.1922, kennen. 1940 heirateten beide in Landsberg und wohnten im Vorderanger 258. Noch im gleichen Jahr kam ich (Heribert Humpf) zur Welt.

Bei Kriegsbeginn 1939 wurde Rochus Humpf zur Deutschen Wehrmacht eingezogen. Er war Funker beim Geb.Art.Reg. 79, sein Dienstgrad war Gefreiter. Humpf war in Frankreich stationiert.

Im Sommer 1941 schrieb Humpf, daß er von Frankreich an die Ostfront versetzt werde. Die

*Rochus Humpf*

Kolonne fährt durch Landsberg. Seine Frau, die bereits mit dem zweiten Kind schwanger war, soll am Hauptplatz in Landsberg warten. Er kommt mit dem ersten Wagen und fährt mit dem letzten Wagen der Kolonne weiter. Dort konnten sie sich noch einmal sehen. Da äußerte Humpf bereits die Befürchtung gegenüber seiner Frau, daß er wohl nicht mehr zurückkommen werde.

Im August 1941 lag Frau Humpf wach im Bett, als plötzlich auf einer Seite die Gardinenstange herabfiel. Es war ihr, als wäre ihr Mann im Zimmer und er sagte: „Ich bin heute gefallen." Sie antwortete: „Du kannst mich doch nicht mit zwei Kindern alleine lassen." Worauf er sagte: „Ich werde immer bei Euch sein." Nach Schilderung der Mutter war es eine durchsichtige, nebelige Erscheinung ihres Mannes. Als sie die Hand nach ihm ausstreckte, sagte er: „Lang mich nicht an." Als sie trotzdem nach ihm greifen wollte, verschwand er.

Einige Zeit später kam ein Kamerad (Kompanieangehöriger) von Rochus Humpf und überbrachte die persönlichen Gegenstände (z.B. Uhr, Ring und ein blutbespritztes Hochzeitsbild, das er bei sich trug). Es stellte sich heraus, daß Rochus Humpf tatsächlich zu diesem Zeitpunkt gefallen ist. Der Kamerad war dabei und schilderte ihr die näheren Umstände: Humpf war mit Kameraden in einem Panzerspähwagen auf Spähtrupp, als sie in einem Weizenfeld auf eine unübersehbare Menge russischer Soldaten stießen. Humpf sprang ab und wollte in dem Weizenfeld Deckung suchen. Die feindlichen Soldaten beobachteten das und schossen in das Weizenfeld, wo Humpf von mehreren Schüssen in den Bauch getroffen wurde. Die deutschen Truppen machten einen Vorstoß und bargen den Schwerverletzten. Rochus Humpf kam in ein Lazarett, wo er noch zweieinhalb Tage lebte. Auf einem Soldatenfriedhof in der Ukraine ist er begraben.

Frau Humpf versorgte die beiden Kinder und hat nie mehr geheiratet.


## Bericht von Willibald Pummer über amerik. Kriegsgefangenschaft

Willibald Pummer, geb. 1915 in Rabfidisch, war Ungarn-Deutscher. Wie bei den Volksdeutschen üblich, wurde er im 2. Weltkrieg als Soldat in die Waffen-SS eingezogen.

1946 nach Entlassung aus amerikanischer Kriegsgefangenschaft in den Rhein-wiesen-Lagern, war er bei meinem Vater von 1946 bis 1950 als Schuhmacher beschäftigt. Willibald war beruflich sehr tüchtig und bei meinen Eltern sehr ge-schätzt. Für mich war er ein väterlicher Freund und hat mir immer geholfen, wenn er konnte. Ich habe ihn ins Herz geschlossen und denke noch heute gerne an ihn. 1950 ist er nach Amerika ausgewandert, weil sein Vater dort lebte. Der Kontakt blieb zeitlebens erhalten. Und wenn er mit seiner Frau auf Besuch bei uns war, sprach man natürlich oft von früheren Zeiten. Bei einem seiner letzten Besuche 1982 gab er mir schriftlich nachfolgenden Bericht über seine Erlebnisse aus der Kriegsgefangenschaft:

Als Angehörige der 6. SS Geb.Div. Reinhard Heydrich wurden wir am Kar-freitag, 30. März 1945 von den Amerikanern gefangengenommen und kamen in ein Kriegsgefangenenlager bei Frankfurt/M. Die pol-nische Wachmannschaft schoß nachts wahllos auf die Gefangenen und es gab dabei viele Tote. Nach ca. sechs Wochen wurden wir mit dem Güterzug nach La Fleche bei Paris verlegt. Wir waren stän-dig unter freiem Himmel. Unsere einzige Verpfle-gung war eine 100-g-Dose Gemüse pro Tag. Dazu mußten wir ca. acht bis zehn Stunden um Wasser anstehen. Nach drei Monaten kamen wir ins ame-rikanische Lager Heilbronn. Auf dem Weg ins Lager Heilbronn war ein amerikanischer Captain,

*Willibald Pummer 1949*
*Foto: privat*

der ständig mit einem Prügel wahllos auf uns einschlug. Im Lager befanden sich ca. 120.000 Mann unter freiem Himmel. Unsere Verpflegung bestand wieder aus der 100-g-Dose Gemüse pro Tag. Beim Lager befand sich ein Weingarten. Wir aßen dort die Blätter und rissen die Weinstöcke aus und aßen die Wurzeln. Viele von den Gefangenen bekamen dadurch die Ruhr. Jeden Morgen wurden ca. 100 tote Gefangene auf einen Lastwagen geworfen und aus dem Lager gefahren. Was damit geschah, ist mir nicht bekannt. Täglich wurde durch den Lautsprecher gerufen: „Ihr deutschen Schweine müßt hier verrecken." In den ersten zwei Wochen schütteten die Amerikaner einen Lastwagen voll Brot auf den Lagerplatz, übergossen ihn mit Benzin und zündeten ihn an. Wir mußten dabei zusehen. Nach zwei Monaten bekamen wir das erste Brot. Es war ein kleines Brot, das sich drei Mann zusammen teilen mußten, so daß auf jeden ein Stück von ca. 8 cm entfiel. Nach sechs Monaten Aufenthalt im Lager Heilbronn wurde ich in ein Lager bei Darmstadt verlegt, wo wir wieder ständig unter freiem Himmel waren. Dort wurden wir ständigen Verhören unterzogen, wie z.B. warum wir deutsche Soldaten waren, warum wir Befehle ausgeführt haben, und warum wir uns den Befehlen nicht widersetzt hätten. Nach drei Monaten wurde ich in Darmstadt am 14.6.1946 entlassen und stand mittellos auf der Straße. In meine deutsch/ungarische Heimat konnte ich nicht mehr zurückkehren, da meine Angehörigen vertrieben wurden. So kam ich nach Walleshausen bei Landsberg a.L.

Landsberg, 22.7.1982, Willibald Pummer

## Erlebnisbericht von Heinrich Loderer aus Pürgen bei Landsberg a.L., geb. 1908, über amerikanische Kriegsgefangenschaft

Herr Heinrich Loderer aus Pürgen hat seine Erlebnisse in amerikanischer Kriegsgefangenschaft in vorbildlicher Weise aufgeschrieben und an die Zeitung gegeben. Am 29.11.1985 schrieb ihm das Landsberger Tagblatt folgendes:

„Sehr geehrter Herr Loderer,

beiliegend senden wir Ihnen bestens dankend die uns freundlicherweise überlassenen Unterlagen wieder zurück. Leider können wir zur Zeit nichts darüber veröffentlichen.

Mit freundlichen Grüßen"

Herr Loderer war enttäuscht, daß solche Erlebnisse keine Beachtung finden und hat mir seine Aufzeichnungen damals dankenswerterweise zur Verfügung gestellt. Ich gebe sie hier wortgetreu wieder:

Am 28. April 1945 kam ich in amerikanische Kriegsgefangenschaft zwischen Hannover und Berlin, Ort Tadeln. Es war ein kleiner Trupp von ungefähr 17 deutschen Soldaten, wir waren uns alle fremd, keiner kannte den anderen. In einer Auto-

*Heinrich Loderer*

*Foto: privat*

garage wurde uns alles Eigentum, Geld, Uhr, Ehering, Kochgeschirr, Löffel, Messer, einem die Hosenträger, einem anderen die Schuhlitzen, abgenommen. Jeder einzelne wurde von einem weißen Amerikaner verhört. Ein Farbiger mit Gewehr stand zur Seite als Posten. Ich kann mich heute, nach mehr als 40 Jahren, an diesen fürchterlichen Menschen mit seinen schauderlichen Augen erinnern. Nach der Vernehmung sagte der Amerikaner, der ja gut deutsch sprach: „Gebt acht, der Posten erschießt jeden Tag welche, wer spricht, lacht oder unrechte Bewegungen macht, wird sofort erschossen." Es kam ein Lkw. Dort mußten wir aufsteigen. Die Fahrt ging ungefähr 15 km zu einem Gutshof. Der Posten stieg mit auf, nahm Platz auf dem Führerhaus, legte die Beine über Kreuz und hielt das Gewehr auf den Beinen aufgelegt gegen uns gefangene Soldaten. Auf dieser Fahrt halber Strecke teilte er uns mit der Hand winkend auseinander, einer mußte in der Mitte stehen bleiben. Den schoß er blindlings in den Bauch, welcher niedersank und eben starb. Kurz darauf schoß er ein zweites Mal ohne zu zielen, also ohne Anschlag. Dieses Mal riß es einem Soldaten vier Finger von seiner linken Hand, ein Finger hing noch daran. Er stand neben mir, ich habe seine linke Hand gesehen. Am Gutshof angekommen, mußten wir abspringen. Der Verwundete wurde abgeführt, was geschah, wußten wir nicht. Der Tote wurde zu Boden geworfen.

Jetzt kam für uns Gefangene die große Gefahr. Zu dem einen Posten kamen noch zwei weitere bewaffnete Farbige dazu. Es war eine große Einfriedungsmauer. Uns stellte man nebeneinander an die Wand, die Hände hinter dem Rücken gehalten. So standen wir nun da mit dem Gedanken, jetzt werden wir erschossen, als die drei Posten in ungefähr acht oder zehn Metern halbe Stellung genommen haben, die Posten waren noch nicht zielbereit, kam ein weißer Ami mit Geschrei aus einer Scheune. Da hat man uns abgeführt zur Scheune und in einen ganz finstern Winkel, in dem Spreu lag, eingesperrt. Unsere große Furcht war damit noch nicht zu Ende. Wir waren der Meinung, jetzt werden wir von außen mit MG-Feuer beschossen. Als das doch nicht gleich geschah und bald darauf weitere Gefangene kamen, war die Angst vorbei.

Ich kann mich heute noch gut an meine Gedanken an der Wand erinnern. Dachte nicht an meine Eltern oder an meine drei Schwestern oder an mein Zuhause, sondern an meine drei lieben Brüder, die gefallen sind: „Jetzt komm ich auch gleich." Das Gefühl, erschossen zu werden, ist herzbrechend, ich hab's erlebt.

Nach zwei Tagen wurden wir von dort ohne Verpflegung auf Lastwagen verladen, drei Tage unterwegs nach Westen ins erste Gefangenenlager, wiederum keine Verpflegung, weder Wasser noch Brot, ins Lager Rheinsberg.

Bald darauf ins zweite Lager Sinzig, dann ging es ins dritte Lager Remagen. In Reihe aufgestellt ging es mit Gewehrkolbenhieben zum Lagertor, zum Eingang getrieben und geschlagen wie verwildertes Vieh.

Im Lager stand man stundenlang an gleicher Stelle, Mäntel und Decken wurden abgenommen, auch Zeltplanen, auf einen Haufen geworfen und angezündet. Durch sehr schlechte Witterung ist eine sehr große Zahl an Soldaten erkrankt und ohne irgendeine Behandlung gestorben. Die Amis sagten: „Nix Medikamente, Heil Hitler" und lachten. Unterernährung, Schwäche, Lungenentzündung, Durchfall, Nierenentzündung, Mandelentzündung. Der ganze Körper war eingetrocknet. Die Verpflegung bestand mehrere Wochen lang pro Tag für 100 Mann aus einem Brot (dabei entfiel pro Mann ein Bissen Brot), einem Löffel Zucker oder Gries, einem Löffel Milchpulver, einem Löffel Eipulver, kein Wasser, alles trocken und kalt essen. An manchen Tagen gab es gar keine Verpflegung. Wasser war eine Seltenheit, dort mußte man stundenlang anstehen und plötzlich wurde abgedreht. So wurde gestritten und gerauft, das wenige Wasser verschüttet. Außerdem hatten sehr wenige ein Gefäß, vielleicht eine Dose.

Gesicht waschen war verboten. Als Trinkwasser nahm man Regenwasser, verseucht von Fäkalien, deshalb gab es Darmkrankheiten und Seuchen. Drei Monate nach Kriegsende dieses Leben! Kein Wäschewechsel, ein viertel Jahr ohne Körperpflege, ständig im Freien, Tag und Nacht.

Im Lager befand sich ein Roggenfeld. Es wurde durch Lautsprecher bekanntgegeben, es ist verboten, eine Ähre abzureißen. Trotzdem konnte ein Gefangener nicht widerstehen und aß wegen größtem Hunger eine grüne Roggenähre. Er wurde von der Lagerpolizei verhaftet, in einen Raum geführt und dort, was ich selbst hören konnte, mit Peitschen geschlagen. Er schrie jämmerlich. Es ist nicht zu glauben, ist aber Wahrheit. Gras, Brennesseln, Wurzeln oder Baumrinde, alles wurde gegessen, daran auch gestorben.

Gegen Witterungseinflüsse gruben wir uns Erdlöcher. Ich habe ein solches Loch mit bloßen Händen gegraben. Einige wenige hatten dazu eine Dose. Ich grub mir nur ein gerades Loch als Windschutz. Andere gruben unten noch seitlich eine Höhle, um einen besseren Schutz gegen den Regen zu haben. Durch den Regen sind aber die Löcher eingesackt, und viele Kameraden sind darin erstickt. In meiner Nähe lagen zwei Kameraden zusammen in eine Decke eingerollt in einem solchen Erdloch, das einsackte. Ich hörte sie stöhnen und konnte sie lebend mit bloßen Händen noch ausgraben. Auch einem weiteren Kameraden konnte ich auf diese Weise das Leben retten.

Viele sind in diesen eingesackten Erdlöchern ums Leben gekommen und liegen darin wohl heute noch begraben. Ich wüßte nicht, daß sie jemals wieder ausgegraben worden wären.

Es ist noch zu erwähnen, daß bei der Einlieferung in das Lager sehr viele Zivilisten an den Stacheldraht gekommen sind, um sich nach Angehörigen, Bekannten oder Vermißten zu erkundigen. Diese Leute wurden alle von den Posten zurechtgewiesen. Auch Lebensmittel und Bekleidung wollte die Bevölkerung abgeben, es wurde nicht erlaubt.

Im Lager wurde uns bekanntgemacht, wir alle sind mit Panzern und Flugzeugen umstellt. Sollte ein Ausbruch versucht werden, so wird das Lager restlos kaputtgemacht. Diese Drohung wurde von vielen nicht wahrgenommen, die versuchten, nachts über den Zaun zu kommen. Doch durch die Scheinwerfer, welche die ganze Nacht hindurch rundum blitzten, wurde ein Übersteigen des Zauns unmöglich gemacht. Alle blieben durchlöchert von MG-Feuer am Boden liegen. Es knallte die ganze Nacht hindurch. Jeden Morgen wurde ein Lastwagen voll Gestorbener und Erschossener abgefahren. Die Frage immer, wohin kommen die Toten, vermutlich irgendwo eingebuddelt.

1946 wurde in Bodendorf ein Soldatenfriedhof angelegt, dort liegen 1200 Tote. Viele Tausende sind im Lager gestorben, man fragt sich, wo sind die restlichen? Also keine Spur von Menschlichkeit gegenüber den Deutschen.

Purgen, den 28.6.1987, Heinrich Loderer

## Bericht von Anton Heimerer Landsberg a.L., geb. 1925, über amerikanische Kriegsgefangenschaft
Aufgeschrieben am 20.7.2005

Ich kam als kriegsgefangener deutscher Soldat (Fähnrich der Artillerie) Anfang Mai 1945 ins amerikanische Kriegsgefangenenlager Bad Kreuznach/Bretzenheim. Dort war ich bis August 1945.

Der Hunger war furchtbar. Eines Tages kam ein lebender Hund ins Lager. Sofort stürzten sich alle darauf und zerrissen ihn, um ihn zu essen.

An meinem Geburtstag, am 25.5.1945, meldete ich mich zum Tote verscharren, weil man dort einen Liter Suppe bekommen sollte. Ein Kamerad bewachte solange meinen Pappdeckel, auf dem ich schlief. Im Lager auf einem Feld sollten an diesem Tag 140 tote gefangene deutsche Soldaten verscharrt werden. Dabei wurde mir schlecht, und ich konnte die Arbeit nicht verrichten.

*Anton Heimerer*

*Foto: privat*

Morgens ertönte im Lager eine Lautsprecherstimme, die sagte: Guten Morgen, seid Ihr noch nicht alle tot?

Sehr viele Kameraden sind dort an Ruhr gestorben oder verhungert. Es fällt mir heute noch schwer, mich an diese Zeit zu erinnern.

*Ungezählte deutsche Kriegsgefangene starben 1945 in diesen amerikanischen Lagern auf den Rheinwiesen.*

341

dat zog sie ab, legte sie vor die Füße meines Kameraden und lief weg. Nachdem sie explodierte, blutete der Mann am ganzen Körper und schrie, vermutlich ist er verblutet.

Im Lager befanden sich auch Schwerverwundete und Amputierte, die offensichtlich aus einem geräumten Lazarett kamen. Wir waren ohne jede ärztliche Versorgung.

8. Mai 1945, Kriegsende im Lager Rheinwiesen.

Ein ruhiger Tag. Plötzlich wildes Geschrei. Tausende Gefangene springen aus ihren Löchern. Ich natürlich auch. Keiner meiner Kameraden kann sich die Aufregung erklären. Da ist es durch: Hüpfend und gestikulierend schreien mehrere: „Der Krieg ist aus!" Zugleich beginnt heftiges Schießen von den Wachtürmen, erst über unsere Köpfe hinweg, dann auf die Gefangenen. Die Ruhe ist schnell wieder hergestellt. Einige sind tot, andere liegen verletzt, schreiend und stöhnend herum. Sie sind gut zu sehen, da sämtliche Lagerinsassen blitzschnell wieder in ihren Löchern verschwunden sind. Das Jammern der Verwundeten dauert die ganze Nacht, denn helfen kann niemand. Vom Ende des Krieges ist wochenlang keine Rede mehr. Auch weiß niemand ganz genau, ob die Mitteilung über das Kriegsende der Wahrheit entsprochen hat.

Es ist bitterkalt auf dem knochenharten Ackerboden. Ich warte auf die nächste Drehung, die sich halbstündlich wiederholt. (Von den Lagerinsassen wurde gesagt, wenn man zu lange auf einer kalten Stelle liegt, stirbt man an Herzversagen. Zwei Mann lagen aneinander und wärmten sich gegenseitig. Da bei jedem die

*Beseitigung gestorbener deutscher Kriegsgefangener*
Zeichnung von Josef Seefelder

Außenseite abkühlte, gab jemand alle halbe Stunde das Kommando „drehen".)

Vereinzelt fallen Schüsse von den Wachtürmen. Die Schreie der im Stacheldraht hängenden, langsam sterbenden Gefangenen verstummen wie immer mit dem anbrechenden Tag.

Unsere Sieben-Mann-Gruppe schreit teilnahmslos und müde zum Lärm einer unbekannten Gruppe den üblichen Slogan: „Haut ihn, nehmt ihm die Uhr ab!" Langsam gruppieren sich einzelne Rotten zu geordneten Marschtrupps. Ich stelle mich auch dazu und erfahre, daß es sich um Bewerber für einen Arbeitstransport nach Sibirien handelt. Es ist nicht zu erfahren, wer sich diesen Unsinn ausgedacht hat. Nach einigen Stunden des Wartens gebe ich auf und kehre zu meiner Gruppe zurück.

Nun ist Zeit zum „Essenfassen". Obwohl wir nicht das geringste zu tun haben, wird jeden Tag ein anderer gezwungen, den Gang zur Ausgabestelle anzutreten. Ein Kamerad aus unserer Gruppe sagte eines morgens, er fühle sich schlecht, ob ich zum Essen-Anstehen gehen könnte. Ich gab zur Antwort: „Ich sehe das nicht ein, da ich gestern gegangen bin." Der Kamerad lief einige Meter, dann brach er tot zusammen. Das tut mir heute noch leid.

Es wird an diesem Tag von den Amerikanern ein Weißbrot für 38 Mann ausgegeben. Außerdem bekommt jeder ca. einen viertel Liter Rosinenwassersuppe. Dabei werden die Rosinen ausgesiebt und abgezählt verteilt. Die vereinzelten Bäume, die im Camp standen, sind zu dieser Zeit schon blank weiß geschält und die Rinde aufgegessen.

Ich erinnere mich an den Pfingstsonntag 1945, an dem von den 8000 Gefangenen in unserem Camp 143 gestorben sind. Die meisten waren an Ruhr erkrankt. Sie wurden alle ohne Registrierung in eine Grube geworfen.

Im Camp nebenan waren fremdländische Kriegsgefangene, die auf deutscher Seite gekämpft hatten, vermutlich Rumänen. Auf diesem Gebiet war ein steiniger Boden. Wer über Bargeld verfügte, konnte sich vom anschließenden Camp für sieben Mark einen faustgroßen Stein kaufen. Mit dem Stein konnten wir aus Konservenbüchsen wichtige Dinge, wie einen Löffel, basteln.

Tiefflieger und Jagdbomber flogen immer wieder Scheinangriffe auf das Lager.

Meine Füße sind so geschwollen, daß ich die Knobelbecher stückweise abschneiden muß. Sie schmerzen derart, daß ich sie stundenlang in den Abfluß der Pissgrube stecke. Obwohl die Toten in diesen Gruben versenkt werden, kann ich mich an kein Grausen erinnern. Auch jedes Mitleid habe ich dort verloren.

Da ich Ruhr hatte, konnte ich keine Hose tragen. Waschmöglichkeiten oder Ersatz gab es nicht. Ich hatte vorne und hinten nur einen Pappdeckel und an den Füßen die abgeschnittenen Schäfte meiner Stiefel. Ansonsten war ich vollkommen nackt (siehe Zeichnung). So wurde ich auch im Spätsommer 1945 (Ende August oder Anfang September) entlassen. Außerhalb des Camps befand sich ein Zelt mit Stiefeln und deutschen Wehrmachtsmänteln. Ich bekam ein Paar Stiefel und konnte mir einen Mantel aussuchen. (Nach meiner Erinnerung war es ein Unteroffiziersmantel). Auch eine Hose erhielt ich.

Wir hatten im Lager keinerlei offizielle Informationen und keinen Kontakt zur Außenwelt. Als ich entlassen wurde, wußte ich noch nicht sicher, ob der Krieg zu Ende ist. Bei meiner Entlassung wog ich noch 38 kg.

*Josef Seefelder mit Pappdeckel als Kleidung im amerikanischen Lager Bad Kreuznach 1945*
Zeichnung von Josef Seefelder

## Bericht von Günter Huhndorf, Kaufering, über amerikanische Kriegsgefangenschaft

Aufgeschrieben am 14.6.2006

Am 23.3.1924 wurde ich in Stolbergsdorf, Krs. Reichenbach/Schlesien geboren. Meine Einberufung zur Wehrmacht erfolgte am 20.10.1942 zur Einkleidung nach Eger. Anschließend erfolgte eine Grundausbildung bei der FFS 116 der Luftwaffe in Göppingen. Nach Ablauf eines halben Jahres erhielt ich einen Marschbefehl nach Belgien zum Nachtjagdgeschwader 1 in die Nähe von Brüssel. Im Januar 1944 wurde ich zum Dienst bei mehreren, weiträumig auseinanderliegenden Dienststellen bzw. Wehrmachtseinheiten versetzt, so zum Beispiel zum Schlachtgeschwader 151. Als eingespartes Personal der Luftwaffe wurde ich mit einigen Kameraden in Infanterie-Uniformen gesteckt und nach einer kurzen Einweisung zur „Reichsverteidigung" als Scharfschütze im Raum Burgstädt im Erdkampf eingesetzt. Mein Dienstgrad war O.Gefreiter. Am 14.4.1945 kam ich in Burgstädt in amerikanische Kriegsgefangenschaft.

*Günter Huhndorf*

Foto: privat

Was mich und viele meiner Kameraden als Dank für einen fairen und ehrenhaften Kampf erwartete, konnte zu dieser Zeit noch niemand ahnen. Die nun folgende Zeit der Gefangenschaft war geprägt durch ständige Verstöße der Amerikaner gegen die Haager Landkriegsordnung und das Kriegsrecht.

Nach der Gefangennahme erfolgte ein ca. 3 km langer Fußmarsch, der in Hartmannsdorf auf einer Waldwiese endete. Nach Aufstellung der ca. 60 Mann in drei Gliedern wurde jeder einzelne Soldat „gefilzt". Alle privaten und natürlich auch militärischen Dinge, die den amerikanischen Soldaten gefielen, wurden uns abgenommen. Darunter fielen z.B. Uhren, Ringe, Feuerzeuge, Taschenmesser, Schriftstücke, Orden und Ehrenzeichen, Fotoapparate usw. Unter höhnischem Grinsen verschwanden diese Sachen in den Taschen unserer Bewacher. Anschließend folgte ein Fußmarsch, der auf einer abschüssigen Wiese endete.

Zum Übernachten mußten wir uns auf die mit Reif bedeckte Wiese legen, bekleidet nur mit einer normalen Uniform, ohne Mäntel oder Decken. Am kommenden Morgen war meine rechte Hand so stark unterkühlt, daß ich nicht mehr in der Lage war, in meine Hosentasche zu langen, um ein Taschentuch zu greifen. Meine Fußgelenke versagten ebenfalls ihren Dienst. Die Füße waren taub und gefühllos, und ihr Bewegungsablauf glich dem einer Ente. Dieser Zustand änderte sich erst nach Ablauf von ca. einer Woche. Verpflegung gab es nicht.

eine Insel in der Nähe von Hammerfest. Bei der Ankunft begrüßte uns ein Offizier. Er sagte, er sei Schwede und er kämpfte in Finnland gegen die Russen und jetzt kämpfe er gegen Hitler. Wir Flieger sind seine Teufelchen, wir gehören an die Wand und erschossen. Nach seiner Ansprache sagte er, unser Hauptmann solle die Namen aufschreiben. Wir waren ca. 40 Mann. Der Hauptmann sagte, er sei nicht der Schreiber und er solle die Namen selber aufschreiben. Daraufhin sagte der schwedische Offizier: „Ich werde Ihnen noch Schreiben lernen."

Hauptmann Kasimier lag neben mir im Zelt. Wir lagen auf blankem Boden ohne Decken. Um ca. 3 Uhr morgens kam der schwedische Offizier zu uns ins Zelt, fuchtelte mit der Pistole und rief, Hauptmann Kasimier solle herauskommen. Da sich in unserem Zelt niemand rührte, ging er nach fünf bis zehn Minuten wieder weg. Zu dieser Zeit ging aus dem Zelt nebenan der deutsche Oberleutnant Paul von der Seefliegerei vor das Zelt, um auszutreten. Er wurde durch vier Schüsse getötet und lag ca. einen Meter neben unserem Zelt. Wir hörten die Schüsse und hörten, wie Paul noch kurz röchelte, dann war es still. Das war um den 25. Mai 1940.

Die Verpflegung war nicht gut. Meistens gab es getrockneten Fisch.

Wir wurden dann an die Engländer ausgeliefert, und ich kam nach Kanada. Das Schiff, mit dem wir transportiert wurden, hieß nach meiner Erinnerung „Andora Star". Nach einigen Tagen wurden wir in das unterste Deck eingesperrt, das vermutlich sonst als Kühlraum für Fleisch diente. Alle Schotten wurden geschlossen. Wenn das Schiff gesunken wäre, wären wir zweifellos mit abgesoffen. Die Behandlung und Verpflegung in Kanada war ordentlich. Nach Kriegsende wurden wir aber auf halbe Ration gesetzt. Wir hatten einmal in der Woche Gelegenheit, einen Film anzuschauen. Im Februar 1946 sah ich in der Wochenschau Bilder vom KZ Hurlach und KZ Kaufering. Frauen liefen lachend durch die Baracken und der Sprecher sagte dazu, die Naziweiber lachen hier über ihre Schandtaten. Dazwischen wurden Tote gezeigt. Es wurden Massengräber gezeigt und dazu gesagt, es seien dort 30.000 Juden ermordet worden. An einem Massengrab stehend erkannte ich meinen Vater. Neben ihm stand noch ein Mann, den ich nicht kannte.

Als ich 1947 von der Kriegsgefangenschaft nach Hause kam, fragte ich meinen Vater und er bestätigte mir, daß er dort in Hurlach gewesen sei. Der neben ihm stehende Mann sei der Herr Heinzmann, Betriebsleiter in der Pflugfabrik (lebt jetzt im Allgäu) gewesen. Er sagte mir, sie mußten ein Massengrab von ca. 15 m Länge, 1,5 m Tiefe und 3 m Breite ausschaufeln. Darin wurden vier Tote hineingelegt und dann wurde das Massengrab wieder zugeschaufelt. Das erzählte ich in meinem Bekanntenkreis und daraufhin berichtete mir Frau Paula R., daß sie damals auch in Hurlach gewesen sei. Auf meine Frage, wieso sie dabei noch lachen konnte, sagte sie, das wurde von der Aufsicht befohlen. So kam dieser Film zustande.

Landsberg am Lech, den 28.7.1984, Karl Kopf

## Meine Erlebnisse in amerikanischer Kriegsgefangenschaft
## Von Lorenz Wiedemann, Biburg b. Augsburg, geb.1925

Nach zweimaliger Zurückstellung aus gesundheitlichen Gründen wurde ich im Oktober 1944 zur Deutschen Wehrmacht eingezogen und kam zum Ausb.u.Ers.Batl. 320 nach Augsburg. Dann wurde ich an der Westfront als Infanterist eingesetzt. Mein Dienstgrad war Schütze.

Im April 1945 wurde ich in der Nähe von Würzburg durch Panzerbeschuß am rechten Fuß verwundet. Der neben mir liegende Kamerad Jos. Schmidhuber ist dabei gefallen. Ihm riß es den halben Kopf ab. Der ebenfalls neben mir liegende Unteroffizier wurde am ganzen Körper schwer verwundet. Sobald der Beschuß durch Panzer aufhörte, rückte die amerikanische Infanterie nach. Als sie uns liegen sahen, kamen mehrere Ami-Soldaten auf uns zu. Einer davon hatte das Gewehr im Anschlag auf uns gerichtet. Spontan sagte mein Uffz. zu mir „Mach die Hände hoch" oder so ähnlich. Ich tat es wie elektrisiert. Der Ami hat sein Gewehr wieder abgesetzt. Ein anderer von dieser Horde hat meinen Karabiner (Gewehr-Nummer 14775) an einem Baum zerschlagen. Wieder einer ging auf den gefallenen Kameraden zu, griff ihm in die Hosentasche und holte den Geldbeutel heraus. Er schüttelte das Hartgeld auf den Boden, alles andere steckte er ein. Dann zog die Meute weiter, ohne daß sich einer um uns gekümmert hätte. Kein Verband, nichts. Wir lagen einen Tag und eine Nacht unversorgt im Wald. Am nächsten Tag kroch ich am Waldrand entlang, bis mich ein anderer amerikanischer Soldat entdeckte. Ich deutete ihm, daß noch ein verwundeter Kamerad im Wald liegt. Dann wurden wir von einem amerikanischen Kettenfahrzeug abgeholt. Im nächstliegenden Dorf, etwa zwei Kilometer vom Wald entfernt, wurden wir in einem Bauernhaus verbunden. Von meinem Uffz. wurde ich getrennt – warum? Ich wurde dann abtransportiert nach Giebelstadt und kam mit dem Flugzeug nach Reims in Frankreich. Von dort Weitertransport mit dem Sanka und dann mit einem Sanitätszug in ein amerikanisches Zeltlazarett auf der Halbinsel Cherbourg.

Etwa zwei Betten neben mir lag der schwer verwundete ca. 19jährige Paul Schweizer. Am Pfingstmontag wurde er vom katholischen Lagerpfarrer versehen. Die deutschen Sanitäter kämpften verzweifelt um sein junges Leben. Sie waren der Ansicht, daß er nur eine Überlebenschance habe, wenn er sofort aus dem zugigen Zelt verlegt werde. Man holte deshalb den zuständigen amerikanischen Lagerarzt, um ihm diese Bitte vorzutragen. Der trat an das Bett des Schwerverwundeten und fragte „Haben Sie Schmerzen?" „Oh ja, oh ja, Schmerzen, Schmerzen", antwortete der Schwerverwundete. Darauf der amerikanische Captain mit der Äskulap-Schlange an der Uniform: „Das ist gut für Nazi-Boys" und ging weiter ohne Abhilfe zu schaffen. Gibt es etwas Niederträchtigeres, als einen schwerverwundeten, in Gefangenschaft geratenenen Soldaten, der im Sterben liegt, zu verhöhnen?

Als ich mit meinen Krücken ins Freie gehen wollte, wurde ich gewarnt. Am Vortag bekam ein Kamerad einen Lungensteckschuß. Der amerikanische Posten warf eine brennende Zigarette vom Turm. Als der verwundete Kamerad (Arm und Schulter waren in Gips, an eine Flucht war in diesem Zustand nicht zu denken) sich mühsam nach der Zigarette bücken wollte, schoß der Posten auf ihn. Kameraden von seinem Zelt haben es uns berichtet.

Ich wurde dann in ein anderes Gefangenenlager, ebenfalls in der Nähe von Cherbourg verlegt, das ich als Hungerlager bezeichnen würde. Unsere Tagesration bestand neben einem Schlag Suppe, einem Brot für 16 Mann und 1,5 Keksen, dazu einen halben Liter Bohnenkaffee. Der Bohnenkaffee hatte eine verheerende Wirkung. Wenn wir aufstanden, torkelten wir. Es gab viele Todesfälle. Ich glaube, die Hauptursache der Todesfälle war der Hunger.

Im Sommer 1945 mußten wir desöfteren Propagandafilme über die Verbrechen der Nazis ansehen. Bei einer solchen Vorführung rief plötzlich ein Kamerad: „Das ist meine Heimatstadt Hannover nach einem Bombenangriff." Ab diesem Zeitpunkt wurden die Filme eingestellt.

Ein von seiner Verwundung genesener PoW (deutscher Landser) hat Bekannte in unserem Zelt besucht und berichtet, daß er bei einer „Musterung" war und für tauglich befunden worden ist. Es würde eine größere Einheit von PoWs zusammengestellt, man würde damit gemeinsam mit den Amerikanern gegen die Russen kämpfen – die Stimmung war geteilt – wieder in den Krieg, aber andererseits wären wir dann bei den „Siegern".

Im September 1945 wurde ich aus amerikanischer Kriegsgefangenschaft entlassen.

Diese Angaben entsprechen der reinen Wahrheit.

8.2.2007, Lorenz Wiedemann

Anmerkung: Herr Lorenz Wiedemann schrieb zu diesem Thema 28.5.1991 und am 20.4.1995 einen Leserbrief an die Augsburger Allgemeine Zeitung. Am 12.6.1991 und am 22.5.1995 erhielt er jeweils ein freundliches Antwortschreiben, daß sein Leserbrief aus Platzgründen nicht veröffentlicht werden kann.

### Erinnerungen an Krieg und Gefangenschaft

Von Werner Lässer, Buchloe

Im November 1943 wurde ich eingezogen nach Debica, östlich von Krakau. Ich kam zur SS-Division Wiking zum Alarmbataillon Stoige als Kradmelder. Mein Dienstgrad war Panzergrenadier. Im Oktober 1944 fuhr ich mit dem Motorrad bei Warschau zum Bataillonsgefechtsstand, wo sich bereits die Russen befanden. Als sie mich entdeckten riefen sie: „Rucki werch!" (Hände hoch) Ich bin aber mit meinem Motorrad davongefahren und erreichte das Regiment. Dort wurde festgestellt, daß ich am rechten Oberarm einen Pistolendurchschuß

*Werner Lässer*

*Foto: privat*

352

hatte. Ich wurde vom Sanitäter versorgt. Da es eine Fleischwunde war, konnte ich meinen Dienst trotz der Verwundung weiter versehen.

Am 21. Oktober 1944 wurde ich zum zweiten Mal verwundet. Ich habe mit meinem Beiwagen zwei Verwundete nach hinten gefahren. Bei der Rückfahrt begegnete ich einem anderen Kradfahrer, einem holländischen SS-Freiwilligen. Als hinter uns eine Granate einschlug, habe ich den Kameraden noch von der Straße gezogen, aber er war bereits tot. Ich hatte im Rücken sieben bis acht Splitter, einen Riss am Schulterblatt, und der rechte Arm war gebrochen. Ich habe mich halb auf das Motorrad gelegt und bin losgefahren, habe dann aber anscheinend das Bewußtsein verloren. Als ich zu mir kam, glaubte ich, ich sei in Gefangenschaft. Es waren aber meine Kameraden, die mich nach Modlin zum Hauptverbandsplatz brachten.

Nach drei Tagen kam ich ins Lazarett nach Pleschen bei Posen. Dort sah ich den Schwerverwundeten, den ich zurückgefahren habe, und er hat sich bei mir bedankt. Dieser Dank hat mir mehr bedeutet als das Eiserne Kreuz.

Im Dezember 1944 konnte ich ein Schreiben vorlegen, daß im Heimatlazarett Mindelheim ein Platz vorhanden sei. (Dr. Hofmann, Chefarzt hatte das bestätigt.) Somit konnte ich per Zug von Posen bis Kaufbeuren fahren. Abends gegen ca. 7 Uhr kam ich an und mußte zu Fuß, über Blöckach bei ca. 30 cm Schnee frohgemuts heimmarschieren. Mein Bruder Edbert hatte gerade bis Ende Januar Genesungsurlaub. Dann mußte er wieder zurück zur Kavallerie nach Lüneburg. Am 18.3.1945 ist er wahrscheinlich in Gefangenschaft erschossen worden.

Bei Kriegsende am 8.5.1945 war ich zu Hause in der Einöde Röhrwanger Hof Nr. 92, Gemeinde Eggenthal.

Mitte Mai 1945 saßen wir bei Brotzeit in der Küche und sahen, daß etwas vom Schlafzimmer oben aus dem Fenster geworfen wurde. Vier bis fünf Polen sind von hinten die Treppe hinauf und haben die ganze Kleidung und Wäsche ausgeräumt. Ich wollte mit meinem Fahrrad ins ca. drei km entfernte Dorf zur amerikanischen Kommandantur fahren und Hilfe holen. Ein Pole vor dem Haus hat mich beobachtet und ist mir ins Fahrrad getreten. Ich bin dann mit dem Fahrrad meines Vaters gefahren. Ein amerikanischer Soldat fuhr mit mir zurück, aber die Polen waren schon weg. Der Amerikaner und ich sind dann mit zwei Pferden von uns in den Wald geritten, aber von den Polen und dem Diebesgut war nichts mehr zu finden. Wir hatten fast nichts mehr zum Anziehen.

Ende Mai 1945 tauchte plötzlich ein amerikanischer Jeep an unserem Hof in Röhrwang auf, ein MG war schußbereit aufgestellt unterm Birnbaum, und ich wurde verhaftet. Zuerst ging es in die schwerbewachte Landwirtschaft-Schule Mindelheim und nach einigen Tagen ins Entlassungslager Bießenhofen.

Nach einigen Tagen, morgens gegen 5 Uhr, wurden wir bei Regenwetter nach Dachau transportiert. Eine ehemalige Flakhelferin wollte mir noch ein Weißbrot geben. Als dies ein Ami bemerkte, riß er mir das Brot aus der Hand und zertrat es in einer Regenwasserpfütze.

Im Mai 1945 wurde ich mit den ersten 300 Mann als Kriegsgefangener in das ehemalige KZ-Lager Dachau eingeliefert. Beschreibung der Baracken bei meiner Einlieferung Ende Mai 1945: Es waren dieselben Baracken, in denen zuvor die KZ-Häftlinge gewohnt hatten. Die Baracken waren sog. RAD Baracken, doppelseitig isoliert mit je zwei großen Räumen, ausgestattet mit Doppelbetten (übereinander) und pro Raum ein großer Kachelofen und Zweimannspinde. Die sanitären Anlagen waren zwischen den beiden Sälen mit vier Clos und zwei großen Terrazzo Waschbecken mit je 32 Wasserhähnen. Die Betten hatten alle einen Strohsack. Später hieß es, es seien die sog. Krankenbaracken gewesen. Ich hatte aber am Tag der Einlieferung keine anderen Baracken gesehen. Später wurden wir in sog. Nebenlager umgesiedelt. Diese Baracken wurden angeblich für die Kriegsgefangenen errichtet. Diese Baracken waren nicht mehr isoliert, sondern der Wind zog durch. Es waren vier Betten übereinander, aber nur blanke Bretter (noch feucht, frisch von der Säge). Als Heizung ein Rohölfaß, das furchtbar qualmte, wenn es angezündet wurde. Also wurde freiwillig auf Heizung verzichtet. Verpflegung: Für acht Mann ein kg Weißbrot (125 g pro Mann und Tag) dazu zwei Liter Wassersuppe mit Kraut und Kartoffelschalen, selbstverständlich fettfrei.

Es war etwa Anfang Juni 1945, als eine Tribüne am Hauptplatz des Lagers aufgestellt wurde. Es hieß, hier würden ehemalige KZ-Häftlinge darauf Platz nehmen, und wir müßten einzeln vorbeilaufen (Ich erwartete Mord und Totschlag). Als es soweit war, war es ein großes „Hallo". Die ehemaligen KZler fragten, wie es uns geht und sagten, als den erkannten Kameraden ein weißes Bändchen umgehängt wurde: „Von dem haben wir Brot oder Zigaretten bekommen." Unsere erkannten Kameraden haben wir nicht mehr gesehen.

Ab August 1945 wurden alle deutschen Kriegsgefangenen in politische Gefangene abgeändert. Was zur Folge hatte, daß wir nicht mehr den Schutz der Genfer Konvention hatten. Ich meldete mich zu einem Arbeitskommando nach Schleißheim. Der Lagerkommandant First Lt. Mc. Cohn war ehemaliger Kriegsgefangener in Deutschland. Seine Aussage – er wurde von der SS streng aber korrekt behandelt. Nun war es mit dem Hungerleiden vorbei.

Im Januar 1946 kam ich zurück ins Lager Dachau. Ich war dann zeitweilig beim Arbeitskommando – Krematoriumbau – abgestellt. Zu diesem Zeitpunkt stand dort ein leeres Gebäude (Rohbau). Öfen, Kamin und Fußböden wurden von uns Kriegsgefangenen eingebaut. Für den Bau der Esse (großer Kamin) war der gelernte Esse-Bauer, Uffz. Jahn verantwortlich.

Ein Vorfall ist mir noch besonders in Erinnerung. Ich trug den Mörtel, und der Gefangene vor mir trug die Ziegel. Als er sich bückte, gab ihm ein polnischer Wachmann einen Fußtritt, daß er umfiel. Da kam ein farbiger amerikanischer Soldat und hat den Polen verprügelt. Daraufhin sind die Polen und die Amerikaner herbeigelaufen, um zu helfen. Der farbige amerikanische Soldat klopfte mir auf die Schulter und sagte: „Du SS, Ich schwarzer Mann, beide Mensch 2. Klasse. Darum beide gut Kamerad."

354

Am 3.6.1946 wurde ich nach verschiedenen Schikanen in Bad Aibling aus amerikanischer Kriegsgefangenschaft entlassen.

Ich habe das alles selbst erlebt, und es ist die reine Wahrheit.

Buchloe, 1.3.2016, Werner Lässer

## Bericht von Heinz Maaß, Landsberg-Pitzling über Krieg und Gefangenschaft

Ich wurde am 20.7.1926 in Seebuckuw/Kreis Schlawe, Pommern, geboren.

Im Juni 1943 wurde ich zur 12. SS Pz. Div. HJ Art. Regiment 12 nach Prag eingezogen. Die Ausbildung dauerte ein Jahr und war sehr hart. Ich kam nach Belgien und dann zur Fahrschule nach Ostpreußen.

Mein erster Einsatz war in der Normandie/ Frankreich. Ich hatte das Gefühl, daß dort viel Verrat im Spiel war. So bekamen wir z.B. statt Benzin Hafer geliefert. Andere wiederum bekamen statt Hafer Benzin. Wir hatten sehr hohe Verluste. Urlaub bekam ich während der ganzen Militärzeit nicht.

*Heinz Maaß*

Foto: privat

Anfang 1945 wurden wir nach Ungarn verlegt (Baustab 25). Wir kämpften dort gegen die Russen und sollten „einen Kessel aufmachen", was uns aber nicht gelang.

Im Frühjahr 1945 kamen wir nach Wiener-Neustadt, wo unsere Einheit aufgelöst wurde. Ohne Marschbefehl ging ich nach Linz, wo ich im Mai 1945 in amerikanische Gefangenschaft kam. In einem provisorischen Gefangenenlager war ich vier bis sechs Wochen. Die Verpflegung in Linz war sehr schlecht. Sieben bis acht Mann mußten sich einen Wecken Brot teilen. Ab und zu gab es eine dünne Suppe. Die Kleidung wurde als Kriegsgefangener gekennzeichnet. Jeweils fünf Mann mit einem Posten gingen wir zur Arbeit.

Dann kam ich in ein Gefangenenlager nach Lohr am Main, dann nach Würzburg, wo wir ein Straflager bauen mußten.

Von dort kam ich ins amerikanische Gefangenenlager Nürnberg-Langwasser. Das war ein großes Gefangenenlager mit 20.000 bis 30.000 Mann, vorwiegend Angehörige der Waffen-SS. Immer wieder wurden drei bis vier Mann mit einem amerikanischen Jeep abgeholt. Wenn sie zurückkamen, erzählten sie, daß sie furchtbar geschlagen wurden. Das war im Winter 1945/46 und wir haben dort sehr gefroren. Wer zum Klo nicht mit einer weißen Fahne ging, wurde erschossen. Von Kameraden wurde ein unterirdischer Tunnel zu einem amerikanischen

Nach zweieinviertel Jahren bin ich mit Ludwig Bürgle nach Luxemburg geflohen, da die Grenze nach Luxemburg nicht so stark bewacht war. Wir waren eine Woche unterwegs. Nachts sind wir gelaufen, am Tag haben wir uns im Wald versteckt. Essen hatten wir uns mitgenommen. Schwieriger war es mit dem Trinken. Wir schleckten den Tau von den Blättern und tranken das Wasser auf den Weiden. Als Offiziersbewerber hatten wir eine gute Ausbildung in Orientierungskunde.

In Luxemburg arbeitete ich ca. ein Jahr bei einem Bauern und kam dann am 8.5.1948 nach Hause zurück.

Ich habe mich seit dem nie mehr mit dieser Zeit beschäftigt und keine Unterlagen aufgehoben, denn ich habe dabei ein Stück meiner Jugend verloren. Das interessiert auch heute niemanden mehr.

## Bericht von Georg Kaindl, Landsberg a.L., über seine Erlebnisse während des 2. Weltkrieges an der Ostfront

Im August 1941 war ich als Soldat (Meldereiter) beim I. R. 70 an der Ostfront eingesetzt. Bei Shitomir (westlich Kiew) mußte eine Vorausabteilung der 111 Division eine Ortschaft vorübergehend räumen. Unsere 13. Kompanie wurde als Verstärkung herangezogen und im Gegenstoß haben wir die Ortschaft wieder genommen.

Der feindliche Widerstand in der Ortschaft selbst war nur mehr gering und wir durchsuchten noch die Gehöfte. Ungefähr in der Mitte des Dorfes war ein großer Hof, vermutlich ein Staatsgut. In einem hierzu gehörenden Schuppen war eine Kreissäge aufgestellt. Dort fanden wir ca. fünf deutsche Wehrmachtsangehörige, die in jeweils drei Teile zerschnitten waren. Es war zu erkennen, daß sie lebend mit der Kreissäge zerschnitten wurden.

Ich habe die Leichen selbst gesehen.
Landsberg/L., 23.1.1967, Georg Kaindl

*Georg Kaindl,*
*Meldereiter 1941*

Foto: privat

## Bericht von Josef Bischof, Landsberg a.L., geb. 1923, über Krieg und Gefangenschaft

Aufgeschrieben am 22.9.2014

Ich wurde eingezogen am 16.4.1942 zur Artillerie in die Saarburgkaserne Landsberg. Dort bekam ich meine Ausbildung bis Mitte Oktober 1942. Ich war beim 63. Artillerieregiment. Ende Oktober 1942 kamen wir für eine Woche nach Augsburg. Als gefragt wurde, wer einen Führerschein hat, trat ich vor, obwohl ich keinen hatte. Kontrolliert wurde dies nicht. Ich hatte aber Fahrpraxis bei meinem Vater in der Landwirtschaft. Nach meiner Beobachtung kamen diejenigen mit Führerschein nach Rußland, die ohne Führerschein zur bespannten Artillerie nach

*Josef Bischof*

Foto: privat

Frankreich. Am 3. Oktober 1942 kamen wir an die Front nach Rußland. Mein Dienstgrad war Kanonier, Gefreiter, dann Obergefreiter. Vor Stalingrad wurden wir eingekesselt, konnten uns aber selbst befreien. Später erhielten wir die Selbstfahrlafetten „Hummel".

Wir waren vorgeschobener Beobachter in der Ukraine. Als die Telefonleitung zu unserer Einheit unterbrochen war, mußte ich über mehrere Kilometer auf freiem Feld die Ursache suchen und beheben. Das Gelände war vom Feind einsehbar. Ich wurde mit dem EK 2 ausgezeichnet.

*Vereidigung 1942 in der Saarburg-Kaserne Landsberg a.L.*

Foto: privat

Auf dem Rückzug im September 1944 überraschte uns der Umsturz in Rumänien. Die Rumänen, die mit Deutschland verbündet waren, wendeten sich plötzlich dem Feind zu. Wir waren zu dieser Zeit in Jassi (große Stadt in Rumänien). Als wir keinen Sprit mehr hatten, mußten wir unsere Fahrzeuge (Selbstfahrlafetten Hummel) sprengen, damit sie nicht dem Feind in die Hände fallen. Unsere Einheit wurde aufgelöst, und wir versuchten, uns in kleinen Gruppen durchzuschlagen. Wir befanden uns in einem Wald und hatten Hunger. Da haben wir ein freilaufendes Pferd eingefangen und geschlachtet, als die Russen uns entdeckten und gefangennahmen.

Zuerst mußten wir lange Zeit marschieren. Dann wurden wir in Viehwaggons verladen und etwa zwei Wochen lang nach Rußland gefahren. Wir bekamen kaum Wasser und nur ab und zu ein Stück Brot. Die Notdurft mußten wir in abgeschnittenen Benzinfässern verrichten. Viele sind auf dem Transport an Schwäche gestorben.

Ich kam als Kriegsgefangener in das Lager Armavir am Schwarzen Meer. Dort bekam ich Ruhr und Malaria. Ich mußte auf einer Kolchose in der Landwirtschaft arbeiten. Dort mußten wir das Land fruchtbar machen. Oft haben wir auf freiem Feld übernachtet. Während der Gefangenschaft bekam ich keine Post und durfte auch nicht schreiben. Wir hatten auch gar kein Papier. Im Lager war für die Notdurft ein Faß, daneben lag ein Lappen für alle. Hygienisch war das nicht. Viele wurden krank und sind gestorben. Die Toten wurden in Reihengräber ohne Kennzeichnung verscharrt.

Als ich im November 1945 aus der Kriegsgefangenschaft entlassen wurde, wog ich noch 98 Pfund.

## Bericht von Rudolf Pfeffer, geb. am 18.12.1919 in Landsberg a.L. über Krieg und russische Gefangenschaft

*Rudolf Pfeffer*
*Foto: privat*

Ich besuchte von 1930 bis 1936 die Realschule in Landsberg und legte 1938 die Gesellenprüfung als Zimmerer ab. Von April bis Oktober 1938 war ich beim Reichsarbeitsdienst in Schleißheim (Arbeiten im Erdinger Moos). 1938/39 zwei Semester an der Höh. Techn. Lehranstalt für Hoch- und Tiefbau München.

Am 30.8.1939 Einberufung zur Art. Ers. Abt. 27 nach Augsburg (zusammen mit Ludw. Schamper, La.) Ausbildung zum Kanonier bei der bespannten leichten Feldartillerie. Dann fünf Monate Ausbildung auf dem Übungsplatz Heuberg. Ab Mai 1940 Frankreichfeldzug als Richtkanonier. Danach Besatzung in Frankreich (Einheit 4. Batterie Art. Rg.

238). Im Frühjahr 1941 verlegt in die Gegend um Günzburg, dann Verlegung nach Polen. Von Juni 1941 bis April 1942 Rußlandfeldzug (als Uffz. zunächst Geschützführer, dann vorgeschobener Beobachter). 1942 Verlegung nach Holland zur Neuaufstellung und Küstenschutz. Anfang 1943 zur Offiziersschule nach Frankreich – anschließend Beförderung zum Leutnant der Reserve. 1943 bis Januar 1944 Rußland, zuerst beim gleichen Art. Reg., dann nach prakt. Vernichtung der Einheit zur 11. Panzerdiv. und zwar zu einer Selbstfahrbatterie. Nach einer Verwundung in Erfurt im Lazarett. Im Juni 1944 nach Rumänien zu meiner alten Einheit, 4. Batterie, Art. Reg. 376 (früher 238).

Am 30. oder 31.8.1944 Gefangennahme durch die Rote Armee bei Barlad/Rumänien. Bis 30.9.1944 in verschiedenen Durchgangslagern in Rumänien. Dann Transport nach Osten.

## Die Situation in Rumänien und der Tod von Oblt. d. Res. Franz Jos. Stiewe, geb. 19.7.1914, † 4.9.1944

Im August 1944 wurde in Rumänien die zweite 6. Armee und die 8. Armee von den Russen fast vollständig vernichtet. Ursache war vor allem der Wechsel des rumänischen Königs Michael vom Bündnis mit Deutschland an die Seite der Sowjets. Die meisten rumänischen Truppen kämpften ohne Ankündigung ab sofort auf Seite des Feindes. Die Einkesselung und Auflösung der deutschen Truppen erfolgte innerhalb einiger Tage. Die Überlebenden befanden sich ohne Führung planlos auf der Flucht.

In kürzester Zeit war ich selbst mit nur wenigen Kameraden allein. Aber ich besaß noch ein Pferd. Meine Kameraden verlor ich bei einem Tieffliegerangriff. Ende August traf ich im Zuge des heillosen Durcheinanders meinen Batteriechef Stiewe. Er war ohne Pferd und sah sehr mitgenommen aus. Eine weitere Flucht war für ihn zunächst nicht möglich. Ich übergab mein Pferd an einen Unteroffizier, der die Flucht fortsetzte und blieb bei Stiewe. Wir versteckten uns in einem Maisfeld und kamen am gleichen Tag noch in russische Gefangenschaft. Mir wurden sofort Uhr, Stiefel und Hose abgenommen. Barfuß blieb ich bis zum ersten Schnee im Lager weitab von Rumänien.

Die Tage und Wochen unmittelbar nach der Gefangennahme waren äußerst gefährlich, es fanden immer wieder Gewalttaten, also hauptsächlich Erschießungen statt. Anfang September wurden alle Gefangenen vom Sammelort Barlad Richtung Jasy getrieben. Kaum Verpflegung, kein Wasser. Die Offiziere „marschierten" an der Spitze des Zuges. Der russische Posten, der an der Spitze marschierte, erlaubte, sobald ein Ziehbrunnen am Straßenrand auftauchte, daß jeweils zwei Offiziere dort Wasser holen durften. Irgendwann waren Stiewe und ich an der Reihe. Wir füllten gerade unsere Büchsen mit Wasser, als ein von hinten kommender Russe mit seinem Gewehr auf uns einschlug. Wir liefen daraufhin zur Kolonne zurück. Der Posten verfolgte uns und schoß Stiewe zuerst in den Oberschenkel. Dieser brach zusamen, sank auf den Boden und wurde dann von dem Russen durch einen Schuß in die Brust aus nächster Nähe getötet. Ich hatte Mühe, mich in der Kolonne unkenntlich zu machen, also zu verstecken, was auch gelang.

Die Eltern des Obltn. Stiewe erfuhren erst durch mich nach meiner Rückkehr im Jahre 1948 vom Schicksal ihres Sohnes.

Ich verbürge mich für die Wahrheit und habe dies auch unter Eid ausgesagt.

Meine Nachforschungen haben ergeben, daß F.J. Stiewe in Jasy Nordrumänien beerdigt wurde.

Am 16.10.1944 Ankunft im 1. Kriegsgefangenen-Offizierslager Grjasowez im Raum Wologda (auf der Strecke von Moskau nach Archangelsk gelegen). Bis zum Waffenstillstand 1945 nur Lagerarbeiten.

*Oblt. d. Res. Franz Stiewe mit seiner Mutter*

Foto: privat

Ab Mai 1945 Arbeitspflicht auch für Offiziere einschließlich Hauptmann. Stabsoffiziere brauchten nicht zu arbeiten, bekamen oft bessere Verpflegung (Die Rote Armee kannte fünf Verpflegungsstufen: Soldat - Uffz. - Subalt.Offz. - Stabsoffiz. - Generäle).

Ich stand von Anfang bis zum Ende auf der Seite derer, die das geblieben sind, was sie vorher waren, nämlich deutsche und nicht stalintreue Offiziere. Damit lebte man aber nicht so gut, wie die anderen.

Im ersten Lager Nr.150 NKWD später 7150 MSD war ich durchgehend nur von Oktober 1944 bis April 1945, dann war ich fast ständig bei Außenkommandos, die natürlich zu diesem Lager gehörten. Das waren Kommandos mit Stärken von 40 oder 50 Offizieren bis zu 6- oder 700. Je kleiner das Kommando, desto besser war es. Untergebracht meistens in einer Kirche, die ja alle leer und unbenützt waren. Die Einrichtung, also die Liegepritschen mußten wir zuerst selbst bauen. Durch Diebstähle von Feldfrüchten, hauptsächlich im Herbst, ging es uns besser als im Lager. Auch im Winter haben wir bei Nacht die Mieten aufgebrochen und die Kartoffeln rausgeholt. Oder im Frühjahr nachdem die Saatkartoffeln im Boden waren, gruben wir sie wieder raus. Gegessen wurden viel Brennessel und Melde, auch Roggen und Weizenkörner von den Feldern.

Schlimm war die Kälte im Winter, der im Oktober begann. Einmal hatten wir über 50 Grad minus, da konnte nicht gearbeitet werden. Im Sommer Erdarbeiten an der neuen Straße, ohne Schubkarren sondern mit sog. Tragen wie im Mittelalter. Im Winter Holzfällarbeiten – die Norm betrug für drei Mann 10 cbm Einschlag, Stämme auf 2 m sägen, Äste verbrennen und am Rand der Schneise stapeln. Das machte ich über zwei Jahre lang. Von Februar 1947 bis Oktober 1947 war ich im zweiten Lager Nr. 7193/I UdSSR Sokol, Raum Wologda, Große Papierfabrik, Arbeit auf dem Holzplatz, später in der Fabrik als Arbeiter, dann kurze Zeit als Glaser (hatte mir der Landsberger Sepp Fichtl verschafft). Im Gegensatz zum ersten Lager war dieses praktisch ein Vernichtungslager, bedingt durch schwerste Schichtarbeit – beim kurzen Schichtwechsel 20 Stunden am Tag. Und völlig unzureichende Verpflegung. Nach einem halben Jahr war ich restlos kaputt, nur mehr Haut und Knochen. Ich arbeitete hauptsächlich auf dem Holzplatz der Papierfabrik. In dieser Fabrik wurde alles, nicht nur das Papier aus Holz hergestellt, sondern der gesamte Energiebedarf wurde durch ein Holzkraftwerk gewonnen. Zu der Schinderei ein Beispiel: Alle 14 Tage an den Sonntagen war kurzer Schichtwechsel, das hieß, daß man innerhalb von 24 Stunden zwei Schichten á acht Stunden schwerste Arbeit verrichten mußte, dazu kamen pro Schicht je zwei Stunden für Zählappelle, Anmarsch und Rückmarsch. Das sind also 20 Stunden Arbeit, Herumstehen und Marschieren pro kurzem Schichtwechsel. Dazu ganz schlechte Verpflegung und bei den paar Stunden Schlaf die Wanzenplage.

Kein Wunder, wenn man heute weiß, daß dort tausende gestorben sind. Nach amerikanischen Angaben sollen 30.000 Gefangene dort verstorben sein. Die Amis haben ja jeden Heimkehrer intensiv befragt und nicht nur nach der Rückkehr, sondern noch Jahre danach.

*Lager Grassowetz mit Baracke zwei, drei und vier.*

Von Oktober 1947 bis Juni 1948 war ich im dritten Lager Nr. 7437 UdSSR Tscherepowetz im Raum Wologda. Es war ein sog. Erholungslager. Ich kam dorthin, weil ich nur mehr unter 50 kg hatte und schwer Dystrophie-krank – total unterernährt – war.

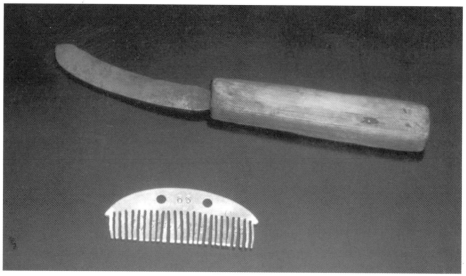

*Messer aus einem plattgeklopften Nagel und Kamm aus einer Erkennungsmarke, gefertigt von Rudolf Pfeffer in russischer Kriegsgefangenschaft.*

Im April oder Mai 1948 erkrankte ich an schwerer Lungenentzündung, war tagelang bewußtlos, die Diagnose lautete Tuberkulose. Das war der Fahrschein nach Hause. Diese Krankheit hatte ich jedoch nicht. Aber bereits seit dem ersten Lager im ganzen Körper Wasser – das hielt an bis fast ein Jahr nach der Heimkehr. Zu den medizinischen Zustandsdiagnosen, festgestellt immer durch Begutachtung des Hintern durch eine russische Ärztin:

Arbeitsgruppen: 1 bis 3 danach kamen die Dystrophie Gruppen nämlich die sog. Gruppen 1-4 und am Ende 0.

Ich hatte am Ende meines Daseins im 2. Lager die Gruppe 0, als ich dorthin kam hatte ich noch Gruppe 3. Im 3. und letzten Lager habe ich mich, da keine Arbeitspflicht, schon etwas erholt, sonst hätte ich die Krankheit nicht überstanden. Ich war total schwach und krank. Dann kam die Lungenentzündung mit wochenlangem Lazarettaufenthalt. Behandelt haben mich ein deutscher Arzt und eine russische Ärztin, die Frau des Lagerleiters Popow, die Popowa also. Sie war sehr wissbegierig und wich dem deutschen Arzt nicht von der Seite.

Dazu ein paar Sätze über die russische Seele und ein Vergleich, der zu denken gibt und den man nicht vergißt. Ich war vor fünf Jahren schwer krank, es begann mit einer Lungenentzündung, dann kam Nierenversagen und am Ende Multiorganversagen. Zuerst im Krankenhaus, nach drei Tagen in der Klinik. Ich war bereits im Koma. Dort haben sich die Ärzte, vor allem eine Ärztin in der Intensivstation geweigert, mich zu behandeln mit der Begründung, daß ich nicht mehr zu retten sei, dazu zu alt usw. Ein Polizeiarzt und gute Freunde haben massiv verlangt, daß ich behandelt werde und mit Anzeige gedroht. Erst dann wurde reagiert. Nach einem Vierteljahr, davon fünf Wochen Intensivstation, kam ich wieder heim und nach ca. sechs Monaten fuhr ich wieder mit meinem Auto wie sonst. Während der Krankheit in Rußland hat die Ärztin trotz Medikamentenmangel alles versucht, um mich am Leben zu erhalten. Ich wachte eines Tages auf und sah ein Glas mit roter Flüssigkeit neben meiner Pritsche und fragte die Kameraden neben mir, was das sei. Die sagten, daß die Russin das Glas Rotwein gebracht habe, um mich etwas zu stärken.

Der Transport nach Hause war sehr anstrengend, dauerte lange und man wurde immer wieder gefilzt. Vom 23.6.1948 bis 25.6.1948 im sowjetischen Lager Frankfurt/Oder. Dort Entlassungsschein. 27.6.1948 bis 29.6.1948 amerikanisches Lager Hof-Moschendorf. Anschließend Heimfahrt.

Daheim erholte ich mich rasch, war längere Zeit bei einer Tante in Hofstetten und habe dort am Hof mitgearbeitet.

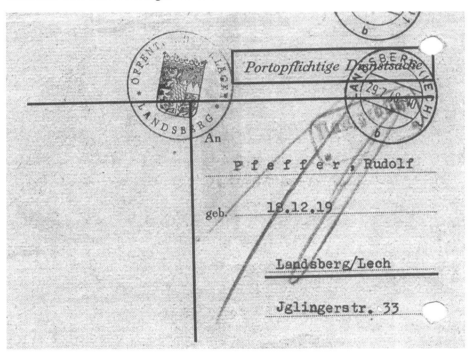

*Diese gebührenpflichtige Postkarte erhielt Rudolf Pfeffer drei Wochen nach seiner Heimkehr. Da er kein Geld hatte, hat seine Mutter für ihn bezahlt. Es wird ihm von der Spruchkamer Landsberg mitgeteilt, daß er bei der Entnazifizierung wegen seines jugendlichen Alters unter Amnestie falle. Pfeffer war beim HJ-Orchester und Spielmannszug. Sonst nichts! Deshalb mußte er amnestiert werden.*

## Bericht über Kriegseinsatz und russische Kriegsgefangenschaft
Horst Schindler, geb. 3.2.1927 in Reichenbach/Schlesien, wohnhaft in Landsberg amLech

Ich lebte in Schlesien in einem Heim. Im April 1944 kam ich mit 17 Jahren zum Arbeitsdienst nach Starkstadt im Sudetengau. Ende 1944 kam ich zum Militärdienst nach Gleiwitz zur 13. Panzergrenadier Division. Bis Kriegsende war ich an der Ostfront eingesetzt.

Schweidnitz/Schlesien mußten wir vorübergehend den Russen überlassen und haben die Stadt am nächsten Tag bei einem Gegenstoß zurückerobert. Ich sah in einer öffentlichen Badeanstalt in mehreren Zinkbadewannen tote, nackte Frauen liegen. Ein Besenstiel war in den Unterleib gerammt. Es war ein furchtbarer Anblick. Ob dieses Verbrechen von Russen oder Polen verübt wurde, kann ich nicht beurteilen.

Vom 8. auf den 9. Mai 1945 machten wir noch einen Gegenstoß. Am 11.5.1945 vormittags hat sich unsere Einheit mit zwei Panzern und ca.20 bis 30 Mann, aufgrund der deutschen Kapitulation an der Rollbahn bei Königsgrätz den Tschechen ergeben. Sofort wurden uns die Stiefel ausgezogen. Es wurden uns irgendwelche alten Schuhe hingeworfen oder wir mußten barfuß laufen.Alle Wertsachen, wie Uhren, Ringe usw. wurden uns abgenommen. Dann begann ein dreitägiger Propagandamarsch in der Gegend von Königsgrätz. Wir stellten fest, daß

*Horst Schindler beim Arbeitsdienst.*
*Wegen seiner kleinen Körpergröße bekam er eine maßgeschneiderte Uniform.*
Foto: privat

wir immer wieder in der gleichen Gegend vorbeikamen. Damals war eine große Hitze. Am Straßenrand standen manchmal Wassereimer. Wenn einer von uns trinken wollte, wurde der Eimer schnell umgeworfen und der Gefangene geschlagen. Anfangs marschierten auch deutsche Zivilisten als Gefangene mit uns. Als eine hochschwangere Frau aus einem am Straßenrand stehenden Eimer trinken wollte, wurde sie von einem tschechischen Wachposten derart in den Unterleib geschlagen, daß sie zusammenbrach. Was daraus wurde, weiß ich nicht, denn wir mußten ja weitermarschieren.

Ca. zehn Tage waren wir in tschechischer Gewalt und mußten Aufräumungsarbeiten in Königsgrätz verrichten. Dann übernahm uns der Russe. Wir marschierten von Königsgrätz nach Glatz und haben im Freien übernachtet. Dann kamen wir nach Hansfeld bei Breslau in ein sehr großes Gefangenenlager. Dort grassierte die Ruhr, und es gab täglich viele Tote. Ich erinnerte mich, daß mir meine Mutter bei Durchfall Kohlestückchen zu essen gab. Als ich in einem Ofen ange- kohlte Holzstücke fand, habe ich diese zerrieben und gegessen. So blieb mir wahr- scheinlich die Ruhr erspart.

Ende 1945 wurden wir in Viehwaggons verladen und nach Rußland gebracht. Wir waren mehrere Wochen unterwegs. Die Verhältnisse waren katastrophal. Wir lagen in den Waggons dicht gedrängt Fuß an Fuß. In den kleinen Waggons waren ca. 50 Mann, in den größeren Waggons ca. 100 Mann. An der Seite war ein klei- nes Loch für die Notdurft, das kaum jemand erreichen konnte. Da wir aber kaum Verpflegung hatten, mußte dies nicht oft benutzt werden. Viele sind auf dem Trans- port gestorben. Wenn der Zug manchmal hielt, wurde die Türen geöffnet, die Toten hinausgeworfen und eine Packung Hartbrot hereingeworfen und manchmal auch Wasser hereingestellt. Am 30.9.1945 kamen wir in ein Kriegsgefangenen- lager in Grasnoselo (?). Dieses Lager bestand schon während des Krieges. Die dortigen Kriegsgefangenen machten auf mich körperlich keinen guten Eindruck. Am nächsten Tag wurden wir aufgeteilt. Wir kamen nach Forell am Stadtrand von Leningrad. Dort stand ein altes Haus ohne Fensterscheiben. Um dieses Haus herum mußten wir ein Gefangenenlager bauen. Ich arbeitete längere Zeit als Hilfs- schuhmacher und in einer Motorenfabrik (Transportkommando). Unsere Verpfle- gung war pro Tag 800 Gramm Brot, morgens, mittags und abends je einen halben

*Bild aus russischer Kriegsgefangenschaft 1947 im Lager Leningrad, Lagerkapelle*

*Foto: privat*

Liter Wassersuppe, 14 Gramm Zucker und 5 Gramm Tabak pro Tag. Fett, Marmelade oder irgendeinen Brotaufstrich haben wir niemals zu sehen bekommen. Nur hin und wieder gab es mal kleine Fischchen. Das war unsere Verpflegung, die wir bekommen haben.Abends gab es anstatt Kaffee oder Tee öfters heißes Wasser als Getränk. Wenn es möglich war, haben wir für die Russen schwarz gearbeitet. Dadurch fiel noch zusätzlich etwas an Verpflegung ab, wie Kartoffeln, Brot oder Tabakwaren. Etwas anderes war ja nicht zu haben.

Ich wurde dann versetzt zu einem Straßenbau Kommando und bekam Malaria. Der deutsche Lagerführer verhielt sich völlig passiv. Die Lagerärztin war eine russische Jüdin. Als sie merkte, daß ich Malaria habe, sorgte sie dafür, daß ich ins Hauptlager zur Behandlung kam. Ich bin der Ansicht, wenn diese Ärztin nicht gewesen wäre, würde ich heute nicht mehr leben. An meinem 22. Geburtstag stellten mir die Kameraden ein Bild an die Pritsche, das sie mit selbst zugeschliffenem Stahl aus einem Stück Holz geschnitzt hatten. Das Bild habe ich heute noch.

Aufgefallen ist mir, daß in der russischen Bevölkerung ein großer Antisemitismus herrschte. Meine Schwester schrieb mir einen Brief, indem sie erwähnte, daß sie ein Bild ihrer kleinen Tochter beilegt. Die Briefe wurden nach der Zensurvon der Antifa verteilt. Das Bild wurde mir aber von der Antifa nicht ausgehändigt.Ich habe mich beim Lagerführer beschwert, daraufhin bekam ich

*Dieses Bild aus Abfallholz wurde von den Kameraden für Horst Schindler 1949 zum Geburtstag im Lager Leningrad angefertigt. Es ist mit selbstgefertigtem Stahl unter primitivsten Umständen hergestellt worden.*

das Bild. Antifa = Antifaschisten. Das waren deutsche Kriegsgefangene, die sich für die russische Propaganda zur Verfügung stellten, und dadurch Privilegien hatten.

Ende 1949 wurde ich aus der Kriegsgefangenschaft entlassen. Wir fuhren in offenen Waggons bis Frankfurt an der Oder. Als wir in der Nähe von Warschau waren, wurden vorübergehend die Türen geschlossen, mit

*Zahnkrone von Horst Schindler. Angefertigt 1946 von einem russischen Lagerarzt, aus einem Rubel hergestellt und mit Tretbohrer und einem Hammer eingeklopft. Hat viele Jahre gehalten.*

der Begründung, daß in der Vergangenheit von den Polen Steine in die Waggons geworfen wurden, wobei es Tote und Verletzte gab. Etwa an der Grenze zwischen Rußland und Polen gab es einen Halt. Wir kamen in eine Halle und wurden nochmals gefilzt, und es wurde auch gezielt nach der Blutgruppe gesucht. SS-Angehörige hatten am Oberarm die Blutgruppe eintätowiert, woran man sie erkennen konnte. Solche Leute wurden aussortiert, und ich hatte den Eindruck, daß bei derWeiterfahrt nicht mehr alle dabei waren. In Frankfurt/Oder wurden wir aus der Kriegsgefangenschaft entlassen. Wir bekamen 50 Ostmark und konnten damit ein Telegramm schicken oder etwas kaufen. Dann wurden wir auf die vier Besatzungszonen aufgeteilt. Ich wurde in die amerikanische Zone nach Weil im Landkreis Landsberg am Lech entlassen, weil dort meine Schwester und mein Schwager wohnten. Von den Amerikanern wurde ich nochmals verhört. Zur Entlassung erhielt ich 90 DM. Ich hatte Wasser in den Füßen und kam vorübergehend ins Landsberger Krankenhaus. Vom Arbeitsamt wurde mir eine Stelle zugewiesen, die ich aus gesundheitlichen Gründen nicht annehmen konnte. Ich bekam sofort eine Sperrfrist. Als Heimatvertriebener aus Schlesien bekam ich keinerlei Unterstützung, auch keinen Lastenausgleich. Meine Schwester und mein Schwager halfen mir, bis ich in Penzing bei den Amerikanern Arbeit fand.

Ich bin heute noch stolz darauf, daß ich es alleine und ohne Unterstützung der Stadt Landsberg geschafft habe, Fuß zu fassen. Wenn ich heute sehe, wie man sich um die ausländischen Asylbewerber kümmert, und wie ich damals zum Vergleich als deutscher Heimatvertriebener behandelt wurde, stimmt mich das sehr nachdenklich.

Landsberg am Lech, 21.8.2014, Horst Schindler

Landesversicherungsanstalt Oberbayern
K. B.-Abteilung:
Ärztliche Untersuchungsstelle
München 23, Martiusstraße 4

Landsberg
München, den 18.11.1949

**Vorläufiger ärztlicher Ausweis für Heimkehrer**
(Dieser Ausweis hat nur für ein halbes Jahr Gültigkeit, wenn nicht ausdrücklich anders vermerkt ist.)

Der Heimkehrer aus russischer Kriegsgefangenschaft

Herr S c h i n d l e r  Horst    geboren am: 3.2.27

wohnhaft: Landsberg, Schongauerstraße 3.

leidet an Zustand nach Malaria (1947/1948), ohne Milztumor, Anzeichen von Dystrophie mit neurovegetativer Dystonie, Haemorrhoiden, Verlust zweier Zähne

Ursache des Leidens: Kriegsdienst und Gefangenschaft

Derzeitige Erwerbsminderung 40% ( Vierzig % ) (in Worten)

Erheblich steh- und gehbehindert: Ja — Nein

Dieser Ausweis verliert seine Gültigkeit am: 18. Mai 1950

Landesversicherungsanstalt Oberbayern
Vertrauensarzt der Dienststelle   I. A. V.Dr.Tekla
Landsberg a Lech

## Aufzeichnungen von Raimund Neumeyer, Landsberg, geb. 1925 über Krieg und russische Kriegsgefangenschaft (gekürzt)

Eintragungen in meinem Front-Tagebuch vom 3. Juli bis 30. Juli 1944:

Am 1. August 1944 mussten wir unsere Stellungen an vorderster Linie im Schützengraben beziehen, so daß keine Eintragungen mehr möglich waren.

Das in deutscher Schrift geschriebene Tagebuch wurde mit meiner sonstigen Hinterlassenschaft im Gefechtsstand im Herbst 1944 nach Hause geschickt.

3. Juli 1944: Letzter Urlaubstag in meinem Abstellungsurlaub. Verabschiede mich von einigen Personen. Um halb 6 Uhr ist die vor allem für meine Eltern sehr schwere Abschiedsstunde. Dann geht es mit dem Zug nach Nürnberg. Vom Fürther Bahnhof geht es zu Fuß,

*Raimund Neumeyer*
*Foto: privat*

ich treffe noch vier Kameraden und so marschieren wir schwer bepackt zur Kaserne.

4. Juli 1944: In der Frühe erfahren wir folgendes: Wir 18 Mann kommen in den Südabschnitt nach Russland, in die Nähe von Jassy, da die 17. Inf. Div. dort liegt. Ich komme zum Rgt. 55. Am 6. Juli soll es abgehen, vorerst nach Wien.

5. Juli 1944: Wir führen ein Leben ohne Dienst. Telefoniere mit meinen Eltern und kann nun sagen, wohin ich komme und wann.

6. Juli 1944: Vormittags eingekleidet, über Mittag packen wir unser Zeug, ein Haufen Gepäck. Es folgt noch die Erledigung mit den Papieren, dann die Überprüfung durch einen Offizier, dann sind wir entlassen. Ich schleppe mein Gepäck zum Bahnhof und gehe zum Essen. Um 23 Uhr treffen wir uns 18 Mann, und ab geht es mit dem Zug nach Wien.

7. Juli 1944: Ankunft in Wien um halb 9 Uhr. Wir werden gleich ins Arsenal verwiesen, dem Tummelplatz der Urlauber. Unterwegs Fliegeralarm. Es heißt um 1 Uhr geht es ab. Inzwischen im Heeresmuseum, sehr schön. Nachts verpassen wir jedoch den Zug und übernachten im Park.

8. Juli 1944: Nach Erkundigung heißt es, wir sollen abends zum Appel kommen, dort erfahren wir, wann wir fahren. Inzwischen gehen wir ins Dianabad, zuvor Fliegeralarm und Angriff auf Wien. Stephansdom besichtigt. Am Prater: Riesenrad und Hochschaubahn gefahren. Beim Appel heißt es, morgen geht es ab. Abends wieder zum Prater. Pfundige Gaudi! Lerne zwei nette Wiener Mädel kennen. Leider ist die Zeit zu kurz. Wir fahren zu dritt mit der Raketenbahn. Die Wiener Mädels sind doch fesch. Kurzer netter Abschied. Wieder eine Nacht im Park!

9. Juli 1944: Verladen in Güterwaggons. 19.30 Uhr geht der Zug ab.

10. Juli 1944: 10.30 Uhr in Budapest. Dort Verpflegung. Dann geht es im Schneckentempo weiter durch die stimmungsvolle ungarische Landschaft.

11. Juli 1944: Regentag. Die Landschaft mit ihrem eigenen Charakter: Weite Ebenen bebaut mit Korn, Mais und Sonnenblumen. Außerdem viele Weingärten. Die Siedlungen sind niedlich und sauber. Im östlichen Ungarn ändert sich das. Große Weideflächen für Vieh und Schweineherden dazwischen auch einige angebaute Felder, auch Weingärten. Einzelne Gehöfte liegen zerstreut in der Ebene. Die gemütlichen Ziehbrunnen ragen weit heraus.

12. Juli 1944: Die Landschaft ändert sich, große Weideflächen. Die Ortschaften werden schmutziger, die Straßen verschlammter. Viel Zigeunervolk hier, deren Wohnungen einfache Lehmhäuser mit Strohdächern sind. 18.30 Uhr abends bei einem längeren Aufenthalt habe ich Gelegenheit, mich mit einem deutschsprechenden Ungarn zu unterhalten. Ich erfahre, dass wir bereits in altem rumänischen Gebiet sind, das seit 1940 zu Ungarn gehört.

13. Juli 1944: Weiter geht die Fahrt durch Siebenbürgen, weiter ins Karpatenland hinein. Die Bevölkerung ist hier überall sehr freundlich, wie überhaupt in Ungarn. Sie winkt uns freundlich zu und ist uns in allem behilflich. Wir winken auch, vornehmlich den jungen Mädchen. Die Tracht ist hier noch eigentümlich. Die Bauern tragen weiße Hosen und weiße Überröcke mit breitem Ledergürtel, die Frauen bunte breite Röcke und farbige Kopftücher. Gegen Mittag in Des, einer größeren Stadt. Dort Marschverpflegung. Im Samos schwimmen wir schnell, eine herrliche Erfrischung. Nachmittags geht es durch die wunderbare Karpatengegend weiter. Die Dörfer liegen schön eingebettet in den Tälern, haben meist deutschen Charakter, da hier viele Deutsche wohnen.

14. Juli 1944: Schon ziemlich tief in den Karpaten. Der Zug dampft schwer bergan. Die Bevölkerung lacht und winkt uns zu. Hier in den Bergen bauen die Ungarn fleißig, anscheinend Straßen, ebenso viele Siedlungen. Mittags in Deda. Dort längerer Aufenthalt. Bei unserem Transport ist ein guter Akkordeonspieler und ein guter Sänger dabei. Singt uns in Begleitung des Akkordeons schöne Heimatlieder vor. Gespannt und begeistert ist die ganze Soldatenschar um die beiden versammelt, bis die Nacht zur Ruhe mahnt.

15. Juli 1944: Früh geht die Fahrt weiter. Vor uns steigen die bewaldeten Höhen der Karpaten auf. Wenn sich dann das Tal etwas ausbreitet, schmiegt sich sofort ein Dorf in die Gegend hinein.

16. Juli 1944: Früh 4 Uhr in Madefalvar. Dort Verpflegungsempfang. Auf einer Bergstation erfahren wir aus einem entgegenfahrenden Transport, dass die 17. Inf. Div. herausgezogen und nach dem Mittelabschnitt verlegt worden ist. Sie selbst würden schon nach Wien zurück und von dort nach Warschau fahren. Wir sind erstaunt. Morgen werden wir an der Endstation eintreffen und wir werden an der Frontleitstelle erfahren, wohin wir unseren Weg nehmen müssen. Nachmittags treffen wir an der ungarischen Grenzstation ein. Verpflegungsempfang. Nach

einigen Kilometern die rumänische Grenze. Abends geben uns die Musiker und Sänger aus unserem Zug eine Abschiedsvorstellung. Am besten gefallen mir die schönen Lieder: „ Mach Dir um mich doch bitte keine Sorgen, Wolgalied, Heimat Deine Sterne, Mamatschi".

17.Juli 1944: In raschem Tempo geht es der Endstation zu, wo wir am Vormittag eintreffen. Von der Frontleitstelle erhalten wir, wie schon vorhergesehen, den Marschbefehl zurück nach Wien, von dort nach Warschau. Den Tag über warten wir auf einen günstigen Zug. Inzwischen Aprikosen gekauft. Es gibt hier überhaupt noch viele Sachen, so Obst, Schokolade, Zigaretten usw. Viel rumänisches Militär ist hier. Abends geht's nach Butzau, dort übernachtet im Soldatenheim. Schlecht im Magen!

18.bis 20. Juli 1944: Fahrt nach Wien über Kronstadt, Dewa, Budapest, Wien. Dort entlaust. Dann erfahren wir, heute Abend geht's mit einem FS weiter nach Warschau. Noch vergnügte Stunden im Prater erlebt. Ich habe immer noch einen schlechten Magen. Viel Schokolade gegessen.

21.Juli 1944: Abends in Warschau. Hier muss es ja ganz schlimm zugehen in Bezug auf Bandenüberfälle. Nur mit Ausweis und Waffen darf man ausgehen. Wir kommen in das Übernachtungsheim, wo wir schöne Unterkunft haben, und warten auf den morgigen Tag, was der uns bringen wird.

22.Juli 1944: Wir erhalten von der Frontleitstelle den Marschbefehl nach Sieldce, ungefähr 100 Kilometer von hier. Doch es fährt kein Zug so schnell dorthin. Wir warten abends in einem anderen Unterkunftslager auf den Zug, es kommt aber keiner. Es wimmelt nur so von Landsern. Andere Landser erzählen von der ziemlichen Auflösung der 9. und 4. Armee im Mittelabschnitt. Sie vermuten einen Zusammenhang mit dem Komplott (Attentat auf Hitler)

23.Juli 1944: Auch in der Frühe kein Zug nach Sieldce. Wir sitzen tagsüber in der Aufenthaltsbaracke. Die DRK-Schwestern sind aus Warschau heute Nacht bereits abgereist. Abends auch kein Zug.

24.Juli 1944: Nach Sieldce fährt überhaupt kein Zug mehr. Die Landser die von Richtung Front kommen erzählen ja allerhand über die dortigen Zustände. Mittags übersiedeln die Sieldce-Fahrer von Warschau-Ost nach Warschau-West in eine Techn. Hochschule zur einstweiligen Unterkunft. Die verschiedenen Divisionen werden nun zusammengefasst, so dass wir in einem ziemlich großen Haufen mitgeschleust werden.

25.Juli 1944: Bleiben den heutigen Tag in unserer neuen Behausung, allerdings Nachmittag ins Kino, aber nur mit Gewehr und zu mehreren.

26.Juli 1944: Heute ist neuer Appell. Wir werden namentlich erfasst und Zugweise eingeteilt, warum weiß ich nicht. Allerdings innerhalb der 17. ID. Abends auf Wache. Wir müssen natürlich ziemlich viel Wache schieben. In der Nacht schießt es an allen Ecken und Enden. Während des Fliegeralarms schießen die Banditen sogar Leuchtkugeln ab.

27.Juli 1944: Mittags ziehen wir um in die Fritsch-Kaserne. Dort erhalten wir vorübergehend schönes Quartier, zuvor Privatwohnungen. Da erfahren wir, dass wir morgen mit einem Hauptmann zur 17. ID fahren würden und zwar Richtung Süden, dann würden wir unseren Haufen endlich erreichen. Gegen Abend schießt es auch wieder oft, vor allem in der gegenüberliegenden Kaserne. So geht es Tag für Tag in den Straßen von Warschau zu. Landser werden überfallen, entwaffnet, zum Teil auch entkleidet, dann werden wieder Landser und Posten angeschossen. Abends ziemlich starker Fliegeralarm auf Warschau.

28. Juli 1944: Wir sollen wegkommen. Den ganzen Tag warten wir mit dem Gepäck vor der Kaserne, aber niemand kommt. Da sich nichts rührt, ziehen wir wieder in die Kaserne ein. Um 20.30 Uhr heißt es plötzlich, mit Gepäck antreten. Wir 18 Mann haben für uns einen Marschbefehl nach Pronki. Nachts fährt der Zug. Da Fliegeralarm, bleibt der Zug bis halb 3 Uhr im Bahnhof, dann fährt er ab.

29. Juli 1944: In der Frühe in Radom. Abends kommt ein Transport der 17. ID durch. Wir fahren gleich mit. Um 9 Uhr in Garbatka. Somit sind wir bei der 17. ID gelandet, aber noch nicht beim Regiment. Wir biwakieren für die Nacht in einem Fichtenwald neben der Bahn. Nachts brummen schon feste die Flieger, eigene wie feindliche. Dumpfes Rollen von der Artillerie hört man zuweilen. Hier ist das Regiment 21, mein Regiment soll im Einsatz sein.

30. Juli 1944: Ein Melder holt die 21er zum Regimentsgefechtsstand, sechs Mann sind es. Wir warten und ich mache mir zum Mittagsmahl Bratkartoffeln. Mittags rollen neue Transporte an. Dann kommt der Regimentsadjutant zur Einteilung von uns. Es sind ja noch viele ROB's hier. Nachdem wir 55er zusammengestellt sind, heißt es Fahrzeug erwischen, mit dem wir zu unserem Regiment vorkommen. Doch es ist damit nichts. Mit Erlaubnis dürfen wir uns ein eigenes Fahrzeug organisieren, das unser Gepäck mitnehmen soll. Mit diesem Fahrzeug sollen wir uns morgen der Stabskompanie anschließen. Für die Nacht sind wir in einer Scheune, da essen wir zum ersten Mal sehr viele Weichseln. Gegen Abend donnert das Feuer der „Are" ziemlich stark. Das zu manchen Zeiten anschwillt, dann wieder abnimmt. Nachts müssen wir am Ortsrand Wache stehen. Da brummen dauernd russische Flugzeuge über uns, die Richtung Radom Leuchtfallschirme sowie Bomben abwerfen. Unten im Ort wird schwer bespannte Artillerie ausgeladen, die mit Poltern in der Nacht sofort abzieht nach vorne. Ein Kriegsbild für ahnungsvolle Vorbereitungen.

31. Juli 1944: Wir warten auf unseren Abmarsch. Unser Fuhrwerker ist in den Morgenstunden in einem unbewachten Augenblick samt dem Fahrzeug ausgerissen. Wir erwischen ihn nicht mehr, doch haben wir sofort ein neues organisiert.

Soweit die Eintragungen in meinem Front-Tagebuch. Die weiteren Aufzeichnungen wurden aus der Erinnerung nach bestem Wissen und Gewissen aufgeschrieben.

Ich will voranstellen, dass mein christlicher Glaube und mein stilles Gebet zu Gott auch in noch so kritischen Stunden, mir die Kraft zum Überleben und zum Durchhalten gaben. Im Vertrauen darauf, dass einmal die Stunde der Heimkehr kommen wird. Dies ohne Frömmelei und ohne besser zu sein als andere, ich hatte genauso Schwächen und war oft genug verzweifelt. Immerhin gehörte ich damals mit 19 Jahren zu den Jüngeren in russischer Kriegsgefangenschaft und habe mich viel an die älteren Kameraden gehalten. Ohne Zweifel hat mir der Allmächtige all die Jahre hindurch geholfen, so dass hier zuerst mein innigster Dank dem Herrgott für das Überleben und die Heimkehr, wenn auch mit körperlichen Beeinträchtigungen gehört.

Am 31. Juli 1944 marschieren wir zu unserer Einsatztruppe ganz vorne bei der Infanterie. Wir werden dann nachts nach vorne geschleust, erhalten dort unseren Auftrag zum Beziehen unserer künftigen Stellungen und lassen unser Feldgepäck beim Zeugmeister zurück. Während wir von unserem Frontoffizier die genauen Anweisungen zum Beziehen der Stellung (es handelt sich um die Ablösung von bisherigen Infanterie Einheiten) erhalten, bekommen wir unsere erste Feuertaufe durch Artilleriefeuer von allen Seiten. Feldmarschmäßig ausgerüstet beziehen wir unsere MG-Stellung, erhöht auf einer Kuppe, außerhalb von Waldstücken. Gemeinsam mit Robert Hörath aus Fürth beziehe ich die MG-Stellung am Ende eines in die Sandkuppe reichenden Schützengrabens, der nach links und rechts noch Schlafkojen enthielt, um darin vielleicht einige Stunden Ruhe zu finden. Dort in dieser MG Stellung, mit Blick auf die einige hundert Meter gegenüberliegenden russischen Stellungen, von denen wir manche Geräusche und manches Waffengeklapper herüber hörten, begann für uns der eigentliche Krieg an der Ostfront. Übrigens war unser MG genau an der Nahtstelle zwischen der Heerestruppe Mitte und der Heerestruppe Süd, die rechts von uns mit einer schweren MG-Stellung begann. Unsere Einheit hieß „Kampfgruppe Lorfing", die nach meiner Erinnerung aus Offiziersbewerbern bestand. Allerdings hatten wir mit unserem MG zum nächsten MG-Stützpunkt mindestens 100 Meter Abstand, so dünn war hier die Front besetzt.

Warme und kalte Verpflegung für den ganzen Tag konnte man nur zu den Abendstunden von der Essensverteilung abholen, ansonsten wären wir von der russischen Infanterie zu sehen gewesen. So ging jede Nacht abwechselnd Robert oder ich mit dem Kochgeschirr zur Essensausgabe in ein benachbartes Waldstück, wo wir unsere Rationen abholten. Diese nächtliche Essenabholung war der einzige Zeitpunkt, wo man sich mit Kameraden der gleichen Kampftruppe traf. Ansonsten schielten wir tagsüber neben unserer MG-Stellung ganz vorsichtig über den Rand des Schützengrabens und beobachteten irgendwelche feindlichen Bewegungen. Wir waren gemahnt worden, auch nachts auf keinen Fall uns aufrecht in unserer MG-Stellung zu bewegen. Russische Scharfschützen haben wohl tagsüber ihr Visier genau auf die MG-Stellung eingestellt, sodass sie nachts einfach nur abdrücken brauchten. Dies beherzigten Robert und ich auch. Hin und wieder pfiff eine Kugel zur Nachtstunde vorbei. Nach einigen Tagen teilte uns ein nächtlicher Bote den Befehl mit, dass einer von uns für die folgende Nacht einen Horchposten zu stellen habe. Dieser müsste bei Einbruch der Dunkelheit zum Gefechtsstand kommen, dort werde er eingewiesen und ausgerüstet. Ich meldete mich freiwillig, denn ich wollte einmal etwas Besonderes tun, da uns das bisherige Kriegsgeschehen nicht sehr gefordert hatte. Bei Einbruch der Dunkelheit machte ich mich zum Gefechtsstand auf, dort erhielt ich eine Leuchtkugelpistole und eine MP mit Munition, um dann hinter einem etwa ein bis zweihundert Meter entfernt befindlichen Heuhaufen, also zwischen den Frontlinien, meine Ohren zu spitzen und mit sicherem Auge die Nacht zu beobachten, falls sich Russen anschleichen sollten. Wenn ich irgendetwas Verdächtiges bemerke, dann sollte ich Leuchtkugeln in bestimmter Farbe abschießen, aber mich selbst sofort in Sicherheit bei der eigenen Truppe bringen. Wenn nichts anderes möglich, auf die Heranschleichenden drauflos schießen. Ob ich da noch heil herauskommen würde, daran habe ich bei meinem freiwilligen Übereifer jedenfalls nicht gedacht. Aufgepasst habe ich jedoch, dass ich von einem feindlichen Soldaten, der irgendwie lautlos in meinem Rücken herankriechen könnte, nicht ebenso lautlos umgebracht werde. Die russ. Infanteristen waren für solche lautlosen Überraschungen bestens bekannt. Letztlich war ich froh, als die Morgendämmerung anbrach und ich zurückkriechen und die Vollzugsmeldung abgeben konnte, dass nichts los war. Beim Gefechtsstand musste man aber schon etwas vermutet haben, denn bereits eine oder zwei Nächte später erfolgte ein sowjetischer Großangriff, der dann mein weiteres Schicksal besiegelte. Uns wurde mitgeteilt, dass die Russen immer mehr Geräte und Truppen in den Nachtstunden mit Fähren über die Weichsel transportieren, um für eine Offensive zu rüsten. In aller Frühe des 15.8.1944 war es dann soweit. Ich liege in meiner Sandkoje. Noch ist die Morgendämmerung kaum vernehmbar, geht urplötzlich ein wahnsinniges Trommelfeuer auf unsere Stellungen nieder. Die Russen feuern aus allen Rohren. Für mich das erste Trommelfeuer, hautnah erlebt. Ich kriege Todesangst, traue mich schon gar nicht aus meiner Koje herauskriechen, doch drinnen rieselt bei jedem Einschlag der Sand über mich. Auch draußen im Schützengraben bebt die Erde. Ich sehe und höre von Robert keine Spur. Meine Angst wird immer noch druckvoller. Ich fange an zu beten ums Überleben. Keine Ahnung was draußen im Schützengraben vor unserer Stellung passiert. Es dröhnt und kracht allerorten. Ich habe keinen Überblick und warte und warte. Jegliches Zeitgefühl ist mir abhanden gekommen. Schießen die Russen nun schon eine halbe, eine oder zwei Stunden, mir fehlt jedes Zeitgefühl. Es ist bestimmt schon der Morgen, als das Trommelfeuer abbricht. Ich rufe nach Robert, der antwortet, lebt und war in der anderen Sandkoje. Nun nichts wie raus aus diesem Loch und in den Graben zu unserem MG. Über uns kreisen russische Flugzeuge, die aufklären und auch so manche Bombe über unseren Stellungen abwerfen. Wieder ducken wir uns in unseren Graben, bleiben aber auf dem Posten, sofort bereit, um mit dem MG losballern zu können. Und da bemerken wir, dass der russische Infanterieangriff sich zu entwickeln anschickt. Vielleicht ist es schon 8, 9 oder bald 10 Uhr, ich weiß es nicht. Plötzlich werden wir wieder von Artillerie beschossen, doch nun ist es die eigene, die

der Tenne für die Nacht untergebracht werden. Die Leiter wurde weggenommen, die Posten blieben. Wir bekamen Trockenbrot, mir ist aber jeder Appetit vergangen. Die Verletzten sind seit der Flussüberquerung nicht mehr bei uns. Am 16. August 1944 begann unser dreitägiger Fußmarsch ins Hinterland. Das Ziel war – es sickerte allmählich durch – die von den Sowjets eingenommene Stadt Lublin. Auf den Straßen begegneten uns immer wieder Truppenkolonnen auch auf Lastwagen. Dabei versuchten oft jene, die auf den Trittbrettern standen, uns beim Vorbeifahren mit ihren Stiefeln zu treffen. Einmal kam auch eine Musikkapelle auf einem offenen Militärlastwagen vorbei, diese spielten spontan das Lied „Lilli Marlen". In einem Dorf mussten wir uns der totalen Rasur am Kopf und der Schamgegend unterziehen. Vielleicht hielt ich es damals noch für Schikane, doch bald darauf wußte ich dies zu schätzen. Es war gewissermaßen Schutz und Erleichterung vor Ungeziefer, vor allem Läuse, mit denen ich in den nächsten Jahren in Russland noch ausreichend Bekanntschaft machen sollte.

Wir hatten in unserer Gefangenentruppe einen Mann aus der Tschechoslowakei, der ziemlich gut Russisch verstand und sprach und deshalb gleich als Dolmetscher fungierte, oft auch zu seinem Vorteil. So musste auch ich plötzlich meine guten Soldatenstiefel ausziehen und gegen lumpige, abgetragene und teils an den Sohlen und der Spitze durchlöcherte russische Stiefel eintauschen. Die russischen Posten holten sich unsere guten Bekleidungsstücke, wir durften dafür mit schlechtem Schuhwerk weiterlatschen.

Im Durchgangslager Lublin war ich ca. drei Wochen. Von unserer Baracke aus wurden wir jeden Tag zu einem zentralen Platz in Lublin geführt, wo wir Ziegelsteine zur Wiederverwertung klopfen mussten, dies oft unter dem Gespött der polnischen Bevölkerung, die auch teilweise nach uns schlug und spuckte. Die russischen Bewacher gaben zu verstehen, dass wir Kriegsgefangene der Russen und nicht der Polen seien und wehrten die Attacken der Zivilisten ab. Man spürte, dass das Verhältnis der russischen Soldaten und der polnischen Bevölkerung nicht gut war. Ein russischer Posten erklärte uns radebrechend, dass er seit Ausbruch des Krieges keinen Urlaub mehr hatte und dass er hoffe, dass der Krieg bald aus sei und er einmal nach Hause fahren könne.

Mitte September 1944 wurden wir mit einem Transportzug ins Hinterland transportiert. Wir waren mehrere Tage unterwegs. Der Boden der Viehwaggons war mit Stroh ausgelegt, dazu eine Abflussrinne nach außen als Toilette. Die Waggons waren übervoll. Als Verpflegung gab es Trockenbrot, Durst hatten wir über alle Maßen. Einmal hielt der Transportzug plötzlich unterwegs an. Wir hörten viel russisches Geschrei der Posten und Getrampel auf den Waggondächern. Plötzlich wurde auch unser Waggon aufgerissen und die Soldaten forderten einen Gefangenen von uns auf, heraus zu kommen. Was war los? Wir wurden etwa Folgendes gewahr. Aus einem Waggon waren Gefangene geflohen. Große Aufregung. Wir vermuteten, dass aus jedem Waggon ein Gefangener herauskommt, um evt. erschossen zu werden. Auch in unserem Waggon natürlich großer Schrecken.

Als die Russen den jungen Gefangenen aufforderten, herauszukommen und sich bemühten, diesen herauszuholen, fing dieser zu weinen und zu schluchzen an und wehrte sich nach Kräften. Da erklärte sich ein älterer Landser (für mich war er damals alt) bereit, freiwillig mitzugehen, damit der Junge bleiben konnte. Zweifellos eine große menschliche Tat. Nach einiger Zeit setzte sich der Zug wieder in Bewegung. Was war geschehen. Letztlich ist folgendes von den Russen getan worden: Sie hatten aus Rache, dass aus dem einen Waggon die Flucht von einigen deutschen Soldaten geglückt war, aus jedem Waggon einen Mann herausgeholt mit der Drohung, man werde für diese Flucht einige erschießen. Dem war aber wohl nicht so. Für mich war das alles wie ein Traum, und ich musste das alles erst verarbeiten. Die Stimmung im Waggon war gereizt und jeder war froh, wenn er seine Ruhe hatte.

Unser Zielort war schließlich Bobruisk an der Beresina in Weißrussland. Am Bahnhof angekommen, wurden wir auf einen höher gelegenen Stadtteil geführt, wo sich ein großes Areal mit uralten, jedoch massiven Holzbaracken befand. Dies war unser neues Domizil. Zuvor mussten wir in die außerhalb stehende Entlausungsbaracke, wo wir gruppenweise durch die Dusche mussten, um am anderen Ausgang dann unsere entlauste Wäsche entgegenzunehmen. Diese Entlausung erfolgte allerdings nur durch Überhitzung der Klamotten. Währenddessen waren wir pudelnackt. Viele von uns, auch ich mussten die ganze Nacht dort verbringen, bis die Entlausung erfolgt war, dabei mussten wir auf dem harten Steinboden unser Nachtlager aufschlagen. Danach wurden wir in das Lager Bobruisk gebracht, das nun für lange Zeit unser Zuhause werden sollte. Innen total kahl und mit einfachsten dreistöckigen Holzpritschen ausgerüstet. Keine Fenster, wenn, dann nur kleine Luken. Kurzum, triste, kalt, trostlos und ohne irgendwelche hoffnungsvollen Aspekte für die Zukunft. Es lag an uns deutschen Gefangenen – die erste von uns belegte Baracke war die Nummer 3, fasste rund 700 Mann – diese Baracken im Laufe der Zeit einigermaßen menschenwürdig und vor allem kältesicher vor dem strengen russischen Winter auszubauen und einzurichten. Dazu noch eine Latrine zu bauen, die wenigstens einem hygienischen Minimum entsprach. Uns stand noch ein eiskalter Winter mit Frost bis zu minus 30 Grad bevor. Monate in denen wir erst die ganze Macht und Grausamkeit eines kalten russischen Winters kennerlernen sollten und dabei stets den Tod vor Augen hatten, nicht nur bildlich, sondern auch in der Praxis. War doch die Krankenbaracke neben uns, nur durch Stacheldraht getrennt, aus der jeden Tag gestorbene, teils elend geendete Soldaten, nackt ausgezogen auf erbeuteten Heeresfuhrwerken aus dem Lager hinausgezogen und in einstigen Splittergräben vor dem Lager begraben, das heißt mit Erdreich einfach zugeschüttet wurden. Unsere Pritschen in der Baracke 3 waren dreistöckig, blankes, abgenutztes Holz, die Böden aus groben, ungleichen Pflastersteinen. Ich lag auf der Mittelpritsche. Man fand natürlich auch seine Kameraden, mit denen man zusammenlag und näher bekannt wurde. Auf der unteren Pritsche lag ein ganz junger Soldat, etwas jünger als ich, der mit einem Bauchschuss in Gefangenschaft geraten war. Wir wollten ihm helfen, aber wie? Er hatte seine Verwundung mit Papier umwickelt, hatte jedoch immer wieder Schmerzen und jammerte schwer. Zur Arbeit brauchte er nicht zu gehen. Er wurde dann auch ärztlich betreut und kam vermutlich in die Revierbaracke. Viel später habe ich erfahren, dass er gestorben sein soll.

Die Kälte in diesem Kriegswinter erreichte mitunter bis zu minus 30 Grad. Nachts rückten wir auf den Pritschen ganz dicht zusammen, näher ging's nicht mehr, notfalls legte man dann jeweils die Jacke des einen über zwei Männer – oben und an den Beinen –, so daß man mit allen möglichen Überlegungen und Kniffen, um etwas Wärme bemüht war. Wenn sich einer umdrehte, dann musste sich die gesamte Pritschenbesatzung, etwa sechs bis acht oder auch zehn Mann, zugleich auf die andere Seite drehen. Die Kälte machte natürlich auch beim „Abprotzen" auf den in diesem Winter noch sehr primitiven Latrinen zu schaffen. Weniger der Hygiene wegen – die Exkremente froren ja in Sekundenschnelle ein, so dass auf Boden und an den Stangen alles festgefroren war und man diesbezüglich keine Angst um irgendwelche Beschmutzung zu haben braucht. Jeder hatte Angst um das Anfrieren oder Erfrieren seiner Geschlechtsteile, weil die eisige Kälte kaum länger als zwei bis drei Minuten zu ertragen war. So war man angehalten, sich noch in der Baracke „sitzbereit" auszuziehen, im Tempo zur Latrine, immerhin 20 bis 30 Meter außerhalb der Baracke, zu wetzen, dort sein Geschäft zu erledigen und halb nackt in die Baracke zurück, um sich erst dort wieder anzuziehen. Am Weihnachtsfeiertag 1944 hatten wir eine besondere Aufgabe. Es kamen ungarische Kriegsgefangene von der Karpatenfront im Lager Bobruisk an. Sie mussten die gleiche Entlausungsprozedur, jedoch bei eisiger Kälte, über sich ergehen lassen, waren meist ausgehungert, viele verwundet. Sie konnten sich nur bei der eisigen Kälte auf den Steinboden legen und warten, bis sie schubweise an die Reihe kamen. Wir hatten die Aufgabe die bedauernswerten und halb erfrorenen ungarischen Soldaten ins Lager zu bringen bzw. zu tragen. Einige kamen buchstäblich tot im Lager an.

Im März 1945 kam ich mit Ruhr in die Ruhrbaracke, aus der ich nach drei Wochen, wenn auch geschwächt, wieder herauskam. Für viele Kameraden war dies jedoch tödlich.

Eines Tages hieß es, zwei flüchtige Gefangene aus dem Torfstichkommando wurden gefasst und getötet. Beim Einrücken mussten wir an den toten Gefangenen, die uns auf einer behelfsmäßigen Trage präsentiert wurden, vorbeimarschieren. Doch diese beiden waren im wahrsten Sinne des Wortes keine toten Menschen mehr, sondern nur noch Fleischklumpen, mit Blut gemischt, kaum als Menschen zu erkennen. Die Russen wollten uns damit warnen, keinen Fluchtversuch zu unternehmen.

Im Frühjahr 1945, bereits nach Kriegsende, versuchte während des morgendlichen Zählappels plötzlich einer der Gefangenen – er war geistig durchgedreht – über den Stacheldraht hinweg die Flucht nach draußen. Er sprang plötzlich aus dem angetretenen Haufen weg in Richtung Zaun, überwand den ersten Zaun, lief über den Sicherheitsstreifen hinweg und kletterte den zweiten, äußeren Stacheldrahtzaun empor. Die Anrufe der russischen Posten von den Wachtürmen herab beachtete er keineswegs. Schon krachten die Schüsse, der Mann wurde getroffen, fiel herab und blieb schwer verwundet auf dem Sicherheitsstreifen und noch halb im Zaun hängend, liegen. Er schrie und jammerte, doch niemand durfte zu ihm und ihn herausholen, auch die Russen selbst ließen ihn unbekümmert in seiner bedauernswerten Lage. Der Mann lag noch bis zum späten Nachmittag drinnen, war bereits gestorben und erst dann bargen ihn die Russen und ließen ihn fortschaffen.

Auch Kultur gab es im Lager Bobruisk. Literarisch bewanderte Künstler, dazu auch einige Schauspielertalente führten einmal „Lumpazi Vagabundus" auf, was viel Abwechslung und Freude in unseren tristen Arbeitsalltag brachte. Einmal war auch eine große Lagerkundgebung, auf der ein gewisser Hoffmann von der Antifa, ehemals geflohener deutscher Kommunist, sprach. Es wurde viel über Antifa und Kommunismus diskutiert.

Gefürchtet war in Bobruisk das sog. Brückenbaukommando, das die zerstörte Brücke über die Beresina aufbauen sollte, bzw. hierzu mithalf. Das Kommando war arbeitsmäßig nicht nur gefürchtet, sondern hatte auch Gefahren, dabei in den Fluss zu stürzen, was für einen Gefangenen auch tödlich ausgegangen sein soll.

Im Herbst 1946 wurde ich mit vielen weiteren Kameraden vom Lager Bobruisk ins Lager Dobrush verlegt. Ein Ort bzw. eine Kleinstadt, die durch die damals einzige Papierfabrik Weißrusslands eine für ganz Russland wirtschaftlich große Bedeutung hatte. Diese Papierfabrik war total demontiert worden und unser Lager in Nachbarschaft dieser Papierfabrik war im Besonderen dazu da, diese Fabrik von Grund auf wieder aufzubauen. Diese Fabrik war allerdings nicht von den Deutschen zerstört worden, sondern die Russen selbst hatten, bevor die deutsche Front dieses Gebiet überrollte, diese Fabrik gänzlich auseinandergenommen und die Einzelteile, ob Walzen, Gestänge und sonstige Aggregate und Teile, weit verstreut im Gelände zurückgelassen. Unsere Arbeitskommandos mussten nun mit dem Wiederaufbau beginnen. Vor allem galt es, die einzelnen, weitverstreuten Maschinenteile durch Handtransport wieder in die Fabrik zurückzubringen und diese dort in der Nähe, wo sie einmal wieder beim Zusammenbau benötigt wurden zu lagern. Wir hatten unter den Gefangenen gute Spezialisten und Handwerker, während ich als Abiturient keine Ahnung von handwerklicher Arbeit hatte. So wurde ich vorwiegend als Hilfsarbeiter eingeteilt.

Dobrush sollte für genau zwei Jahre mein weiteres Domizil als russischer Kriegsgefangener werden.

Einmal machte mich ein russischer Posten beim Heimmarsch ins Lager aufmerksam, dass meine Nase schon Erfrierungserscheinungen hatte und er half mir, mit Einreiben mit Schnee eine Erfrierung zu verhindern. Das war wiederum manchmal die menschliche Seite der Russen.

Wir mussten auch immer wieder Reparationszüge aus Deutschland, die alles Mögliche in das russische Land beförderten, entladen. Die Russen holten ja alles aus Deutschland raus. Nicht nur wertvolle Maschinen und Geräte, auch Einrichtungsgegenstände für Wohnungen und Betriebe, dazu Klo-Schüsseln genauso wie Glühlampen, Dachpappe, Gegenstände und Utensilien des täglichen Gebrauchs, die vor allem auch von uns Kriegsgefangenen gebraucht werden konnten, teils nach „unauffälliger Entnahme".

Ich hatte z. B. viele Dachpappe-Rollen irgendwo im Fabrikgelände zu lagern. Auf irgendeine Weise lernte ich einen russischen Offizier – er war im Kriege Fliegeroffizier – kennen, der für sein Häuschen außerhalb der Fabrik und des Stadtzentrums sehr notwendig Dachpappe für Reparaturarbeiten brauchte. Wir beide kamen überein, dass ich ihm die Dachpappe – zeitlich, wenn es mir möglich war – zu seinem Häuschen bringe. Erstmals ging er mit mir, die weiteren „Lieferungen" besorgte ich dann selbstständig auf eigene Gefahr. Nun, es ging einige Male gut, der ehemalige Offizier revanchierte sich mit Essen. Immerhin ging es mir bei diesen Besuchen in der Familie ganz gut, musste aber aufpassen, dass ich nicht zu lange von meinem Arbeitsplatz in der Fabrik bzw. beim Zugentladen entfernt war. Eines Nachmittags wurde ich bei der Rückkehr von dem Haus des russischen Piloten von Natschalnik, dem „Fabrikdirektor", auf der Straße in der Stadt Dobrush erkannt und aufgegriffen, ich musste in seiner Begleitung in die Papierfabrik zurück und wurde dort unter Bewachung gehalten, bis Arbeitsschluss war und sich alle deutschen Arbeitskommandos im Fabrikhof versammelten. Dort wurden sie informiert, dass ich angeblich abhauen wollte, jedoch aufgegriffen worden bin. Die Kommandos mussten nun solange im Fabrikhof und auf die Rückkehr ins Lager warten, bis mein sog. „Ausreißen" aufgeklärt sei. Ich habe nämlich erklärt, wo und bei wem ich war und dass dieser beweisen könnte, dass ich nicht abhauen wollte, was mir ja sehr schlecht bekommen wäre. Es dauerte eine Weile, bis der russische Offizier im Fabrikhof auftauchte und dort dem Natschalnik und den verantwortlichen Wachposten mein Tun und meinen vorübergehenden Aufenthalt bei ihm, dem Fliegeroffizier, erklärte und rechtfertigte. Vermutlich hatten die Wachposten vor dem Fliegeroffizier so viel Respekt, dass sie seinem Worte voll vertrauten und ich somit „freigesprochen" war. Der Rückmarsch ins Lager – einschließlich meiner Person – konnte also angetreten werden. Für mich bedeutete dies, dass der Kriegsveteran in keiner Weise mir irgendeinen Schaden oder auch eine Strafe zufügen wollte, sondern sich eben für mich einsetzte, zumal auch ich ihm doch manches ins Haus lieferte, was sehr wahrscheinlich auch für ihn manches „Schlamassel" hätte bringen können.

In Dobrush kam auch erstmals Briefpost aus der Heimat an, das hieß, meine Eltern hatten 1946 erstmals von mir Post bekommen und ich dann darauf Wochen später eine erste Antwort von meinen Eltern, Postkarten. (Nur einmal in meiner über vierjährigen Gefangenschaft durfte ich einen Brief schreiben), konnten dann alle paar Wochen von uns geschrieben werden. Jedoch wurden wir von der Lagerleitung angewiesen, nichts Problematisches und Brisantes zu schreiben, weil solche Post nicht befördert wird. Wir durften auch nicht schreiben, wo wir uns befänden und was wir arbeiten müßten. Unsere Post aus der Gefangenschaft war halt für unsere Angehörigen wenigstens ein Lebenszeichen und das war wohl das wichtigste überhaupt. Die Post, die wir aus der Heimat erhielten, mussten wir dann mit der Zeit vernichten, wir durften sie nicht aufbewahren (wurde ansonsten bei Razzien entdeckt) und konnten sie dann auch bei der Entlassung gar nicht mitnehmen. Jedenfalls war solche Post aus der Heimat für uns mehr wert als jegliches Weihnachtsgeschenk, das wir in unserem Leben erhielten.

Im Lager Dobrush musste ich auch einmal für den damaligen KGB in einem gesonderten Raum einen Kurzaufsatz schreiben, warum ich mich freiwillig zur Wehrmacht gemeldet hatte und wie es mir bei der Truppe gefiel und warum ich Offizier werden wollte. Die Russen – genauer gesagt der russische Geheimdienst – wusste praktisch bald alles von den jeweiligen Truppenteilen und Wehrmachtseinheiten, ihre Nummern, ihren Einsatzort und vor allem, welche Einheiten irgendwo im Partisaneneinsatz waren. Ihnen ging auch kaum jemand durch die Lappen, der bei der SS war oder einer, der Einsätze an bzw. hinter der deutschen Front zu erledigen hatte. Nun, ich schrieb meinen Aufsatz, hatte jedoch dann nie mehr etwas vom KGB auch nichts mehr über die Folge dieses von mir geschriebenen Aufsatzes gehört.

In Dobrush blieb ich bis Juni 1947, dann wurde ich mit einigen anderen in das nicht weit entfernte Lager Rezschitza, am Dnjepr, verlegt. Es war ein etwas kleineres Lager, in dem der Lagerleiter als sog. „Zar" tituliert wurde. In diesem Lager war eine Antifa-Gruppe sehr rührig.

An einem Vormittag kam mein Bettnachbar vom oberen Stockbett zu mir und fragte mich, ob ich katholisch sei. Auf meine Bejahung hin gab er mir ein kleines Kreuz. Er teilte mir mit, dass er zu einem Heimtransport aufgerufen sei und sich sofort zum Lagertor begeben müsse. Mit diesem Kreuz im Besitze würde ich nun gewiss beim nächsten Heimtransport dabei sein, so wie auch er nun heimfahren könne, da er vor einiger Zeit dieses Kreuz von einem anderen Kameraden, der in die Heimat entlassen worden sei, erhalten habe. Ich konnte ihn noch schnell fragen, woher dieses Kreuz stammte. Er antwortete mir: von einer ostpreußischen Frau, die es einem in Gefangenschaft geratenen Soldaten mitgegeben habe, damit er wieder heimkehre. So sei dieses Kreuz dann von einem Kriegsgefangenen zum anderen gewandert. Jeder, der es bekommen habe, sei dann mit dem nächsten Heimattransport aus seinem Lager entlassen worden. Auch ich, so meinte er, würde nun zur Entlassung kommen (dies traf auch zu). Ich legte dieses Kreuz jedenfalls unter meinen Strohsack, ob ich nun daran glaubte und auch vertraute, dass ich nun heimkomme, ich weiß es nicht mehr, jedenfalls klammert man sich in Kriegsgefangenschaft, die für mich nun schon rund vier Jahre dauerte, an jeden Strohhalm, der einem Hoffnung auf baldige Entlassung geben könnte.

Vielleicht hatte es das Schicksal, das mir nämlich die „Malaria-Krankheit" bescherte, sehr gut mit mir gemeint. Ich bekam plötzlich in gewissen zeitlichen Abständen Fieberanfälle, so auch auf der Arbeitsstelle. Einmal war ein solcher Anfall so stark, dass ich von der Arbeitsstelle vorzeitig ins Lager zurück und dort ins Revier geführt wurde, wo ich dann auch blieb. Viel Habseligkeiten hatte man ja nicht, das oben genannte Kreuz nahm ich jedenfalls zu mir. Nach meiner Wiedergenesung befielen mich im Herbst erneut solche Fieberanfälle, die eine abermalige Einlieferung ins Revier erforderlich machten. Und während dieses Revieraufenthaltes – im Oktober 1948 – traf die Mitteilung für mich ein, dass ich an einem in kürzester Zeit abgehenden Heimattransport dabei sein werde. Ich wurde also aus dem Revier zu diesem Transport entlassen. Allerdings gab es nun ein Problem, was mich noch lange, hin und wieder auch noch heute, nach über 45 Jahren beschäftigt: Ich gab dieses Kreuz nicht weiter, sondern nahm es nach Hause mit. Nun, durch meinen Revieraufenthalt hatte ich keinen direkten Kontakt zu meinen Kameraden in der Baracke und am Arbeitsplatz, zum anderen wurden so ziemlich alle noch in diesem Lager mitinhaftierten Kriegsgefangenen mit dem gleichen Zug in die Heimat entlassen. Das Lager wurde fast leer, als sich das Tor hinter uns, die wir nun in Kolonne zum Bahnhof marschierten, schloss, war kein für mich bekanntes Gesicht mehr innerhalb des Stacheldrahtes zu sehen.

Mitte Oktober 1948 wurden wir entlassen. Eine kleine russische Blaskapelle geleitete uns zum Bahnhof und zur dortigen Verladung in Güterwaggons. Ich erinnere mich noch daran, dass sogar russische Frauen, die entlang unseres Marsches zum Bahnhof ihre Häuser bzw. Wohnungen hatten, uns zuwinkten, wenn nicht gar dabei teils weinten. Die Waggons wurden diesmal natürlich nicht mehr verschlossen, welche Kriegsgefangene würden schon „abhauen", wenn der Zug Richtung Heimat geht. Wir hatten zwar russische Soldaten als Posten und Bewacher dabei, doch die waren nun freundlich und loyal zu uns und hatten einmal mehr Mühe mit Zigeunern und anderen Zivilisten, die auf Haltestationen unseren Zug „bestürmten", von uns etwas zu essen erbaten oder gar aufspringen wollten. Die Begleitsoldaten mussten teils sehr scharf diese Leute zurückweisen und zurückdrängen.

Unsere Heimkehr mit der russischen Eisenbahn führte über Minsk nach Frankfurt a. d. Oder, nach bald viereinhalb Jahren russischer Kriegsgefangenschaft für mich wieder die erste deutsche Stadt. Dort wurden wir in einer Kaserne untergebracht, um registriert, ärztlich versorgt und auch einigermaßen frisch eingekleidet zu werden. Im Besonderen wurden auch die weiteren Fahrtrichtungen festgelegt. So wurden wir Bayern in Richtung Hof „einsortiert", die anderen in Richtung Westdeutschland wurden über Friedheim in Hessen eingeplant, die Ostdeutschen natürlich blieben im Lande und steuerten ihren Heimatort an. Wir blieben, soweit mir in Erinnerung, zwei Nächte in Frankfurt. Dabei kam es auch zu Handgreiflichkeiten und noch viel schwereren Ahndungen gegenüber heimkehrenden Kriegsgefangenen, die in den russischen Lagern sich als „Hiwis", Hilfswillige, gegen ihre deutschen Kameraden besonders auffällig in negativer Weise, so durch

Zwang, Druck, überheblichem Benehmen und auch Strafen, hervorgetan haben. So soll bei uns einer in eine am Straßenrand aufgestellte, geschlossene Sandkuhle, in der Streugut für den Winter untergebracht war, hineingeworfen worden sein, nachdem er zuvor von ehemaligen Mitgefangenen, die sich diesen vorgemerkt hatten, tüchtig verprügelt worden war. Einige sollen sich ja angeblich unter den Schutz von Russen gestellt haben, um irgendwelchen Feme-Strafen zu entgehen. Von Frankfurt/O führte uns, die in Richtung Süddeutschland beheimatet waren, ein Zug nach Plauen, wo nochmals eine Übernachtung in der dortigen Burg war. Hier wurden wir „entlaust" und mit Proviant für die Weiterfahrt am nächsten Tag nach Hof ausgerüstet. Außerdem erhielten wir die russischen Entlassungspapiere zum Grenzübertritt und zur kostenlosen Weiterbeförderung. Der Übertritt nach Bayern vollzog sich in der damaligen „Grenzstation" Hof-Moschendorf, wo wir natürlich mit lauter Freude miterlebten, wie uns die bisher begleiteten russischen Soldaten und Wachposten verließen und wir buchstäblich in die Freiheit fuhren. Zugegeben: Auch sehr hässlichen und bösen Worten und Drohungen gegenüber den Russen ließen wir dort freien Lauf – nun, ich würde dies längst nicht mehr tun. Aber man muss unsere Emotionen und innere Erregung verstehen, nach so langer Gefangenschaft mit harter Fronarbeit, mit Hunger, Kälte und fast tödlichen Krankheiten wieder die Freiheit und das Daheim bei Eltern und Geschwistern vor Augen zu haben. In Hof gab ich ein Telegramm nach Hause zu meinen Eltern auf, dass ich nun in Bayern bin und an diesem Tag mit dem Zug in Kaufering/Landsberg eintreffen werde.

## Bericht von Erich Wolfgardt, geb. 1916 in Liegnitz/Niederschlesien, wohnhaft in München über Krieg und Nachkriegszeit

*Erich Wolfgardt*
Foto: privat

Ich wurde am 13.9.1941 nach Görlitz zur Deutschen Wehrmacht eingezogen, kam nach Straßburg zu einer Kraftfahrerersatzabteilung und dann nach Schweinfurt zur Sturmgeschütz-Abteilung 184. Dann wurde ich in Rußland im Kessel von Demjansk als Meldefahrer eingesetzt. Die Strecke war vom Feind einsehbar, sodaß es ein Himmelfahrtskommando war. Nach meiner Verwundung kam ich nach Bunzlau ins Lazarett. Dann kam ich mit der Sturmgeschütz-Abteilung nach Bologna in Italien zum Küstenschutz. Im Mai 1944 nahm ich an den schweren Abwehrkämpfen bei Monte Casino teil.

Am 2.5.1945 kam ich bei Pisa in amerikanische Kriegsgefangenschaft. Dort schlugen die

Amerikaner mit langen Knüppeln und den Worten „Go weg" ständig auf uns Gefangene ein. Während meiner ganzen Soldatenzeit bei der Deutschen Wehrmacht habe ich nie erlebt, daß Gefangene geschlagen wurden. Bei Tarent wurden wir den Engländern übergeben, die uns human behandelten. Im August 1945 wurden wir aussortiert. Die Kräftigen wurden an Frankreich übergeben. Ich kam nach Bad Aibling in ein amerikanisches Kriegsgefangenenlager. Dort war ich vier Tage im Regen bei schlechter Verpflegung, und wir standen knöcheltief im Morast. Am 13.9.1945 wurde ich dort entlassen. Unsere Soldbücher wurden uns von den Amerikanern abgenommen, und wir bekamen einen Entlassungsschein und 40 RM. Nun war für mich die Frage, wo sollte ich hin. In meine schlesische Heimat konnte ich nicht mehr. Eine Nacht durfte ich bei einem Bauern im Heu übernachten. Ich ging nach München, weil ich glaubte, dort am ehesten etwas über meine Frau zu erfahren. Drei Nächte schlief ich im Bahnhof. Ich bekam dann Quartier bei netten Leuten.

1945 hatte ich geheiratet. Meine Frau befand sich bei Kriegsende in Karlsbad/ Sudetenland. Dort wurde sie ausgewiesen. Ihr Zug ging über Sarau/Brandenburg. Als der Zug dort am Bahnhof stand, wurden die Deutschen von ehemaligen polnischen Fremdarbeitern überfallen und ausgeraubt. Meiner Frau wurde das mitgeführte Köfferchen entwendet, in dem sich alle Papiere befanden. So hatten wir aus unserer Heimat keine Dokumente mehr. Meine Frau sah, wie Babies aus dem Zug auf die Gleise geworfen wurden. In Oberlöschau/Kreis Prottau mußte meine Frau für die Polen arbeiten. Dann wurden die Einwohner des Ortes zu Fuß ca. 60 km an die Neiße getrieben. Ältere Menschen, die zu schwach waren, blieben unterwegs liegen, jüngere, die nicht mehr weitergehen konnten, wurden nach Angaben meiner Frau erschossen. Sie kam dann in ein Sammellager nach Görlitz. Über meine Eltern haben wir uns in München wieder zusammengefunden und konnten uns eine neue Existenz aufbauen. Meine schlesische Heimat habe ich nie vergessen.

Meine Tante Bertha Wolf, Hausfrau, 70 Jahre alt, deren Tochter Klara Wolf, Lehrerin, 45 Jahre alt und ein Landjahrmädel wurden wie auch andere Deutsche von russischen Soldaten vergewaltigt und ermordet. Man fand sie nackt, erschossen im Garten. 16 ermordete Deutsche sind allein aus dieser Ortschaft namentlich bekannt.

Mein Onkel Gerhard Wolfgardt, geb. am 1.5.1897, war Schwerkriegsgeschädigter aus dem 1. Weltkrieg. Er wurde am 23.11.1945 in Lorenzdorf an der Queis/Schlesien von russischen Einbrechern durch die Türe erschossen.

München, den 12.12.2010, Erich Wolfgardt

## Alfred Schubert, Landsberg a.L., geb. 1924 in Adelsdorf, Kreis Freiwaldau, Altvatergebirge

*Alfred Schubert*
Foto: privat

Am 20.10.1942, an meinem 18. Geburtstag, wurde ich zur Deutschen Luftwaffe (Flak) als Kanonier eingezogen zur schweren Flak Ersatz Abt. 37 nach Breslau.

Im März 1943 kam ich zu einem OB Auswahllehrgang nach Kassel und dann zum 1. OB Ausbildungsregiment Zingst/Ostsee.

Ab Februar 1944 als Uffz. beim Luftgau Hamburg und Luftkriegsschule in Kitzingen/Main. Bei einem Bombenangriff wurde mir durch Eisenschienen der Fuß gequetscht und ich war vom 3.9.1943 bis Januar 1944 im Marine-Lazarett Stralsund.

Oktober 1944 als Fähnrich beim Flakreg. 6 Luftgau Wien und Abstellung nach Ungarn.

Im November 1944 als Fallschirmjäger zur Fallschirmjägerschule nach Wittstock bei Berlin (Umschulungslehrgang). Wir sollten bei der Ardennenoffensive hinter den feindlichen Linien ein amerikanisches Treibstofflager für die vorrückenden Deutschen Panzer sichern. Seit 16.12.1944 waren wir in Bereitschaft. Der Einsatz konnte aber wegen schlechter Witterung nicht durchgeführt werden. Als das Wetter Ende Dezember 1944 besser wurde, war die amerikanische Luftüberlegenheit bereits zu groß.

Wir kamen dann in der Schneeeifel bei St. Vith an die Front und waren in schwere Rückzugsgefechte verwickelt (EK 2 erhalten).

Bei einer Nachbareinheit brachen die Amerikaner durch, kamen überraschend von hinten und holten mich aus dem Schützenloch. Am 1.3.1945 geriet ich mit 14 Kameraden in amerikanische Kriegsgefangenschaft, bei Hausen an der Ruhr. Zuerst kamen wir in ein Massenlager nach Belgien und am 4.3.1945 ins Durchgangslager Namur zum Verhör. Dort wurde ich bewußtlos geschlagen und dabei mein Nasenbein zertrümmert. Dann kam ich ins Großlager Attichy zur Aufnahmeregistrierung. Am 1.3.1945 nach Le Mans. Am Karfreitag Ankunft in Marseille. Zu den Siegesfeiern im Mai 1945 wurden wir zu einem 10-km-Propagandamarsch durch Marseille getrieben, wo wir wehrlose Gefangene von der Bevölkerung bespuckt, geschlagen und auf uns Wasser geschüttet wurde. (Die Posten, vermutlich französische Partisanen) tranken reichlich Rotwein und schossen im Lager wild umher, auch in die Zelte. Dabei wurden in unserem Zelt auch zwei Kameraden durch Schüsse verletzt.

Die Stimmung uns gegenüber besserte sich, als die französischen Kriegsgefangenen aus Deutschland zurückkehrten und teilweise als Wachposten bei der französischen Armee übernommen wurden. Ich kam in ein Sammellager für Sudentendeutsche und traf auch Bekannte aus meiner Heimat (vier Wochen Straflager). Am 25.5.1945 ins Lager 20 Cherbourg (Hungerlager). Am 3.7.1945 zum Lager 24. Am 16.10. Ankunft in Reims.

Am 13.3.1946 wurde ich nach Wiesbaden aus der Kriegsgefangenschaft entlassen. Zu dieser Zeit hatte ich noch keine Nachricht von meinen Angehörigen. Auch meine Mutter wußte nicht, ob ich noch lebe. Zum Anziehen hatte ich nur die Wehrmachtssachen, die ich in Gefangenschaft trug. Am Schlimmsten aber war das Alleinesein in der Fremde, die Sorge um die Angehörigen und der Verlust der Heimat.

Am 3.5.1946 wurde ich auf der Straße nach Wiesbaden grundlos von drei bis vier Polen zusammengeschlagen, sodaß ich einigeTage ins Krankenhaus mußte.

Zur Situation in meiner sudetendeutschen Heimat vor 1945:

Unsere Ortschaft war rein deutsch. Die Tschechen hatten unter Österreich/Ungarn eigene Schulen, Universitäten, usw. Selbst beim Militär war die Sprache für Tschechen tschechisch. Nach 1918 wurden auch in den deutschen Gebieten als Beamte nur Tschechen eingestellt. Die zweisprachigen Aufschriften mußten in Deutsch ein drittel kleiner sein als die tschechischen. Wir fühlten uns als Deutsche unter der tschechischen Regierung sehr unterdrückt. Deshalb waren viele Sudetendeutsche für einen Anschluß an das Deutsche Reich.

Die Situation nach der Kapitulation 1945 in meiner sudetendeutschen Heimat nach Aussagen meiner Angehörigen:

Die erste Nachricht von mir erhielt meine Mutter am 13.5.1946. Bei der Ausweisung durften die Deutschen 50 kg Gepäck pro Familie mitnehmen. Während der Ausweisung beim Halt im Bahnhof von Fürth sagte mein Großonkel Herr Neugebauer „Jetzt langt es mir" und ging weg. Man hat nie mehr etwas von ihm gehört. Er konnte das nicht mehr verkraften.

Landsberg, 20.9.2011,  Alfred Schubert

*Alfred Schubert bei einem Genesungsurlaub Weihnachten 1943 mit Schwester und Mutter.*          Foto: privat

**Auszug aus einem Brief vom 19.8.1946 von Maria Schubert Windach/Kreis Landsberg a.L. an ihren Bruder Josef Langer, Wien**

Wir sind am 29.6.1946 morgens von Adelsdorf nach Niklasdorf in die Muna mittels Lastauto abtransportiet worden. Im ganzen 158 Personen. Bei Neugebauers, Tischler Pates Anna und Emma. Kreuzer Franz mit Familie usw. waren auch dabei.

Nach gründlicher Finanzkontrolle (mir wurden bei dieser die Skischuhe weggenommen) verblieben wir bis Mittwochabend im Lager, um 21 Uhr fuhren wir (1200 Personen) in 40 Viehwaggons (zu je 30 Personen mit der ganzen Habe) von Niklasdorf ab und erreichten am Sonntag, den 8.7. bei strömendem Regen und Hochwasser unser Ziel „Windach", Kreis Landsberg am Lech.

Für Gitti und mich wurde ein Zimmer bei einem Fabrikbesitzer zugewiesen, die mich zwar den ersten Tag und da wir alle durchnäßt waren aufnahmen, am anderen Tag aber zu einem Fabrikarbeiter einquartierten. Dort habe ich nun ein kleines Zimmerchen mit einem Bett, einem Tisch und zwei Stühlen bekommen. Kochen kann ich, wenn Platz ist, mit am Herde in der Küche und wenn ich etwas dazu habe. Gemüse gab es bis jetzt keins, doch haben wir jetzt Gemüseausweise bekommen und können darauf versuchen, in Landsberg (12 km) oder in Schondorf (8 km entfernt) etwas zu ergattern.

In Windach, ein kleines Bauerndorf mit gegen 700 Einwohnern sind 300 Flüchtlinge untergebgracht, zu kaufen gibt es nichts in jeder Beziehung. Quartiere sind äußerst primitiv, da war unser Oberstüberl daheim luxoriös und mein Haus ein Palast.

Mit Gitti war ich bisher fleißig Ähren sammeln, um mir einen kleinen Zuschuß an Mehl zu verschaffen, aber da erstens fast nichts liegen bleibt und dann außer den Einheimischen noch 300 Flüchtlinge den selben Wunsch haben, könnt Ihr Euch unseren Erfolg vorstellen!

Das mich Fredi bei uns besucht hat, hat er Euch ja schon selbst geschrieben, und nun sind wir bei ihm, um über das Problem, wie und wo wir zusammenkommen könnten, wieder zu verhandeln. Oben gibt es keine Arbeit und Verdienstmöglichkeiten, weder für Fred, noch mich und Gitti. Hier keine Wohnung und kaum Kartoffeln, die ich oben wenigstens in Ia Güte zum sattessen habe!

Ich glaube, wir werden wie die Herren bei den Friedenskonferenzen, zu keinem Ziele kommen, vor lauter Schwierigkeiten, die sich auftürmen und vor lauter „wenn und aber"! Das Beste wäre wohl für uns eine Atombombe gewesen, da hätte alle Qual ein Ende gehabt und wir wären niemandem mehr ein Dorn im Auge. Ich bin oft so verzweifelt und mutlos, daß ich ein Sterben zu dritt als das Allerschönste betrachte.

Bei Mariamerle wird es morgen schon zehn Jahre, daß sie in die Ewigkeit einging, so wie ich ihren Tod damals beweinte, so beneide ich sie jetzt um den Frieden, den sie schon genießt! Und Vater und Hansi, was ist Ihnen alles erspart geblieben!

Wie geht's Euch beiden, wie ist Dein Gesundheitszustand, liebes Brüderlein?

## Erinnerungen von Margit Hildmann geb. Schubert
## geb. und wohnhaft bis zur Vertreibung 1946 in Adelsdorf

Als der Krieg zu Ende war, war ich 12 Jahre alt. Ich habe von der Zeit, vor allem danach, noch viele Erinnerungen. Eine davon ist folgende, unmittelbar nach Kriegsende im Mai oder Juni 1945:

Meine Freundin (lebt heute in Hessen) und ich waren auf dem Feld mit Krautköpfen und haben in einen Eimer Raupen geklaubt. (Früher wurden die Felder nicht gespritzt, die Raupen wurden mit der Hand entfernt.) Das Feld war direkt hinter der Gemeindekanzlei, in der meine Mutter Sekretärin war. Wir hörten auf einmal sehr lautes Schreien. Der tschechische Kommissar, der Name war Mader, ein großer starker Mann, Herr Friedmann und Herr Jileck, die dort das Sagen hatten, haben eine ältere Frau halb tot geprügelt, weil sie mit „Heil Hitler" gegrüßt hatte. Frau Pompe, so hieß sie, war nicht ganz klar im Kopf, aber nicht bösartig. Sie hat es nicht realisiert, daß nun die Tschechen residierten. Vorher mußte man ja immer mit „Heil Hitler" grüßen. Meine Mutter hat es also genau gesehen, wie die Frau verprügelt wurde. Sie haben die halb tot geprügelte zerschundene Frau in den ganz kleinen Arrest geschleift, der eigentlich nie benutzt wurde und ein Anbau an der Kanzlei war. Das wiederum haben meine Freundin und ich gesehen. In dem Arrest war ein ganz kleines vergittertes Fenster und Frau Pompe sah uns. Wir waren sehr erschrocken und waren nach längerer Zeit immer noch dort. Frau Pompe rief uns „kommt mal zu mir" und wir gingen auch hin. Wir sollten ihren Mann holen und die Kinder, was wir nicht konnten. Ich bin mit meiner Freundin zu meiner Mutter gelaufen. Die ist sehr mutig gewesen, hat sich Frau Pompe angesehen, die drei Herren Mader, Friedmann und Jileck verständigt und zu ihnen gesagt, daß die Frau stirbt. Gleich darauf wurde Frau Pompe in das Krankenhaus nach Freiwaldau gebracht, wo sie ein oder zwei Tage darauf verstorben ist. Eine Tochter von ihr, Hilda Pompe, sie war ein oder zwei Jahre älter als ich, war zu dem Zeitpunkt bei einer Tante und man holte sie dann. Herr Jileck hatte wohl doch ein schlechtes Gewissen, und nahm sich Hilda als Kindermädchen. Sie wohnte dann auch bei der Familie, und vor allem die junge Frau Jileck hat es mit ihr gut gemacht, bis zur Vertreibung. Hilda hat dann später einen Mann, auch aus Adelsdorf, geheiratet.

1946 fingen die Vertreibungen (Aussiedlung) in unserem Dorf an. Die Leute wurden im Gasthaus Rudolf im Saal gesammelt. Es hieß, pro Person darf man 50 kg persönliche Sachen mitnehmen. Damals gab es noch nicht die schicken Koffer, ich kann mich an Urlaubszeit nicht erinnern. So haben die Leute teilweise Säcke, Kartons, zusammengenähte Badeteppiche als Transportmittel genommen. In diesem Saal waren also tschechische Soldaten bzw. Aufsichtspersonal. Die schütteten die Sachen von den Leuten auf den Boden oder Tische und nahmen sich noch die schöneren Dinge. Höckel Erich, ein gleichaltriger Schulkamerad und ich waren auch dort, also wir beide, 13 Jahre alt, und fanden das so ungerecht, was die Tschechen mit den Leuten machten, die bitterlich weinten, es wurde ihnen ja vorher schon fast alles genommen. Wir merkten uns die weggenommenen Dinge und gaben sie den Leuten zurück. Als das nun die Tschechen bemerkten, was wir taten, jagten sie uns hinaus. Zum Glück war ein Gendarm draußen, Herr Kreci, der mich kannte, vor allem meine Mutter, die ja noch immer in der Gemeindekanzlei tätig war. Also hatte ich Glück, er brachte mich zu meiner Mutter. Aber den Erich haben die Tschechen so zusammengeschlagen, er blutete stark, er lag schon auf dem Boden. Irgend jemand hatte wohl seine Schwester verständigt, die ihn dann nach Hause transportierte. Wie, weiß ich nicht mehr, denn stehen oder gehen konnte er nicht mehr. Von tschechischen Frauen, die vor dem Gasthaus standen, wurden wir bespuckt und sie sagten, daß ich (ein Kind) eine echte Nazista bin.

Ebenso erschüttert war ich, daß Männer, die im KZ in Adelsdorf waren, einen großen Leiterwagen voll mit Holz aus dem Wald ziehen mußten. In der Deichsel hatten sie Querstangen angebracht, es müssen ca. acht oder zehn Männer gewesen sein, die die Arbeit verrichten mußten, was sonst kaum Pferde bewältigen konnten.

Noch schlimmer waren die Leute aus Jägerndorf dran. Die wurden über den Roten Berg – eine Paßstraße – bis nach Setzdorf in ein Lager getrieben, alles zu Fuß, alte Leute und junge Leute, Kinder, Babys im Kinderwagen, die auch weinten. Viele Aufsichtspersonen und Soldaten sind nebenher auf Pferden geritten und haben auch in die Kinderwagen geschossen, wenn die Kinder weinten. Ob sie getroffen haben, das weiß ich nicht, aber mich verfolgen diese Bilder bis heute, manchmal seh ich sie vor mir, als wenn es gestern gewesen wäre.

24.9.2011, Margit Hildmann, jetzt wohnhaft in Aschheim


### Bericht von Traudl Greß, geb. Bartsch, früher wohnhaft in Adelsdorf, jetzt in Heuschling

Meine Vertreibung aus der Heimat 1945

Ich war 15 Jahre alt, als mein Vater am 24.7.1945 verhaftet wurde. Wir waren verzweifelt, wußten aber nicht, daß es noch viel schlimmer kommt.

Meine Mutter, meine Oma (76 Jahre) und ich mußten am 25.7.1945 unser Haus verlassen und durften nur das Nötigste mitnehmen. Bei der Familie unseres Bürgermeisters wurden wir einquartiert. Am nächsten Tag, 26.7., hieß es, wir würden für kurze Zeit ausgesiedelt und müßten uns am Platz vor dem Kino versammeln. Frau Thanhäuser gab uns drei Decken mit, jeder hatte einen Rucksack und zwei Taschen. Ich bekam noch einen Mantel von einer Freundin, mehr konnten wir ja nicht tragen. Von unseren Nachbarn und Freunden konnten wir nicht Abschied nehmen, auch wußten wir nichts von unserem Vater und keine Ahnung, wo mein Bruder ist. Nun wurden wir alle nach Freiwaldau getrieben, von dort ging es dann nach Setzdorf, wo wir in den Kalöfen untergebracht wurden. Hier mußten wir uns Stroh besorgen, damit wir nicht auf dem blanken Lehmboden liegen mußten. Es gab kein Klo, sondern eine Latrine wurde gezimmert. Unter diesen Verhältnissen mußten wir acht Tage hausen. Die Bevölkerung von Setzdorf war einmalig. Sie brachten uns in großen Milchkannen warmes Essen. Es waren schlimme Tage und meiner Oma ging es nicht gut. Am 3.8.1945 marschierten wir nach Setzdorf zum Bahnhof, wo wir in offene Viehwaggons verfrachtet wurden. Dicht gedrängt und bei Regen fuhren wir einen Tag und eine Nacht ins Ungewisse. Am zweiten Tag kamen wir in Tetschen-Bodenbach an. Hier mußten wir den Zug verlassen, und nun ging es zu Fuß weiter von einem Lager ins andere. Wenn wir nur ein Wägelchen gehabt hätten. Meine Mutter und ich mußten ja auch unserer Oma-ihre Sachen tragen. Meine Oma verstarb am 21.8.1945 im Lager Graupa. Viel später erfuhren wir, daß mein Vater ins Gefängnis nach Freiwaldau und Troppau gekommen ist. Dann kam er ins Lager nach Oberthomasdorf, wo er bis 1949 bleiben mußte.

*Adelsdorf im Altvatergebirge/Sudetenland, Kreis Freiwaldau*

*Käthe Baumgartner*

*Foto: privat*

## Bericht über Vergewaltigung in Brünn von Käthe Baumgartner, Kaufering, geb. 1911

Nach dem Einmarsch der russischen Armee in Brünn Ende April 1945 war die Stadt in den ersten drei Tagen uneingeschränkt der Willkür der Russen ausgesetzt. Meine Tante, Frau Marie Veith, wohnhaft in Brünn, Goethestr. 13, war zu dieser Zeit 82 Jahre alt. Sie war alleine im Haus, da ihre nächsten Angehörigen evakuiert waren. Als mein Cousin Florian Veith, der ebenfalls in Brünn wohnhaft war, nach seiner Mutter sehen wollte, fand er sie tot in ihrer Wohnung. Es ließ sich eindeutig feststellen, daß meine Tante vergewaltigt wurde und vermutlich in dessen Folge der Tod eingetreten ist. Mein Cousin holte daraufhin meine Mutter. Sie mußte meine Tante mit einem Handwagen zum Friedhof fahren und dort notdürftig begraben, da ihnen eine andere Möglichkeit nicht gegeben war. Unmittelbar nach diesen Geschehnissen wurde ich von meiner Mutter davon unterrichtet. Ich selbst war zu dieser Zeit im Luftschutzbunker und konnte bei diesen Vorgängen nicht anwesend sein, da für Deutsche Ausgangssperre verhängt war und es besonders für junge Leute sehr gefahrvoll war, sich auf die Straße zu begeben. Auch während der Austreibung, die einige Tage später erfolgte, wurden die Frauen immer wieder von den Russen bedrängt. Die Austreibung im einzelnen war so grausam, daß ich mich nicht mehr daran erinnern möchte.

Ich gebe diese Schilderung wahrheitsgetreu wieder und kann es beeiden.

Kaufering, den 17.1.1967, Käthe Baumgartner

## Bericht von Engelbert Dörre, Landsberg a.L., geb. 1910 über Erlebnisse der Nachkriegszeit in seiner sudetendeutschen Heimat

Vor dem Zusammenbruch 1945 war ich stellvertretender Nebenstellenleiter im Arbeitsamt Bilin (Kreis Teplitz Schönau).

Nach dem Einmarsch der Roten Armee wurde mit Plakaten aufgefordert, alle Staatsbediensteten sollen ihre Arbeit im Staatsdienst wieder aufnehmen unter der Garantie, daß ihnen keinerlei Nachteile entstehen würden. Da ich mir keinerlei Schuld bewußt war, trat ich ungefähr am 10. Mai 1945 den Dienst im Hauptamt Teplitz Schönau, Frauenstr. 1, an. Ich bekam den Auftrag, Arbeitskräfte für den Grohman-Schacht zur Arbeit aufzufordern. Dabei sah ich in Nechwalitz, wie ein Mann von tschechischen Partisanen aus Kladno an ein Wagenrad gebunden war und hinter einem mit Pferden bespannten Wagen hergezogen wurde. Außerdem waren noch einige Leute an den Wagen gebunden, denen Hakenkreuze auf den Rücken gebunden waren. Sie mußten hinter dem Fuhrwerk herlaufen und immerzu „Heil Hitler" rufen. Ferner sah ich, wie man ein älteres Ehepaar mit Nägelgespickten Zaunlatten auf den nackten Oberkörper schlug, während ein Tscheche Salz in die Wunden streute. Man sagte mir, der Grund dafür sei, daß der Sohn dieser Leute bei der NSDAP eine Funktion hatte, aber aus dem Krieg nicht zurückgekehrt war.

*Engelbert Dörre*

*Foto: privat*

Einige Tage später ging ich wieder zum Dienst ins Hauptamt. Am Vormittag kamen zwei bewaffnete tschechische Partisanen in mein Arbeitszimmer und suchten nach Waffen. Als sie dies nicht fanden, fragten sie, ob ich bei der NSDAP war. Als ich mit ja antwortete, sagten sie „mitkommen" und brachten mich ins Polizeigefängnis am Marktplatz. Im Gefängnishof empfing mich ein Tscheche mit einem Faustschlag ins Gesicht. Dann mußte ich mit dem Gesicht zur Wand stehen und wurde auf den Hinterkopf geschlagen, daß das Gesicht an die Wand stieß und blutete. Später mußte ich mich umdrehen und zusehen, wie im Gefängnishof andere Gefangene mit in Wasser getauchten Seilen geschlagen wurden. Dann mußte ich meinen Oberkörper freimachen und mich auf eine im Hof stehende Holzbank legen. Es wurde gesagt, wer schreit, bekommt mehr. Acht Tschechen schlugen mit nassen Seilen auf mich ein, daß ich bewußtlos wurde. Mitgefangene sagten mir später, daß es 25 Schläge waren.

Von meinem Zellenfenster aus sah ich, wie der Ingenieur Balluch und Professor Watzal aus Teplitz Schönau mit ca. 50 bis 80 Schlägen zu Tode geprügelt wurden. Außerdem sah ich, wie der Schwerkriegsbeschädigte Sohn des Baumeisters Schmidt aus Teplitz Schönau, Jägerzeile, geschlagen wurde, weil er das goldene Verwundetenabzeichen hatte. Im Gefängnis sah ich Frau Dr. Nikodym, die ich von früher her sehr gut kannte. Sie war im Gesicht dunkelblau geschlagen und so entstellt, daß ich sie nicht wiedererkannte, bis sie mir ihren Namen sagte. Täglich kamen die Partisanen mehrmals in angetrunkenem Zustand in die Zellen und schlugen wahllos umher. Auch ein Blinder, der mit mir in der Zelle war, wurde ebenfalls vollständig zusammengeschlagen. Frauen wurden mit Stiefeln in den Bauch getreten. Die ständigen Schreie waren unerträglich. Mit zerschlagenem Rücken und halbverhungert mußten wir mit Pickel und Schaufel zu Erdarbeiten gehen. Als Tagesration bekam ich einen Blechtopf voll Wehrmut und eine Scheibe Brot. Für ca. 30 Mann in unserer Zelle hatten wir einen Kübel für die Notdurft.

Einmal kam ein amerikanischer und ein englischer Offizier in Uniform ins Gefängnis, und wir mußten im Gefängnishof antreten. Da wurde uns in unserem Zustand gesagt, wir sollten uns gegenüber den Tschechen anständig verhalten.

Im Polizeigefängnis war ich zwei bis drei Wochen. Meine Frau konnte erst durch mühevolles Nachforschen erfahren, wo ich mich befand. Einem tschechischen Jugendfreund namens Jos. Cerny, der als Kriminalhauptmann ins Gefängnis kam und mich dort erkannte, habe ich es hauptsächlich zu verdanken, daß ich aus dem Gefängnis herauskam. Zuvor mußte ich ein tschechisches Schriftstück unterschreiben, und es wurde mir gesagt, es heißt darin, daß ich gut behandelt worden sei. An den Folgen der Mißhandlungen habe ich heute noch zu leiden.

Landsberga.L., 9.1.1968, Engelbert Dörre

## Erinnerungen an die Heimat von Elfriede Dörre, Landsberg a.L., geb. 1912

Aufgeschrieben im Januar 1968

Es war an einem Abend im Mai 1945. Mein Mann war von tschechischen Partisanen in Haft gehalten und ich war mit meinen fünf kleinen Kindern allein. Mein älterer Sohn war damals noch keine neun Jahre alt, ging jeden Abend zur Maiandacht in die St. Elisabethkirche in Schönau als Ministrant. Auch an diesem Abend wollte er wieder gehen und ich untersagte es ihm, da ich immer Angst hatte, daß etwas passieren könnte, und ich hatte durch die Verhaftung meines Mannes schon Sorgen genug.

*Elfriede Dörre*  Foto: privat

Es war so gegen 22 Uhr, da klingelte es bei mir. Ich erschrak furchtbar, da wir Deutschen nach 20 Uhr nicht mehr auf der Straße sein durften. Ich schaute vom Balkon herunter und sah unsere Nachbarn von gegenüber, Herrn Oberingenieur Liebal und dessen Gattin. Sie flüsterten mir herauf, daß die Haushälterin ihrer Verwandten, welche aus Jägerndorf zu ihnen geflüchtet waren, am Abend zur Maiandacht gegangen sei und bisher noch nicht wieder zurück wäre. Ich konnte unseren Nachbarn nur den Rat geben, nichts zu unternehmen und abzuwarten, damit sie nicht auch noch in Gefahr gerieten. Am nächsten Morgen sagte mir Herr Liebal folgendes:

Auf dem Rasendreieck hinter der Straßenbahnhaltestelle in der Neubad Allee hatten spielende Kinder eine Mine entdeckt und diese einem deutschen Friseur, der gegenüber sein Geschäft hatte, gezeigt. Damit nichts passiert, meldete dieser den Fund, und tschechische Pioniere kamen, um die Mine zu entschärfen. Bei diesem Vorhaben explodierte jedoch der Sprengkörper und zerriss die beiden. Nun war die Hölle los. Man trieb die Deutschen, die sich gerade auf der Straße befanden und nicht mehr schnell genug einen Unterschlupf fanden, zusammen, holte die Besucher der Maiandacht aus der Kirche, ebenso unseren Herrn Dechant Herkner, den Messner und die Ministranten, ja man holte sogar die Eltern der Ministranten aus deren Wohnungen, die gar nicht in der Kirche waren. Nun mußten sich alle mit erhobenen Armen mit dem Gesicht an die Wand des Schlangenbades stellen, und man ließ sie dort stundenlang so stehen und traktierte sie mit Schmährufen und Schlägen. Da es sich bei den Kirchenbesuchern meist um alte Leutchen handelte, denn andere wagten sich ja schon gar nicht mehr zu gehen, hielten diese das lange Hochhalten der Arme schlecht aus und sie ließen manchmal die Arme sinken. Sofort bekamen sie einen Schlag auf den Hinterkopf, sodaß sie auch noch mit dem Kopf an die Wand stießen. Nach Stunden ließ man sie dann nach Hause gehen. Herrn Dechant Herkern, den Messner, die Ministranten und deren Eltern aber brachte man ins Gefängnis. Und keiner hatte doch die geringste Schuld an dem Vorkommnis. Welch Glück, daß ich meinen Jungen nicht in die Kirche gehen ließ, denn es wäre nicht auszudenken gewesen, wenn man mich auch noch ins Gefängnis gebracht hätte mit ihm. Was wäre dann wohl aus unseren anderen Kindern geworden, denn die Verhafteten dieses Abends waren noch im Gefängnis, als wir am 15. Juli die Heimat verlassen mußten.

Am nächsten Tag wurde das Wartehäuschen der Straßenbahn mit roten Fahnen ausgeschlagen, die zwei Tschechen wurden darin aufgebahrt, zugedeckt mit der tschechischen Fahne und viele Kerzen entzündet. Jeder Deutsche, der daran vorüberging, mußte ihnen einen Gruß entbieten. Die meisten machten große Umwege, um dort nicht vorbeigehen zu müssen. In den Häusern in der nächsten Umgebung wurden Haussuchungen durchgeführt, wobei man auf der Hut sein mußte, daß ja keine Waffe irgendwo hineingeschmuggelt wird, was dann zur Verhaftung geführt hätte.

Einen Tag später waren meine Kinder auf dem Balkon und riefen plötzlich: „Mutti, so viele Soldaten kommen." Ich schaute heraus und sah die ganze Straße voll marschierender Partisanen. Sie hatten meist SA-Uniformen an und die Mützen mit roten Bändern umwickelt. Mir blieb bei diesem Anblick das Herz vor Schreck und Angst fast stehen, und ich fing vor lauter Angst an zu beten. Ich glaube in dieser Zeit haben auch jene, die es schon vergessen hatten, das Beten wieder gelernt. Zum Glück aber marschierten sie zum Sandberg-Gelände zu einer Übung, und wir konnten wieder aufatmen. Die Angst war groß, und die Willkür kannte ja keine Grenzen.

Wenn ich mich irgendwohin begeben mußte, habe ich immer zwei meiner Kinder mitgenommen, denn oft kam es vor, daß ein Lastwagen angefahren kam mit Partisanen, der plötzlich stehen blieb, die Seitenwände wurden heruntergeklappt, die Partisanen sprangen zu beiden Seiten ab und trieben die unterwegs befindlichen deutschen Frauen zusammen und schafften sie zu irgendeinem

Arbeitseinsatz, während man daheim bangend auf sie wartete. Die Kinder boten mir einen gewissen Schutz vor diesen Aktionen. Einer Bekannten von mir es so so ergangen.

Mein Schwager, der Bruder meines Mannes, der nie einem Menschen etwas zuleide getan hat und auch politisch völlig uninteressiert war, wurde auf dem Weg zum Arbeitsplatz plötzlich verhaftet und mitgenommen. In der ehemaligen Volksküche am Schulplatz, wo sich auch schon andere Deutsche befanden, mußte er Schuhe und Strümpfe ausziehen und es wurden ihm die Fußsohlen gepeitscht bis sie ganz blutunterlaufen waren. Dann warf man ihm die Schuhe an den Kopf und er konnte gehen. An die Arbeit war natürlich nicht zu denken, denn er hatte Mühe seine Wohnung zu erreichen mit den geschundenen Füßen und er weinte über das Unrecht, das ihm zugefügt wurde, da er ja wirklich auch nicht wußte, warum.

Alle hatten Angst auf die Straße zu gehen und ich weiß heute, nach fast 23 Jahren, nicht, woher ich damals den Mut hatte, mich bis zu den Partisanenhäuptlingen und zum russischen Stadtkommandanten zu wagen, um meinem Manne zu helfen und ihn aus dem Gefängnis zu bekommen. Heute könnte ich es nicht mehr. Die Zeit hat uns von den Wunden geheilt, aber vergessen werden wir es wohl nie.

Elfriede Dörre, damals Teplitz-Schönau, Ritter von Gluck-Straße

## Ein Vertriebenen-Schicksal

*Rosi Kirsch*

*Foto: privat*

Rosi Kirsch, geb. 1922, stammte aus Bober im Riesengebirge/Sudetenland. Nach der Vertreibung aus ihrer Heimat arbeitete sie von Februar 1946 bis August 1947 bei uns im Haushalt. Rosi Kirsch war sehr fleißig und bescheiden. Als meine Mutter 1947 längere Zeit krank war, hat sie sich sehr um uns Kinder gekümmert. Das vergißt man nicht.

Nach ihrer Verheiratung 1947 zog sie nach Augsburg. Der Kontakt ist nie ganz abgerissen. Ich wußte, daß sie keine Eltern mehr hatte, aber mit uns Kindern hat sie darüber nicht gesprochen. Was ich von ihrem Schicksal wußte, habe ich von meinen Eltern erfahren. Es war mir aber zu ungenau. Seltsamerweise hat mich das immer beschäftigt. So fragte ich sie Jahrzehnte später nach ihren Erlebnissen in der Heimat. Sie erzählte aber immer nur bruchstückhaft. Im Dezember 2005 habe ich dann folgendes von ihr erfahren:

„Ich stamme aus dem kleinen Ort Bober im Riesengebirge/Sudetenland nahe der schlesischen Grenze. Als ich 16 Jahre alt war, starb meine Mutter. Mein Pflichtjahr leistete ich beim RAD (Reichsarbeitsdienst) ab und war dann beim RAD als Zivilangestellte beschäftigt. Mein Vater Hugo Kirsch, geb. 1889, arbeitete in der Versandabteilung einer Porzellanfabrik. Bei Kriegsende wurde mein Vater von tschechischen Partisanen verhaftet. Im Juni 1945 wurde ich mit anderen Personen unseres Ortes mit einem Zug in ein Lager nach Merkelsdorf/Sudetenland abtransportiert. Im vorderen Teil des Zuges befanden sich die verhafteten Männer aus unserem Ort und der näheren Umgebung, darunter auch mein Vater. Bei den Wackelsdorfer Felsen in der Nähe von Andersbach hielt nachts der Zug. Seitdem habe ich von meinem Vater nie mehr etwas gehört. Nachforschungen haben ergeben, daß mein Vater Hugo Kirsch mit den anderen Männern bei den Wackelsdorfer Felsen von den Tschechen erschossen wurde. Darunter befand sich auch unser Nachbar der Schlosser Josef Jiptner und der Gärtner Josef Prause. In Merkelsdorf mußte ich für die Tschechen arbeiten, selbstverständlich unentgeltlich.

Ende 1945 wurden wir ausgewiesen. Die alte Mutter meiner Stiefmutter nahmen wir auf einem Handwägelchen mit. Ein Tscheche sagte, wenn es uns zu beschwerlich sei, könnten sie abhelfen und meinten damit wohl, daß sie sie erschießen würden. Wir kamen in die Oberpfalz, von wo meine Stiefmutter stammte. Dort konnte ich in Erfahrung bringen, daß der Verlobte aus meiner Heimat bei der Bawag in Landsberg a.Lech arbeitete. So kam ich nach Landsberg. Vom Arbeitsamt wurde mit die Stelle zugewiesen, wo ich bis zu meiner Verheiratung 1947 arbeitete."

Als ich sie nach Einzelheiten und einem Bild von ihrem Vater fragte, versprach sie mir im Speicher nachzusehen. Zwei Tage später rief sie bei mir an und sagte zu mir, ich solle das verstehen, sie ist nervlich nicht mehr in der Lage, dies aufzurollen. Sie hat einen Schlußstrich unter diese Zeit gezogen.

Als ihr Mann, der aus ihrem Heimatort stammte, verstarb, brach in ihr alles zusammen. In einem letzten Telefongespräch sagte sie zu mir: „Die Menschen reden immer nur von sich." Auf meinen Hinweis, sie solle doch einmal über sich reden, sagte sie: „Das interessiert doch heute niemanden mehr. Wer hätte mir denn helfen sollen?" Auf meine Frage, ob sie vergewaltigt worden sei, antwortete sie: „Ja, natürlich. Ich möchte mit meinen Problemen niemanden belästigen. Am liebsten wäre es mir, wenn ich sterben könnte." Das war auch bald darauf der Fall.

Nach meiner Ansicht hat sie das Erlebte nie verarbeitet und ist auch im Alter, wohl unbemerkt von ihrer Umgebung, daran zerbrochen.

# Nachwort

Ich habe Menschen gekannt, die mit dem Verlust ihrer Heimat und den damit verbundenen Erlebnissen, nicht fertiggeworden sind. Vermutlich sind sie an gebrochenem Herzen gestorben. Es war nicht einfach, das Wissen der Zeitzeugen schriftlich für die Nachwelt festzuhalten. Ich habe „gestandene Männer" erlebt, denen, als sie mir ihre Erlebnisse erzählten, die Tränen über das Geischt gelaufen sind. Manche Zeitzeugen wollten mir ihre Erlebnisse berichten. Wenn es aber soweit war, sind sie ausgewichen. Die seelische Erschütterung war zu groß und diese Blöße wollten sie sich wohl nicht geben. Andere wieder haben nicht mehr darüber gesprochen. Ich habe festgestellt, daß sie das Erlebte im Atler wieder verstärkt eingeholt hat. Sie haben es wohl nie ganz verarbeitet. Es ist auch schwer, über solche Dinge zu reden, denn wenn es nicht in das heutige Zeitbild paßt, wird man häufig, besonders von primitiven Leuten, zu Unrecht in eine Ecke gedrängt. Das hat solche Zeitzeugen vorsichtig und mißtrauisch gemacht. Es ist umso anerkennenswerter, daß es Menschen gibt, die bereit sind, ihr Wissen der Nachwelt zu erhalten.

Ich finde es nicht gut, wenn ein Teil der Geschichte verdrängt wird. Alle Menschen haben ein Recht auf Erinnerung. Menschlichkeit ist nicht teilbar. Niemand kann sich aussuchen, in welche Zeit er hineingeboren wird. Unsere Eltern haben zwei Weltkriege und schwere Zeiten erlebt, und ich habe Respekt vor der älteren Generation. Ich bin dankbar, daß mir solche Schicksale erspart geblieben sind.

Das Buch hat mich viel Zeit gekostet und wahrscheinlich auch an meiner Gesundheit gezehrt. Wenn dieses Buch einen kleinen Beitrag zur Heimatgeschichte leisten und dazu beitragen kann, daß auch diese Menschen und ihre Schicksale nicht ganz vergessen werden, würde es mich freuen.

# Dank

Ich möchte mich bei allen bedanken, die dazu beigetragen haben, daß dieses Buch erscheinen konnte.

Besonders bedanken möchte ich mich bei meiner Familie für das große Verständnis, das sie mir in all den Jahren entgegengebracht hat.